普通高等教育"十一五"国家级规划教材

英语专业翻译系列教材

An Elementary Coursebook on English-Chinese Translation

英汉翻译基础教程

总主编 冯庆华 主编 穆雷

编者 陈艳兰 郑敏慧

高等教育出版社·北京

图书在版编目(CIP)数据

英汉翻译基础教程 / 冯庆华主编；穆雷分册编 .– 北京：高等教育出版社，2008.1(2022.11 重印)
ISBN 978-7-04-022824-3

Ⅰ. 英… Ⅱ. ①冯… ②穆… Ⅲ. 英语 – 翻译 – 教材
Ⅳ. H315.9

中国版本图书馆 CIP 数据核字(2008)第 008734 号

策划编辑 李锡奎 张春超　　责任编辑 张春超　　封面设计 王 慧　　责任印制 朱 琦

出版发行	高等教育出版社	咨询电话	400-810-0598
社　　址	北京市西城区德外大街 4 号	网　　址	http：//www.hep.edu.cn
邮政编码	100120		http：//www.hep.com.cn
印　　刷	北京市联华印刷厂	网上订购	http：//www.landraco.com
开　　本	787×1092　1/16		http：//www.landraco.com.cn
印　　张	19.25	版　　次	2008 年 1 月第 1 版
字　　数	470 000	印　　次	2022 年 11 月第 29 次印刷
购书热线	010-58581118	定　　价	46.00 元

物 料 号　22824-A0

总　　序

进入21世纪以后，翻译成了新形势下的热点，各行各业对翻译的需求越来越大，要求也越来越高。为了满足这日益增长的社会需求，我国高校外语教育在布局上做出了很大的调整。目前这套"英语专业翻译系列"教材已被教育部列为普通高等教育"十一五"国家级规划教材，这是针对社会发展做出的一个极其重要举措。

这套教材经过全国高校翻译教育方面经验丰富的专家、教授与高等教育出版社共同商讨和策划，筹备时间长达一年之久。

这套教材有以下几个特点：

一、注重内容的时代性、科学性、综合性。翻译教材需要大量的实践材料作为支撑，教材的选材必须严谨科学；同时，本科教育的特点是在人才培养方面要注重培养学生广博的知识面，这些正是本系列教材策划者的立足点和出发点。

二、注重理论与实践的结合。这一特点体现在两个方面：一是本系列教材涵盖理论和实践。《英汉翻译基础教程》、《汉英翻译基础教程》、《英汉口译教程》和《报刊语言翻译》较为侧重于实践，而《翻译引论》、《英汉语言比较与翻译》则较为侧重理论。二是本系列教材体现理论与实践的结合。所有教材都要体现理论指导实践的根本宗旨，引导学生在实践中认识理论，并有意识地把理论用于指导实践。

三、体现多种学科交叉的特点。任何一门学科的发展都不是孤立的，翻译也是如此。从我国第一部翻译教程问世，特别是从80年代初期到现在，与翻译相关的学科已经有了相当大的发展，90年代后期又呈现出了快速发展的势头。翻译作为多学科的交叉点，也理应吸收和体现这些学科发展的最新成果。本系列教材的编写者们都是站在本学科前沿的学者，时刻关注着相关学科发展的最新动态。这些学术背景有利于他们把自己的关注点和研究融进教材编写之中。

四、深入浅出。不论是实践性较强的《英汉翻译基础教程》、《汉英翻译基础教程》、《英汉口译教程》和《报刊语言翻译》，还是具有一定理论特征的《翻译引论》、《英汉语言比较与翻译》，都力求深入浅出，这正是本系列教材主编和所有参编人员的强项。这套翻译系列教材的作者来自各个高校，全部都是所在单位的学科带头人和教学骨干，多年来一直从事各种类型的翻译课教学，编写过各种教材和辞典。他们从指导思想到实际行动都体现出很强的"在科研中结合教学，在教学中体现科研"的能力和特点，是本系列教材编写做到"深入浅出"的有力保证。

五、注重能力培养。很多翻译教材往往就事论事，把视角放在词和句子的层面，这从当时看来，对学生有一定的帮助。但是，学生只是掌握了一些微观的机械的对应性翻译技能，他们触类旁通的能力并不能得到有效的提高。而本教材的编写人员是"居高临下"地去审视翻译中的问题，从实践到理论，再从理论回到实践，注重"授人以渔"。

六、体例的协调统一与各教材的自成体系。本系列教材内容涵盖英语语言文学专业和翻译专业(方向)的几乎所有方面，拟采用较为统一的体例来编写，因此可以配套使用。同时，每本教材的内容又自成体系，各学校也可以根据本校的实际情况有选择地使用。

七、适合时代发展需要。本教材主编和参编人员多年来一直从事各种类型的翻译教学，有些是英语语言文学专业的负责人，有些是翻译专业或翻译方向的负责人，对教育改革和外语教学发展的趋势非常了解。这套系列教材也正是在主编和参编人员的共同调研和协商之后拟定编写大纲的，非常适合未来外语教学发展的需求。

在本系列教材中，有3本教材——《报刊语言翻译》、《翻译引论》和《英汉语言比较与翻译》都为翻译教学领域内立意新颖的教材，而《英汉翻译基础教程》、《汉英翻译基础教程》、《英语口译教程》都是按照形势发展的要求用全新的概念来策划和编写的。目前规划内的6本翻译教材只是该系列的一部分，我们根据翻译教学的需求还将陆续增补相关翻译教材来进一步充实这套“英语专业翻译系列教材”。

为了更好地做好翻译教学的改革，我们将不断地改进我们翻译教材的编写工作，我们也衷心地希望使用本套翻译教材的广大专家、教师和同学给我们提出宝贵意见，我们将不胜感激。

冯庆华

2007年10月25日于上海外国语大学

前　　言

翻译是一项古老的事业，进入现代社会以后，翻译已经不再局限于狭义的文化交流，而是渗透到普通人的日常生活和交往领域。在不同地域，不同语言间的政治、经济、文化和其他形式的交往中，翻译也成为交往形式中的一个重要组成部分。翻译职业也因此越来越受到人们的青睐，不少年轻学子把目光投向了翻译职业，立志成为一名优秀的译者，在实现人生价值的同时，也为社会源源不断地创造价值。然而，做好翻译绝不是一朝一夕之功，不经过长期的训练，如何能体味到原文的精粹，做到译笔顺畅，信手拈来，左右逢源？选择翻译，其实就是选择了一种生活态度，激流勇进的生活态度。

翻译不仅有实践的不断超越，也有理论的不断升华，实践和理论不可偏废。因此，本书在编排上贯彻了理论与实践并重的理念，既注重翻译实践和对大量丰富的译例的分析，又穿插了翻译理论的讲解。本书认为，翻译理论的探讨将有助于译者更加深入地了解翻译的本质，对译者形成正确的翻译理念也是有很大帮助的。因此，本书兼顾翻译的理论和实践，希望能让译者不仅知其然，而且知其所以然。

本书第1单元简论了翻译的目的、分类、标准以及译者的素质等。林语堂在他的《论翻译》一文中提到，"翻译所依赖的是：(1) 译者对于原文文字上及内容上透彻的了解；(2) 译者有相当的国文程度，能写清顺畅达的中文；(3) 译事上的训练，译者对于翻译标准及手法的问题有正当的见解。"现代社会对译者的要求越来越高，不仅要熟练掌握翻译技巧，还要学会运用现代科技辅助我们的翻译，我们只有以百尺竿头，更进一步的决心，不断努力，追求卓越，才能更好地服务于社会。

翻译涉及两种语言之间的转换，因此，译者若对两种语言各自的特征了如指掌，翻译起来必定事半功倍。本书的第2单元就分别从语言、文化、思维方式三个维度对英汉两种语言进行了细致的对比，希望读者能在这些比较当中发现一些新的规律性的东西，反哺自己的翻译实践。在接下来的几个章节当中，本书编排大体按照循序渐进的方式，从字词的翻译过渡到句子、段落的翻译，然后再到修辞、语篇的翻译，这样由点到面，逐渐铺开，符合翻译技能训练的实际过程。另外，本书还专辟了一个章节讨论语言学与翻译的内在联系，这一部分理论探讨的成分将适当增加，适合译者对翻译的更高层次的要求，同时对译者也是一种挑战。

在具体处理的阶段，如果遇到问题，我们不妨按照翻译的单位来把问题具体化，最终找到合适的方法解决问题，这是本书第9单元的重点。在课堂上，我们耳濡目染的翻译往往指的都是全文翻译，但你是否曾经接触过节译、编译、摘译、综译、改译等其他翻译形式，这样的翻译应该如何操作,在什么情况下需要进行摘译、改译? 本书“翻译的类型”一节将讨论这些问题,希望能帮助读者了解这些“另类”翻译。

本书的另外一个重要方面就是针对文体与翻译的讨论。各行各业对翻译的需求是不一样的,因此,接触不同文体的翻译对译者胜任以后的工作是有很大帮助的。文学翻译和非文学翻译在翻译的标准、遣词造句等方面有很大的区别。在本书文体与翻译的章节中,我们用了较大篇幅来介绍不同文体,包括科技、商务、新闻等类型的翻译,读者可以自行把非文学翻译与文学翻译进行对比,找出两者的异同,熟悉不同文体的不同翻译要求。

本书编写的指导思想是把翻译视为一种技能化的训练,从单项的技能训练开始,逐步过渡到多项综合的技能化训练。其中词汇、句子、段落、修辞、篇章的翻译可以看作是单项技能训练的循序渐进,这些单项技能是做好翻译的基础,在熟悉了各项单项技能后,译者日后便可以根据实际情况灵活运用这些技能。读者也可以有的放矢地根据自己学习的进度来不断调整,在反复的练习和学习中提高自己的翻译技能。

本书编写的另一特色便是以启发式学习为主线,多注重引导读者自行进行事后归纳,少树立众多的条条框框束缚学习者的创造性。当然,作为一本教材,不可或缺的是让读者知道一定的翻译规则和方法,但是,教学的关键在于学生学到了多少,而不是教了多少。让学生懂得一些翻译的知识是必要的,但更加重要的是让他们学会将这些知识直接运用到翻译的过程中。而要做到这一点,单纯地把各项技能都罗列出来让学生掌握,这样的编写体例是远远不够的,因此本书大部分章节在介绍完不同的技能后都配以相应的练习,这些练习既涉及单项技能的训练,又融会了多项综合的技能,更重要的是还有“事后归纳”式的总结,让学习者回忆训练的过程。这些书面的翻译过程记录可以看作是读者个人学习的“小档案”,坚持从头至尾的跟踪记录可以发现自我的进步、不足和努力的方向。书中编排的活动多为开放性的,许多都没有所谓的“参考答案”。这种以任务为本,以过程为取向的编写方式将更好地拉近学习者与教材的距离,让学习者在练习和对自己“译法”的自圆其说中建立起自信,这也是本教材编写的根本目的所在。

画家林风眠曾把艺术家比作蝴蝶。他说:“起初,它是一条蠕动的毛虫。为了能飞起来,它先结一个茧,把自己禁闭在内化作蛹而彻底变形。最终,也是最重要的就是,它得从茧中挣脱出来,才能自由地翱翔于空中。茧子即是艺术家在早期必须刻苦学习的技法和接受的教育。”翻译技巧的掌握需要付出艰辛的努力才能真正做到了然于心。

根据教育部《关于公布2005年度教育部备案或批准设置的高等学校本专科专业结果的通知》(教告[2006]1号),翻译专业(专业代码:050255S,为在少数高校试点的目录外专业)获得批准,广东外语外贸大学、复旦大学与河北师范大学三所高校可自2006年开始招收翻译专业本科生。本专业是目前教育部批准的第一个翻译专业。翻译作为一门专业,从语言学和应用语言学中独立成为一门新兴的学科,在我国教育部门首次列入专业目录备案并批准招生,意义非常重大,表明翻译专业至此在高校形成了完整的专业教学培养体系。翻译学是一门跨学科的开放型、综合性强、独立的学科，它既不属于语言学，也不属于文学，更不属于其他某一门学科。翻译课程既不是单纯的实践课，又不是单纯的理论课，而是一门相当重要的理论与实践相紧密结合的学科，是培养语言综合能力和文化理解欣赏能力的学科。

本书较为全面地介绍了翻译的各项技能、目前的理论研究进展以及翻译实际应用的情况，适合翻译专业的本科生使用，也可以作为英语专业高年级翻译课和非英语专业翻译课的参考教材。由于介绍的内容较为翔实，因此还可以作为翻译爱好者的自学参考书。

本书所选题材来源均在“参考文献”中列出，在此谨向原作者表示诚挚的谢意。

由于编者水平有限，错误在所难免。对本书的纰漏之处，编者期望各位专家学者以及同仁志士不吝赐教，使我们能够及时改进。

编者谨识

2007 年 11 月

目　录

目录

第一单元

1 翻译概论

巴别塔典故——据《圣经·创世纪》，创世之初，普天之下人类同操一种语言。出于骄傲，人们想建一座通天之塔。耶和华对人类的骄傲感到恼怒，于是使人们的语言变得互不相通，从而在造塔的人们中间造成了巨大的混乱，只好放弃了造通天塔的狂妄打算。而那个建通天塔(Babel)的地方后来就被称为巴比伦城(Babylon)。

巴别，希伯来文是“变乱”的意思，巴比伦文则是“神的门”的意思。由于“巴别塔”故事本身所蕴含的内涵，使人们常常以此作为某种解释性的典故来利用。一方面作为试图通往天堂的路径，逼近上帝，因此可以用来表示一种对权威的挑战，无所畏惧的勇气；另外，由于故事中上帝对人类语言的变乱，则可用以体现人类语言之间的理解偏差，以及人类为寻求共同理解而不断追求的路途，许多人就把翻译比喻为一种建造巴别塔般的英雄事业。

1.1 翻译的目的

从上述巴别塔的故事我们也可以得出翻译的最初目的就是为了交流信息。

在高度信息化的后现代社会中，各种高科技手段使世界变得越来越小，世界各国在政治、经济、文化、科技等各个领域的交流在规模、频率和速度上都得到了前所未有的发展，全球化的概念日渐清晰。在这个过程中，翻译的重要性得到了越来越多的体现，社会对翻译人才的需求也在不断增加。在这种形势下，翻译在理论和实践两个方面都出现了空前活跃和繁荣的景象。

到底什么是翻译？这是翻译理论家和翻译实践者都无法回避的问题。其实，人们对翻译并不陌生，因为它时刻都会发生。比如，一个不懂粤语的东北人和一个广东人交谈时出现了语言交流的障碍，这时有一个既懂东北话又懂粤语的人帮助他们进行解释和沟通，那么这个（既懂东北话又懂粤语的）人所做的工作其实就是翻译。翻译的涵盖面很广，除了方言之间转换，还有将古汉语用白话文来解释，将汉语意思用少数民族的语言来表达等都属于广义的翻译范畴。由此可见，你我在日常生活中经常扮演翻译的角色。

翻译的概念可以从广义和狭义两个方面去理解。广义的翻译指语言与语言、语言与非语言之间的代码转换和基本信息的传达。狭义的翻译指一种语言活动，是把一种语言表达的内容忠实地用另一种语言表达出来。

季羡林先生在谈到翻译的目的时曾说："翻译对于促进人类文化的交流，其作用是不容忽视的。英国的汤因比说，'没有任何文明是能永存的。'我本人把文化（文明）的发展分为5个阶段：诞生，成长，繁荣，衰竭，消逝。问题是，既然任何文化都不能永存，都是一个发展过程，那为什么中华文化竟能成为例外呢？为什么中华文化竟延续不断一直存在到今天呢？我想，这里面是因为翻译在起作用。我曾在一篇文章中说过，若拿河流来作比较，中华文化这一条长河，有水满的时候，也有水少的时候，但却从未枯竭。原因就是有新水注入，注入的次数大大小小是颇多的，最大的有两次，一次是从印度来的水，一次是从西方来的水。而这两次的大注入依靠的都是翻译。中华文化之所以能长葆青春，万应灵药就是翻译。翻译之为用大矣哉！"

思考题

请大家一起想想人们在什么情况下需要翻译？你曾经接触过怎样的翻译工作？

1.2 翻译的分类

从不同的角度出发可以对翻译进行以下分类：

分类的角度	类　型
按翻译主体的性质来分	人工翻译、机器翻译
按工作方式来分	口译、笔译
按翻译的材料来分	文学翻译（包括诗歌、小说、戏剧等文学作品）和实用翻译（包括科技、商务、新闻、法律等资料的翻译）
按处理的方式来分	全文翻译、摘译、编译、节译、改译、综译
按翻译技巧来分	直译、意译、音译
按翻译原则方向来分	异化翻译、归化翻译
按翻译的目的来分	交际翻译、语义翻译
按翻译的效果来分	显性翻译、隐性翻译

1.3 翻译史简介

人类古代的翻译活动大都与宗教的发展密切相关。西方的翻译是从翻译《圣经》开始的，而中国的翻译则始于佛经的翻译。在这一点上两者有着很多的相似之处。

西方翻译史

高潮	时期	特点以及主要代表人物
第一次	公元前3世纪中叶	罗马文学家用拉丁语翻译或改编荷马史诗和埃斯库罗斯、索福克勒斯、欧里庇德斯等人的希腊戏剧作品，把古希腊文学特别是戏剧介绍到罗马，促进了罗马文学的诞生和发展。
第二次	公元4～6世纪	哲罗姆翻译的《通俗拉丁文本圣经》标志着《圣经》翻译取得了与世俗文学分庭抗礼的重要地位。
第三次	公元11～12世纪之间	西方翻译家们云集西班牙的托莱多，把大批作品从阿拉伯语译成拉丁语，是历史上少有的基督徒和穆斯林的友好接触。
第四次	公元14～16世纪欧洲文艺复兴运动	翻译活动深入到思想、政治、哲学、文学、宗教等各个领域，产生了一大批杰出的翻译家和一系列优秀的翻译作品。在德国，宗教改革家路德顺从民众的意愿，翻译刊行第一部“民众的圣经”，开创了现代德语发展的新纪元。在法国，文学家阿米欧用17年的时间翻译了《希腊罗马名人比较列传》。英国的查普曼则用18年时间翻译了《伊里亚特》和《奥德赛》。1611年《钦定圣经译本》以语言通俗、优美和流畅而闻名于世，被视为“英语中最伟大的译著”，对现代英语的发展产生了深远的影响。
第五次	17世纪下半叶至20世纪上半叶	翻译家们不仅继续翻译古典著作，而且对近代和当代的作品也发生了很大的兴趣。塞万提斯、莎士比亚、巴尔扎克、歌德等大文豪的作品都被一再译成各国文字，东方文学的译品也陆续问世。
第六次	第二次世界大战以来	(1) 翻译范围从传统的文学、宗教作品扩大至其他领域，尤其是科技、商业领域；(2) 翻译成为一项专门的职业，不仅文学家、哲学家、神学家从事翻译，而且还有一支力量雄厚、经过专门训练的专业队伍承担各式各样的翻译任务；(3) 兴办高等翻译教育，成立翻译组织以聚集翻译力量，打破传统方式并发展机器翻译。

中国翻译史

主要阶段	特点以及主要代表人物
两汉至唐宋的译经时期	伴随着佛经的翻译传入，印度的哲学、文学艺术对我国产生了深远的影响。翻译活动以宗教传播为主。鸠摩罗什、真谛和玄奘被称为“译经三大家”。
明末清初的科技翻译时期	徐光启与利玛窦合作翻译了欧几里德的《几何原理》、《测量法义》等书，标志着中国译著的方向性转变。西方几何、测量、算学、农业、水利、机械、哲学、天文、地理等方面的书籍被翻译成汉语，使这些知识在民间得以传播。
鸦片战争至五四运动的西学翻译时期	(1) 代表人物是林纾和严复。林纾不懂英文，是由他人口述给他听，然后由他笔录整理出来。这些译作可读性强，使中国读者接触到西方文学作品，同时也打破了章回小说的旧格式，对中国文学的创作有很大影响。严复的译作多为西方政治和经济学说，向国人介绍西方进步思想，因此他又被称为资产阶级启蒙思想家，其主要译著有《天演论》、《原富》等。严复提出的“信、达、雅”翻译标准，流传至今仍为许多译者所推崇，足见其强大生命力。 (2) 五四运动至建国前时期，我国的翻译活动为马列主义和世界文学在中国的传播作出了巨大的贡献。譬如马列主义经典《共产党宣言》、世界文学名著《莎士比亚剧本》(梁实秋译)和苏联文学作品《死魂灵》、《毁灭》等。该时期译作的典型特征是以白话文代替了文言文。
建国初期到文革之前的东西方文学翻译	重点是译介西方的文学作品，译文质量普遍较高，涌现出一大批名著名译。
20世纪70年代至今	本次翻译高潮方兴未艾，在规模、范围、质量、水平和对中国社会发展的贡献上都大大超过了50年代。翻译队伍逐渐壮大，翻译领域百花齐放，包括社科、科技、军事、外交、贸易、法律、文教、卫生等领域。这是全球化时代来临的结果。信息爆炸、知识爆炸，同时也就是翻译爆炸。

思考题

在中国翻译史上，你最喜欢哪一位翻译家的作品？为什么？你读过他的哪一些翻译作品？

然后到图书馆找出该译作的原著，仔细研读一两章，并按照你目前对翻译的认识来评价译作。

1.4 翻译的标准

翻译的标准之争由来已久，“文质之争”、“直译意译之争”、“归化异化之争”，不一而足。让我们看看译学前辈怎么说：

译学前辈	翻译的标准
严复	信、达、雅
鲁迅	宁信而不顺（直译）vs. 赵景深：宁错而务顺
许渊冲	诗歌翻译的三原则“三美”（意美、音美、形美），“三化”（等化、浅化、深化）
林语堂	音美、意美、神美、气美、形美
郭沫若	好的翻译等于创作
朱光潜	译者“须设身处地在作者的地位，透入作者的心窍，和他同样感，同样想，同样地努力使所感所想凝定于语文”。
傅雷	以效果而论，翻译应当像临画一样，所求的不在形似而在神似。
钱钟书	文学翻译的最高理想可以说是“化”，把作品从一国文字转变成另一国文字，既能不因语文习惯的差异而露出生硬牵强的痕迹，又能完全保存原作的风味，那就算得入与“化境”。
辜正坤	翻译标准多元互补论：(1) 翻译标准是多元的而非一元的；(2) 翻译标准既是多元的，又是一个有机的然而变动不居的标准系统。在这个系统中，最高标准是最佳近似度。最佳近似度是一个形同虚构的抽象标准，真正有实际意义的是一大群具体标准；(3) 具体标准中又有主标准和次标准的区别；(4) 多元翻译标准是互补的。
奈达（美国）	动态对等：译文读者或译入语听众对于译文或译语的反应，要和原文读者或原文讲话听众对于原文或原讲话的反应进行比较，如果大体一致，就是质量上乘的译文。
泰勒（英国）	翻译三原则：(1) 要将原作的意思全部转移到译文上来；(2) 译文应当具备原作的风格和文体；(3) 译文和原作要同样的流畅。

国际译联的《翻译工作者章程》指出：“译文应忠实于原文，准确表现原作的思想与形式。”综上所述，忠实准确、通顺流畅和风格得体可以说是所有标准的共核，三者的次序不可颠倒。

忠实准确指译文必须忠实于原文的内容，把原文内容完整准确地转达出来。译者不能随意歪曲、增删、遗漏、篡改原文的内容。通顺流畅指译文要充分发挥译入语的语言优势，译文语言必须标准规范、通俗易懂、符合译入语的表达习惯，不存在死译、硬译、生搬硬套、文理不通的现象。风格得体指译文应尽量忠实转达原文的文体特征和写作风格。

思考题

你认为怎样的翻译才算得上是好的翻译?

1.5 翻译的主体

"原文——译者——译文"是翻译界公认的三元关系。从这个三元关系可以看出，译者"既是原发语篇的接受者，又是目的语篇的创造者，处于'上情下达'的中间、核心地位，正是：翻译的'好''坏'全靠译者的'思考'和'感觉'，可谓'成'也译者，'败'也译者"。(胡庚申，2004)然而，传统的翻译观中的"舌人"、"媒婆"、"译匠"、"叛逆者"、"戴着镣铐的舞者"等比喻无一不遮蔽译者的重要性。伴随着西方翻译研究的文化转向，译者主体研究的成果不断出现。译者在翻译过程中的主体地位不断得到彰显。近年来，译者"主体性"、"主体间性"呼声很高，译者的翻译主体地位日益凸显。如"译者是翻译的唯一主体"，(陈大亮，2004)"从原文到译文失去的是作者意图，得到的是译者意图，保留的是作品意图"。(陈大亮，2005)庞德"翻译"唐诗，"错译"之处多得不可胜数，却在美国引发了一场新诗运动；根据钟玲所探究的"寒山热"，寒山的诗作在中国本土从来没有得到过重视，"连次要诗人也数不上"，更不要说受到推崇，但经过翻译后，却在日本和美国大行其道，不但拥有大量读者，甚至成为美国 50 和 60 年代"疲惫求解脱的一代"(The Beat Generation)青年人的精神食粮。(王宏志，1999)

如从总体的翻译研究的角度来看，关于译者中心和主导作用的讨论可以大体上呈现出"语文学阶段"——"结构主义阶段"——"后结构主义阶段"的研究轨迹。(胡庚申，2004:45)

从翻译研究者对译者主导行为的重视程度			
翻译研究时期	主要研究倾向	译者主导行为	有代表性的译论
语文学	基于原文的译者选择	一般重视	以语文学和美学为基础的译论
结构主义	注重文本、忠实原文	较少重视	以结构主义语言学为基础的译论
后结构主义	重视语用功能和宏观语境	较多重视	交际论、多元论、文化论等视角的译论

从对译者身份态度看译者研究的发展阶段			
对译者的态度	译论发展阶段	主 要 译 论	主要研究倾向
一般"比喻"	各阶段都有	侧重以语言学为基础的翻译理论	忽视译者主体
呼吁近"正名"	近半世纪渐多	侧重以诠释学为基础的翻译理论	肯定译者抉择
主体"介入"	近二、三十年流行	侧重以解构主义等受"后殖民主义"思潮影响的翻译理论	强调译者操纵

(胡庚申,2004)

从上表可以看出,翻译研究界已逐渐开始重视对译者主体性的研究,但这不能仅仅停留在一般的呼吁"正名"阶段,而应进一步探讨"译者背后的总的原因"、机理和特征,特别是应从理论上真正对译者的"中心地位"和"主导作用"给予明确的定位,并据此对翻译过程做出新的、全面系统地描述和诠释。(胡庚申,2004:54)

思考题

你认为译者的地位如何?你所知道的关于译者的比喻有哪些?你同意这样的看法吗?

1.6 译者的素质

译者要译出高质量的作品,就必须具备一些基本条件。不少翻译大师也谈过译者素质问题。王佐良认为,"译者必须是一个真正意义上的文化人";"翻译者是一个永恒的学生"。(王佐良,1997)余光中则说,"译者其实是不写论文的学者,没有创作的作家"。也就是说,"译者必定相当饱学,也必定善于运用语文,并且不止一种,而是两种以上:其一,他要能尽窥其妙;其二,他要能运用自如。造就一位译者,实非易事,所以译者虽然满街走,真正够格的译家并不多见。"(江弱水,黄维樑,1999)

总结起来,一名合格的译者应备的素质包括:

- 精通至少两种语言
- 熟悉两国的文化
- 通略百科知识并熟练掌握至少一门专业知识
- 认真、严谨、负责的工作态度
- 遵守职业道德

当然,翻译的种类不同,对译者的标准也不尽相同。譬如,做一名合格的口译员,必须有较快的反应速度、良好的心理素质、强健的体魄,还要有足够的耐心。

需要指出的是，以上所列只是成为一名合格译员的充分而非必要条件。随着经济、社会日益发展，人们对译者的要求也会随之提高，既通又专的复合型翻译人才将会大受欢迎。

思考题

请回忆一下你在做翻译时曾经遇到过的典型困难？譬如词汇量不够、原文理解不透彻等，请以此作为你今后努力的方向，学完整本书后，再对照一下是否有所进步。

课内练习

TASK: Learning how to respond to translation briefs

Translation briefs (or assignments) represent the product specifications for any translation job. A translator should be able to respond in a professional manner to actual translation briefs.

Setting: Mr. Zhang has received a letter of invitation from a company in the United States. He wanted to have it translated so that he could apply for a passport. He came to you and said he wanted the translation immediately.

Letter of Invitation

Mr. Zhang Feiyu
Purchasing Manager
Guang Fa Company
45 Huan Shi Zhong Road, Guangzhou

5 November 2005

Dear Mr. Zhang

We would like to invite you to visit our factory and give you an overview of our facilities and production methods from November 15 to November 20. This would also be an opportunity for you to visit our Head Office in Los Angeles to meet our design team and Marketing and Sales Directors to discuss common areas of interest.

As you would be our guest, we would of course meet all your expenses. We can also put a company car and driver at your disposal during your stay here.

I do hope your schedule will allow you to accept our invitation.

I look forward to meeting you here.

Yours sincerely

Angela Goddard
Communication Manager

Activity 1

This is a very simple translation task, right? What we want you to do is to role-play the translator and Mr. Zhang. The translator should communicate with Mr. Zhang before he begins the translation task. What and how should the translator ask?

Activity 2

The translator should note down the information he has got from the client, Mr. Zhang below.

Discussion

1. Do you think the translator has a right to express his personal opinion on the source text? Is it possible for us to take the translators' likes and dislikes into consideration while still insisting on ethical professional behavior that meets user's expectations?
2. Would human translators be hostile to machine translation because it can provide faster translation service at a lower price? How should translators meet this challenge? Should they translate faster and charge less? Should they retrain themselves to become pre/post-editors of machine translation text? Or should they learn to translate literature?

名家谈翻译

巴金：一点感想

我虽然译过几十本书，可是我觉得自己并不是一个好的翻译工作者，过去我常常说我的翻译是"试译"，而且我只是选择我喜欢的，笔调跟我相近的书。二十多年来我也犯过了一些错误。虽然我也不是没有小小进步，虽然我现在仍旧在译书，但我还是抱着学习的态度在试译。所以我不敢以翻译工作者的资格在这里讲话。今天我只想以一个读者的资格写下一点感想。

我希望任何一本书的译者在从事翻译工作的时候，要想到他是为着谁在做这工作。倘使他是为着读者译这本书的，他就应当对读者负责，他至少应当让读者看得懂，而且也应当让读者看了觉得好(倘使那是一本坏书，就用不着翻译了)。"忠实"自然也是一个重要的条件。但有人借口"忠实"，把一篇漂亮的文章译成疙里疙瘩的念不懂的东西，有人甚至把外国文法原封不动地搬到译文里来，有人喜欢用"如此……以致……"一类从字典里搬来的字眼，以为非这样不能算是

"忠实",这就有问题了。真正的"忠实",应该是保存原作的风格,而不是保存外国文句的构造。真正的"忠实"应该是对原作的每一整句的"忠实",而不是对原文的每一个单字的"忠实"。外国文的一个单字往往有几个甚至十几个意义,把一个形容词译成中文,也有好几种译法,每一个单字都是跟上下文有密切关系的。我觉得翻译的方法其实只有一种,并没有"直译"和"意译"的分别。好的翻译应该都是"直译",也都是"意译"。那些改变了原文风格,改变了原文语气,改变了原文意义的翻译并不是"意译",那只是编译,或"改编"。流畅或漂亮的原文应该都被译成流畅或漂亮的中文。一部文学作品译出来也应该是一部文学作品。我读过一些欧洲大小说家的作品。不说他们的风格,他们的文章绝不是生硬、笨拙、死板、疙里疙瘩的,更不是含糊得有时叫人读不懂的。而且外国人谈话也跟我们中国人一样,他们说的是活的语言,绝不是像我们在一些翻译小说中念到的对话那样的东西。(申雨平、戴宁,2000)

第二单元

2 英汉对比

吕叔湘先生曾经指出:"只有比较才能看出各种语文表现法的共同之点和特异之点。拿外语跟汉语进行比较,可以启发我们注意被我们忽略过去的现象。"

汉语和英语的对比研究,始于100年多前《马氏文通》,这是我国第一部汉语语法书,是在比较和模仿拉丁文法的基础上写成的。

世界上每一种语言都有自己的语法,否则,人们就不能进行翻译实践和翻译理论的研究。而通过分析和对比英汉两种语言,译员必将更加深刻地体会到译事之艰辛。

2.1 英汉语言对比

2.1.1 主语与主题

中国传统哲学主张"天人合一","万物与我为一",反映在语言上就是施事主体可以蕴含在行为事件的主观表现中。因此在句子构造中,汉语并不把主语看成必要的成分。正如王力所说:"就句子结构而论,西洋语言是法治的,中国语言是人治的。法治的不管主语用得着用不着,总要呆板地求句子形式的一律,人治的用得着就用,用不着就不用,只要能使人听懂说话人的意思,就算了。"正因为汉语缺乏主语,语言学家从语言类型学的角度出发,认为汉语是主题显著(topic-prominent)的语言。(曾剑平,2005)英语是注重主语的语言,造句离不开主语。这是英民族"主客二分"的哲学思维方式在语言中的反映。这些分析给我们带来翻译上的启示是什么呢?请看下面的问题:

你能找出"千里寻亲"、"活到老,学到老"中的主语吗?为什么?你能找出其中的主题吗?

试译以下这个简单的句子:

A dialect is known by every linguist in this room.

[参考译文 1] 一种方言被这间屋子里的每一个语言学家所懂得。

[参考译文 2] 有一种方言这间屋子里的每一个语言学家都懂得。

虽然参考译文 1 在形式上与英语句子的主谓结构相对应，但并不符合汉语的表达习惯。所以译者应善于将英语的“主语——谓语”结构转换成汉语的“主题——评论”结构。(例句参见郭丽君、邓鹂鸣，2005)

课内练习

现在请大家通过翻译以下的简单句子掌握这一技巧。

1. I would not believe what he said.
2. I did not remember a single point discussed at the meeting.
3. I know Mr. Wang.
4. He is the best singer.

2.1.2 形合与意合

英语国家沿袭了古代希腊人非常严格和规范的语词系统。古代希腊人认为，语词系统与思维系统是相一致的，要表达一个清晰合理的思想就离不开清晰合理的词形和句法。而在一个毫无条理的陈述结构中，思想肯定也是杂乱无章的，而杂乱无章的思想是没有意义的。英语形合的特征正是在这样一种背景之下形成的。与之相反，中国人重直觉，强调意念流，只要能够达意，词的形式是无关紧要的，词语之间的关系常在不言中，语法意义和逻辑关系常隐藏在字里行间。正所谓“辞，达而已矣”(《论语 · 卫灵公》)。“小桥流水人家”这句诗没有一个谓语动词，但其所描绘的画面和包含的意蕴却是回味无穷的。(钟玲，2005)

在不同的语言中，句子内部连接或外部连接几乎都是用三种手段：句法手段(Syntactic devices)、词汇手段(Lexical equivalence)和语义手段(Semantic connection)。用前两种手段连接成为形合(hypotaxis)，用后一种手段连接成为意合(parataxis)。英语句法结构重形合，句中各成分的相互结合常用适当的连接词语，以表示其结构关系。汉语句法结构重意合，句中各成分的相互结合多依靠语义的贯通，语境的映衬，少用连接词语。(方梦之，2005：26)

试比较以下的英汉句子：

1. ***Even if*** the monk can run away, his temple cannot run with him.
   跑得了和尚，跑不了庙。
2. ***Even if*** I were to be beaten to death, I will not tell.
   打死我也不说。
3. Modesty helps one go forward, ***whereas*** conceit makes one lag behind.
   谦虚使人进步，骄傲使人落后。
4. ***If*** winter comes, can spring be far behind?
   冬天来了，春天还会远吗?
5. We will not attack ***unless*** we are attacked.
   人不犯我，我不犯人。

课内练习

现在请大家通过翻译以下几个句子掌握英汉语言的形合与意合。

1. As the weather was fine, we decided to climb the mountain.
2. My sister was expecting me, so I had to go now.
3. A body in motion remains in motion at a constant speed in a straight line unless acted upon by an external force.
4. We knew spring was coming as we had seen a robin.

2.1.3 树状与竹状

"西文句中名物字,多随举随释,如中文之旁支,后乃遥接前文,足意成句。"(严复)英语句子"多随举随释",枝杈蔓生,呈树状结构,分叉处有介词、关系代词连接。而汉语按时间顺序或逻辑顺序逐层展开,节节延伸,犹如竹子。(郭丽君、邓鹂鸣,2005)

英语的词组与词组、句子与句子之间结构关系和逻辑联系必须交代得十分清楚。英语的关系词(包括介词、关系代词、关系副词、连接词等)十分丰富,英语正是靠这些关系词的过渡和连接,从形态上来维系句内和句间的各种关系的。因此英语句子结构呈树状,往往有一主干(复合句中的主句或简单句中的某主要成分),主干上枝蔓横生:句子成分随时可加以修饰,而修饰语中的某成分又可被别的成分修饰。由此往往形成长句。(方梦之,2005:28)

汉语句子结构呈竹节状,逐节(短语或小句)展开。汉语的句子可以在同一施事或主题语之下按逻辑顺序铺陈,虽然小句间有逗号隔开,但语句的联系仍是紧密的。这样,汉译时经常由英语的树状转化为汉语的竹节状。(方梦之,2005:28)

例如:The boy, ***who*** was crying ***as if*** his heart would break, said, ***when*** I spoke to him, ***that*** he was very hungry ***because*** he had had no food for two days.

[参考译文] 男孩哭得心都快碎了,当我问及他时,他说饿极了,有两天没吃了。

从上例可看出,英语十分注重句子的形式和结构的完整,上面英语句子主干为 The boy said,但节外生枝,叠床架屋,竟有 5 个从句,用了 who, as if, when, that, because 等多个连接成分,形成一个空间构架,犹如"枝叶繁茂的参天大树",呈树状。而相应的汉语节节展开,言简意赅,语意连贯,结构紧凑,呈竹状。(郭丽君、邓鹂鸣,2005)

课内练习

现在请大家练习翻译以下两个句子,特别注意句子的主干和连接部分的翻译。

1. The moon is so far from the earth that ***even if*** huge trees were growing on the mountains ***and*** elephants were walking about, we could not see them through the most powerful telescopes ***which*** have been invented.
2. ***Upon*** his death in 1826, Jefferson was buried ***under*** a stone ***which*** described him ***as*** he had wished to be remembered ***as*** the author of the *Declaration on Independence* and

the Virginia *Statute for Religious Freedom* and the father of the University of Virginia.

2.1.4 静态与动态

英语有一种少用(谓语)动词,或用其他手段表示动作意义的自然倾向;而汉语则有一种多用动词的固有习惯。英语每个句子中只能使用一个限定式动词(Finite verb),唯一例外形式是并列句动词谓语;而汉语中却存在着"连动式"和"兼语式",如"他到了火车站发现火车已经开走了",以及紧缩句,如"我们下雨也去",有的句子几乎全句都是动词,如"打得赢就打,打不赢就走,不怕没办法"。(包彩霞,2003)

英语的限定动词只能做谓语,而汉语中的动词(包括动宾词组、主谓词组等)无处不在,不仅做谓语,也可以做主语,如"理论联系实际是我们党的优良传统";做宾语,如"鲁迅主张打落水狗";做定语,如"讨论的问题很重要";做状语,如"一定要批判地继承我国的文学艺术遗产"和补语,如"小溪旁那些女人们听得笑起来了"。(包彩霞,2003)

汉语为数不多的介词,大都是从古代汉语动词演变而来的,有些还具备动词的一般特点,兼属于介词和动词两类,因此有些语法学家称它们为"半动词"、"副动词","汉语中的绝大多数的'介词',应该划归动词的范畴,只是入句时,表现了相当于英语介词的作用",如"他在家"中的"在"为动词,而"他在家看书"中的"在"则为介词。(包彩霞,2003)

由此可见,英语是"静态"的语言,而汉语则是"动态"的语言。"英语的静态修辞实质是名词优势和介词优势,而介词优势又是名词优势的必然结果。因为名词与名词之间要借助介词来联结。"(蒋坚松,2002: 56)因此,在英译汉时常常要变"静"为"动",摆脱名词化的框架和大量介词的干扰,突出原文的动态色彩。

课内练习

请翻译以下几条标识语。

1. Admittance Free
2. Out of Bounds
3. No Admittance Except on Business
4. Danger of Death — High Voltage!

再翻译以下几个句子,看怎样变原文的"静"为译文的"动"。

5. Party officials worked long hour ***on*** meager food, ***in*** old caves, ***by*** dim lamps.
6. What film will be ***on*** this evening?
7. He walked ***around*** the house ***with*** a gun.
8. A ***study*** of that letter leaves us in no doubt as to the motives behind it.
9. The very first ***sight*** of her made him fall in love with her.

2.2 英汉文化对比

在跨文化交际中,来自不同文化背景的成员如果不了解各自文化的差异,便会造成交际障碍。请看下面的小趣事：某外教讲了近两个小时的课，为表示谢意，我们会说：“老师，您辛苦了!”(You must be tired!)可是老外会想，难道我连课都讲不好，讲得那么累吗？他会认为这是对他智慧的一种侮辱，英语中正确的表达是：Did you enjoy your class? 由此可见，作为一名扮演着跨文化交际者角色的译员，了解英汉文化的差异是一堂必修课。

2.2.1 文化心理

当代心理学的实验对语言制约人的思维与认知作了肯定的论证。根据 Stroop 干扰实验，熟练掌握自己母语的人，当使用某一特定词的时候，必然内心激发起这词的语意代码。例如，中国人看到或使用“红(色)”一词时，经常跟喜庆、欢乐、荣耀、革命之类的意义联系起来，而西方人对 red 一词的联想除了有喜庆、欢乐的一面之外，却也有暴力、流血的一面。(方梦之，2005：14)中国人结婚偏爱红色，而英美新娘却以白色礼服见常；在汉文化中，丧葬、哀悼时多以白色为主，而英美则以黑色居多。中文有“红人”一词，而西方人却不具备这种感情色彩，在他们的思维中，a faired hair girl (金发女郎)必会受到上司的青睐，故而常用它比喻受宠的人。在汉语言中，妻子有外遇，戏称给丈夫戴了绿帽子，若按字面直译为 green cap 西方人是无法理解的，这在英语中叫 a cuckold。

中国人讨厌狗，有一大堆与狗有关的贬义词，如“狼心狗肺”、“走狗”、“狗急跳墙”、“狗仗人势”、“狗嘴吐不出象牙”、“狗眼看人低”等。而英美人喜欢狗，习语中常表现出对狗的喜爱之情，如 a lucky dog, love me, love my dog, every dog has his day 等。“虎”在汉民族中被认为是百兽之王。汉语中有“龙腾虎跃”、“生龙活虎”、“狐假虎威”；而在英语中人们却认为狮子是“百兽之王”。与此相对应，汉语中的“拦路虎”、“虎穴”在英语中表达为 a lion in the way, the lion's den。又如 She is a cat.，不是表示她像猫一样温顺，而指包藏祸心的女人。as wise as an owl 这里把猫头鹰比作智慧的象征，这些联想意义在汉语的对应词上是空缺的。再来看看“龙”这个在汉英语言中均存在的词。在英语文化中 dragon 仅是面目狰狞的爬行动物，令人厌恶。the old dragon 并不表示“老龙”，而是“魔鬼”，dragon lady 不再是我们所想像的“龙女”，而是“母老虎”、“母夜叉”。而在汉语中却恰恰相反，“龙”是中华民族的图腾，在古代，“龙”是帝王的象征，后来引申为“权贵”、“成功”、“生气勃勃”、“高贵”的形象，语言中相应出现了“龙颜”、“龙袍”、“望子成龙”、“生龙活虎”、“龙凤呈祥”等褒义的表达，因而在翻译“亚洲四小龙”时为了避免词汇空缺造成的译文背离，英译为 four little tigers of Asia。

中国人会由“松”、“竹”、“梅”联想到岁寒三友具有的高风亮节，从而赋予了高尚的道德情操，而英语的对应词 pine, bamboo, plum 却没有这种伴随意义；同样在英语中 sea, shepherd, cowboy 等词语对西方人所引发的联想和情趣是中国人所难以理解的，而汉语中虽然在字面上能够找到相对应的词，却难以找到这种联想意义。

类似的例子无法在此一一穷尽。我们只是想让译者知道，在翻译时要特别注意这种由于文化心理的不同所造成的翻译“陷阱”。

2.2.2 文化价值

一个文化的价值体系是影响跨文化交际的一个重要方面，价值体系通常表现为一个民族的价值观念，并通过潜移默化的作用向该文化的成员灌输好与坏、正确与错误、真与假、美与丑的标

准。(段雪桃,2001)忽视价值观念在交际中的影响,便会造成交际障碍。请看下面例子:

一位60多岁的英国女教师在中国某高校任教,一次她生病了,中国同事便买了一些物品去看她。当看到中国同事特地为她买了老年奶粉时,她生气地说:"我不老,请将老年奶粉带回去。"显然,这是一场不愉快的交际。交际障碍的产生完全是由于双方价值观念不同而造成的。年龄在许多文化价值中都是重要的价值,但各个文化的侧重点却并不相同。在东方文化中,长者不仅是智慧的化身,同时也是权力和权威的象征,所以在中国称"老"含有尊敬的含义。然而对英美人直言其老,恐怕是一种冒犯。(段雪桃,2001)

古希腊罗马文明是欧洲文化的起源,与海洋的渊源造就了开拓创新、崇尚商业和航海的特点,中世纪基督教的产生与传播奠定了文化的宗教传统,英语文化就是在这样的背景下成长起来的。后来,文艺复兴(Renaissance)、工业革命(Industrial Revolution)、启蒙运动(Enlightenment Movement)、宗教改革(Religious Reform)以及美国的独立战争(American Independent War)唤醒了资产阶级对于自由、平等、民主思想的追求,个人至上的思想深入人心,在处理人与人、人与社会、人与自然的关系中注重个体的价值与主观能动性的发挥,而且这一理念也贯穿到了社会生活的各个方面,从而形成了英语文化以个体主义和功利心理为核心的价值观念体系。中国是大陆国家,以农业经济为"本",历史上虽有分裂与纷争,但统一是主流,两千多年的封建社会形成了中华民族的统一;受一度兴盛的儒家伦理的影响,中国文化的精神基础是伦理的而不是宗教的,在"为学日进,为道日损"的熏陶下,人们关注的不是科学探索与物质积累,而是提高自我的精神境界。因而,"耕读传家"成为理想的家庭模式。"修身、齐家、治国、平天下"是中国文人的追求,造就了中国文化以家庭和家族为基础的伦理型群体主义文化。

概括来讲,英语是海洋性商业文化,虽有宗教传统,但是崇尚科学,在资产阶级革命过程中形成了个体主义为核心的价值观念体系;而中国文化属大陆性农业文化,没有占统治地位的宗教,受封建统治和儒家经典的影响,缺乏对科学的探求精神,崇尚伦理道德,形成了群体主义的价值观念体系。(顾弘、焦俊峰,2004)

英汉文化价值取向差异表

	抽象问题			具体问题				
	时间观念	空间观念	自我意识	他人	工作	物质	婚姻	隐私观念
英语文化	紧迫感强,较准时	容忍度较差	独立意识较强	较原则、宽容度较差	态度较积极、个人成就欲较强烈,追求合理、公正	欲望较强	容忍度较差	意识较强
汉语文化	紧迫感弱,欠准时	容忍度较高	服从意识较强	较好客、慷慨、宽容度较强	态度较积极、集体荣誉感较强,追求合作、勤奋	欲望一般	伦理道德型,容忍度较高	意识较弱

当然，"英汉价值观念系统并不是静止的，常常会随着经济发展、社会进步而受到各种社会思潮的冲击和影响。随着国际交往的加深，英语文化与汉语文化互相影响，取长补短，各自发生着变化，因此应该对其进行动态的认识和把握。"(顾弘、焦俊峰，2004)

2.2.3 风俗习惯

现代语言学之父、瑞士语言学家索绪尔说："一个民族的风俗习惯常会在它的语言中有所反映，另一方面，在很大程度上，构成民族的也正是语言。"(索绪尔，1999)

在中国，吃饭问题长期以来都是人们极为关心的事情，也成了人们常常议论的话题。人们见面的招呼语"吃了吗?"在英语中绝对是空缺的，因为这不符合他们的心理定势。我们并不可以把它直译为 Have you eaten? 由于这种文化上的差异，汉语中围绕着吃饭问题所营造的一系列词语表达法如"吃大锅饭"、"秀色可餐"、"吃闲饭"、"吃香"等，在英语中很难找到对应的表述，只能根据它们的含义用英语民族所熟悉的方式表达为 getting equal share regardless of the work done, beautiful enough to feast one's eyes, lead an idle life, be very popular 以力求满足不同民族的潜意识与思维定势。(魏军梅，2001)

那如果不问"吃了吗?"，英美人打招呼时都说些啥呢? 其实，西方人在见面时的问候语通常是：Good morning/afternoon; How are you? How do you do? 等。如果改为中国人问候习惯："你吃了吗? (Have you had your breakfast/lunch/supper)"? "你最近在忙什么? (What are you busy with recently?)""你到哪里去? (Where are you going?)"等问候方式，他们会产生一种错觉，认为中国人喜欢干涉别人的私事，甚至认为自己被监视了，而不懂得这仅仅是中国人通常的问候方式，从而造成双方的误会。中国人请客吃饭时，席间常说：多吃点，多吃点。这是主人盛情款客的标志。而英美人士在宴客时常说：Help yourself (请自便)。另外，客人在告辞时，中国人会说我先走一步。而在英语里，它的意思是时间不早了，客人该离开了，我给大家带个头，其他人跟上，也得马上离开。

英汉称呼语也有很大差别。中国人称呼某人时，常把对方的行政职务加上，如张护士、李主任、王科长、万经理等。于是，就有了 Nurse Zhang 等称呼。这不符合英美语言习惯。英美人称呼别人一般有以下几种方式：(1) formal situation (正式场合)，一般用 title+ surname(头衔+姓氏)，如 John Smith 可称作 Mr. Smith；(2) ordinary situation(一般场合)，用 title+ surname or given name(头衔+姓氏或直接叫名字)，如 James Well 称为 Mr. Well 或 James；(3) informal situation /close relationship(非正式场合或关系密切)，用 given name(直接叫对方的名字)，如 Clare Harkey 可称 Clare。(杨冬梅，2005)

再说数字，如在英美文化中，2 不是吉数，曾被古希腊哲学家毕达哥拉斯视为"劣根、邪恶之源"。相反，奇数(13 除外)却为吉祥数字，比如：3 被看成"完美的数字"、"造物主的象征"。英语中有 All good things go by threes(好事成三)的谚语。而中国人普遍的说法是"好事成双"。汉语中的"九"带有一种神圣的色彩，如"九重霄，九霄云外"等，而英语却没有这种含义。汉语中的"四"因与"死"谐音，被视为不吉利，而西方人心目中象征不吉利的数字是 13。

通过上述例子，我们不难发现，一名优秀的译者，除了应当具备良好的双语功底之外，还应对双语的文化具有足够的敏感性，才不至于在翻译时出现"死译"、"硬译"的现象。

2.3 英汉思维对比

语言是思维的艺术。不同的思维模式产生出不同的语言。这是人类与动物最根本的区别。而思维模式并非是天生的，它是一定地域的人们在长期的劳动实践中，在社会生活的交际中逐渐形成的，它是一种语言文化的反映，而这种语言文化借助这种思维模式不断巩固原有基础，同时不断吸收外来语言文化，不断创新，使之更加发扬光大。我们见到很多这样的例子：有的中国留学生毕业后留在美国工作，将幼小的孩子（有的两、三岁）带到国外，用不了多久这些孩子就能讲出一口地道英语。同样很多外国人到中国来，也让他们的孩子上中国的幼儿园、小学，时间不长，这些孩子也能讲出一口地道的汉语。所谓地道的英语和汉语，就是说所表达的语言符合英汉语思维习惯。这除了说明儿童时期是吸收语言的最佳时机外，也说明思维习惯或思维模式是后天的，不是与生俱来的。（黄青龙，2003）既然如此，我们现在就一起来探讨一下英汉思维的差异，以期为译员打下良好的基础。

2.3.1 思维方式

众所周知，语言和思维存在着密不可分的联系。思维依靠语言，语言也可反映思维。思维是全人类性的，但不同民族对客观外界和主观认识会有不同的思维方式。中西方思维模式的差异，影响到语言的基本结构、用词选句。中国人习惯说“6岁以前”；英语则表示为 under six。（段雪桃，2001）又如在时间的先后概念上，英语中用 back 指过去的时间，而用 forward 指称未来的时间，而中国人的思维方式与此相反，用“前”指过去的时间，用“后”指称未来的时间。也就是说中国人是面向着过去来区分时间先后的，而英美人是面向着未来区分时间先后的。类似的例子还有很多。

中国传统哲学以人为本，追求人与自然的和谐，把天、地、人视为一个统一体，即“天人合一”。《易经》提出了有机整体的图式，把自然现象和人事凶吉都纳入阴阳两极所组成的六十四卦系统之中，为中国传统思维奠定了基础。中国传统的有机整体的思维模式使汉民族的思维方式表现出从整体上观察事物的特征。汉民族的主体意识思维从主体的需要和实用出发，以人的伦理道德和审美情趣为标准，以主体介于客体，客体融入主体，所以凡事都有很强的主体参与意识，语言上表现多以“人”作主语，大量使用主动语态。英语民族传统上以自然为认知对象，把自然作探索和征服的对象，因而主客二分，天人对立。西方哲学对自然持尊重客观的态度。这种思维方式必然摆脱主体意向，导致客体意识，以科学认知为基础，由事实判断统摄价值判断，这种哲学观在语言上的体现就是主客观严格区分，大量使用被动句。（付桂佳、廖涛，2005）

翻译离不开语言与思维。在翻译过程中，两种语言与两种思维相互运动、相互吸引、相互碰撞。学英语的时候，老师经常会叫我们按照英美人的思维方式运用英语，可是什么才是“英美人的思维方式”，什么才是“东方人的思维方式”，这些抽象的概念是难以把握的，下面我们就来具体对比一下英汉的思维方式，看不同的思维方式是如何左右我们进行翻译的，并试图找出相应的对策。

2.3.2 正反与虚实

正说与反说的相互转换是翻译实践中极为实用的方法。一般认为，正说就是肯定，反说就是否定。“这样的划分，无疑是太过简单化。不同的民族，在观察一些事物现象时，所取的角度以及思维方式有时极为不同，况且，许多事物都具有对立面，往往此一方面不好描述时，换一个角度从另外一方面描述则更贴切。所以，在英语中从正面来说的，可能在汉语中要从反面来叙述更加恰当，有些时候英语的反说可能要处理为汉语的正说才符合习惯。”(傅敬民等，2005：101)请看下面的译例：

I have read your articles, but I expect to meet ***an older man***.

[原译] 我读过你的文章，我料想会见到一个年纪更大的人。

[改译] 我读过你的文章，但没料想你会这样年轻。

[分析] 比较两种译文不难看到，如果机械地套用“正译”，译文后半部分语义不清，“改译”采用反面着笔并加以相应的转换，得到的译文更加通顺达意。这就是“正说反译”的一个很好的例证。

A seaman knows that ***the sea is all-powerful*** and can, under certain circumstances, destroy man and the product of his brain and hand, the ship.

[译文] 水手们都知道，大海的威力是势不可挡的；在某些情况下，它能把人及人所制造的船只统统摧毁掉。(正说反译)

[分析] 句中 the sea is all-powerful 如果用肯定说法直译“大海是最强大的”，便显得很肤浅，没有从深层理解原文，远不如上面的否定说法那样生动而能感染读者。

“Mine! Mine!” They would shout at the pretty rainbows that are down to the earth, seeming ***never very far away***.

[译文] 他们会冲着那从天际弯弯地挂向地面的，看来好像伸手可及的美丽彩虹大声呼喊：“哎呀！哎呀！”(反说正译)

[分析] 句中 never very far away 若直译为“离得不太远”就很不深刻，大欠文采，远不如“伸手可及”形象鲜明。(张锦辉，2004)

需要注意的是，正说反译和反说正译并不是放之四海而皆准的，请看下面的例子：

He was ***not displeased*** with her honesty ... it took a certain amount of experience in life, an courage, to want to do it quite that way.

[译文 1] 他倒是喜欢她这么直来直去……有点生活经验又有点胆量的人才敢这么做。

[译文 2] 他对于她的直率没有感到不快……有点生活经验又有点胆量的人才敢这么做。

[分析] 译文 1 用肯定的方式“倒是喜欢”来翻译原文中的双重否定 was not displeased，不如译文 2 保持了原文的形式。无论在英语还是汉语中，双重否定的说法并不等于同意的肯定，not displeased 不等于 pleased，“喜欢”也不等于“没有不开心”。原文之所以不用 was pleased 而用 not displeased，作者的意思不仅仅是在玩弄辞藻，而是要表达出“这样的直率是可能令人不快的，但他却并没有感到不快”的意思。

所谓“虚”与“实”并非指虚词与实词。虚实转换是指词汇抽象概念与具体意义的相互转换。英式的抽象思维和汉式的具象思维是两种不同的思维方式，它们在语言表达上往往导致两种不同的用词习惯。前者多用表示抽象概念的词语描述事物，阐述事理；后者却常用表示具体概念的词语描写事物、阐述道理。因此，英汉翻译过程中常需要进行词语虚实意义的相互转换，使原文的内容实质在流畅自然的译文中确切充分地再现出来。请看下面的例子：

Wisdom prepares for the worst; but ***folly*** leaves the worst for the day it comes.

［译文］ 聪明人防患于未然，愚蠢者临渴掘井。

［分析］ 抽象名词 wisdom，folly 对于习惯于抽象思维的英美读者来说，词义明确，措辞简练；但对于习惯于具象思维的中国读者来说将这些抽象名词所表达的抽象概念具体化，才符合汉语读者的思维习惯和汉语遣词造句的行文习惯。

Because of the circuitous and directional flow of waterways，***railways*** often have energy advantage over ***barges***.

［译文 1］ 由于水流的弯曲和具有方向性，铁路比驳船更具有节能优势。

［译文 2］ 由于河道迂回曲折且水流具有方向性，铁路运输对于水运而言，常常具有节能优势。

［分析］ 原文的 railways 和 barges 只是一种虚化的概念，对于中国读者而言，译文 1 可能会因为缺乏逻辑的连贯性而难以理解，而译文 2 将两个概念落实到两种运输方式，则较为容易理解，逻辑连贯性更强。

正反转换与虚实转换都是翻译中常用的技巧。但是要记住：译无定法。具体到实际的语境，译员还需要灵活加以选择，避免机械地套用。

课内练习

现在请大家通过下面的练习来巩固本节所学的知识。

1. Memory，as time goes on，is a selective thing.
2. The subversion attempts proved predictably futile.
3. The guerrillas would fight to death before they surrendered.
4. We believe that the younger generation will prove worthy of our trust.
5. It was beyond his power to sign such a contract.
6. The custom-made object，now restricted to the rich，will be within everyone's reach.
7. In the end things will mend.
8. He wanted to learn，to know，to teach.
9. These problems are too complicated to be explained clearly in a few words.
10. Rockets have found application for the exploration of the Universe.

2.3.3 褒贬与曲直

英语和汉语中都存在着对一个事物的褒贬态度，但问题是，许多场合中，褒贬的含义并不能从字面或词汇本身中看出来，往往要通过上下文来决定，翻译时要尽量正确理解原文，表现真实的含义。请看下面的例句：

The ***irony*** is that Mrs. Gandhi presides over a nation with a highly promising long-term potential but which is saddled with equally difficult current problems.

［译文 1］ 具有讽刺意味的是，甘地夫人掌管的国家，从长远的观点来看，是一个大有希望的国家，但在目前却具有难以克服的困难。

［译文 2］ 颇为耐人寻味的是，从长远的观点来看，甘地夫人掌管的国家是大有希望的，但目前却有着难以克服的困难。

［分析］ 通读全句，这里的 irony 并没有"具有讽刺意味的"含义，也不能翻译为"嘲弄人的"。

She was vexed by the ***persistent*** ringing of the phone.

［译文 1］ 她被执著的电话铃声搞得心烦意乱。

［译文 2］ 她被没完没了的电话铃声搞得心烦意乱。

［分析］ 这里的 persistent 根据句子的意思明显带有贬义，所以，译为"没完没了"更为妥帖。

All the inventors have a ***restless*** mind.

［译文 1］ 所有的发明家都生性好动。

［译文 2］ 所有的发明家都有一个思想活跃的头脑。

［分析］ restless 字面上没有明显表露出褒义或贬义，因此我们必须通过原句的意思，发掘出句中词语的感情色彩，从而忠实地翻译出来。（傅敬民等，2005：109）

课内练习

下面请大家一起来体会以下句子的褒贬。

1. He was a man of integrity, but unfortunately he had a certain reputation. I believe the reputation was not deserved.
2. He lied to me and made me the tool of his wicked deeds.
3. Those who do not remember the past are condemned to relive it.
4. The film actress appeared in all her glory at the ball.
5. He is always saying the usual polite nothings.

汉语有句古话说："文如看山喜不平。"也就是说，一些人说话写文章会故意运用曲折、含蓄的语言形式来陈述自己的观点，英语也不例外。对于英语中这类曲折的语言形式，在翻译重要根据不同的情况进行处理，以符合汉语的表达习惯。请看下面的例子：

When John was two years old, he was impossible, a typical "***Terrible Two***". He was destructive and stubborn.

［译文 1］ 约翰两岁时变得异常调皮，是个不折不扣的"第二号可怕人物"。他固执，常常损坏东西。

［译文 2］ 约翰两岁时变得异常调皮，是个不折不扣的"两岁魔王"。他固执，常常损坏东西。

［分析］ 译文 1 的"第二号可怕人物"不知所云，英语的 Terrible Two 来自于典故，当然译文没必要全部解释，如译文 2 那样用"魔王"来体现也可。

课内练习

下面请大家一起来体会以下句子的曲直。

6. With determination, with luck, and with the help from lots of good people, I was able to rise from the ashes.
7. The Universe is not rich enough to buy the vote of an honest man.
8. It seems that a very difficult decision now faces him.
9. Anger and bitterness covered upon me for weeks.

2.3.4 直率与含蓄

西方人喜外露，中国人喜含蓄。英语经常表态在前，叙事在后；汉语经常相反。英汉对译时，信息重心常需做前后调整。(方梦之，2005：20)请看下面的句子：

I am very happy to receive your message of greetings.

［译文］ 接到你的贺信，我十分高兴。

The two sides found it beneficial to have this opportunity to present to one another their views on a variety of issues.

［译文］ 现在有机会互相介绍彼此对各种问题的观点，对此，双方认为是有利的。

2.3.5 客体与主体

中华文化以人本为主，西方文化以物本为主体。人本文化以人文为中心，以人生为本位。道家的代表人物老子曾说："人法地，地法天，天法道，道法自然。"而儒家先哲对世界的认识主要不是出于对自然奥秘的好奇，而是出于对现实社会政治和伦理道德的关注。孔子哲学以"仁"、"礼"为中心，"仁"寻求人伦关系规范化，"礼"要求社会有序化。先哲们谈论人生哲学的目的是"究天人之际，通古今之变"，关心的是人道，而非天道，是人生之理，而非自然之性。这种人本文化的长期积淀便形成了汉民族本体型的思维方式。而物本文化以物本为主体，以自然为本位。西方人偏重于对自然客体的观察与研究。例如，亚里士多德认为"求知是人类的本性"，培根推崇"知识就是力量"。西方人以认知自然为视觉焦点，崇尚自然、认识自然、探索自然，最终征服自然，主宰宇宙。这种物本文化的长期积淀则形成了西方人客体型的思维模式。(张小曼，胡作友，2005)

因为汉民族强调人与自然的统一，对思维的主体和客体没有严格的区分，汉语中常常出现一些自动和他动不分的句子。如"一个房间住三个人"也可以说成"三个人住一个房间"，体现了汉语注重意合，主客体之间相互交融。

两种思维方式在语言上表现为：英语多用无生命的名词作主语，主动和被动两个范畴始终泾渭分明；而汉语常以有生命的名词作主语(或潜在的主语)，充分地反映了汉民族重主体意识的思维方式。

例如：American education owes a great debt to ***Thomas Jefferson***.

［译文］ 托马斯·杰弗逊为美国的教育事业作出了巨大的贡献。

Memoranda were prepared in advance of private meetings on matters to be discussed.

［译文］ 在举行个别交谈之前，我已经就所有要讨论的问题预先拟好了备忘录。

在以上例句中，原文的主语都不是行为的发出者，而在汉语译文中改换或增添主语，这样更符合英汉民族的思维逻辑和表达习惯。（伍小龙、丁卫民，2002）

课内练习

根据上述解释，试翻译以下几个句子，尽量符合汉语的表达习惯。

1. What has happened to you?
2. An idea suddenly struck me.
3. American English owes a great deal to Noah Webster, an American lexicographer and writer.
4. Her good work and obedience have pleased her teacher.

2.3.6 逻辑与感悟

在形合与意合一节，我们已经谈到，英语注重运用各种有形的联结手段达到语法形式的完整，其表现形式严密地受逻辑形式支配，句子组织严密，层次井然扣接，以形显义；而汉语在表现形式上受意念引导，看上去概念、判断、推理不严，句子松散，以神统形，要靠读者自己去推理和感悟。如曹操的《龟虽寿》：老骥伏枥，志在千里，烈士暮年，壮心不已。请看以下例子：

让世界了解中国，让中国走向世界。

Let the other people of the rest of the world know China. Let China make close contact with the rest of the world.

从逻辑上讲，"让世界了解中国"应是让世界上其他国家（或人民）了解中国，"让中国走向世界"也只是一种形象的说法，翻译时应按照其语法上的内在逻辑做出调整。

2.3.7 抽象与具体

中国人的思维趋向于具象化，而西方人的思维则趋向于抽象化。这种不同的侧重与选择，植根于各自的民族文化土壤之中。中国传统文化的重要特征之一是"尚象"，而西方文化的重要特征之一是"尚思"。中国人"尚象"的文化传统形成了其偏重具象的思维方式。古代中国人注重"观物取象"、"立象尽意"、"设象喻理"、"取象比类"。形象思维通过自我体验形成心中的意象，采用意象—联想—想像来替代概念—判断—推理的逻辑论证，以形象地反映客观事物，集中表现在"立意于象"、"妙象尽意"、"微言尽意"、"入理言意"、"书不尽言，言不尽意"、"得象而忘言，得意而忘象"等经典名言之中。

而西方人"尚思"的文化传统形成了其偏重抽象的思维方式。西方人的思维不像中国人那样在观察辨物、定性时注重识别、分类、分辨，而是注重形体，特别是解剖，侧重于事物的要素、结构，重定形，而非定性。他们善于从物象的类别中找出该类物象的共项，再进行抽象概括的思维活动，将各类物象的共项归纳起来。（张小曼、胡作友，2005）

英汉文字的演变和发展的历史就是东西方民族形象思维和抽象思维的最好佐证。中国文字是由整体象形文字发展而来的会意文字，有书画共源的特点，其起源的形象是原始图画，经后世演化，逐渐由图画形式改为线条即成为象形文字，凸现简单的物象，有较强的直观性。可以说，汉字的产生和发展是汉民族形象思维的结果。西方民族的文字也是由图形演变而来，其字母的形成和发展跟汉语的象形文字有很多相似之处，只是由于西方文化的“尚思”传统，主体抽象思维抽走了具体物象的形象，逐渐形成了概括某一类物象的概念符号，不像汉字那么直观形象。因此，西方民族文字的演变与发展跟抽象思维方式有着密切的联系。这两种不同的思维方式直接反映在句子词汇的使用层面上。表现为：英语常用大量的抽象名词来表达实的概念。（伍小龙、丁卫民，2002）如 The absence of intelligence is an indication of satisfactory developments. (= No news is good news. 没有消息就是好消息。)（张海涛：《中国翻译》1999 年第 1 期）

上面例子中的抽象名词 absence, intelligence 和 development 使习惯于形象思维的汉语读者丈二和尚摸不着脑袋，给人一种“虚”、“暗”、“泛”、“隐”、“曲”的感觉，但对习惯于抽象思维的英美读者来说，词义明确，措词简练。汉语则习惯于使用具体形象的词语来表达虚的概念，给人一种“实”、“明”、“直”、“显”、“象”的感觉。如成语“画饼充饥”、“望梅止渴”（指借空想来安慰自己）中的“饼”与“饥”，“梅”与“渴”。（伍小龙，丁卫民，2002）

需要注意的是，抽象与具体的分类只是相对而言，英语存在着大量的非常具体的描述，汉语中也不乏抽象的表达。在英汉翻译过程中，抽象与具体是要视特定的情况进行转换的。（傅敬民等，2005：123）

试比较以下句子的翻译：

No one is satisfied with his favoritism in his work.

[译文 1] 没有人对他在工作中的偏爱感到满意。

[译文 2] 对他在工作中表现出来的徇私作风谁都感到不满意。

显然，译文 2 更符合汉语的表达习惯。

Any discourtesy shown to Chinese persons by any official of the Government will be the cause for immediate dismissal.

[译文 1] 任何政府官员对华人的不敬都将构成直接被开除的原因。

[译文 2] 任何政府官员，如果对中国人有任何粗暴行为，必须立即予以开除。

译文 1 按照原文的结构直译，但是不符合汉语的思维习惯，译文 2 从“官员”入手，比较符合汉语的语言和思维习惯。

课内练习

现在请大家翻译以下句子。

1. A son, a job and housekeeping forced romance out.
2. But there had been too much publicity about my case.
3. The complexity of the human situation and the injustice of the social order demand far more fundamental changes in the basic structure of society itself than some politicians are willing to admit in their speeches.

4. With the credit card it is unnecessary to carry large amounts of cash and are always useful in emergencies.

2.3.8 整体与局部

从意义的表达来看，中国人的传统思维方式总是习惯于整体把握对象，因而汉语在于以上具有较高的整体概括性；而英语思维注重细节分析，在对自然社会的思考中往往把整体加以局部性、具体性分解。但是从英汉语言的语法系统，即外在形态来看，英语的句子往往是以形来统句，一个句子往往是一个支点，其他的部分围绕着这一支点展开，逻辑关系明确，语法条理清晰，构成一个形态的整体；而汉语则是以意辖界，意尽为界，因此有时为了说明一个事情需要许多独立的句子，这些句子围绕一个意义的支点而阐发，形成一个意义整体。王力先生曾经说过："英国人写文章往往化零为整，而中国人则化整为零。"这是从语言的形态而言，不是从语言的意义来说的。汉译时要特别注意整体意义的把握以及英语形态的拆零。（傅敬民等，2005：126）

The idea of a fish being able to generate electricity strong enough to light small bulbs, even to run electric motors, is almost unbelievable.

[译文 1] 鱼能发出其电量足以点亮小灯泡，甚至能开动马达的想法简直是令人难以相信的。

[译文 2] 鱼能发电，其电量足以点亮小灯泡，甚至能开动马达，这种想法简直是令人难以相信的。

[分析] 原文中的定语很长，译文 1 不符合汉语习惯，但译文 2 通过把该定语化整为零，在汉语中用三句话来翻译，就比较容易被汉语读者所接受。

The isolation of the rural world because of distance and the lack of transport facilities is compounded by the paucity of the information media.

[译文 1] 由于距离远和交通工具缺乏所造成的农村社会的隔绝由于通讯工具的不足而变得更加严重。

[译文 2] 因为距离远，交通工具缺乏，使农村社会与外界隔绝。这种隔绝，由于通讯工具的不足，而变得更加严重。

[分析] 原文是典型的英语整体思维表现方式，句子长，但是只有一个简单句，译文 1 的翻译显然没有顾及汉语重局部的思维习惯，因此对于习惯于汉语思维的人来说，读这样的句子是很吃力的。译文 2 化整为零，较好地体现了汉语的重局部的思维方式。

（注：上述译例及分析均选自（傅敬民等，2005：127））

课内练习

请翻译下面的句子，注意整体与局部的关系。

1. They, not surprisingly, did not respond at all.
2. Incidentally, I hope to get better medical treatment in these countries than I can possibly get here in the United States.

3. The Chinese seemed justifiably proud of their economic achievements.
4. She sat with her hands cupping her chin, staring at a corner of the kitchen.

2.3.9 分析与综合

从本体论角度来讲,中国人受"易经"哲学的影响,注重整体统一,强调从多归一的思想;而西方人更多地侧重于分析原则,注重逻辑推理,强调由一到多的思想。不同的传统文化的影响,形成了"东方重综合,西方重分析"(季羡林语)的思维习惯。中国传统哲学重视人与自然的和谐,视"天人合一"为最高境界,天中有人,人中有天,"天人之际,合二为一"。庄子认为"天地与我并生,万物与我为一",这种物我不分、物我两忘的诗意境界,是天人同体同德、万物有情的宇宙观。

在西方,柏拉图首先提出"主客二分"的思想,而笛卡儿开创的西方近代哲学明确地把主体与客体对立起来,以"主客二分"作为哲学的主导原则。分析型思维明确区分主体与客体、人与自然、精神与物质、思维与存在、灵魂与肉体、现象与本质,并把二者分离、对立起来,分别对这个二元世界作深入的分析研究。西方思维的逻辑性注重从事物的本质来把握现象,这是思维对事物整体加以分析的结果。

这两种不同的思维方式对英汉语言的结构形态产生了不同的影响。综合型的思维方式使得汉语重意合,无词形变化,语法形式的表达主要靠词汇手段,组词造句中完全按照语义逻辑和动作发生的时间先后决定词语和分句的排列顺序;而分析型的思维方式使得英语重形合,词形变化明显,语法形式多样,组词造句多用连词、关系词、分词、动名词及不定式等。(张小曼、胡作友,2005)

两种不同的思维方式表现在语言中为:英语由小到大表述概念;汉语却是由大到小,这一点在写地址时最常见:1002 Louisiana Street, Houston, Texas, USA.即"门牌号—街道—市—省—国家"为典型的欧美人的写法;中国的地址则由大到小依次写为:"国家—省—市—街道—门牌号",这是在国内的通信规范。这种思维差异还表现在欧美人填写履历时由近写到远,中国人则由远写到近,往往是从上小学开始写起,逐步写到现在。所有这些表达差异,均由于思维方式的不同所致,在交流中应加以注意,稍不留心会犯错误。(杜云辉,2000)分析性与综合型思维在此可见一斑,译者应多加注意。英语往往开门见山地讲出一个句子的核心内容,然后再条分缕析的依次阐述;而汉语则习惯于层层推进,往往把重要的信息归纳在句尾。

There are several reasons why Kissinger no longer appears to be the magician the world press had made him out to be, an illusion which he failed to discourage because, as he would admit himself, he has a tendency toward megalomania.

[译文 1] 有几个原因可以说明为什么基辛格不再看起来像全世界报界渲染得那样是个魔术师,他不愿打破这样的幻觉,因为,他自己承认,他有一种自大狂的倾向。

[译文 2] 全世界报界曾经把基辛格渲染成魔术师般的人物,他也没有阻止人们制造这种错误印象,因为正如他自己愿意承认的,他有一种自大狂的倾向。现在他不再像是这样的人物了,这有几个原因。

[分析] 译文 1 按照原文的思维方式叙述,在汉语中显得含义不明。汉语读者的理解受阻。而译文 2 通过调整整个表达的次序,使译文读起来自然,容易理解。

课内练习

请翻译以下的句子。

1. He had a sound feeling that idiom was the backbone of a language and he was all for the racy phrases.
2. Somebody lied, if he said my life is a happy little tale, or he told you I'm just an ordinary guy in the world.
3. The theory is of great important that the hotter the body is, the more energy it radiate.

名家谈翻译

傅雷:《高老头》重译本序

以效果而论,翻译应当像临画一样,所求的不在形似而在神似。以实际工作论,翻译比临画更难。临画与原画,素材相同(颜色,画布,或纸或绢),法则相同(色彩学,解剖学,透视学)。译本与原作,文字既不侔,规则又大异。各种文字各有特色,各有无可模仿的优点,各有无法补救的缺陷,同时又各有不能侵犯的戒律。像英、法和英、德那样接近的语言,尚且有许多难以互译的地方;中西文字的扞格远过于此,要求传神达意,铢两悉称,自非死抓字典,按照原文句法拼凑堆砌所能济事。

各国的翻译文学,虽优劣不一,但从无法文式的英国译本,也没有英文式的法国译本。假如破坏本国文字的结构与特性,就能传达异国文字的特性而获致原作的精神,那么翻译真是太容易了。不幸那种理论非但是刻舟求剑,而且结果是削足适履,两败俱伤。两国文字词类的不同,句法构造的不同,文法与习惯的不同,修辞格律的不同,俗语的不同,即反映民族思想方式的不同,感觉深浅的不同,观点角度的不同,风俗传统信仰的不同,社会背景的不同,表现方法的不同。以甲国文字传达乙国文字所包含的那些特点,必须像伯乐相马,要"得其精而忘其粗,得其内而忘其外"。而即使是最优秀的译文,其韵味较之原文仍不免过或不及。

倘若认为译文标准不应当如是平易,则不妨假定理想的译文仿佛是原作者的中文写作,那么原文的意义与精神,译文的流畅与完整,都可以兼筹并顾,不至于再有以辞害意,或以意害辞的弊病了。

用这个尺度来衡量我的翻译,当然是眼高手低,还没有脱离学徒阶段。《高老头》初译(1944)对原作意义虽无大误,但对话生硬死板,文气淤塞不畅,新文艺习气既刮除未尽,节奏韵味也没有照顾周到,更不必说作品的浑成了。这次以三月的工夫重译一遍,几经改削,仍未满意。艺术的境界无穷,个人的才能有限:心长力绌,唯有投笔兴叹而已。(申雨平、戴宁,2000)

第三单元

3 词汇翻译

3.1 判断词义

英语词义灵活多变，一词多义(Polysemy)现象十分普遍。这是造成翻译困难的原因之一。人们常说，“词本无义，义随人生(Words do not have meanings; people have meanings for them.)”，又说，“词义随上下文而变(Each word when used in a new context is a new word.)”。词义这种不确定性，选择时就不易把握，因而“翻译度”很大。如果放不开手脚，进得去出不来，以为“直译”最保险，是做到了“信”。可是译出来的东西是“死”的，是“硬”的，不堪卒读，读者这个主人不会满意，恐怕原著人也未必高兴。反之，随意引申，添枝加叶，或胡乱删节，为求得“通顺”而曲解原文，读者会觉得上当，原著者就会提出抗议了。……(翻译)佳译、妙译、传世之译枚不胜数。单就词语层面的翻译上，极为成功的例子就很多，同时也创造和总结了不少行之有效的翻译方法。《红楼梦》的译者 David Hawks 把卜世仁英译成 Hardly Human，他很巧妙地创造了一个英文姓，译出了声音，又暗含“不是人”的隐义，实在难得。A. L. Huxley 写过一篇文章，题为 Two or Three Graces，说是有个叫 Grace 的女人，嫁了三次，三次改变其性格，一位高手将其译为“二三其德”，也是妙笔。

——摘自宋献春《词语的翻译》

翻译，首先要对原文有全面的理解，而理解的基础在于词汇的理解。虽然众多学者对什么是翻译的基本单位诸多争议，但是没有人能否认理解词汇在翻译中的重要地位。词汇好比构建高楼大厦的砖块，词汇翻译处理不好，可能会影响整篇文章的理解和翻译。在翻译实践中，对词义的理解和判断是任何译者都需要经常解决的问题。词汇不是单独出现的，理解词汇绝不能离开词汇出现的语境。判断词语在语篇中的词义,可以从字、句、篇章等层次上逐步分析。

在理解单个字的层面上,可以通过查阅字典等工具书来确定词义。在理解句子的层面上,可以通过分析句子、句群的语法结构来判断词义。在理解篇章的层面上,可以通过分析上下文逻辑关系、篇章的整体效果等来判断词义。

3.1.1 通过查阅字典等工具书来确定词义

字典是语言学习者和翻译工作者必不可少的工具书。一部相对完整的英汉字典往往能提供尽可能多的释义并附具体的例子,以方便使用者辨析、理解。英语一词多义是非常常见的现象,在翻译实践中遇到词义难以确定的情况时,首先可以通过查阅词典理解判断词义。请看以下例子:

What you have always ***wanted*** until now has been a set, steady, constant purpose. I therefore exhort you to persevere in a thorough determination to do whatever you have to do as well as you can do it. I was not so old as you are now when I first had to win my food, and do this out of this determination, and I have never slackened in it since.

例子中的 wanted 是一个多义词,在此处作为及物动词用。根据《英汉大词典》,want 作及物动词的释义包括:1. 要;想要;希望;2. 缺少,缺乏;3. (主英)需要;4. 想见,要求(某人)到来,想与(某人)谈话,想用(某人);5. 缉拿,追捕;6. 感到缺少;7. 〈口〉(后接不定式)应该。分析 7 个可供选择的释义,可以判断得出第二项释义是 wanted 在此处的最恰当的含义。

[参考译文] 直到当前为止,你所缺乏的一直是确定的,持续不变的目标。因此我极力劝告你,以坚定的决心去做你必须要做以及你能够做的事情,并坚持到底。我初次必须自食其力(自谋生计)时,年岁还不及你大。我即借着此种决心,迄今从未松懈。

一些名词的单复数形式表示的意思并不一样,遇到这样的情况时不能想当然,应该认真查阅字典予以确定。例如 sanction 并非一概表示“制裁”,它的单数形式与复数形式表示不一样的涵义。根据《英汉大词典》里的解释,sanction 做单数用时意为“认可、批准、支持”,只有复数形式才表示“制裁”。例如:

Official ***sanction*** has not yet been given.

[参考译文] 尚未获得正式批准。

The British and the French imposed ***sanctions*** on Italy in 1935.

[参考译文] 英法两国在 1935 年对意大利实施制裁。

字典等工具书提供大量关于词汇的信息,能帮助解决词汇翻译中出现的许多问题。但是字典的容量毕竟有限,很多情况下单凭工具书并不能解决问题,还需要通过其他手段。

3.1.2 通过分析句子、句群的语法结构来判断词义

词语在句子中受到前后词语的约束,其意义范围缩小了许多。而句子的语法结构通常可以作为分析词义的一个依据,例如:

He took charge of his failing father and after a time obtained permission for his sister to live with him. Her malady frequently returned, but always with due warning, when brother and sister would be seen walking together to the asylum, both weeping bitterly.

文中 failing 常见的意思是“失败的”，但是此处 failing father 是否就是“失败的父亲”之意呢？分析句子的语法结构可看出，failing father 是 took charge of 的宾语，而 took charge of 在这里是“看管，照顾”的意思，“看管失败的父亲”似乎意思上不太合逻辑，因此，failing 不是作“失败的”解，而是指“衰败的”，在这里可适当调整翻译成“风烛残年的”。

［参考译文］　此后，他即照顾风烛残年的父亲，且在一段时间之后，获准自精神病院中将他的姐姐接回与他同住。她的疾病经常复发，所幸皆有征兆，此时人们见到他们姐弟二人相偕走向精神病院，双双泣不成声。

通过对句子的句法分析来判断词语含义在翻译长句时尤其常用。例如：

Few expected to see so large a man: he is gigantic, a six feet four at least; few expected to see so old a person; his hair appears to have kept silvery record over fifty years; and then there was a notion in the minds of many that there must be something dashing and "fast" in his appearance, whereas his costume was perfectly plain, the expression of his face grave and earnest, his address perfectly unaffected and such as we might expect to meet with in a well-bred man somewhat advanced in years.

这里只有一个句子，分析一下本句的语法结构，可以发现... and then ... whereas ... as ...表现的递进、转折、总结等逻辑关系。whereas 所连接的是相反的关系，说明描述对象外表与内涵的反差，因此 dashing and "fast"与 plain，grave，earnest 就构成对比，在翻译的时候要注意用恰当的措辞再现出那种对比的意义。

［参考译文］　很少人预料见到如此高大的一个人：他身材魁梧，身高至少也有六呎四吋。很少人预料见到年纪如此大的一个人，他的头发看起来已花白了五十多年。此外，在很多人的心目中，他的外表必定有些时髦和“放荡”的样子，但是，相反的是他衣着十分朴素，面部的表情严肃而诚挚，他的演讲十分自然，他具有我们可能遇到的年高德劭者的特征。

由此可见，分析句子、句群的语法关系能够帮助把握原文作者的思维逻辑，从而能够准确判断词语的意义，选择贴切的表达形式。

3.1.3　通过分析上下文逻辑关系、篇章的整体效果等来判断词义

语境使词汇获得比喻意义、临时意义，使单个词语意义单一化、具体化，从而使词语的意义得以判断和确定。奥斯丁的名篇《傲慢与偏见》开篇班内特夫人对丈夫说了这么一段话：

Why, my dear, you must know, Mrs. Long says that Netherfield is taken by a young man of large fortune from the north of England; that he came down on Monday in a chaise and four to see the place, and was so much delighted with it that he agreed with Mr. Morris immediately; that he is to take possession before Michaelmas, and some of his servants are to be in the house by the end of next week.

从小说的整体效果来看，作者把班内特太太塑造成一个爱唠叨、俗气、文化水平不高的乡村妇人，她生活的主题或者唯一的人生寄托就是千方百计把 5 个女儿嫁给阔少。所以当她得知村里的庄园给有钱人租了去，自然感到欣喜若狂，急不可耐地要把这个好消息报告给丈夫。她把朗格太太的原话丝毫不差地脱口而出，体现了她满心欢喜、唠唠叨叨而又迫切要让丈夫去拜访阔邻居的心情。翻译这段话的时候要注意班内特太太在整个故事中的角色特点，以及她在小说中的

地位，尤其注意她说话时所用的句子，即用了多个 that 从句，这几个 that 从句就是作者用以体现本内特太太性格特点的一种手段。试看以下两个参考译文：

［参考译文 1］ 哦，亲爱的，你得知道，朗格太太说，租尼日斐花园的是个阔少爷，他是英格兰北部的人；听说他星期一那天，乘着一辆驷马大轿车来看房子，看得非常中意，当场就和莫理斯先生谈妥了；他要在米迦勒节以前搬进来，打算下个周末先叫几个佣人来住。

［参考译文 2］ 嗨，亲爱的，你可要知道，朗太太说，租内瑟菲德庄园的是英格兰北边来的一个年轻人，有大笔家当；说他星期一坐了一辆驷马轿车来看了房子，一看就十分中意，马上跟莫里斯先生租妥，说要在米迦勒节以前就搬进去，而且他的几个佣人下个周末就要先住进去了。

参考译文 1 并没有把 that 全部翻译出来，而参考译文 2 的处理方法稍有不同，把 that 的意思全部明显化，译成“朗太太说……说……说……”。在译文中重复“说”在一定程度上准确地表达了原文 that 的含义，兼顾了这段话在上下文，甚至整篇小说的影响。因此，参考译文 2 比参考译文 1 稍胜一筹。

查阅工具书是判断词义的重要手段，然而自有其限制性。字典中的释义往往是词汇的静态意义，而词汇在使用中却因为具体的情景而具有动态的意义。单单抱住基本字典是不足以应付翻译中出现的词汇理解问题的，译者需要深入了解词汇使用的情景。因此，要准确把握词义，必须把词汇的静态基本意义与动态延伸意义相结合，寻找静态词义在应用情景中的动态表达。

课内练习

请翻译以下句子和词组，特别要注意一词多义的现象。

1. back

   I'll be back in a couple of days.

   It was said that they would back the plan.

   It's the last straw that breaks the camel's back.

2. popular

   a popular man　　a popular novel　　a popular price

   popular science　　popular readings

3. regular

   regular reading　　regular job　　regular flight

   regular visitor　　regular speed　　regular army

   regular gasoline

4. delicate

   delicate skin　　delicate porcelain　　delicate upbringing

   delicate living　　delicate health　　delicate stomach

   delicate vase　　delicate diplomatic question　　delicate difference

   delicate surgical operation　　delicate ear for music　　delicate sense of smell delicate touch　　　　delicate food

3.2 选择用词

一般说来，英语词义比较灵活，词的涵义范围比较宽，比较丰富多变，词义对上下文的依赖性比较大，独立性比较小。汉语词义比较严谨，词的涵义范围比较狭窄，比较精确、固定，词义的伸缩性和对上下文的依赖性较小，独立性比较大。英语一向被认为是一种适应性、可塑性比较强的语言，它的适应性和可塑性突出地表现在词义的灵活性上。汉语不同于英语。汉语源远流长，尤其独特的民族文化和历史传统，用词讲求词义精确、规范、严谨，历来以词义多流变、重晦谲为不法、诫绝生造词义。

刘宓庆《文体与翻译》

英语一词多义是常见的现象，单是字典里的释义就让人眼花缭乱，手忙脚乱了，更不用说结合实际应用中的复杂情景了。即使是单个词语的翻译，英汉也并非都是一一对应的。怎么选择最适合的译入语词汇，一分不差，恰如其分地表现原文的精神，是任何译者在翻译实践中都费尽心思要解决的问题。

选择用词的依据多种多样，首先可以依据语篇的主题选择用词，其次可依据语篇的感情色彩来选择用词，最后可以依据语篇的文体特点来选择用词。

3.2.1 要确切理解所选用词的含义

在翻译实践中，译者可能充分理解了原文的意思，但是在用目的语重新表达的时候却可能出现用词不当的问题，原因之一就是对所用的目的语词汇的含义理解不当，导致不能与原文的意思“对等”。请看下面的例子：

I write this note today because your going away is much upon my mind, and because I want you to have a few parting words from me to think of now and then at quiet times. I need not tell you that I love you dearly, and am ***very***, ***very sorry*** in my heart to part with you.

[参考译文 1]　今天我写这封短笺，一方面是因为你的离去萦绕我心，另一方面是因为要给你只字片语，供你在宁静的时刻，时而思量。我毋须告诉你，我爱你有多深，与你分离，我心中感到愁肠百结。

[参考译文 2]　今天我写这封短笺，一方面是因为你的离去萦绕我心，另一方面是因为要给你只字片语，供你在宁静的时刻里，时而思量。我毋须告诉你，我爱你有多深，与你分离，我心惆怅不已。

参考译文 1 中最后的用词“愁肠百结”来体现原文 very, very sorry in my heart 的意思，显得有点过分，“愁肠百结”意为“忧愁的心肠绕成了一百个结，形容焦躁、痛苦、忧伤之极”。显然原文并没有表达这么严重的伤感情调。“惆怅不已”与“愁肠百结”是近义词，都表达情感忧愁，只不过在程度上存在一定的差异。前者表示“伤感、愁闷”，已足以表达原文中父子离别之情。

选用词语时，都必须确切地了解所选词语的涵义，特别是那些意义相近而又有细微差别的同义词，尤其要注意辨析。

3.2.2 要注意所选用词的感情色彩和语体色彩

对词语的选择，不仅仅要把握词语的意义，还要注意词语的色彩，包括感情色彩和语体色彩。原文对所陈述的事物或现象持有不同的立场和态度，所以在用词方面往往带有褒奖、喜爱或贬斥、厌恶等色彩。

It is my comfort and my sincere conviction that you are going to try the life for which you are best fitted. I think its freedom and ***wildness*** more suited to you than any experiment in a study or office would ever have been; and without that training, you could have followed no other suitable occupation.

[参考译文 1] 你将体验的生活是最适合你的，这是我的安慰，也是我诚挚的信念。我认为那种自由与放荡不羁的生活较比书房或办公室的工作更适合于你。缺少那种训练，你就不能从事其他适合你的职业。

[参考译文 2] 你将体验的生活是最适合你的，这是我的安慰，也是我诚挚的信念。我认为那种自由与无拘无束的生活较比书房或办公室的工作更适合你。缺少那种训练，你就不能从事其他适合你的职业。

参考译文 1 把原文中的 wildness 译成“放荡不羁”，与原文要表达的意义不相符合。原文中的 wildness 与 freedom 并列，很明显并没有负面的含义，表示“不受约束”之意。而“放荡不羁”意思为“任意妄为、淫乐放纵，行为不检点”，明显歪曲了原作的意思，将其改为“无拘无束”比较好。

语体色彩指词语适用于不同语体的风格色彩。口头语言通俗易懂，生动活泼；书面语言庄重典雅，讲究分寸；有些专用词只适用于某一类文体。如果翻译表达时不注意，就会使人觉得不协调。

A plain man of the people, and extraordinary fortune attended him. He offered no shining qualities at the first encounter; he did not offend by superiority. He had a face and manner which disarmed suspicion, which inspired confidence, which confirmed good will. He was a man without vices. He had a strong sense of duty, which it was very easy for him to obey. Then, he had what farmers call a long head; was excellent in working out the sum for himself; in arguing his case and convincing you fairly and firmly.

[参考译文 1] 他是平凡的人，但是有不平凡的遭遇。第一次见到他，人们不会觉得他有什么才华。他不会凭借优越感冒犯别人。他的脸和仪态让人不会怀疑他，反而激发人们对他的信任，肯定他的好意。他是个不会做坏事的人，有强烈的责任感，轻易就能负起责任。他有着农夫所谓的“长头”，很善于找出问题，与别人辩论并说服别人。

[参考译文 2] 他是一位平凡的人，但生逢其时(但有不平凡的际遇)。初次见面，人们看不出他有什么才华。他不会以优越惹人不快(盛气凌人)。他的容貌与举止消除(人们对他的)猜疑，激发(人们对他的)信心，而且肯定他的善意。他是一位行为端正的人。他具有强烈的责任感(尽忠职守)，对他来说易如反掌。他有着农夫们所谓的“长头”(即深具远见)，擅长于找出问题的症结，他辩才无碍，使人们对他的论点坚信不疑。

原文所用的是书面语言，用词比较正式，如 extraordinary fortune attended him，first encounter 等等；句子结构复杂多变，主动句、被动句、并列句、从句、介词短语结构等交错使用，朗读起来朗朗上口，富有韵律的美感。译文也应该选择一些汉语表达相当正式程度的词语，通常采用四字格或者成语来体现正式性和韵律之美。参考译文 2 比较好地再现了原文的语体特征，而参考译文 1 用语不够正式，比较口语化。

3.2.3 要慎用文言词和方言

在翻译中恰当使用文言词语，可以使语言简练匀称，表达生动有力，还可以表达庄重、严肃的感情色彩。一些"之乎者也"等词用得好可以表达幽默或讽刺的意义。但是文言用词必须谨慎小心，以免弄巧成拙。凡是能用白话表达的，尽量不要使用文言词语，不要把译文弄得半文半白，也不能不顾原文只为译文文采而堆砌文言词语。在某些环境中，如果要使用某个文言词语，也必须了解清楚这个词语的意义和感情色彩，弄清它所适应的场合和对象，否则就会闹出笑话，贻笑大方。

请看 Francis Bacon 所作 *Of Studies* 以及王佐良先生的译文：

Studies serve for delight, for ornament, and for ability. Their chief use for delight, is in privateness and retiring; for ornament, is in discourse; and for ability, is in the judgment, and disposition of business. For expert men can exe-cute, and perhaps judge of particulars, one by one; but the general counsels, and the plots and marshalling of affairs, come best, from those that are learned. To spend too much time in studies is sloth; to use them too much for ornament, is affectation; to make judgment wholly by their rules, is the humor of a scholar.

[参考译文] 读书足以怡情，足以博彩，足以长才。其怡情也，最见于独处幽居之时；其博彩也，最见于高谈阔论之中；其长才也，最见于处世判事之际。练达之士虽能分别处理细事或一一判别枝节，然纵观统筹、全局策划，则舍好学深思者莫属。读书费时过多易惰，文采藻饰太盛则矫，全凭条文断事乃学究故态。

原文用语典雅、庄重，古色古香，王佐良的译文通过使用一些文言用词，如"以"、"也"、"其"、"之"等等，赋予译文与原文相当的典雅味道，是巧用文言用词的经典之作。

对方言词语的选用也必须非常小心。翻译往往强调"对等"，如果原作以方言词语为特色，译文当然必须考虑词语的选用。但是，方言带有浓重的地方色彩，而且往往具有排外性，即使在同一个国家，一个地方的方言在另一个地区人们眼中常常也是外语。张谷若先生译哈代的《德伯家的苔丝》使用许多山东地区的方言，这一点已经成为翻译批评家争论的焦点。有学者认为张先生之所以选择山东地区的方言，是因为山东地区方言与北京口语语言即目前全国通用的普通话相似程度非常高，所以不会造成读者理解上的困难，同时也能体现原文的乡村地方特色。例如：

You couldn't expect her to throw her arms round'ee, an' to kiss and to coll'ee at once.

[参考译文] 你总不能指望她一下子就抱着你又亲又啃吧？

评论者认为哈代小说中的威塞克斯文化起到举足轻重的作用，这就要求译者在翻译中突出小说大量使用方言的特色。如上例中的译文就体现了原文的地方特色，传达了原文蕴涵的特殊情感。

因为不同民族文化的发展存在一致性，所以才有了语际翻译的可能性。与此同时，由于各民族的自然环境、生活方式、思维方式、社会制度、宗教信仰、历史典故、民族性格又存在差异性，这就构成了语际翻译的困难。表现在词汇层面上，就是不同语言间词汇的非对应现象。这种情况下译者就要发挥创造性，除了约定俗成的表达需要认真查找，译者应充分考虑文章的背景、文章内部结构等，以寻找最确切的用词恰当表达原句的意思。

课内练习

翻译下面的句子，注意划线部分的褒或贬。

1. Hans was too obviously <u>flattering</u> the gentleman by saying he was the most courageous man he had ever seen.
2. Mr. Brown felt greatly <u>flattered</u> when he received the invitation to deliver a lecture.
3. She is fidgety and <u>restless</u>.
4. All the inventors have a <u>restless</u> mind.
5. <u>As luck would have it</u>, no one was in the building when the explosion occurred.
6. <u>As luck would have it</u>, there was rain on the day of the picnic.
7. Many people think that he is one of the most <u>ambitious</u> politicians of our times.
8. Although he is very young, he is very <u>ambitious</u> in his research work.

3.3 变换用词

人们喜欢谈翻译中的“对等词”的重要，殊不知真正的对等词应该包括情感力量，背景烘托，新鲜还是陈腐，时髦还是古旧，声调是和谐还是故意不协律，引起的联想是雅还是俗等方面的“对等”，而且在文学作品特别是诗的翻译中，还有比词对词、句对句的对等更重要的通篇的“神似”问题。这一切使得翻译更为不易，但也正是这点不易使翻译跳出“技巧”的范畴而变成一种艺术，使它能那样强烈地吸引着无数世代的有志之士——他们明知其大不易而甘愿为之，而且精益求精，乐此不疲；他们是再创造的能人，他们在两种文化之间搭着桥梁，他们的努力使翻译工作变成一种英雄的事业。

——王佐良

语言的使用是灵活变化的。即使工具书中列举了众多的释义，但还是无法满足实际的需要，译者依然需要灵活变换用词以适应叙述的内容。字典里的释义往往是词汇的基本含义，在翻译实践中，译者往往需要从基本含义出发，在表达形式上稍作改变。调查结果显示，英汉翻译需要灵活变换用词的经常是原语动词与名词、形容词与名词、副词与动词搭配之处。由于英语词汇语义丰富，单个词语可以表达丰富的内容，而汉语词汇意思相对稳定，表达不同的含义需要选择不同的词汇。

汉语词汇中存在大量的同义词或近义词，它们在意义上相近或者相似，但是在具体应用中却有一定程度的差异。译者应该准确区分词语的细微差别，选择最准确的词语。

3.3.1 通过替换同义词、近义表达法来实现变化用词

汉语里的同义词、近义词数量繁多，用法灵活。汉语文章文学美感也能通过用词的变化来实现。试看以下例子：

The weather of summer is hot, while winter is cold and dreary. Both of these seasons are not for us to study. In the time of autumn, cold winds which are not at all pleasant generally blow. But spring has none of these drawbacks; the flowers bloom, the woods and grasses grow luxuriantly. The weather is mild and the air is balmy. In fact, this season seems full of good things and better fitted to be the time for doing something.

[参考译文 1] 夏天天气炎热，而冬天天气寒冷沉闷。这两个季节都不适合读书。在秋天，冷风一点也不会让人愉快。但是春天没有这些缺点，花儿盛开，树木草地茂盛地生长，天气温和，空气温馨。事实上，这个季节似乎充满了美好事物，更适宜于做一些事情。

[参考译文 2] 夏天的天气炎热，冬天的天气寒冷阴沉。这两个季节均不适合我们读书。在秋天的日子，通常寒风飒飒，一点也不令人喜悦。但是春天毫无这些缺憾，(百)花儿盛开，草木茂盛，气候温和，春风和煦。事实上，这一季节似乎充满美好的事物，且是更宜于工作的时间。

原文用词文雅，描述春夏秋冬各自的特色，构成一幅优美的图景。因此翻译就不能用词沉闷、重复、累赘，而必须灵活选择，体现原文多姿多彩的特色。参考译文 1 只用平白的语言表达了原文的字面意思，并不能给人一种因为用词优雅而产生的美感。参考译文 1 中"花儿盛开，树木草地茂盛地生长，天气温和，空气温馨"这些用词都可以用更加优雅更加凝练的词汇来表达，即"(百)花儿盛开，草木茂盛，气候温和，春风和煦"。后者既表达了原文的字面意思，又体现了语言表达丰富多彩的美感。

3.3.2 通过转译实现变化用词

转译，包括把英语名词翻译成汉语的动词、形容词或者副词；把英语的形容词翻译成汉语的副词、动词或者名词；把英语的副词翻译成汉语的名词、动词或者形容词；把英语动词翻译成汉语的名词或者副词；把英语介词翻译成汉语的动词等。转换词性，就增加了词汇选择的可能性，从而达到丰富用词，增加译文的文采。

The Presidency is an eighteen-century invention up against the problems of the late twentieth; it has never been as all-powerful as a generation of civics texts made it seem, and it has been further reduced by the reaction — some say overreaction — to its Empire Period under Johnson and Nixon.

[参考译文] 总统的职务是在 18 世纪创立的，而现在面临的却是 20 世纪末的问题。这个职位从来没有像历代的公民学教科书中所描绘的那样权威赫赫；而且，经过约翰逊和尼克松两个王朝所得到的反应——有些人说那是过火的反应——使它已遭到进一步削弱。

例子中的 invention 在句子中作名词用，而在译文中译作动词"创立"。显然在这里，invention 在这里翻译成动词"创立"比翻译成名词"发明"更加适于与句子的其他成分搭配，也使译文的行文更加简洁明了。

She tries to calm her daughter with a faint smile and gentle caress of her hair.

［参考译文］ 她淡淡地微笑着，温柔地爱抚着女儿的头发，让她平静下来。

译文把原句的形容词翻译成副词，把名词翻译成动词，使表述更富有动感。把英语词语的词性在译文中作出转换，可以扩大译文选择的自由度，使译文的表达更加丰富，更有文采。

事物虽然可以用不同的词语来描写，但是其中只有一个词是最恰当的。因此，要恰当地描写事物，必须找到这个最恰当的词语。翻译也是一样。汉语表达能力非常强大，只要译者的汉语水平基础足够深厚，就不会找不到适当的对等表达方式。据统计，汉语里单是“笑”的表达方式就有500多种，足以应付翻译任何一种语言关于如何笑的问题了。词语的表现力包含词义、音韵、色彩三个因素，在词语推敲过程中，要准确把握词义、色彩音韵等方面的特色，恰当贴切地选择词汇。

课内练习

用本节所学技巧翻译下列句子。

1. An acquaintance of world history is helpful to the study of current.
2. The operation of a machine needs some knowledge of its performance.
3. We found difficulty in solving this complicated problem.
4. He had the kindness to show me the way.
5. I had the fortune to become a teacher.
6. This little present is a token of our friendship.
7. While no one questioned his word, he was never a financial success.
8. The railway bridge is still under construction.
9. His suggestion is that we should set out before 8 o'clock.

3.4 词语搭配

翻译，尤其是文学的翻译，是一种艺术，变化之妙存乎一心。以英文译中文为例，两种文字在形、音、文法、修辞、思考习惯、美感经验、文化背景上既如此相异，字、词、句之间就很少有现成的对译法可循。因此一切好的翻译，犹如衣服，都应是定做的，而不是现成的。要买现成的翻译，字典里有的是；可是字典是死的，而译者是活的。用一部字典来对付 a sweet smile, a sweet flower, candy is sweet 中的 sweet，显然不成问题，但是遇到 sweet Swan of Avon, How sweet of you to say so! Sweets to the sweet, sweet smell of success 这些例子，是任何字典都帮不了忙的。

——余光中《翻译和创作》

词语必须应用在一定的语言环境中才有意义，这样词语就和其他词语之间发生了意义的搭配关系。如果这种搭配合乎事理，或者合乎约定俗成的语言习惯，那么这个词语就用得恰当，反之就是用词不当。翻译从一种语言转换到另一种语言，如果处理不当，译文带上过多原语的痕迹，就有可能出现不符合目的语表达习惯的问题，也就是用词不当或搭配不当的问题。

词语或者词组搭配在一起，它们之间形成一定的结构关系，例如并列关系、偏正关系、动宾关系、主谓关系等，实质上就是意义的搭配关系。在译文表达中，这些关系必须合情合理，合乎汉语语言习惯。

3.4.1 并列关系的词语搭配

汉英词语并列关系搭配的差异并不大，其要求基本一致。在汉语中，并列关系的词语之间是平等的，没有主次之分，但是并列的词语也有意义的配合，有些词语不能并列。首先，表示不同等级的词语不能并列，因为它们有包含与被包含的关系。并列的内容应该含有相似的结构和发挥同等的语法功能。

The pictures that linger in his mind, called up in a moment by such sensations as the smell of roses or of new-mown hay, are of a simpler nature. A little cottage nestling amidst the wayside trees, the blue smoke curling up against the green, and a bower of roses round the door; or perhaps a village street of which the name has been long forgotten, with its rambling old inn, and, a little distance away, the hoary, grey church-tower in its township of tombstone — there are the pictures of old England that are carried away to other climes.

仔细分析一下划线部分句子，该句意思都在描述 pictures，一共有 5 幅图景：小屋、炊烟、玫瑰、街景、教堂。这些图景在原文中是并列关系。

[参考译文 1] 小小的农舍偎依在路旁的树丛中，绿色的屏障上，炊烟袅袅，荫凉的蔷薇丛环绕着门庭；或许，一条不知名的小街上，有座设计不太规范的客店，不远处，灰色教堂的尖顶耸立在乡村墓地中——这才是古老英国的真实写照，这才是英国留给游客的印象。

以上译文意识到了原文中各幅图景的并列关系，但是出于对保全原文众多信息的考虑，译文中一些图景的描述并没有保持一致。如“小小农舍……在……”到“……上，炊烟……”的变化。如果要保全原文对图景的形象描述，译文应该用平衡的句式勾勒各幅图景。因此，译文 1 可稍作修改为：

[参考译文 2] 小小的农舍偎依在路旁的树丛中，袅袅炊烟飘向绿色的屏障，荫凉的蔷薇丛环绕着门庭；远处的小街可见一座设计不太规范的客店，灰色教堂的尖顶在不远处耸立于乡村墓地中——这才是古老英国的真实图景，这才是英国留给游客的印象。

3.4.2 偏正关系的词语搭配

从词义的搭配上看，偏正关系就是修饰与被修饰的关系，修饰语对中心语起限制或者修饰的作用，修饰语在意义上必须能与中心语配合，否则就不合情理。英汉语的修饰语与中心词所置位置有别，而且英语词汇含义很广，汉语词汇词义相对狭窄，在翻译的时候要注意根据具体的语境选择适当的修饰语。

We have achieved much because we have built on each other's successes. We have been open to new partnerships, to new projects, to new ideas, and to new horizons. And above all, we have joined together as a Pacific community, turning a great ocean into a bridge, not a barrier, between nations.

上句中 great ocean 这个词组在翻译的时候需要考虑词语之间的偏正关系搭配。great 是一个用法广泛的英语单词，其含义非常丰富，而用来修饰 ocean，就把 great 的意思具体化、确定化。此处可以译为"大洋"而不能译成"伟大的海洋"或"主要的海洋"。相对而言，"浩瀚的海洋"更能体现原语的气势，显得形象具体。

[参考译文] 我们取得了巨大成就，因为我们从各自的成功中相互受益。我们欢迎新的伙伴关系、新项目、新思想和新环境。最重要的是，我们作为太平洋地区的成员共同努力，将浩瀚的海洋变成了连接国与国之间的桥梁，而不是设置壁垒。

另外，汉语修饰词习惯放在中心词之前，而英语则在很多情况下把较长的修饰语放在中心词之后，翻译时必须小心调整，使译文符合汉语约定俗成的表达习惯。试看下面例子：

The list of candidates being talked about in Washington and on Wall Street is half what it was before the Nov. 2 election, when prominent Democrats such as former Treasury Secretary Robert Rubin were considered hot prospects had Massachusetts Sen. John Kerry won the White House.

例子中 being talked about in Washington and on Wall Street 作为 the list of candidates 的修饰成分，按照英语表达习惯置于修饰对象之后。翻译成汉语时，需要将修饰成分提前，才符合汉语语言规范。

[参考译文] 与 11 月 2 日总统大选之前相比，美国政府内部和华尔街所关注的美联储主席候选人人数减少了一半。当时假若民主党总统候选人约翰・克里成功入主白宫的话，同是民主党人的前财政部长罗伯特・鲁宾是新一任美联储主席的热门人选。

3.4.3 动宾关系的词语搭配

从词义的搭配上说，动宾关系是一种支配与被支配关系。其中的动词是否能支配后面的对象，是翻译中需要仔细衡量的问题。英语动作词往往有多种解释，可以与很多对象搭配，翻译成汉语时，有必要对动作的用词进行细分，寻找最贴切的表达方法。

Never take a mean advantage of any one in any transaction, and never be hard upon people who are in your power. Try to do to others as you would have them do to you, and do not be discouraged if they fail sometimes. It is much better for you that they should fail in obeying the greatest rule laid down by our Savior than that you should.

[参考译文 1] 在交易中，决不要捉弄任何人，也决不要对待你的部属严苛。你要别人怎样对待你，你就要怎样对待别人。即使他人有时失败，你也不必气馁。宁可别人不遵守我们救世主的最伟大的法规，但你必须遵从。

[参考译文 2] 在处理任何业务时，决不要占任何人便宜，也决不要苛刻对待你的部属。你要别人怎样对待你，你就要怎样对待别人(己所不欲，勿施于人)。如果他们有时亏待你，你也不必气馁。宁可别人不遵从我们救世主订下的最伟大的法规，你自己也不能违背。

take advantage of sb.字典意思为“捉弄某人”，参考译文 1 按照字典意思翻译，显然与原文意思不合，此处是动词与宾语的搭配不合情理。而 fail 文中作不及物动词，后面不需要带宾语，但是翻译成汉语时由于意义的搭配，必须加上宾语。而参考译文 2 根据原文的思想把 take advantage of sb.译为“占任何人便宜”，给 fail 搭配上宾语，译为“亏待你”，搭配合理，意思完整。

当多个动词同时支配同一个宾语，或一个动词同时支配多个宾语时，要注意动词与宾语的一一搭配，每一个搭配都要合乎情理，避免出现搭配不当的毛病。

3.4.4 主谓关系的词语搭配

从语义搭配上看，主谓关系就是陈述与被陈述的关系。主语是陈述的对象，谓语表示陈述的内容，陈述的内容必须与陈述的对象相符，否则就会出现主谓不搭配的问题。与汉语相比，英语主谓搭配比较灵活，也复杂得多，翻译时尤其要小心。

Mouth cancer was once considered to mostly affect older men, but it is now becoming more common in younger people and women. It is possible that binge-drinking and smoking could be helping to fuel rising rates of the disease as these are key risk factors.

[参考译文 1] 通常人们认为年纪大一些的人更容易患口腔癌。但从目前情况看，越来越多年轻人也患上该病。过度饮酒和抽烟可能帮助了该病在年轻人中的发病率，因为它们是导致该病的主要因素。

[参考译文 2] 过去一度认为那些年纪大一些的人更容易患口腔癌，但从目前情况来看，该病在年轻人中正呈现出与日俱增的发展趋势。医生们经研究认为，年轻人过度饮酒和吸烟可能是导致口腔癌在该群体中发病率节节上升的两个“帮凶”。

在上述例子中，helping 一词是翻译的难点，尤其需要考虑该动词的主语，才能在目的语中选择贴切的对应词语进行搭配。因为该句的主语是“过度饮酒和抽烟”，而且是后面宾语的原因，所以将 helping 翻译成“帮助”并不妥当，应该翻译成“导致”为好。

当出现多个主语被同一个谓语陈述或者一个主语被多个谓语陈述时，翻译成汉语后陈述的对象与陈述的内容必须在意义与逻辑上都合乎搭配的习惯。

在翻译实践中，对原文的理解和译文的表达的重要性不相上下，译者的译入语表达能力甚至是一篇译文是否成功的关键。词语在一定的语境中与其他词语构成各种搭配的关系，实质上是意义的搭配关系。由于英汉语言习惯、文化习惯不同，两种语言的词语搭配习惯存在一些差异。译者在翻译过程中尤其要注意灵活使用正确的搭配方式。

课内练习

用本节所学技巧试翻下列句子。

1. After the basketball match, he still has an important conference.
2. She lingered long over his letter.
3. The recruit threw the grenade 50 meters.
4. The development of economy remains one of the priorities of the Chinese Government.

5. White clouds float over the blue sky.
6. Long-range guns aimed at the position of the enemy.
7. Don't get angry. I am just having a joke with you.
8. How time flies!
9. A red sun rising slowly on the horizon.
10. He is so absorbed in the work that he hasn't had a bite since morning.
11. Hydrogen burns in air of oxygen, forming water.
12. More thorough testing might have caught the failure initially.

3.5 特殊词汇翻译

上个世纪20年代，赵景深通过英文译本译出了契诃夫的《凡卡》，他当时译为《樊凯》。有一段引起风波的文字，英文原文是这样的：

The whole sky sparkled gay twinkling stars, and the Milky Way is as distinct as though it had been washed and rubbed with snow for holidays.

赵把这一段译为："天上闪耀着光明的亮星，牛奶路很白，好像是礼拜日用雪擦洗过一样。"

为了这个"牛奶路"，鲁迅写了一首诗，对其大加讽刺。他这首《教授杂咏四首》之二如下：

可怜织女星，化为马郎妇。乌鹊疑不来，迢迢牛奶路。

鲁迅的杂文《二心集/风马牛》可以看作是对这首诗的注解。原来赵把上半身为人下半身为马的人头马怪物译成"半人半牛怪"，既然译"马"为"牛"，那么"牛郎"岂不成了"马郎"；既然把"银河"译成"牛奶路"，有了路还要鹊桥干什么？所以乌鹊也就不知道是不是还用来了。

经鲁迅这么一闹，"牛奶路"就成了翻译界的笑柄。

3.5.1 人名地名

因为都属于专有名词的翻译，人名地名的翻译必须规范，才不致于造成读者理解上的困惑。人名地名的翻译通常可以采用音译法、意译法、音意合译等方法。

音译法是人名地名翻译的基本原则。在翻译实践中遇到人名地名的翻译时，首先要查找正式的译名。一般可以查《英语姓名译名手册》、《外国地名译名手册》和《世界地名词典》等工具书。例如：

William Shakespeare 威廉·莎士比亚
George W. Bush 乔治·W·布什
Mark Twain 马克·吐温
Helen Keller 海伦·凯勒
Allen Greenspan 阿伦·格林斯潘
Benjamin Franklin 本杰明·富兰克林

Casablanca 卡萨布兰卡
Vancouver 温哥华
Mexico City 墨西哥城
Seoul 首尔
Edinburgh 爱丁堡
Frankfort 法兰克福

如果查不到正式译名，译者需要自己进行翻译。此时首要的原则还是音译，而且要尽可能简略。一方面，汉语人名地名习惯上是比较短的，另一方面也符合英语读音。如 McDonald 翻译为麦当劳/麦克唐纳比麦克唐纳拉德更适当。

有些人名地名习惯上是意译。在文学作品中，人名有可能隐含特定的意思，名字的意思和读音都蕴涵着作者对人物性格的塑造和写作意图。在这种情况下，意译或者音意合译都不失为好方法。例如：

East River 东河
West Point 西点
Green Island 绿岛
Big Rapids 大瀑布城
Windward Islands 向风群岛
Hardly Human 卜世仁

3.5.2 俗语俚语

俚语的内涵，从广义上讲，它是产生和流行于民间的比较俚俗的用语单位，它具有谐趣上的特点：它不仅包括具有思想上的训诲性和行为上的劝诫性的一般意义的谚语和民谣，还是语言运用意义的突破与创新。（赵杨飏，1997）

习语俚语的特性和功能包括：1）形式不规范，具有随意性；2）含义夸张、滑稽、不正式；3）时髦流行，带有地域性。翻译时候注意不要望文生义，不要按图索骥，既不要单从字面去理解，也不能刻板僵化处理，需要灵活处理。例如：

to be in the dog house 在狗窝里；实为“失宠或受冷遇”
to bend sb.'s ear 折弯某人的耳朵；实为“与某人交谈”
to get the lead out 把铅弄出来；实为“振作精神或焕发热情”
fruit 水果；俚语为“同性恋者”
duck 鸭子；俚语为“奇特的人”，作动词用表示“闪避”
He tried to duck his responsibilities. 他想要逃避责任。
on the make：英国指热衷于追名逐利，在美国多指一个男人拜倒在妇人石榴裙下

俗语俚语包含许多委婉的表达法，而且表达方式多种多样，在翻译的时候必须因地制宜，结合语境把握词义，选择适当的汉语词语充分达意。例如对死亡的表达有：

to go to sleep 长眠
to be no more 没有了，不在了
to close one's eyes 闭眼，瞑目
to log down one's life 献身
to expire 逝世
to pass away 与世长辞
to breathe one's last 咽气
to go west 命赴黄泉
to pay the debt of nature 了结尘缘

再如对妇女怀孕的不同表达：

She is five months gone. 她怀孕 5 个月了。
to wear the apron high 不是围裙系得高高的，而是怀有身孕
to be in a delicate condition 不是处于碰不起的状态，而是怀有身孕的妇女

由于俚语在特定的文化环境里产生、发展、消失，新的俚语又不断出现，所以英语俚语的汉译并非轻而易举。查阅相关的工具书当然可以解决一些问题，但是缺乏对俚语使用环境的亲身体验，就如隔靴搔痒，总难以得到畅快淋漓的精彩之笔。作为译者，除了具备有用的工具书外，还要关注英语语言文化的发展，广泛接触英语原语材料，并尽可能到逼真的语言环境亲身体验，才能做好俚语的翻译。

3.5.3 习语成语

英汉两种语言都含有丰富的习语成语。成语一般具有言简意赅、形式简炼、形象生动、妙趣横生等特点。恰当地在语言表达中应用成语可以增加文章的文采和感染力。习语和成语总会带有浓厚的民族、历史色彩，所以英汉习语成语存在一定的差异。例如比喻应用的不同、风俗习惯和历史背景不同等。翻译习语成语时，译者必须熟悉其历史文化背景，结合词语使用的环境，准确地把英语成语的意思用汉语表达出来。

习语成语的翻译首先可以参考工具书，弄清楚习语成语在字典中的释义，再根据上下文灵活翻译。具体可以采取套译、代译、意译的办法。

所谓套译，就是直接用汉语已有的习语成语来翻译对应的英语成语。毕竟人类的发展存在相同之处，所以英汉两种语言文化中存在一些对等的成语表达法。在这种情况下可以直接套用。例如：

to be a parrot 鹦鹉学舌；人云亦云

a sly old fox 老奸巨猾的人；老狐狸

stir up a hornet's nest 捅了马蜂窝

fish in troubled waters 浑水摸鱼

turn a deaf ear to 置若罔闻

to fish for praise 沽名钓誉

a drop in the ocean 沧海一粟

like father like son 有其父必有其子

Strike while the iron is hot. 趁热打铁。

To die on one's feet is better than to live on one's knees. 好死不如赖活。

Blood is thicker than water. 血浓于水。

He who laughs last laughs best. 谁笑到最后，谁笑得最好。

Give knaves an inch and they will take a yard. 得寸进尺。

代译法，即把原语带有文化特色意象的成语用意思相近而含有不同意象的成语来翻译。英汉语言文化毕竟存在一定的差异，很多时候会利用不同的意象表达同样的意思，在这种情况下，可以只求达到表达的效果，而不求意象的对等。例如：

as strong as a horse 强壮如牛

bullshit 狗屁，胡说八道

love me, love my dog 爱屋及乌

to shed crocodile tears 猫哭老鼠

to throw pears before swine 对牛弹琴

as timid as a rabbit/chicken 胆小如鼠

goose skin/flash 鸡皮疙瘩

the black sheep of the family 害群之马

the goose is cooked 生米已经煮成熟饭

like a cat on hot bricks 热锅上的蚂蚁

在如何翻译成语问题上，刘重德认为，在读者读了能懂而且读起来通顺的条件下，应在尽量保持原文意义的同时，也设法保存其语法基本结构和修辞比喻形象，即采用所谓直译法。遇有直译不通的情况，就必须根据有关两种语言的特点，将原文的精神实质融会贯通，改用相应的适当的表达法来译，即采取所谓的意译法。

英汉语言文化的差异，重要的一点表现在两者对同一个意象的理解完全背道而驰。例如英语的 dog 通常带有幸运、吉祥、称道的语意，如 Every dog has his day. 凡人皆有得意日。Old dogs will learn no new tricks. 老年人学不了新东西。Lucky dog，clever dog，bull dog，gay dog 分别指幸运儿、聪明人、硬汉子、快活人。而中文的狗则完全相反，带有狗字的词汇几乎都是贬义的，如走狗、狗腿子、落水狗、狗胆包天、狼心狗肺、狗仗人势、狐群狗党、狗头军师、狗急跳墙、鸡鸣狗盗、人模狗样、狗嘴吐不出象牙等。

当文化意义浓厚的词汇直译不能达意时，代换法可能导致把译文文化强加到原文文化，所以，为了达等效，可用意译，用意思相同而形式不同的方法翻译，突出原语文化内涵。例如：

Live like cat and dog. 成天吵架。

monstrous audacity 狗胆包天

Like begets like. 龙生龙，凤生凤。

a bull in a china stop 动辄闯祸的粗人

a damned snobbish 狗眼看人低

a dog with two tails 非常高兴，兴高采烈

After a storm comes a calm. 否极泰来。

He that respects others shall likewise be respected. 敬人者，人恒敬之。

All good things come to an end. 天下无不散之筵席。

Give a dog a bad name and hang him. 欲加之罪何患无词。

3.5.4 术语新词

各个领域都有专业的术语词汇，翻译这些术语新词必须与该行业约定俗成的说法吻合。目前国内已经出版为数不少的专业术语字典、词典，为翻译工作者解决实际问题提供了参考的依据。相关的工具书有：《国际时事辞典》、《英汉经济综合词典》、《英汉军事与技术辞典》、《各国国家机构手册》、《简明不列颠百科全书》等等。

另外，新词的翻译也需要追根溯源，不能任意翻译。首先要查找资料，看看是否已经存在前人的译法或者普遍接受的译名。可以通过网络这个庞大的数据库寻找前人关于相关术语的翻译或者解释。如果实在无法查找，就只能根据词语的内涵外延，按照一定的翻译原则翻译出来。

英语中有些词汇用法灵活，在不同行业中的意义非常多变，翻译时往往要根据上下文的不同判断词义。如 fire 既可作名词，又可作动词。作名词时，在文学的语境可能有“热情、激情”之意，如：His eyes were sparkled with fire. 他的眼睛闪耀着激情之光。

而在科技文献中，fire 作动词可以是“点燃、烧制、给(炉子)加燃料”等意思，除此之外，fire 还可作“放枪；激动；解雇”等解释。

各行各业英语可能由非常简单的词汇构成专业名词，翻译的时候必须小心分辨，查阅专门字典及各种参考资料，切忌望文生义。例如：

money bill 金融法案

money market 短期资金市场

treasury bonds 长期国债

idle loans 呆滞贷款，呆账

real estate 房地产

game management 狩猎管理

time deposit 定期存款

good governance 善政廉政

inventory 库存产品

语言中的特殊词汇为数不少，这些词汇大多蕴涵着民族、文化、地域、历史意味。因此，其翻译就不仅仅是对语言文字的处理，而要具体分析语言文字之外的众多因素，这样才能成功地把一种语言的特殊词汇用另一种语言表达出来，并且能够达到同样的效果。

名家谈翻译

思果：翻译要点

（一）翻译切不可不守纪律，没有尺寸，乱添乱减。虽然佳译像盐化在水里，看不出痕迹，但盐总在那里，没有添，没有减。有的翻译是“演义派”，补出很多情节，全是原文没有的。有人随意删削，好像在编辑。（双关语、俏皮话等有的确不可翻者例外。）

（二）切不可译字，要译意，译情，译气势，译作者用心处。记住，译者最大的敌人是译文字。

（三）切不可抱定一个英文字只有一个中文译文解释，以不变应万变。如果你译一个英文字把认定的一个意思写下，再和上下文一同看，觉得不大像话，你可能错解了那字的意思，赶快细查字典。

（四）切不可抱死一两本英汉字典做翻译工作。不论编得多好的英汉字典都不很可靠，这种字典有先天的缺陷，有人谋的不臧；并非无用，而绝不完全可靠。多备几本好英文字典，不怕辛苦多翻翻。

（五）不要以为译好就已十全十美。整段、整句会漏译，数目字会看错（这一点最不能得到别人原谅），英文会看错，中文会不通顺，至少逐字逐句对一两次，过些时再看一两次（单看译文是否可以过得去）。你多找出一个错，别人就少发现一个。

（六）不懂的题材，千万不要率尔翻译。至少也要找一两本有关的书或大一些的百科全书查一查。如果能找到专家请教一下更好。西方的学问分门别类，每一门都极高深，得到各科通俗的常识都不容易，不用说全部的知识了。

（七）没有绝对把握的中文字词成语不要用。成语用得贴切，不啻锦上添花；但失之毫厘，差之千里，用得不对，反而贻人笑柄。用时也许觉得是神来之笔，其实仔细一查，似是而非，或意思正相反。（申雨平、戴宁，2000）

第四单元 4 句子翻译

根据研究，伊丽莎白时代(The Elizabethan Age，1553—1603)文人所写的英文句子，每句动辄四十余词；到了维多利亚时代(The Victorian age，1837—1901)较短，平均每句也有29个词；而一切讲求轻薄短小的时代，则已减为十几二十个词一句了，可见英文造句有越来越短的趋势。句子一短，句中的连接词和关系代词就大量减少，文意也就易解多了。即使如此，如果照英文的句法直译为中文，仍嫌句子冗长拗口。因为中英文句法结构本质不同，中文简洁，而英文复杂；中文一字一义，一词一义，在表达含义复杂的句子时，常分成数个短句，逐次展开，因此词句通常简练；英文长句在译成中文时，必须把握的原则就是掌握全句中心意旨，再根据中文的实践与逻辑顺序重新组合、适当断句，使之成为通顺可读的句子。

林培汀，1997

4.1 长句处理

先请试译一下全球最畅销图书排行榜第6位的书 *A Message to Garcia*（《给加西亚的信》）中的几个句子。

And I will lay you ten to one that after you have answered the questions, and explained how to find the information, and why you want it, the clerk will go off and get one of the other clerks to help him try to find Garcia — and then come back and tell you there is no such man.

(Have I put the matter too strongly?) Possibly I have; but when all the world has gone a-slumming I wish to speak a word of sympathy for the man who succeeds, the man who, against great odds, has directed the efforts of others, and having succeeded, finds there's nothing in it: nothing but bare board and clothes.

Of course I know that one so morally deformed is no less to be pitied than a physical cripple; but in our pitying let us drop a tear, too, for the men who are striving to carry on a great enterprise, whose working hours are not limited by the whistle, and whose hair is fast turning white through the struggle to hold in line dowdy indifference, slipshod imbecility, and the heartless ingratitude which but for their enterprise, would be both hungry and homeless.

这些句子都比较长。在日常生活中这样长句随处可见,在文章中长句更是比比皆是。长句有难有易,结构错综复杂,短的不少于 20 字,最长时可达 100 多字,而且很容易被译得拖沓冗长,令人读起来不知所云。因此,对于结构复杂,层次众多长句,必须得小心。

现在我们就上面的句子以及其他的典型句子为例,介绍一下英语长句汉译时常用的方法。

4.1.1 顺译法

顺译法就是英语长句所叙述的内容逻辑和顺序与汉语的表达相一致时,可以直接按照原文顺序翻译。如下句:

Sometimes an innocent person who is involved in an accident is crippled for life and the person who caused the accident might not have the money to pay him for years — but the insurance company does.

这个句子含有两个并列的定语从句。句子共有三层意思:(一) 事故中的无辜受害者终身残废,(二) 肇事者就是拖上几年也拿不出钱来赔偿,(三) 可是保险公司赔得起。这三层的内容逻辑和汉语表达是一致的,因此我们可以把它顺译出来。一般来说,当句子按时间来描述动作发生的先后顺序,或者每个分句之间是并列关系时,多采用顺译法。

[参考译文] 有时事故中的无辜受害者终身残废,而肇事者就是拖上几年也拿不出钱来赔偿,可是保险公司却赔得起。

再看看 *A Message to Garcia* (《给加西亚的信》)的第一个例句:

And I will lay you ten to one that after you have answered the questions, and explained how to find the information, and why you want it, the clerk will go off and get one of the other clerks to help him try to find Garcia — and then come back and tell you there is no such man.

[参考译文 1] 我敢跟你打个十赔一的赌,当你回答完这些问题,当你说明了怎样查以及你为什么要查之后,这个职员会离去并找其他职员协助他找加西亚——然后回来时他会说,你要了解的这个人根本不存在。

[参考译文 2] 当你回答完这些问题,当你说明了怎样查以及你为什么要查之后,我敢跟你打个十赔一的赌,这个职员会离去并找其他职员协助他找加西亚——然后回来时他会说,你要了解的这个人根本不存在。

两个译文一比较,很容易看出在原文顺序符合汉语表达逻辑时,最好的方法还是顺译,否则很容易割裂原文内容的逻辑关系,造成误译。

4.1.2 逆译法

很多情况下，英语的表达顺序和汉语的表达顺序有很大的不同，甚至完全相反。这就要求翻译时，要仔细分析英语的长句结构，将原文句子或进行局部调整，或进行总体调整，以达到使译句符合汉语习惯表达和叙事逻辑顺序的目的。如下句：

Yet as Indian IT companies are discovering as they develop local centers to service global customers, market access in China may add up to nothing if the country's graduate and post-graduate community of software professionals lacks proficiency in English.

［参考译文 1］ 然而，印度信息技术企业在中国设立地区中心以期为全球客户提供服务时却发现，如果中国软件专业的应届本科毕业生和研究生英语水平不高的话，这些企业进军中国市场的举动可能会毫无意义。

［参考译文 2］ 然而，印度信息技术企业发现，在中国设立地区中心以期为全球客户提供服务时，进军中国市场的举动可能会毫无意义，要是中国软件专业的应届本科和研究生毕业生英语水平不高的话。

这句话是一个套嵌的状语从句。分析后，按照汉语表达逻辑，这句话有这么几层意思：（1）Yet as Indian IT companies are discovering，（2）as they develop local centers to service global customers，（3）if the country's graduate and post-graduate community of software professionals lacks proficiency in English，（4）market access in China may add up to nothing.

因此，要这句话的汉译语气自然，就要调整翻译的语序，以符合汉语表达习惯。比较发现，参考译文 2 不符合汉语的习惯，整个句子给人印象混乱，不合章法。而参考译文 1 调整了译文语序，使之更符合汉语的逻辑，容易让读者理解。

但是我们在采取逆译法的时候也要视情况，按意群来进行全部倒置或部分倒置。如果译句既能顺译又能倒置时，就要由译文的效果来决定采取什么手段来翻译。

请看 *New Concept English* 中的一个句子：

Such is human nature in the West that a great many people are often willing to sacrifice higher pay for the privilege of becoming white collar workers.

［参考译文 1］ 许多人常常宁愿牺牲比较高的工资以换取成为白领工人的社会地位，这在西方倒是人之常情。

［参考译文 2］ 这在西方倒是人之常情，许多人常常宁愿牺牲比较高的工资以换取成为白领工人的社会地位。

这是一个比较长的同位语从句。按照汉语的习惯，通常原因在前，结果在后；条件在前，事实在后。我们按照汉语习惯把这句话的主句 Such is human nature in the West 倒置到句末，不仅更符合汉语习惯，而且语言也更流畅。

这样我们就不难翻译好 *A Message to Garcia*（《给加西亚的信》）的第二句话。

（Have I put the matter too strongly?）Possibly I have；but when all the world has gone a-slumming I wish to speak a word of sympathy for the man who succeeds，the man who，against great odds，has directed the efforts of others，and having succeeded，finds there's nothing in it：nothing but bare board and clothes.

[参考译文]（我是不是有点言过其实?）或许吧。然而在整个世界走下坡路的时候，有些人顶住了指挥下属的种种麻烦和压力，结果他成功了，成功后却发现：不过是一场虚无，下属们为公司干活不过只为衣食住行而已。让我们为这样的人士说句公道话吧！

4.1.3 拆分法

请看《金融时报》的一篇文章中的一个句子：

Malaysia's Ministry of Plantation Industries and Commodities wants to include the mandatory sale of biodiesel in a proposed biofuel bill expected to be submitted for cabinet approval this month, a ministry official told ***the Financial Times***.

[参考译文1] 马来西亚种植与原产业部(Ministry of Plantation Industries and Commodities)的一名官员告诉《金融时报》，该部希望将生物柴油的强制销售纳入拟议的生物燃料法案，预计该法案将在本月提交内阁审批。

[参考译文2] 马来西亚种植与原产业部希望将生物柴油的强制销售纳入将在本月提交内阁审批拟议的生物燃料法案，这个部门的一名官员这样告诉《金融时报》。

参考译文1明显要比参考译文2好。在这句话中，句子的前半部分冗长复杂。但仔细分析它的结构后，可以把它分拆成两个简单句：Malaysia's Ministry of Plantation Industries and Commodities wants to include the mandatory sale of biodiesel in a proposed biofuel bill 和 The bill is expected to be submitted for cabinet approval this month。这样一来，句子的层次就明显了。如果强行按照一句话来翻译，不仅译文曲折，而且还容易产生疏漏。

再看下面这个长句：

Behaviorists suggest that the child who is raised in an environment where there are many stimuli which develop his or her capacity for appropriate responses will experience greater intellectual development.

[参考译文] 行为主义者的看法是，如果一个儿童在有许多刺激物的环境里成长，而这些刺激物能够发展其作出适当反应的能力，这个儿童将会有更高的智力发展。

这是一个由多层从句嵌套而成的长句，看起来有些混乱，但是如果一层层把它们剥离开来，就会发现它其实是个很简单的句子。主句为 Behaviorists suggest that ..., that 引导一个宾语从句，the child 是从句的主语，谓语是 will experience；who 定语从句修饰 the child，where 状语从句修饰 an environment，which 定语从句修饰 many stimuli 。这样分析以后，句子的层次以及各从句之间的相互关系便一目了然了。

拆分就是将英语长句"化整为零"。而拆分的关键就是要按照原句的意群，采取切断的办法将原句在关系代词、关系副词、并列、转折等连接处分成一个个分句，再顺译全句。拆分法的优点是：一、可以基本保留英语的语序，减少疏漏。二、可以使英语长句的汉译符合汉语多用短句的语言习惯，层次清晰，语气连贯。

再来译 *A Message to Garcia*（《给加西亚的信》）的第三句话：

Of course I know that one so morally deformed is no less to be pitied than a physical cripple; but in our pitying let us drop a tear, too, for the men who are striving to carry on a great enterprise, whose working hours are not limited by the whistle, and whose hair is fast turning white through the struggle to hold in line dowdy indifference, slipshod imbecility, and the heartless ingratitude which but for their enterprise, would be both hungry and homeless.

［参考译文］ 当然，我知道像他这样心理上不正常的人同身体上有残障的人一样值得我们同情。不过在我们同情他们时，别忘了还有另外一些，他们苦心经营着大企业，别人下班了，他们仍在工作。心不在焉的、懒散的、愚蠢的、忘恩负义的员工让他们伤透脑筋，他们的头发在日复一日的操劳中逐渐变灰、变白。若是没有他的企业，那些员工就要饿肚子并且无家可归。

在翻译实践中，特别是在遇到一些特别长，特别复杂的句子的时候，各种翻译手段是要加以综合运用的。以上介绍的三种方法只是最基本的长句翻译方法，译者还可以根据自己的体会，巧妙地运用各种手段，做到翻译的最高标准：信、达、雅。

4.2 定语从句

从上节的例子我们可以发现，定语从句和长句就像好朋友一样形影不离。长句之所以长，定语从句帮了不少的忙。有人说定语从句是英译汉中最难处理的一种从句。原因有二：一方面，英汉两种语言中作为修饰成分的定语位置截然相反，汉语的一般在前，英语的一般在后。另一方面，汉语的定语一般只起修饰和限定的作用，而英语的定语从句则作用广泛，除修饰和限定的作用外，还具有类似状语从句的功能。因此，英汉定语在位置、词序、措辞及结构上常常会给理解和翻译造成困难。翻译的时候一定要小心处理。（马艳，2005）

4.2.1 前置法

前置法即把句中的修饰成分按照汉语习惯放在所修饰的词前面。例如：

Mr. Murdoch who owns ***the New York Post*** indicated that U.S. newspaper's editorial strategies were to blame for their financial problems.

［参考译文］ 拥有《纽约邮报》的默多克先生指出，美国报纸的编辑战略应承担报纸财务问题的责任。

这里的定语从句的翻译是典型的前置法。这种方法通常用于结构相对比较简单，在逻辑上有明确的限制作用的定语从句而言的。翻译时按照汉语的习惯加个“的”字。又例如：

After spending $1.5 bn so far this year on acquisitions such as MySpace.com, a fast-growing online community, and IGN Entertainment, a games and content site, Mr. Murdoch disputed the recent claim by Sir Martin Sorrell, chief executive of WPP, that some traditional media owners were panic buying new media assets.

［参考译文］ 迄今为止，默多克先生已花费15亿美元进行收购，如收购快速成长的网络社区MySpace.com，以及游戏和内容网站IGN Entertainment。默多克先生反驳了WPP首席执行官马丁索雷尔爵士最近的说法：一些传统媒体的所有者在恐慌性收购新媒体资产。

4.2.2 后置法

后置法通常用于比较长，结构比较复杂的定语从句，这种定语从句的意思常常具有独立性，在逻辑上还有其他的补充说明的作用。一般采取的翻译策略是将定语从句译成并列的分句。例如：

Mr. Murdoch, who once described classified revenues as "rivers of gold", said: "Sometimes rivers dry up."

[参考译文] 默多克先生一度把报纸分类广告形容为"黄金之河"，但他说："有时河流也会干涸。"

这个句子的主干是 Mr. Murdoch said: "Sometimes rivers dry up."。中间的定语从句起到一个补充说明的作用，将其译为一个并列的分句，不仅意思表达逻辑更清楚，行文也更流畅。

Copper prices, which reached record highs last week, fell back yesterday after China's State Reserve Bureau failed to sell all of the metal it put up for auction this week.

[参考译文] 铜价在上周创下历史新高，但中国国家物资储备局本周拿出拍卖的铜未能全部售出导致铜价昨天回挫。

本句也是一样。如果强行把定语前置，译为："上周创下历史新高的铜价昨天回挫，昨天中国国家物资储备局本周拿出拍卖的铜未能全部售出。"这个翻译难免让人觉得句子不通顺，逻辑关系也不清晰。

4.2.3 混合译法

英语中表示状语性质的定语，往往具有谓语的特点，翻译时难以保留原来的定语形式，一般可转化为表目的、原因、结果等的状语，从而加强逻辑的严密性。有时也要适当调整语序。（马艳，2005）例如：

He wants to write an article, which will attract public attention to the air pollution in this city.

[参考译文] 他想写一篇文章，用来引起公众对该城市空气污染的关注。

这里的定语从句是用来表示主句中某一动作或状态发生的目的和动机，其含义相当于由 in order that 引导的目的状语从句，修饰主句中的谓语动词，这类定语从句可以转换为目的状语从句。（杨兆忠，2002）

The thief, who was about to escape, was caught by the policemen.

[参考译文] 小偷正要逃跑时，被警察抓住了。

这个简短的例子中，从句的动作与主句的动作几乎同时发生，其含义相当于连词 when, while 或 as 等引导的时间状语从句，在翻译时往往加上相应的连词"当……的时候"。（杨兆忠，2002）

How can anyone hope to be a qualified teacher, who doesn't know what the students are thinking and demanding?

[参考译文] 一个人如果不知道他的学生在想什么，需要什么，怎么能指望自己成为一个合格的教师呢？

这里从句所表示的是主句中某一动作或状态是在某一条件下产生时，其作用相当于连词 if

引导的条件状语从句，修饰主句中的谓语动词。在翻译时往往要加上"如果"等词。(杨兆忠，2002)

定语从句的翻译一定要灵活运用各种策略，不仅要发现定语从句和主句之间的各种关系，还必须充分考虑汉语的表达习惯，做到使译文通顺流畅。

4.3 状语从句

英语中的状语从句形式多样，语义丰富。通常前面所述的长句和定语从句的翻译一样，状语从句的翻译也要从不同角度加以思考，作适当的转换和调整。状语从句包括表示时间、原因、条件、让步、目的等各种从句，其位置灵活，放在主句的前面、后面或中间都可以。翻译时要特别注意状语从句的省略现象以及与修饰对象隔得很远的状语从句。

4.3.1 时间状语从句

时间状语从句的翻译要注意汉语的表达习惯。英语的状语可前置可后置，但汉语的时间状语一般要按事情发生的先后顺序来叙述。例如：

When you apply for a job, you must present your resume.

[参考译文] 当你应聘一份工作时，必须提交简历。

Michael used to look hurt and surprised when scolded.

[参考译文] 麦克尔过去受到责难时，看起来又伤心又惊讶。

引导时间状语的连词有很多，除了最常见的 when, as, while, before, since 等，还有 as soon as, the moment, no sooner ... than ...等等。这些连词的意思有细微的差别，翻译时要注意体现这些差别。

As soon as I have finished it, I'll give you a call.

[参考译文] 我一做完就给你电话。(一……就……)

Until you told me, I had heard nothing of what happened.

[参考译文] 一直到你告诉我，我才知道发生了什么事。(直到……才……)

4.3.2 原因状语从句

原因状语从句一般可以直接译成表示原因的汉语分句，或译成虽然没有关联词但含有因果关系的并列句。例如：

He threw off his coat because he felt hot.

[参考译文] 他觉得很热，把上衣脱掉了。

I have kept that portrait where I can see it every day, as it always reminds me of my university days in London.

[参考译文] 我把那幅画像摆在每天能看得见的地方，因为他总是让我想起在伦敦上大学的那些日子。

4.3.3 条件状语从句

在翻译条件状语从句时,分句的位置一般可以提前。例如:

You can arrive in Beijing earlier for the meeting provided you don't mind taking the night train.

[参考译文] 如果你不介意坐夜车的话,你可以早一点到北京去参加那次会议。

虚拟条件从句通常可译为“要是”、“假如”等表示假设的分句。

If I were you, I would not go.

[参考译文] 我要是你我就不去。

有的条件状语从句有省略的情况,翻译时要按照汉语的习惯翻译完整。

If punished, they will not cooperate.

[参考译文] 他们如果受到损害,将不予合作。(王令坤等,1998)

4.3.4 让步状语从句

让步状语从句多用 though, although, even if, even though, however, no matter how/what/who 等引导。通常可译为“尽管、即使、虽然”等表示让步的分句。例如:

I've already told you that I'm going to buy it, however much it costs.

[参考译文] 已经告诉过你了,不管花多少钱,我都打算买它。

Even if the calculation is right, scientists can never be sure that they have included all variables and modeled them accurately.

[参考译文] 即便计算是正确的,科学家们也无法肯定他们已经把所有的变量都包括进去并精确地模拟了它们。

4.3.5 目的状语从句

目的状语从句一般由 so that, in order that, in case 等引导,一般可以译为“以便、为了”等表示目的的后置汉语分句。例如:

I was advised to arrange for insurance in case I needed medical treatment.

[参考译文] 有人劝我投保,以防治病之需。

I was looking for a temporary job so that I could save up some money to go traveling.

[参考译文] 我在找一份临时工作,以便积攒些钱去旅游。

4.3.6 其他状语从句

状语从句还有很多种,如地点状语从句、结果状语从句、方式状语从句、比较状语从句等,翻译时可根据情况调整翻译策略。例如:

They usually have less money at the end of the month than they have at the beginning.

[参考译文] 通常到了月底,他们的钱就比月初少了。

In the course of a day, students do far more than just attend classes.

[参考译文] 在一天的学习生活中,学生所做的远不止听课。

Careful surveys have indicated that as many as 50 percent of patients do not take drugs as directed.

［参考译文］ 周密的调查已经表明：多达 50% 的病人没有按照医嘱服药。

状语从句多种多样，其所对应的翻译策略也是五花八门。翻译时要不拘泥于形式，根据情况处理，使其符合汉语的语言习惯。

4.4 主从关系

英语在语句中体现主从关系的主要是名词性从句、形容词性从句和副词性从句。具体的翻译实践中，名词性从句、形容词性从句和副词性从句是可以相互转换的。

4.4.1 名词性从句

名词性从句就是在句子中起名词作用的从句，可以分为主语从句、宾语从句、表语从句和同位语从句等。翻译这一类从句时，多可按原文的句序译成相应的汉语。例如：

Whatever is worth doing at all is worth doing well.

［参考译文］ 凡是值得做的事，就值得把它做好。（王令坤等，1998）

Whether an organism is a plant or an animal sometimes taxes the brain of a biologist.

［参考译文］ 一种生物究竟是植物还是动物，有时候会使生物学家颇伤脑筋。（方妍，2006）

遇到以 it 作形式主语而将真正的主语置后的句型，翻译时可采用分译、合译或插译的方法。

It can be seen that precleaning alone would not reduce the total sulfur content of the four coals to level anywhere near the standards.

［参考译文］ 可以看出，这 4 种煤的总含硫量仅靠预洗是不能降低到接近标准规定的水平的。

上句中，通过一个小小的逗号将主句和分句隔开，直接体现主从关系。有时候也会将主句和从句译成一句，称之为合译。

It doesn't matter whether we start now or later.

［参考译文］ 我们现在开始还是以后开始都没有关系。（王令坤等，1998）

翻译主语从句时也经常把主句插在从句中合译成一句。例如：

It happened that I had bought the book.

［参考译文］ 我碰巧买了这本书。（王令坤等，1998）

名词性从句中的宾语从句、表语从句和同位语从句在翻译时一般可采用顺译法，即按照原句的顺序翻译，但也可将从句提前。例如：

I don't remember whether I cried at that moment, but my sister did.

［参考译文 1］ 当时我究竟哭没哭，我不记得了。但我妹妹的确哭了。

［参考译文 2］ 我不记得当时我究竟哭没哭，但我妹妹的确哭了。

Your assumption, that things will improve, is unfounded.

［参考译文 1］ 你的设想，认为事情都会改进，是没有根据的。

［参考译文 2］ 你认为事情都会改进的设想是没有根据的。

在上个例子的参考译文 2 中，从句被转化为一个定语。这种方法在表语从句中的翻译也很常见。例如：

He is not who he was thought to be.

［参考译文］ 他不是人们过去所想的那种人。（王令坤等，1998）

4.4.2 形容词性从句

参见定语从句的翻译一节。

4.4.3 副词性从句

参见状语从句的翻译一节。

主从关系在英语语言文化中无处不在，分清主句和从句的关系是正确翻译的第一步。

4.5 并列关系

英语中的并列句由并列连词或短语 and, for, so, but, either ... or ...等引导或由逗号隔开，各个分句在语法上具有并列的关系，但在意思上除了一部分具有并列关系外，还有一部分具有条件或假设，或具有选择、因果等复合关系，所以翻译时应根据各个分句之间在意思上的相互关系来决定其译法。

如果各分句在意思上表示并列关系，可按原文译成并列复句。这种句型一般用 and 连接或用分号隔开。例如：

The end of the short-lived age of fossil fuels is already in sight; soon we will have consumed all the world's resources of oil and coal.

［参考译文］ 短暂的矿物燃料时代结束的日子已经在望；不久，我们就会耗尽世界上所有的石油和煤炭资源。

要注意虽然有些并列句是用 and 连接的，但其分句在意思上是条件或假设关系，这时可把它译成条件或假设关系。例如：

Keep your face to the sunshine and you cannot see your shadow.

［参考译文］ 你要是面对阳光，那就看不到自己的影子。

如果并列句的各个分句在意思上具有选择关系，就可以译成选择关系。

这种句子一般有连词 or“否则”，“要不然”，otherwise“否则”，or else“否则”或连词短语 either ... or“不是……就是……”，“要么……要么……”等。例如：

Milk must be kept in a cool place, or else it will go sour.

［参考译文］ 牛奶要放在阴凉的地方，否则就会变酸。

具有因果关系的并列句，有两种情况：一种是后一分句用 for 引导，而 for 本身具有表示原因的作用；一种是在后分句前使用 therefore 连接，表示结果。例如：

The fuel must have been finished, for the engine stopped.

［参考译文］ 燃料准是用完了，因为发动机熄火了。

如果分句在意义上互不协调，并显示出转折关系，就要译成转折句式。表转折的并列连词有 but“但是”，yet“然而”，still“仍然”，however“然而”等。而这些词本身就具有表转折的意思。例如：

This machine is simple in design, yet it is efficient in operation.

［参考译文］ 这机器结构简单，但操作有效。

英语中并列关系的翻译一定要仔细推敲。有的并列句子看似并列关系，实际上各分句之间的逻辑关系并不简单。翻译好并列关系，首先还是要从逻辑上把握句子的意群。

4.6 倒装句

倒装是英语中常用的一种句式，其形式和修饰功能多种多样，有语法倒装和修辞倒装之分。语法倒装是指主谓语的颠倒或句子其他成分的颠倒；而修辞倒装是为了强调，为了使上下文紧密衔接而采用的一种写作手段。因此翻译时要选择适当的语言形式，表达出原文的倒装目的。

Even more interesting is the probability that life on other planets may be in a more advanced stage of evolution.

［参考译文］ 更为有趣的是，其他行星上的生命可能已经处于更先进的进化阶段。

这种倒装句为“表语＋系语＋主谓”或“分词＋助动词＋主语”的结构，通常仍按照倒装句来翻译。（董国忠，1994）

Only in Paris can you buy clothes and shoes like that.

［参考译文］ 只有在巴黎你才能买到那样的衣服和鞋子。

某些副词开头的倒装句注重强调的效果，翻译时也要突出这一效果。如上例。

英语中有时会出现提前一个副词和一个助词来构成倒装，而汉语中没有这种现象的，翻译的时候要灵活处理。例如：

Up went the rocket into the air.

［参考译文］ 火箭直冲云霄。

Proudly, the captain hoisted the flag. Softly, a bugle sounded.

［参考译文］ 船长升起了旗子，满心自豪；喇叭声响了起来，清脆悦耳。

（许进，2004）

倒装的形式和修辞功能丰富多样，翻译的时候要注重功能的对等，将原句所起的强调、承上启下、使描写生动等功能重现于译文之中。

4.7 否定句

否定句在英语中也是比比皆是。否定句有多种形式：部分否定、全部否定、双重否定、意义否定等。同时否定还有多种变化：如否定的各种转移，形式否定但意义肯定等。否定句的翻译中常常有很多陷阱，一不小心就会在翻译上闹笑话。

4.7.1 部分否定

我们知道否定词 not 放置于表示全部概念之前的词，如 both, always, everything, everybody 时，产生的意义是部分的否定。但有时 not 不位于这些词的前面时，仍然表达的是部分否定的意思，翻译时要特别注意。比较下面的例子：

Not all the employees are to be laid off.

[参考译文] 不是所有的员工都会被裁员。

He was not entirely happy.

[参考译文] 他并不是很高兴。

Not every man is polite, and all are not born gentlemen.

[参考译文] 人人都懂礼貌，而不见得所有的人都生为君子。

(龙占芬，2005)

4.7.2 全部否定

英语中的全部否定比较容易判断。通常在英语中为否定句的，在译为汉语是仍然翻译为否定句。要注意一些表示否定意义的词，如 nowhere, nothing, neither, nor, none 等。例如：

Pizza Hut was nowhere to be found in this small town.

[参考译文] 这座小城哪都没有必胜客。

比较下列两个例子：

Every man can not be an artist.

[参考译文] 不是人人都可以当演员。

No man can be an artist.

[参考译文] 没有人可以当演员。

4.7.3 双重否定

英语的双重否定形式应灵活对待，可以按照汉语的习惯保持双重否定形式，也可以转译为肯定形式。例如：

You can't make something out of nothing.

[参考译文] 巧妇难为无米之炊。

We never thought of nothing wrong.

[参考译文] 我们从未想过不会出什么差错。

I worked and worked, and I didn't know how much I had not done.

[参考译文] 我夜以继日地工作，不知道干了多少活。

4.7.4 否定的转移

英语中否定的部分可以是全句的任何成分，在处理时要仔细分析。例如：

I don't suppose you need my help any more.

[参考译文] 我看你不再需要我的帮助了。(龙占芬，2005)

这个例子中，否定体现在表示看法、感官的谓语动词上，但语意却是否定后面的宾语从句。

反之，也有否定形式是在宾语，但语义上却是否定谓语，此时否定的语气通常很强烈。例如：

You can find no reason for being lazy during studies.

［参考译文］ 你没有理由在学习中偷懒。

4.7.5 形式否定

在英语的形式否定中表达的意思通常是肯定的。常见形式否定的标志语有：no more than，no less than，nothing but 等等。例如：

He is no more than a puppet.

［参考译文］ 他只不过是一个傀儡。

He is no less guilty than you.

［参考译文］ 他和你同样有罪。

I desired nothing but to go home.

［参考译文］ 我只希望回家。

（龙占芬，2005）

在翻译否定句的时候要特别注意否定的位置和否定的成分。

4.8 被动句

英语和汉语的一个明显的不同就是英语广泛使用被动语态，而汉语多用主动语态。汉语的被动语态的标志是一个“被”字，这在使汉语表达更加简练的同时，也限制了汉语被动语态的表达结构的多样化。而英语的被动语态主要由助动词 be 加上及物动词的过去分词形式来构成。在翻译时，要根据情况来判断是将英语的被动语态译为汉语习惯的主动语态呢，还是将其保留。

4.8.1 译成汉语的主动句

这种情况是最多见的。汉译时，英语原句的主语可以保留为汉语句子的主语。例如：

The chemical plant was built in 1963.

［参考译文］ 化工厂建于 1963 年。

有时候英语原句的主语会在汉译时转换为宾语。例如：

The low staff morale was caused by the constant disagreements between the managers overseeing the project.

［参考译文］ 管理项目的经理们长期的意见不合使得员工士气低迷。

有些可以译成汉语的无主语句。例如：

Very often, introductions are made using both first and last names.

［参考译文］ 介绍的时候，往往是连名带姓。（赵洋，2004）

4.8.2 译成汉语的被动句

在翻译英语的被动句时，可以借助于汉语已有的被动形式保留其原句的被动语态。例如：

Heat can be converted to energy and energy can be converted to heat.

[参考译文] 热可以被转换成能量，能量也可以被转换成热。(赵洋，2004)

The performance, price and style of the car were considered important by Mr. Cheung.

[参考译文] 车的性能、价格和风格对于张先生来说是十分重要的。

被动语态的翻译基本原则是遵循译文的表达习惯，要特别注意两种语言的差别，翻译中避免一见被动语态就用“被”字了事。

课内练习

请做下面的练习。

1. 优劣判断

1) If you learn to read the signs, you can tell whether what a person says is what he really means, or whether, like the man whose stomach does not move when he laughs, he is trying to deceive you.

[译文 1] 如果你学会理解这些姿势，你就会分辨出一个人是否口是心非，是否像那种“笑里藏刀”的人在试图蒙蔽你。

[译文 2] 如果你学会理解这些姿势，你就分辨出一个人说的是否是他真正的意思，或者他是否像那种大笑时肚子却不动的人在试图蒙蔽你。

[译文 3] 如果你学会理解这些姿势，你就能分辨出一个人所说的话是否是他真正要表达的东西，是否是那种“笑里藏刀”的人试图蒙蔽你。

2) As to the precise value of this initial fund of knowledge, this depends to a great degree on how it has been acquired and on who has been imparting it.

[译文 1] 至于这种最初积累起来的知识有多大确切的价值，这在很大程度上取决于它是如何得到的，取决于是谁一直在传授它。

[译文 2] 至于这种最初积累起来的知识有什么确切的价值，这在很大程度上取决于它是怎么获得的和什么人一直在传授。

[译文 3] 至于这种最初积累起来的知识有多少确切的价值，这在很大程度上取决于获得知识的方法和传授知识的人。

3) You are posted in what had preceded all this, but I was not.

[译文 1] 你现在是知道了这以前的事情的，可是我当时并不知道。

[译文 2] 你现在已了解了发生在这以前的事，可当时我并不知道。

[译文 3] 你现在已经明白了这件事的全部原委，但我当时却全然不知。

4) The danger of a recession in world trade that could hit all countries cannot be ignored, but it would bear most heavily on the weakest partners in the world economy.

[译文 1] 损害所有国家的世界贸易衰退的危险是不能忽视的，但受害最深的是在世界经济中最弱的那些伙伴。

[译文 2] 不能忽视世界贸易衰退的危险，因为它冲击所有的国家。但是更值得引起注意

的是：受害最深的是在世界经济中最弱的那些伙伴。

[译文 3] 能够冲击所有国家的世界贸易衰退是不能被忽视的，但受害最深的是在世界经济中最弱的那些伙伴。

5) If you would know the value of money, go and try to borrow some; for he that goes a borrowing goes a suffering.

[译文 1] 要想知道钱的价值，就得体验一下借钱的滋味。因为开口向人借钱总是不好受的。

[译文 2] 要想知道钱的价值，就得体会一下借钱的滋味。因为谁去借钱都受苦。

[译文 3] 要想知道钱的价值，就得体会一下借钱的滋味，因为那个去借钱的人会吃苦头。

6) Of many thousand spare parts does not come up to the standard but one.

[译文 1] 在成千上万个备件中，除了一个备件不合格，其他没有一个不合格。

[译文 2] 在成千上万个备件中，只发现一个不合格。

[译文 3] 在成千上万个备件中，就一个合格。

7) Very few will doubt that it is science which has at once quickened the demand for general education in modern times and the education itself effective.

[译文 1] 很少有人将会怀疑：是科学已经立即加快了对现代普及教育的要求，而且教育本身要有效。

[译文 2] 现在几乎没有人会怀疑：科学不仅要求当今时代的教育普及要加快步伐，而且要求教育本身也应提高效率。

[译文 3] 绝大多数人将会意识到：由于科学高速发展，当今时代的教育普及必须加快步伐，而且对教育本身也提出了增效要求。

8) For the man sound in body and serene of mind there is no such thing as bad weather; every sky has its beauty, and storms which whip the blood do but make it pulse more vigorously.

[译文 1] 对于一个身体健全、精神平静的人来说，没有什么坏天气，每一个天空都有其美丽，激荡血液的暴风雨只会使血液更有力的流淌。

[译文 2] 对于一个身体健全、精神平静的人来说，是没有坏天气的；无论什么样的天气都有其美丽的一面。譬如说暴风雨可以激励血液流淌，可以使脉搏跳动得更加活跃。

[译文 3] 对于一个身体健全、神志安详的人来说，根本不存在什么坏天气；在他看来，无论什么样的天气都有其美好的一面，譬如说暴风雨，它可以激荡血液的流淌，振奋一个人的精神。

9) And he knew how ashamed he would have been if she had known his mother and the kind of place in which he was born, and the kind of people among whom he was born.

[译文 1] 他知道如果她知道了他的母亲是谁，知道了他出生在这种地方，出生在这一类人中间，那他该是如何的丢人。

[译文 2] 他知道她要是知道了他的母亲是什么样的人，他出生的地方的种类，他出生在什么样的人中间，他会是如何的丢人。

[译文 3] 他有着这样的母亲，出生在这样的地方和这样一类人中间。他很清楚，如果这些让她全知道的话，他该多么丢面子！

10) I should wish to die while still at work, knowing that others will carry on what I can no longer do, and content in the thought that what was possible has been done.

［译文 1］ 我就希望在工作时死去,知道别人将继续完成自己不能再能做的事,而且想到所有可能做到的事都已经做了,心情很满意。

［译文 2］ 我就希望在工作时死去,知道自己不再能做的事有人会继续下去,并且怀着满意的心情想到,自己能做的事都已做到了。

［译文 3］ 我就希望能在工作时死去。在弥留之际知道自己已经功德圆满并且自己的未竟之业已后继有人,就可以心满意足地离开人间了。

2. 范例赏析

1) It is not a question how much a man knows, but what use he can make of what he knows; not a question of what he has acquired, and how he has been trained, but of what he is, and what he can do.

［译文］ 问题不在一个人知道多少,而在于他能否运用他的知识;问题不在他学的是什么,受怎样的教育,而在于他的人品以及他的能力。

［赏析］ 这句英文中共用了 7 个名词性从句,翻译时都译成了具体的指谓。特别是把 what he is 译为"他的人品";把 what he can do 译为"他的能力",相当精彩。

2) Future does not wait. It becomes present and past with every second that ticks. You have barely time to turn around and already the coming has met the going ... what will be is entirely in what has been, and no matter how fast you run, tomorrow is behind you — never ahead.

［译文］ 未来是不等人的。随着每秒钟的流逝,未来变成了现实,继而又成了往昔。你几乎来不及转身顾盼,来者就变成了逝者。……未来的一切全都孕育于现实之中。不论你跑得多快,明天总落在你的身后,绝不会跑到你的前头。

［赏析］ 把 what will be is entirely in what has been 译为"未来的一切全都孕育于现实之中",译得的确不凡。

3) Even his critics say the Ames test — his simple, inexpensive laboratory procedure that helps determine whether a substance might cause cancer — is a remarkable achievement.

［译文］ 甚至他的批评者们也承认,爱姆兹试验是一项突出的成就。这种试验是在实验室里进行的一种简便、廉价的操作方法,有助于检测出一种物质是否能引起癌症。

［赏析］ 把定语从句译为谓语结构,读起来很通顺。

4) If we were not too proud to explain ourselves or to ask explanations of others, most of the misunderstandings of life would disappear.

［译文］ 只要我们不持傲慢态度,凡事多加解释说明,同时也请求别人进行解释,那么生活中的大部分误会将会消除。

［赏析］ 由于这个句子较长,not too ... to 的结构不好处理,此结构否定在"形容词"(或副词)上,肯定在"不定式"上,这里译成"凡事多加解释……",译得很成功。

5) The material destruction of the war not so great but that it could by this time have been

repaired, had a good peace been made without delay.

［译文］ 假如当时立即恢复了和平，战争在物质方面的破坏无论怎样大，到现在也本来能够得到修复了。

［赏析］ 把 not so great but that...译为"……破坏无论怎么大，到现在也本来能够得到修复了"，抓住了内含意义，译得通顺，"可读性"好。

6) I had read too many novels and had learned too much at school not to know a good deal about love, but I thought it was a matter that only concerned young people. I could not conceive that a man with a beard, who had sons as old as I, could have any feelings of that sort.

［译文］ 我阅读过许多小说，在学校也学到了不少东西，所以对于恋爱的事不会不懂，但我想这只是年轻人的玩意。我认为一个于思老翁是不会有那种情感的，因为他的几个儿子都像我这样的年纪了。

［赏析］ 由于句子长，对 too ... not to ...的理解与翻译有相当的难度。这句译文译得比较通顺。

7) This is not an easy lesson to learn, especially when we are young and think that the world is ours to command, that whatever we desire with the full force of our passionate being can, nay, will, be ours.

［译文］ 这并不是容易学到手的一课。特别是当我们年轻的时候，这一课尤其难学。因为我们在青春时期年轻气盛，认为世界是由我们掌握的，只要我们满腔热情、全力以赴地去追求，不管什么东西都能够得到——不，就一定会得到。

［赏析］ 此剧的翻译难度在 when ...从句的处理上。这里先把从句所叙述的内容甩开，笼统译为"当年轻的时候，这一课尤其难学"，造成整体语势的紧凑连接，然后再腾出手来专门叙述从句的内容，这里"因为"加得也很巧。这样，译文就显得流畅、易读。

8) If you have wide and keen interests and activities in which you can still be effective, you will have no reason to think about the merely statistical fact of the number of years you have already lived, still less of the probable brevity of your future.

［译文］ 你要是具有广泛的爱好和强烈的兴趣，而且还有能力参加一些活动，你就没有理由去考虑自己已经活了多少岁这样的具体数字，更没有理由去考虑自己的余年大概是很有限的了。

［赏析］ 译文基本保留了原文的外形，没有把定语从句拆开来译。这种顺译长句的前提是：必须保证表达通畅。

3. 比较与分析

请特别注意划线部分句子的翻译。你同意这样的处理吗？为什么？如果不同意，请提供你的译本。

原文

Why do you teach? My friend asked the question when I told him that I didn't want to be considered for an administrative position. He was puzzled that I did not want what was obviously a "step up" toward what all Americans are taught to want when they grow up: money and power.

Certainly I don't teach because teaching is easy for me. Teaching is the most difficult of the various ways I have attempted to earn my living: mechanic, carpenter, writer. For me, teaching is a red-eye, sweaty-palm, sinking-stomach profession. Red-eye, because I never fell ready to teach no matter how late I stay up preparing. Sweaty-palm, because I'm always nervous before I enter the classroom, sure that I will be found out for the fool that I am. Sinking-stomach, because I leave the classroom an hour later convinced that I was even more boring than usual.

Nor do I teach because I think I know answers, or because I have knowledge I feel compelled to share. Sometimes I am amazed that my students actually take notes on what I say in class!

[译文]

我告诉一位朋友我不想谋求行政职务时,他向我提出这样一个问题:你为什么要教书呢?美国人受的教育是长大成人后应该去追求金钱和权力,而我却偏偏不朝这个方向“发展”,这使他大惑不解。

当然,我之所以教书并不是因为做教师轻松。为了谋生,我做过各种各样的工作:机修工、木工、作家,可教书是最难的行业。就我而言,教书是个令人熬红眼睛、手掌出汗、精神沮丧的职业。说它是熬红眼睛的职业,是因为我晚上无论备课到多晚,总觉得准备不够充分;说它是令人手掌出汗的职业,是因为我进教室前总是紧张不已,认为学生会发现我原来是个笨蛋;说它是令人精神沮丧的职业,是因为我走出教室一小时后,仍觉得这堂课上得比平常还要平淡无味。

我之所以教书,不是因为我认为自己能够解答问题,也不是因为我满腹经纶,非得与他人分享不可。有时,学生竟把我课上讲的东西做了笔记,这令我感到很惊异!

4. 段落翻译练习(注意长句的处理)

A recent phenomenon in the choice of careers on the part of college graduates is the increasing trend towards big companies. Few are interested in the research fields. This is an unavoidable problem in a materialistic society, where tempting salaries and fringe benefits are offered by big companies to compete with each other to recruit students before they have completed their studies. On the other hand, as many big enterprises and even government departments tend to concentrate on immediate economic results and show comparatively little interest in long range research, there is a steady shift of scientists and researchers from the pure research to the applied field, where there are more jobs available with better salaries. All this has not only seriously influenced young people's view on the choice of careers, but on education as well. Many college teachers deplore that fewer and fewer students these days acquire knowledge only for its own sake.

名家谈翻译

高植:翻译在语文方面的任务

我个人有这么一种看法,今天中国的翻译工作者,在工作过程中,单把一本外国书或一篇外国的文章译为中文，不过是尽了一方面的责任，他还有一个任务，就是充实和丰富中国语文的任务。这就是说，有些外国字眼，外国句法（文法）是中国语文里素来没有的，也找不到中国语文里相等相近的类似物，或者代替物。在这个时候，译者就要负起翻译中创作的任务了。他必须自己创造出一种字眼一种句法来表达那个外国的字眼和句法，而且是非创造不可的，是千呼万唤也找不到其他的表达方法的，他所创造出来的这个字眼或句法，不但把原文的内容和形式充分完全地表达出来，而且读者看到这种字句，一方面觉得新颖可喜，像交结一个新朋友那样地觉得新，一方面又觉得一见如故，了解这个新字句的全部的字面上和内含的意义。这样做，做得好，便是在充实和丰富中国语言的概念（新字眼）和表现新概念的新方式（新句法）上尽了最大的努力，做了最大的贡献。即使在一万句译文中有三两句如此，也算可喜的收获。尤其外国文中的长句子或千锤百炼的短句子，它用连接词或关系代名词把意义表现得恰好，不能再好，而我们在译文中也要万无一漏地表现得恰好，不能再好，那就非赖绞脑汁的创作程序不可了。大家都知道，这样的外国文字，如英文的 that, which, who，法文的 que, qui, quel，往往是给翻译的人困难最多的地方。

翻译中的创造，并不是随时随地创造，也不是任意创造，要在非创造不可的时候创造。有的译者，因为中文程度不够，外文程度又差（我自己便是这样的），遇到困难之处，由于所知有限，不能在中文里找到可以找到的表现法，由于参考书缺乏，不能对原文有更进一步的了解，此时，以为创造的机会来到，信笔一创，便造孽匪浅了。

外国的句法，虽然不是中文里全部有的，然而"难以表达"的程度是随译者的中文程度成反比的；在某甲是难以表达的句子，在中文程度较好的某乙，便是不难表达的句子了。例如《死魂灵》里的一些句子，在一般的人翻译起来，可能感到难以表达，而我看了鲁迅的译文，就仿佛交朋友一样，虽然觉得新，但却不陌生，甚至似曾相识，这原因就是鲁迅的中文修养好，知道的多，方法多，别人在中文里找不到的东西，鲁迅找得到，别人有十样找不到，创造十句，鲁迅只有一样找不到，创造一句，而这一句远比十句强。

从前也有过翻译中的创造，那是把外国句法全套移过来，甚至连字眼儿也译音。中国语言在好些方面不够用，我们非借用外国东西不可。借用字眼儿容易，借用句法就难了。然而还是非借不可。（申雨平、戴宁，2000）

第五单元

5 段落翻译

秭佩先生是一位勤勤恳恳的文学翻译家，他一生共翻译了奥斯丁、毛姆、泰罗普等人的作品达 300 多万字。其译作规范畅达，译笔传神，至今为人们所称道。在他翻译的《傲慢与偏见》中，原文有这样一个段落：

About thirty years ago, Miss Maria Ward, of Huntingdon, with only **seven thousand pounds**, had the good luck to captivate Sir Thomas Bertram, of Mansfield Park, in the country of Northampton, with all the comforts and consequences of a handsome house and large income. All Huntingdon exclaimed on the greatness of the match, and her uncle, the lawyer, himself allowed her be at least **three thousand pounds** short of any equitable claim to it.

在翻译中，如果把“seven thousand pounds”，“three thousand pounds”所处的两个句子分别按字面译出来，读者就会不知所云。秭佩先生从把握该段落的整体意义出发，推理出这两个短语都指的是“Miss Maria Ward”为了实现和“Sir Thomas Bertram”之间的“the match”而须准备的嫁妆，因此，便把“seven thousand pounds”译为成了“7,000 镑的陪嫁”，从而实现了译文的连贯和畅达。

一般而言，实际的翻译操作大多以句子为基本翻译单位，但句子只是段落、篇章及整部作品的基本意义单位，语段才是篇章的基本结构单位。结构在先，操作在后，才能做到胸有成竹。具体说来，翻译先以语段为结构单位（必要时上及篇章），对句间逻辑关系、词义、句义以及语段结构有充分性认识，把原语结构转换成目的语结构；根据目的语结构需要，运用词性转换、词句调整、增减词语（主要是连接词语）等手段使目的语语段浑然一体。

语段亦称句群或句子组合，是大于句子的语言片段。它是由两个或两个以上的句子构成的语义整体。构成语段的各个句子，结构上密切联系，意义上有向心性。它们以一定的语言手段

(包括逻辑承接词、词汇的回指、语义连接等)组合起来,使语段之间既相互关联,又相对独立。(方梦之,2002: 314)

5.1 英汉段落比较

英语段落的构成大致可分为两类: 一类是典型的"主题句——阐述句——总结构"结构,另一类则有点像汉语的以某一中心思想统领的形散神聚结构,但注重形合的英语常常用到许多表示衔接和连贯的连词,以便清楚的从形式上显现各种句际关系。典型英语段落的主题句标明段落的主题思想。一般来说,一个段落只有一个主题思想,如果将一个段落的主题句串起来,那么我们就可获得一个章节乃至整个篇章的主题思想。主题句一般都放在句首,接下来的句子必须在语义上与这一主题有直接关系,在逻辑上演绎严谨。这一特征在英语的论说文中表现得尤为突出。相比较而言,汉语段落通常都围绕一个较为含蓄的中心思想,其表述方式多为迂回式的,流散式的,句际之间的意义关联可以是隐约的,似断非断的。当然,也有不少十分注重逻辑推演的段落,句际之间环环相扣,但相当数量的汉语段落都是形分意合的,英语中常见的那些形形色色的连接词在这里常常被省去。

此外,在一个语段中,汉语句子一般按时间顺序排列,英语则不一定,句子成分或从句都可以插前补后,只要逻辑关系清楚;汉语句群可先总论或分说,也可先分说后总论,加上"总之"等词语。所以英译句群时,最重要的是弄清句群内有几层意思,各层意义之间的关系如何,还要考虑主次安排,将汉语的意念用恰当的英语形式表示出来。(陈宏薇,1999: 211)

比较一下英汉语段落构成情况,我们只能说它们同中有异,异中有同,异略大于同。英汉段落构成的异同,揭示了翻译中译者进行必要的调整变通的必要性,从而使译文段落逻辑关系更加明了,语序更加合理,脉络更加清晰。

5.2 逻辑关联

"逻辑"一词源于希腊文,是由英语 logic 音译的,原意指思想、言辞、理性、规律性等。我国翻译史上的一代宗师严复是第一个将西方逻辑向中国作再传入的颇有影响的人物,将 logic 译为"逻辑",这也是始于严复的。严复将逻辑看作"一切法之法,一切学之学"。也就是说,只有掌握了逻辑,才能学好其他科学知识。由此我们也不难想象,先生在翻译之时,对译文逻辑把握是很严格的,经常会为"一名之立,旬月踟蹰"。众所周知,东西方思维方式和思维角度的不同导致语言形式的不同,不同语言有各自的逻辑。这样,在翻译过程中,大多不能照搬原文结构,须根据译文的表达习惯,对原文结构进行转换,增删和调整。在实际翻译操作中,逻辑思维对于翻译的理解、分析、表达及译文校正等翻译的各个环节都起着不可忽视的作用。

例 1: ……烧山芋和热茶的香味,便一下子扑入你的鼻子。抬头看,四周闪着微笑的眼睛,欢迎着,丝毫没有怪你唐突的神情。你刚开口说由哪儿来的时候,一杯很热的浓茶,就递在你的下巴边上。老太婆吩咐她的孙女,快把火拨大些,多添点子柴,说是客人要烘暖他的身子;你暖和了,还不觉得疲倦的话,你可以摸摸小孩子的下巴,拧拧他们的脸蛋,做一点奇怪的样子,给他们嬉笑。

译文：***Immediately*** your nose is filled with the aroma of hot tea and roast sweet potatoes. ***When*** you look around you see friendly faces smiling at you; there is no hint of anything like blame for what elsewhere might be considered as brusqueness. ***Scarcely*** have you begun to tell them where you come from when a cup of hot and strong tea is handed over to you. Grandma will tell her granddaughter to make the fire bigger ***and*** feed it with more wood ***because*** the guest needs more heat to warm up. ***When*** you are recovered from coldness and fatigue, you may play with children, ***stroking*** them on the chin, ***giving*** them gentle pinches on the cheek or ***making*** a face to provoke them to gurgle.

(——选自《散文佳作 108 篇》)

[分析] 在这一段话中，"火拨大些"和"多添点子柴"在动作上有先后之分，"说是客人要烘暖他的身子"对为什么要"拨火"和"添柴"起到解释作用，所以不妨加上连词 because，显示其内在的逻辑关系。最后一句中由于动词较多，可以留一个动词作谓语动词，其余作表示伴随状况的分词，使句子结构更紧凑，更具粘着性。全段运用 Immediately, When, Scarcely 等词将各句衔接起来，译文段落的组织环环相扣，紧密和谐，反映了原文的脉络和意境。

然而在实际翻译过程中，我们"或由于对原文理解有误，或由于受原文语言结构和表现形式的干扰，往往掉进逻辑的陷阱而浑然不知"。我们不妨采石他山，用马红军在其著作《翻译批评散论》中的批判的一个例子也许能说明一些问题：

例 2：Phoebe Anna was thin and black, a very umbrella of a woman.

[原译] 安娜是一个又黑又瘦的女人，上身粗大，下身细长，简直像一把雨伞。

[分析] 原译文首先肯定安娜这个女人"又黑又瘦"，却突然又言其"上身粗大"，既为"瘦"，又何来"粗"？这一命题显然前后矛盾，因为从逻辑上来说，"瘦"和"粗"是不相容的概念。

[改译] 安娜是一个又黑又瘦的女人，活像一把细长的雨伞。（马红军 译）

例 3：The newspaper quoted the study as saying abortion may be responsible for as much as half the over-all reduction in the U.S. crime rate that occurred from 1991 to 1997.

[原译]

A. 报纸引述研究结果：从 1991 年到 1997 年间，堕胎在美国总的犯罪率的降次幅度中大约占了一半的比率。

B. 报界将这项研究引述为 1991 年至 1997 年间美国总体上犯罪率的下降半数是由于犯罪计划胎死腹中而造成的。

[分析] 译文 A 似乎把"堕胎"当作"犯罪"了，而译文 B 却理解为美国的犯罪计划竟然有"半数"胎死腹中。仅此两点，就让我们感到译者的逻辑推理出现了问题。

[改译] 报纸引述这项研究说道，堕胎也许对于从 1991 年到 1997 年间美国的犯罪率的全面下降起到了一半的作用。(毛荣贵 译)

例 4：Some parents simply cannot stand letting their baby cry until he or she learns to fall asleep on their own, or when the baby awakens in the middle of the night. Most expert advice suggests this is shortsighted.

[原译] 有些父母亲，一刻也不愿意看到婴儿哭哭啼啼，除非婴儿自己睡着了或半夜里醒来。大多数专家的意见表明这是一种目光短浅的做法。

［分析］ 英语是一种"形合语言"(a Language of Hypotaxis)，所以英语句子非常欣赏逻辑性。一般说来，英语句子逻辑标志(logic markers)非常明显，就表层结构而言，英语喜欢将句子内涵的逻辑"外化"，即用形形色色的连接词来明示其逻辑关系。比如该原文中 until he or she learns to fall asleep on their own, or when the baby awakens in the middle of the night 一句时间概念清晰，逻辑层次分明。译者当条分缕析，梳理得当，而不能只是简单的文字堆砌，译成"除非婴儿自己睡着了或半夜里醒来"，逻辑上似有前言不搭后语之嫌。

［改译］ 有些家长根本无法忍受婴儿自己学会入睡之前的啼哭，或是半夜里婴儿醒来时的啼哭。大多数专家的意见表明这是一种短见。

例 5：*Crouching Tiger, Hidden Dragon* was a stern challenge. Consider these factors: a 1.5 million action movie that was to be a poignant, tragic romance. Fight choreographer, Yuen Wo-ping (of international acclaim for The Matrix), was bound to tangle with soft-spoken, but stubborn, Lee. A top-flight pan-Asian cast featuring Chow Yun Fat (Hong Kong), Michelle Yeoh (Malaysia), Zhang Ziyi (Beijing) and Chang Chen (Taiwan), with only 19-year-old ingénue, Zhang, speaking the classical mainland Mandarin that Lee demanded. (转引自陈秋劲，英汉互译理论与实践，270)

［原译］ 拍摄《卧虎藏龙》是一个严峻的挑战。想一想以下这些因素：这部耗资 150 万美元的武打片定位于拍成一部深刻而带有悲伤色彩的浪漫剧。由于《黑客帝国》而享誉国际影视界的武术指导袁和平注定要和那位说话声音柔和但生性执拗的李安打得不可开交。这支由一流的泛亚明星组成的班子里，可谓群星璀璨，有来自香港的周润发、马来西亚的杨紫琼、北京的章子怡以及台湾的张震。年仅 19 岁的章子怡操着一口标准的大陆普通话，而这正是李安需要的。

［分析］ 这个段落中隐含的是因果关系，文中列举的三个因素都应该是给拍摄《卧虎藏龙》带来严峻挑战的原因。而原译中只有前两个因素叙述了拍摄该片所遇到的艰难，第三个因素给读者的感觉更像是有利条件。

［改译］ 拍摄《卧虎藏龙》是一个严峻的挑战。想一想以下这些因素：这是一部耗资 150 万美元的武打大片，却定位于拍成一部深刻而带有悲伤色彩的浪漫剧。由于《黑客帝国》而享誉国际影视界的武术指导袁和平碰上了言辞温和但生性执拗的李安，两人注定要打得不可开交。一流的泛亚明星阵容由来自不同国家和地区的演员组成：香港的周润发、马来西亚的杨紫琼、北京的章子怡、台湾的张震。其中年轻的章子怡年仅 19 岁，只有她一个人能说一口标准的大陆普通话，而这正是李安需要的。

例 6：Discipline means choices. Every time you say yes to a goal or objective, you say no to many more. Every prize has its price. The prize is the yes; the price is the no.

［原译］ 纪律就是说它有选择性，每当你肯定一个目标或对象的时候，你同时也否定了更多的目标。每种奖励都有它的代价，肯定的是奖励，否定的是代价。

［分析］ 原文的逻辑是按照 choice-yes-no 的主线展开的。而译文由于选词欠斟酌，炼句工夫下得不够深，缺乏清楚的逻辑推进层次，造成意义上的模糊。

［改译］ 自律意味着有取有舍。每当你选取了一个目标，也就同时舍弃了其他许多目标。每项收获都要付出代价，所选取的就是收获，所舍弃的就是代价。(同上，269)

例 7：Where there is willingness and intelligence，there is a place within the company to try and to succeed. In Japan，a person's capabilities are not forced into an inflexible specialty. And we feel the company owes a worker something for loyalty and commitment.

Japanese Style in Decision-Making Yoshio Terasawa

［原译］ 只要有抱负和才智，在公司内部就有施展抱负和取得成功的地方。在日本，并不应把一个人的能力限制在一个固定的专业上。我们只感到公司对他的忠诚和献身欠了恩情。

［改译］ 在日本，公司不会把一个人的能力限制在一个固定的专业上，只要有抱负和才智，就一定会在公司内部找到施展抱负和取得成功的地方。因为我们感到，公司应该对员工的忠诚和奉献做出回报。

例 8：Human beings are capable of acting from purely unselfish motives：we can be genuinely sorry for others and try to share in their troubles in an effort to offer comfort. It is unlike that a chimpanzee acts from feelings quite like these; I doubt whether even members of one family，united as they are by strong mutual affection，are ever motivated by pure altruism in their dealing with one another.

In the Shadow of Man Jane van Lawick-Goodall

［原译］ 人类的安抚行为可能毫无私心，我们可能真正为某人难过，而想努力给予安慰并与他分忧。而黑猩猩的安抚行为不可能处于这种感情。虽然他们有强烈的相互感情联系，但我怀疑，他们同一个家庭的成员们，在他们相处时，是否总是受到利他主义的激发。

［分析］ 这里的逻辑是一种对比的关系：黑猩猩的行为不可能处于利他主义的动机，人类则可以，原译没有清楚地表现出这一对比关系。

［改译］ 在发出安慰行为时，人类的动机可以是毫不利己的：我们努力地安慰别人，是因为我们真心地为他们感到难过，希望与他们分忧。而黑猩猩的安慰行为不可能处于这种感受。我认为，即使是在感情联系十分强烈的家庭成员之间，纯粹利他的行为动机也是不存在的。

例 9：Many people in industry and the Services，who have practical experience of noise，regard any investigation of this question as a waste of time; they are not prepared even to admit the possibility that noise affects people. On the other hand，those who dislike noise will sometimes use most inadequate evidence to support their pleas for a quieter society.

［原译］ 在工业部门和部队服役的许多人对噪音都有实际的体会，他们认为对于噪音问题进行任何研究均是浪费时间，他们甚至不愿意承认噪音对人体有影响。另一方面，那些不喜欢噪音的人有时会用很不适当的证据来支持他们希望有一个较为安静的社会环境的要求。

［分析］ 这个段落反映的是噪音研究中的尴尬：真正生活在噪音中的人已经对噪音习以为常，因而不支持噪音危害人体的说法；支持这一说法的人又无法提供合理的证据。总之，两种人都没有对噪音危害提供证据。从逻辑关系上看，这里讲的是同一个问题的两个方面，这一点在原译中没有得到清楚的体现。

［改译］ 在工业部门和部队服役的许多人对噪音都有切身的体会，然而这些人认为对于噪音问题的研究纯属浪费时间，他们甚至不愿意承认噪音对人体有任何影响。另一方面，那些不喜欢噪音的人在要求安静的社会环境时，使用的证据却极不恰当。

课内练习

段落翻译

1. Self-esteem is feeling worthy and able to **meet life's challenges.** It is as essential as the air we breathe, and just as intangible. It comes **from the depths of our core**, yet it is reflected **in every outward action we take, grand or small.** It is the essence from which we measure our worth and the most important building block in the foundation of our intangible.

   [提示] meet life's challenges 可译为"接受人生/生活的挑战"; from the depths of our core 可译为"来源于我们的心灵深处"; in every outward action we take, grand or small 更需要意译,可考虑译为"一举一动"。

2. We do not seem to realize that **very little excellence is achieved by living a well-balanced life.** Edison, Ford, Einstein, Freud all had single-minded devotion to work whereby they sacrificed many things, including family and friendship. The accusation is made that workaholics bear guilt by not being good parents or spouses. But guilt can exist in balanced life also. Consider how many "normal" people find, at middle-age, that they have never done anything well — they are going to **settle for less than what they could have become.**

   [提示] very little excellence is achieved by living a well-balanced life 可译为"取得卓越的成就很少是通过四平八稳的生活实现的"。settle for less than what they could have become 必须加以引申进行意译,如译为"他们原本可以有所作为,但现在却只能就此罢休。"

3. One of the generalities most often noted about Americans is that we are **a restless, a dissatisfied, a searching people.** We bridle and buck under failure, and we **go mad with dissatisfaction in the face of success.** We spend our time searching for security, and **hate it when we get it.** For the most part we are an intemperate people: we eat too much when we can, drink too much, **indulge our senses too much.** Even in our so-called virtues we are intemperate: a teetotaler is not content not to drink — he must stop all the drinking in the world; a vegetarian among us would outlaw the eating of meat. We work too hard, and many die under the strain; and then to make up for that we play with a violence as suicidal.

   [提示] a restless, a dissatisfied, a searching people 可译为"生性好动、从不满足、乐于探索"; go mad with dissatisfaction in the face of success 可译为"面对成功,我们却不满足,表现出烦躁不安"; hate it when we get it 可译为"一旦获得却对此感到厌倦"; indulge our senses too much 可译为"纵情声色"。

4. A good companion is better than a fortune, **for a fortune cannot purchase those elements of character which make companionship a blessing.** The best companion is one who is wiser and better than ourselves, for we are inspired by his wisdom and virtue to nobler deeds. Greater wisdom and goodness than we possess lifts us higher mentally and morally.

[提示] for a fortune cannot purchase those elements of character which make companionship a blessing 这句话应根据上下文变通翻译,不应受原文外形的限制,可译为"因为财富买不到交友中使你受益的那些宝贵的东西"。

5. We might marvel at the progress made in every field of study, but the methods of testing a person's knowledge and ability **remain as primitive as ever they were.** It really is extraordinary that after all these years, educationists have still failed to devise anything more efficient and reliable than examination. For all the pious claim that examinations test what you know, it is common knowledge that **they more often do the exact opposite.** They may be a good means of testing memory, or the knack of working rapidly under extreme pressure, but they can tell you nothing about a person's true ability and aptitude.

[提示] 翻译第一句时应侧重于语篇考虑,基本意思是:别的学科都有惊人的进展,唯有考试方式没有什么改变。they more often do the exact opposite 可译为"实际情况常常与之相反"。

5.3 顺序调整

在英汉互译中,由于相应语段的信息安排不完全一致,根据语篇的需要,译者有时需要进行语序的调整。汉译时,要以语段为结构单位,理顺语义关系,合理安排信息。具体地说,原文句子(或分句)有的可能要超前译出,有的可能要滞后表达,从而使逻辑的安排更为紧凑和连贯,上下文衔接更加自然,达到信息重心安置得当,语段文气贯通。

例 1: In Dubai, it is unusual to find a family that keeps animals, whereas back home we never thought twice before adopting a cat or dog. It's not just that laws are strict here, but people in general appear to have little time and inclination towards pets-keeping. I cannot imagine how a child can grow without knowing the joy of having a dog to cuddle.

[分析] 我们通过调整语序,将现象和引起这种现象的原因放在一起,从中文的角度来讲,这种语序安排使逻辑更加紧凑。

[译文] 在我的国家,人们总是毫不犹豫地收养无家可归的猫狗们。可是在迪拜,你却很难发现养宠物的家庭。原因不仅仅是相关法律较为严格,更重要的是,这里的人对养宠物既没有时间也没有兴趣。我很难想象在孩子的成长过程中,怎么能缺少和小狗一起嬉戏的乐趣。(陈秋劲,2005: 272)

例 2: Before long, plastic may transform its image from eco-villain to environment hero, thanks to "smart" plastics now in development. These could allow vehicles to eliminate ozone-depending emissions and help windows store and make use of the sun's heat. Perhaps by then, the name itself will morph from a pejorative jab into a genuine complement.

The Molding of the World *Time*

[分析] 从语篇的角度来看,这个段落构成的逻辑是一种逻辑关系:因为"智能"塑料的开发,塑料的形象将从反面转向正面。按照汉语先因后果的思维习惯,在翻译时可以对语序进行适

当的调整，使这种因果关系更加清晰。

［译文］ 目前，“智能”塑料正在开发之中，这种材料不仅能消除汽车排放的破坏臭氧的废气，还可以让窗户储存和利用太阳的热量。不久的将来，塑料的形象将从生态魔鬼摇身一变为环保英雄。也许到那时，塑料一词的含义将从恶意的挖苦转成真正的赞美。

例3：When Sharon Stone won the Golden Globe award for best actress for her role in *Casino*, she may have silenced the critics who derided her for her panty-less scene in *Basic Instinct*. The public validation that she's received lately helps her get past shaky private moments, such as when she realized she was approaching 40 — a dangerous age for female Hollywood stars. Is she worried?

"If I have to diet, I'll diet," Stone says, "If I have to work out, I'll work out. If I have to sleep upside down like a bat so I don't look like a basset hound, that's what I'm going to do. Because I'm not leaving."

Reader's Digest

［译文］ 由于在影片《赌场》中的出色表演，莎朗·斯通获得了金球奖最佳女演员的殊荣。过去几年以来，因为影片《本能》中一个没穿内裤的镜头，莎朗一直备受评论界的嘲笑。现在她终于可以让这些评论家无话可说了。最近她的表演也赢得了观众的认可，这些成绩无疑有助于她度过私底下一些忐忑不安的时刻。比如说，有时她会想到自己已年近40——对好莱坞的女演员来说，40岁显然是一个危险的年龄。她对此是否感到担心呢？

“需要我节食我就节食，”斯通说，“需要我健身我就健身，如果我必须像蝙蝠一样倒挂着睡觉，才不至于变成皱巴巴的沙皮狗，我会毫不犹豫地这么去做，因为我不会离开影坛。”

例4：1911年，在一个小县城里边，我生在一个小地主的家里。那县城差不多就是中国的最东北部——黑龙江省——所以一年之中，倒有四个月飘着白雪。

（萧红：《永久的憧憬和追求》）

［译文］ In the year of 1911, I was born into a petty landlord family in a small county town in Heilongjiang — China's northeast most province where there was snow for at least four months of the year. (刘士聪　译)

［分析］ 原文两句，译文并译为一句，段内和句内结构均有调整。并且通过从句的应用使全文一气呵成，增强了语段的粘着性。

例5：面对复杂多变的国际形势，突如其来的非典型肺炎疫情和频繁发生的自然灾害，在中国共产党领导下，各级政府和全国人民一道，以邓小平理论和“三个代表”重要思想为指导，贯彻落实党的十六大精神，迎难而上，顽强拼搏，奋力开拓创新，在全面建设小康社会的道路上迈出重要步伐。

——温家宝总理在第十届全国人民代表大会第二次会议上的政府工作报告

［译文］ In the face of a complex and volatile international situation, the unexpected outbreak of the severe acute respiratory syndrome (SARS) and frequent natural disasters, governments at all levels and the people of all our ethnic groups put into practice the guiding principles of the Sixteenth National Congress of the Communist Party of China (CPC) under the leadership of the CPC and the guidance of Deng Xiaoping Theory and the important thought of Three Represents. We braved difficulties and hardships in an indomitable and innovative spirit and made important advances in building a moderately prosperous society in all respects.（中央编译局英文处　译）

［分析］ 英语中句子成分或从句可以插前补后，只要逻辑上清楚就可以了。原文中“在中国共产党领导下，各级政府和全国人民一道……贯彻落实党的十六大精神”在译文中，译者将“在中国共产党领导下”和“以邓小平理论和‘三个代表’重要思想为指导”重新作了整合组合在一起，形成这一长句的两个状语，在内容上两句较为接近，在结构上也更为紧凑。

例 6：在一个春节前一天的下午，到重庆郊外去看一位朋友。她住在那个乡村的乡公所楼上。走上一段阴暗的仄仄的楼梯，进到一间有一张方桌和几张竹凳、墙上装着一架电话的屋子，再进去就是我的朋友的房间，和外间只隔一幅布帘。她不在家，窗前桌上留着一张条子，说是她临时有事出去，叫我等着她。

（冰心：《小桔灯》）

［译文］ On the afternoon before Chinese New Year's Day I went to visit a friend in the suburbs of Chongqing. She lived on the top floor of the village building. A flight of dark, narrow stairs led to a room where a table and several bamboo stools stood and a telephone hung on the wall. Beyond this room, separated by a mere cloth curtain, was the room where my friend lived. She had gone out, leaving a note on the desk by the window saying that she had been called away unexpectedly and wanted me to wait for her to come back.

（Translated by Gong Shifen）

［分析］ 原文按动作先后顺序排列，译文亦然。译文中第四句用了倒装，使 where my friend lived 与下句 She had gone out ...相连，这样调整句子结构之后译文上下文更紧凑，衔接更加自然。

例 7：在四川西部，有一美妙去处。它背依岷山主峰雪宝顶，树木苍翠，花香袭人，鸟声婉转，流水潺潺。它就是松潘县的黄龙。

［译文］ One of Sichuan's finest spots is Huanglong (Yellow Dragon), which lies in Songpan County just beneath Xuebao, the main peak of the Minshan Mountain. Its lush green forests, filled with fragrant flowers, bubbling streams and songbirds, are rich in historical interest as well as natural beauty.

［分析］ 原文为风景胜地黄龙简介的第一段，该段文字中国人典型的思维方式——归纳法，即先描述或先叙述理由，后做结论。英美人的思维方式正好相反，他们往往采用演绎法，即开门见山摆出结论，然后再推演，段落中的首位主题句便是这种思维方式的典型体现。原文系名胜简介，主要具备信息功能及祈使功能，为实现这一功能，译者打破了原文的束缚，将最重要的信息作为主题句置于句首——黄龙是什么地方，位于何处，以取得先声夺人、吸引读者的效果。

上述例子说明，在双语转换的过程中，语序的调整不是主观随意的，而是为了服从语段的需要，这样段落才能得体。

句子在集结成群的过程中，往往是某些关系密切的句子朝着一个方向先集结在一起，而和另一些关系疏远的句子分开。在语段中，句与句的集结包含着不同的逻辑关系。表达时，只有有条不紊的显现这种关系，才能清晰的传达原文的思想。优秀的译文必须经得起推敲，真正负责的译者不会随便放过任何一个细微的疏漏。翻译中，我们不妨多一点“为人性僻耽佳句，语不惊人死不休”的精神，而不要做胡适先生笔下的“差不多”先生，对待译文切不可马虎。

课内练习

段落翻译

1. Recently psychologists have found only about two percent of adults use their creativity, compared with ten percent of seven-year-old children. When five-year-olds were tested, the result soared to ninety percent! The findings set off many people thinking. Curiosity and originality are daily occurrences for the small child, but somehow most of us lose the freedom and flexibility of the child as we grow older. The need to follow “directions” and “do-it-right”, plus the many societal constraints we put on ourselves, prevent us from using our creative potential.

   [提示] set off ... thinking 可译为“引起……思考，发人深省”；daily occurrences 宜译为动词词组；prevent us from using our creative potential 需要引申翻译，如译为“使我们无法发挥自己的创造潜力”。

2. One of the basic questions facing our society today is: What promise or threat does new technology hold for our global future? Since the decisions our society makes about technological development will undoubtedly have tremendous consequences in the years to come, it is urgently necessary to explore this question, especially by examining science and technology in their relationship to development of humanity.

   [提示] hold for ...在这里可译为“为……带来”；have tremendous consequences 可译为“产生巨大的影响”。

3. Traditionally, young adults are preoccupied with business careers, financial success, the accumulation of possessions and comfortable living. But now the pendulum seems to be swinging the other way. According to the 1994 census, many counter-culture ideas have entered mainstream culture. More people are defining success in terms of intangibles — creativity, autonomy, pleasure, participation, adventure, stimulation, and love. Many are questioning the kinds of work society offers and the payoffs it provides. And many are dissatisfied with the traditional social identities of wife and husband.

   [提示] are preoccupied with 译为“对……关心；关心的是……”；the pendulum seems to be swinging the other way 可根据上下文直译或意译。

4. The proposition which I mean to maintain as the basis of the liberty of the press, and without which it is an empty sound, is this: that every man, not intending to mislead, but seeking to enlighten others with what his own reason and conscience, however

erroneously, have dictated to him as truth, may address himself to the universal reason of a whole nation either upon the subject of government in general, or upon that of our own particular country: that he may analyze the principles of its constitution, point out its errors and defects, examine and publish its corruptions, warn his fellow-citizens against their ruinous consequences, and exert his whole faculties in pointing out the most advantageous changes in establishments which he considers to be radically defective, or sliding from their object by abuse. All this every subject of this country has right to do, if he contemplates only what he thinks would be for its advantage, but seeks to change the public mind by the conviction which flows from reasonings dictated by conscience.

［提示］ 这是一个长句，必须采用拆译法，以表意明晰为依归。如 is this 之前的主语部分可以译为："我主张新闻出版自由必须具备以下的基础(如果失去了这个基础，新闻出版自由只能是一句空话)，即……"；all this every subject of this country has right to do 可译为"上述这一切，每一个公司都有权去做"。

5. It is simpler to say than to do, but there are ways. The most common is to ban all cigarette advertising on television and films. Another method is to raise cigarette prices with higher tobacco taxes — and use the money for anti-smoking campaigns. But the most important is to make the smoker increasingly self-conscious and uncomfortable about his habit by publicizing public awareness of the decline in social acceptability of smoking and its harmful effect.

［提示］ It is simpler to say than to do 虽然简单，但并不好译。宜译得通俗一点，如"说起来容易，做起来难"、"说说容易，真要做起来就不那么简单了。"with higher tobacco taxes 宜发挥汉语的动态优势来翻译，如"对烟草课以重税"、"增加对烟草的税收"。

下面的原文是《飘》中的一段。请仅对划线的部分进行改进，并说出理由，也可以对该篇译文作一个较为详细的分析。

Gone With the Wind

By Margaret Mitchell

(An excerpt from Chapter 15)

The army, driven back in Virginia, went into winter quarters on the Rapidan — a tired, depleted army since the defeat at Gattysburg — and as the Christmas season approached, Ashley came home on furlough. Scarlett, seeing him for the first time in more than two years, was frightened by the violence of her feelings. When she had stood in the parlour at Twelve Oaks and seen him married to Melanie, she had thought she could never love him with a more heartbreaking intensity than she did at that moment. But now she knew her feelings of that long-past night were those of a spoiled child thwarted of a toy. Now, her emotions were sharpened by her long (1) dreams of him, (2) heightened by the repression she had been forced to put on her (3) tongue .

This Ashley Wilkes in his faded, patched uniform, his blond hair bleached tow by summer suns, was a different man from the (4) easy-going, drowsy-eyed boy she had loved to desperation before the war. (5) And he was a thousand times more thrilling. He was bronzed and lean now, where he had once fair and slender, and the long golden moustache drooping about his mouth, cavalry style, was the last touch needed to make him the perfect picture of a (6) soldier.

He stood with military straightness in his old uniform, his pistol in its worn holster, his battered scabbard smartly slapping his high boots, his tarnished spurs dully gleaming — Major Ashley Wilkes, U.S.A. The habit of command sat upon him now, a quiet air of self-reliance and authority, and (7) grim lines were beginning to emerge about his mouth. There was something new and strange about the (8) square set of his shoulders and the cool bright gleam of his eyes. Where he had once been lounging and indolent, he was now as alert as a prowling (9) cat, with the tense alertness of one whose nerves are perpetually drawn as tight as the strings of a violin. In his eyes, there was a fagged, haunted look, and the sunburned skin was tight across the (10) fine bones of his face — her same handsome Ashley, yet so very different.

[译文]

联盟军既被打回弗吉尼亚,便都归到剌匹丹河上的冬令营来了。他们自从葛的斯堡吃了那么一个打败仗,元气业已大亏,并且疲倦得不能不休息了。因此将近圣诞节的时候,希礼便也请假回来。思嘉跟他一别两年多,现在重新见面,感情激动得非常厉害,连她自己也觉得吃惊。当初她站在十二根橡树的客厅里,眼看着他跟媚兰结了婚,总以为自己以后即使还爱他,也绝不会跟那一刻的情感一样那么强烈。现在她方才明白,自己那天晚上所经验的情感,实在还不过是一个纵容惯了的孩子得不到玩具时的情感罢了。现在经过了这两年多的离别,她的情绪因对他的长久的(1)梦想而越发(2)尖锐化了,因一直闷在(3)肚里不能说出口而越发高涨了。

希礼回家时,身上穿着褪色补缀的军服,头发已被烈日灼晒成了漂过的麻屑一般,跟战前她所痴恋的那个(4)潇洒风流的男子完全不同了。(5)从前他是风度翩翩的,现在变成红铜色了,瘦了。两撇金黄的长髭须挂在口角,竟是一个道地的(6)兵大爷了。

他穿着那间破军服笔挺地站着,破枪袋里装着手枪,破指挥刀在长帮鞋边荡着,生锈的马刺早已失去了光芒——这就是现任联盟军陆军少校的卫希礼。他现在已经养成了命令人的习惯了,颇有一种自信自尊的威严气度,嘴角边上也渐渐长出(7)狰狞的纹路了。他的肩膀本来是(8)方的,他的眼光本来是清澈的,现在都觉有些异样了。从前他一直是那么懒洋洋,不振作,现在他机警得像一头(9)野猫,仿佛他的神经一直都像小提琴的弦线那么紧张着。他的眼睛里含着忧烦憔悴的神情,他的面皮紧紧绷在两个(10)配置均匀的颊骨上——她所朝思暮想的希礼而今依旧是个美男子,然而与前大不相同了。

名家谈翻译

老舍:谈翻译(节选)

……

说老实话,我并不太喜欢阅读译文。古代的佛经,我念不懂。只好不读。近年的白话译笔又往往犯两个毛病，一个是语言累赘，读起来颇为费力；一个是文学作品的译文往往缺乏风格。因此，阅读译文，即使是文学作品，也使我得到的不都是欢快；所以，非到不读不行的时候我才皱上眉头，拿起书来。

这样挑剔，并非轻视翻译工作者。翻译是极其重要，又极其艰苦的工作。搞创作的精通一种语言即能尽职，搞翻译的却须至少精通两种语言。搞创作的有遣字选词的自由，搞翻译的却没有；翻译工作者须随着原文走，不能望文生义，随便添减。翻译工作实在不容易做好，我虽然挑剔别人的毛病，可是若叫我去做呀，准保更糟！

翻译工作既然既重要又艰苦，就理应加以鼓励。我建议，文化机关既然奖励了剧本和电影剧本什么的，也就该奖励翻译。要知道，一本外国杰作，若译得好，也就成为我们自己的珍宝，世世代代相继享受，为什么不该得奖呢？

现在，翻译工作者似乎也须加强组织，作出规划，集体的规划与个人的规划。科学的与哲学的名著，我认为，应当进行集体翻译，个人不便独立地工作。集思广益，能够保证精确，集体工作对于规定译名也有好处，事前即便讨论，定名之后还可以用集体的名义公布，征求大家的意见。我们的译名（人名、地名和科学哲学的词汇）相当混乱，应该及早调整，划一。还有：每逢看见“背景”、“远景”、“典型”等词，我就感谢翻译工作者给了我们这么精确而又自然的新词汇。所谓“自然”者，因为它们虽然原是洋字，而看起来并不眼生，好像是土生土长的。赶到遇上“范畴”、“憧憬”、“幽默”等，我就没有这种感觉了，好像穿洋服似的，虽然挺神气，可是不像穿小棉袄那么舒服自然。正确而且亲切，似乎才是译名的上乘。不在我们的普通话里去搜索宝贝，我们的译名也许很正确，但不能一目了然地使人见文知义。据我的也许不大科学的看法，我以为连翻译科学、哲学的名词，也应顾到普及，不摆什么科学与哲学的架子。要知道一个生硬难解的译名，就给学习的人带来许多困难。为达到既信且俗，也需要集体工作。

翻译文学作品似乎应当个人单干。即使二、三人合作，也应最后由一人执笔行文，以便风格统一。尽管林纾译书，有人帮助，可是文笔的确是他一个人的。

谈到风格，最好是译者能够保持原著的风格。这极不易做到。可是大概地说，一个作家的文章总有他的特点：有的喜造长句，有的喜为短句；有的喜用僻字，有的文字通俗；有的文笔豪放，有的力求简练。我们看出特点所在，就应下苦工夫，争取保持。文学作品的妙处不仅在乎它说了什么，而且在乎它是怎么说的。假若文学译本仅顾到原著说了什么，而不管怎么说的，读起来便索然寡味。世界文学名著不妨有几个译本。像荷马的史诗，但丁的《神曲》，与莎士比亚的剧本，都可以译为浅显的散文，供文化不太高的读者阅读，使他们知道这些伟大作品里都说了些什么。有诗才的译者便应以诗译诗地去译这些作品，使读者不但知道书中说了什么，而且知道怎么说的。以诗译诗是极不容易的，所以不妨各译各的，同一著作有好几个不同的译本也不嫌多。

保持原著者的风格若做不到，起码译笔应有译者自己的风格，读起来有文学味道，使人欣喜。世界上有一些著名的译本，比原著还更美，是翻译中的创作。严格地说，这个办法也许已经不能叫作翻译，因为两种不同的语言的创作是不会天衣无缝，恰好一致的。这种译法不能够一字不差地追随原文，而是把原文消化了之后，再进行创作。不过，这种译法的确能使译文美妙，独具风格。林纾的译笔便多少有此特点。他虽没有保持了原著的风格，也不比原著更美，可是他的确表现了自己的风格。这种译法，用于文学作品，还是说得下去的。这总比逐字逐句地硬译，既像汉文，又像洋文，既像语言，又像念咒，要强一些。我不希望人人效法林纾，但于尽量忠于原文的原则下，能够译得有风格，还是好办法。过去，我们有些译文，使我感到外国大作家的创作不过是把语言啰里啰唆地堆砌起来而已。这个影响不好。

以上所谈，颇为拉杂，希望所在，总起来说，是在百花齐放的春天里，翻译界应当，而且不是没有能力，开放些漂亮的花儿！（申雨平、戴宁，2000）

第六单元

6 修辞翻译

修辞学是由柏拉图的学生亚里士多德发展起来的。这时的修辞学更适合称为修辞术，是指演说的艺术。在亚里士多德著作《修辞的艺术》的第一句，他描述修辞为辩证法的相对物，即是说辩证方法是找寻真理的要素，修辞方法便用作交流真理。

在中国古代，先秦就已经有了关于修辞的零星言论。例如庄子很重视寓言的效果；惠施十分重视比喻手法。两汉时期的学者曾激烈讨论《诗经》的基本修辞手法：赋、比、兴。宋朝陈骙的《文则》可视为第一部修辞学的专著。

修辞学是语言学的一门学科，是研究在语言使用过程中，如何依据题旨情境，利用各种语言材料和多种语言手段来收到尽可能好的表达效果的一门科学。修辞学同逻辑学、心理学、社会学、美学、文艺学、历史学、民俗学等都有联系。

在英汉两种语言当中，各种修辞现象十分普遍。正因为丰富的修辞手法的运用，才使得文章有了五彩斑斓的色彩。因此，在英汉对比与翻译过程当中，如果缺乏对修辞手法的敏感，不能艺术地解构和建构修辞效果，那么许多优秀的文学作品将从此黯然失色，不为人知。在这一单元里，我们将对翻译中几种常见的修辞现象做一些具体分析，以求开拓思路，抛砖引玉。

修辞格从翻译的角度可以分为 3 类：可译、难译、不能译。这 3 类应该采取最恰当、最接近原文的处理方法，使原文中音、形、意的最佳修辞效果尽可能地传到译文中去。

6.1 辞格的翻译

6.1.1 明喻(simile)

我们知道比喻性的语言有助于客观描摹的生动性，使某个主观经历显得更加生动。为了鲜明、形象地刻画某一事物，人们常将具有某种共同特征或相似特征的两种不同事物加以对比，并尝试用另一种事物比喻所要说明的事物。在修辞学上，这种对比被称之为明喻。

在英语当中，多出现 like, as, seem, if, as though 等连接词。明喻的使用可以更鲜明，更简洁，更生动地描述事物，使人们通过联想更形象更深入地去了解事物。

例句：Fat reserves are like bank accounts to be drawn on in the winter when food suppliers are limited and some times difficult to reach because of deep snow.

［参考译文］ 脂肪储备如同银行账户里的存款，供冬天食物来源有限以及有时由于大雪深得难以获得时支取使用。

Every tree and every branch was encrusted with bright and delicate hoarfrost, white and pure as snow, delicate and defined as carved ivory.

［参考译文］ 每棵树，每一根树枝都包上一层明亮、精美的白霜，像雪花般洁白和纯净，如象牙雕一般精致优美。

上述例句分别在脂肪储备与银行存款，白霜和雪花之间建立了某种联系，通过直译的手法，我们就可以把原文的含义在译语当中恰当地体现出来，使原文的意象得以还原。

在广告用语当中，明喻修辞手法也运用得十分广泛，如：Light as a breeze, soft as a cloud. "轻如拂面之微风，软如天上之云彩。"用以形容服装的用料。相信这样的广告语对消费者来说其魔力是最不可抗拒的。通过广告语的传达，消费者自然可以想象到穿上这种服装的轻松和舒适感，进而联想到自己穿上这种服装潇洒飘逸的形象。

由于文化、习俗的差异，对一些明喻的翻译我们要作出适当调整，如：as hard as nails（铁石心肠的），as thin as a lath（骨瘦如柴的），as poor as a church mouse（一贫如洗），as timid as a rabbit（胆小如鼠），雨后春笋（like mushrooms）等，这是我们在翻译过程中需要注意的。

6.1.2 暗喻(metaphor)

Time is money 直译为"时间就是金钱"在我们的日常生活中已经十分常见，有人说英语是充满暗喻的语言，这并不是没有道理的。

暗喻是用来表示两种不同事物之间的相似关系，把一个事物的名称用在另一个事物名称上。其主要特点是两种事物不用 like 或 as 连接。暗喻的作用与明喻一样，往往是用生动、具体、浅显、简单的、人们所熟悉的东西来比喻干涩、抽象、深奥、复杂的陌生事物，从而更形象、更深刻地说明事理，力求达到贴切、新颖、创新的表达效果。

莎翁有言：All the world is a stage, and all the men and women merely players. (William Shakespeare)

［参考译文］ 整个世界是一座舞台，所有的男人和女人只不过是演员而已。

这是莎士比亚戏剧《皆大欢喜》(*As You Like It*)中的台词，其中的暗喻通过 is 来建立连接，这里适于直接转译，让读者去揣摩其中暗含的哲理。

下面几句也是一样，请看：

While we cannot close the gulf between us, we can try to bridge it so that we may be able to talk across it.

［参考译文］ 尽管我们不能填平我们之间的鸿沟，我们却可以设法架一座桥，以便跨过这座桥来进行交谈。

Money is a bottomless sea, in which honor, conscience and truth may be drowned.

(Kozlay)

[参考译文] 金钱是无底的海洋,荣誉、良心和真理都可以淹没在其中。

Passion was to go to sleep in the presence of Mrs. General and blood was to change to milk and water. (Charles Dickens: *Little Dorrit*)

[参考译文] 在詹勒洛夫人面前,一个人的激情会变得麻木不仁,热血也会变成掺水的牛奶。

英语句式十分灵活,而且有些习语,由于文化的浸染,在翻译中,我们必须考虑到译语的需要并作出适当的调整。

例如: drink like a fish

牛饮(不宜译作"鱼饮")

as cunning as a dead pig

像狐狸一样狡猾(不宜译作"像死猪一样狡猾",涉及形象的转换)

翻译时应当尽最大可能保留原文特点。译者除了要忠实地表达原文比喻性词语的意义外,还应尽可能保持原文的形象比喻、丰富联想、修辞效果等。在译文中适当的作出调整有时是迫不得已而为之,为的是使译文能被读者接受。但在翻译过程中,我们如果能够译出原文的真实面貌,就应该尽量译出原文特色,让读者更接近原作者。

6.1.3 借代(metonymy)

借代反映了两个密切相关的事物的现实关系,它是借用伴随或附属于某一事物的名称来代替某事物。它常利用人名、动植物名、职业、建筑物或地名等作为喻体,如用 White House (白宫)指代美国政府,用 dove (鸽子) 象征和平等。

又如: The kettle is boiling.

[参考译文] 壶里的水开了。

这是用容器代替被盛的东西。

Some books are to be tasted, others swallowed, and some few to be chewed and digested. (Francis Bacon)

[参考译文] 书有可浅尝者,有可吞食者,少数则需咀嚼消化。

句中把读书比作吃东西,形象而又不失深刻。

Every life has its roses and thorns.

[参考译文] 人生自有甘苦。

这里的 roses (玫瑰花) 和 thorns (荆棘),喻代生活中的 happiness (甜美) 和 misery (痛苦)。日常生活中有鲜花也有荆棘,比喻人生充满着酸甜苦辣。

But you have not seen my Corots. They are in the music room. (Oscar Wilde)

[参考译文] 可是你还没有看见我收藏的科罗特的风景画,它们挂在我的音乐室里。

科罗特(1796—1875)是法国著名画家,以擅长风景画闻名。句中用科罗特代替他的风景画,类似这种修辞手法还有用人名代替其著作,用处所或容器代替其中的人和物,用标志性或特殊物体指代一个大的整体等等。

例如:

Young men are suggested to read Shakespeare.

［参考译文］ 年轻人应该去读一读莎士比亚。

这里的 Shakespeare 代指的就是 the works written by Shakespeare。一谈到要阅读“莎士比亚”(Shakespeare),人们脑海中马上联想到莎士比亚写的作品。

And since Washington's budget alchemy permits the current generation to spend whatever it wants on retiree income and health programs and pass the tab on to their children, who wants to pay more?

——*Newsweek*, April 13, 1992

［参考译文］ 既然美国政府所要的预算法术容许这一代在退休金和医疗计划方面随意花钱,而把账单推给他们的孩子来付,那谁还愿意多缴税?(Washington 代指美国政府)

翻译此类修辞语句需要一定的逻辑思维能力和思辨能力,另外,还要求译者查阅一些相关的百科知识资料,通过增加一些解释性话语,帮助读者理解原文,同时使读者更多地获得相关文化知识,而不致于迷失在译文当中。

翻译比喻性语句,传达喻体在不同语言中的文化内涵,关键是要准确把握英汉比喻性词语的喻体内涵差异,同样的喻体在不同的文化中所传递的形象信息是不同的,译者的任务是把握好源语与目的语内涵对接的最佳近似度,并辅之以必要的翻译技术处理,以求得最佳译述效果。

如果非得牺牲源语的意象或韵味来保全整个句子的概念意义,我们可用以下的补救办法:在目标语中找一个文化寓意与源语喻体尽可能相似的词代替。例如:bed of roses 安乐窝。或者转换比喻性词语所表达的意象,这一点在形象的处理一节,我们会进行详细分析。

6.1.4 夸张(hyperbole)

夸张(hyperbole)是人们从主观出发,有意识地把事实夸大,以达到强调或突出重点的一种修辞法,所以它往往多重在主观情感的抒发,不重在客观事实的记录。无论是汉语中,还是英语中,夸张都是故意渲染以唤起注意,主要作用在于增强生动性和感染力。例如:

We were tired to death on reaching the peak.

［参考译文］ 我们爬到山顶后,简直要累死了。

I'd give the world to see you.

［参考译文］ 我十分想见你。

I have told you forty times that if you touched that jam I'd skin you.

［参考译文］ 你要是偷吃果酱,我就剥你的皮。我跟你已经讲过不下一百遍了。

英语中用数字表示次数时并不一定就表示确定的次数,在很多情况下,它只是对一种频率的表达,或者说采用夸张的修辞手法来表示很多,它并不指具体。因此在翻译过程当中,不要过分拘泥于原文,而应该灵活地变通,以达到交际的目的。

Mary's two daughters are different in their personalities in a thousand and one ways.

［参考译文］ 玛丽的两个女儿在性格上有天壤之别。

For she was beautiful — her beauty made the bright world dim, and everything beside seemed like the fleeting image of shade.

［参考译文］ 因为她太漂亮了——她的美使光灿的世界黯然失色,她身边的一切都像是瞬

间而逝的烟云。(恰如其分地道出她的美)

It's a crime to stay inside on such a beautiful day.

[参考译文] 今天阳光明媚,躲在家中,实在是罪过。

用 crime 一词强烈地表达出作者想要外出的心情,一种迫不及待的心情跃然纸上。

I could feel her pain as she must have felt mine on a thousand occasions when I had sought comfort in her arms.

在小男孩的心目中,妈妈一直是那么的坚强、勇敢,但是当小男孩第一次看见妈妈哭泣的时候,他突然感觉到了妈妈也和他一样有失败、有痛苦,就像妈妈过去千百次体会到他的痛苦一样。例句中的 a thousand occasions 利用数字进行夸大渲染,体现了妈妈对儿子的关爱之情。

When I heard the news, each hair on my head seemed to be standing on end.

[参考译文] 当我听到那个消息时,头上的每根头发都好像倒竖了起来。

这一例句的翻译,应该充分发挥想象力,运用形象思维,进入原文描绘的情境当中,对译文进行适当的形象处理,以达到理想的效果。

6.1.5 双关(pun)

双关语简单说来,就是 play on words 即一种文字游戏,其特点是有意识地将同音异义词,或一词多义的现象运用到句子中,利用这些词或句子间相互的逻辑关系,来表达两层不同的含义,借以使语言诙谐幽默,生动有趣,读来令人感到新奇,意趣盎然。

例如:Seven days without water makes one week.

[参考译文] 一个人一周七天不喝水会变得虚弱。

这是一个同音双关(homophonic pun),将常识性的知识(一周七天)通过增加语境加以限制来传递其信息意图,读者需要通过推导而得出原语的交际意图。很显然它是利用了 weak 和 week 的读音的特点而制造出双关的效果。

又如:We must all hang together, or we shall hang separately.

[参考译文] 我们必须团结在一起,否则我们将一个一个地被绞死。

这是本杰明·富兰克林在美国独立战争中鼓舞士气的一句名言,hang 有"吊起,绞死"之意,而 hang together 这一短语却表示"团结在一起,齐心协力"的意思。这一双关的巧妙运用将团结一致与人心涣散的结果形成强烈对比,其深刻意义不言自明。

双关语的翻译要做到形神兼备是比较困难的,因为它涉及两个层面的转换,语言和文化上的差异会给翻译造成很大的困难和障碍,有时候我们甚至会遇到近乎不可译的情况,但是尽可能地去传达译文之妙还是可以有所作为的。

例如:My sister, Mrs. Joe Gargery, was more than twenty years older than I, and had established a great reputation with herself and the neighbors because she had brought me up "by hand." Having at that time to find out for myself what the expression meant, and knowing her to have a hard and heavy hand, and to be much in the habit of laying it upon her husband as well as upon me, I supposed that Joe Gargery and I were both brought up by hand. (Charles Dickens, *Great Expectations*)

[参考译文] 我的姐姐,也就是乔·葛吉瑞大嫂,要比我大二十多岁。我是由她"一手"带大

的;不光是她自己老爱拿这件事自赞自夸,连街坊邻居也都这样赞她。那时候,我怎么也弄不明白这"一手"两字究竟是什么意思,只知道她的手生来又粗又笨,动不动就要啪的一下落到她丈夫和我的身上,我就想:大概乔·葛吉瑞和我两个都是她"一手"打大的吧。(王科一 译)

这是英国著名小说家狄更斯在其作品《远大前程》第二章节中的一段话。其中,brought up by hand 虽是同一个词,但狄更斯利用的却是它的多义,前一个 brought up by hand 是说由她姐姐一个人亲自带大,而看到下文,我们则会明白后一个 brought up by hand 指的是"一手"打大的。同一个 brought up by hand 有了双重含义,为双关提供了条件。

有些双关语绵中带刺,其中的幽默讽刺,经过推导后得出其隐义,体现出其言此意彼的效果。例如:

A: I can't bear a fool.

B: Your mother could.

[参考译文] A: 我不能忍受一个傻瓜。

B: 你母亲能。

这是一个一词多义双关(sylletic pun),bear 一词有忍受、生育的义项,说话者正是抓住了这一点,予以还击。B 的话语的完整形式是 You mother could bear a fool。两重语境各自言之成理,bear 一词成为连接两个语境的链接点。

双关是广告英语运用较为广泛的手法,它利用语言文字的同音或同义,同音异义的关系,使一句话涉及两件事,一明一暗,一真一假,亦庄亦谐,广告英语中双关的运用既可引人注目,又能引起人们的联想,加深记忆。例如:

You will go nuts for the nuts you get in Nux.(坚果广告)

[参考译文] 纳克斯坚果,让你欲罢不能的坚果。

这则广告巧妙应用了近音双关(paranomsaia),链接点在 nut 一词,第一个 nut 与 go 连用构成词组,意思是"发狂的"或者是兴高采烈,第二个 nut 取它的本意"坚果",而 Nux 是该种坚果的商标名,其音、形皆与 nut 一词相近,充满情趣,其独特的商标名让翻译煞费苦心。

6.1.6 委婉(euphemism)

委婉语是一种重要修辞手法,普遍存在于各种语言之中。它具有协调人际关系,维持正常交往等重要社会交际功能。euphemism 来源于希腊语 euphemismos,就是 good/pleasant speech (好听的话、优雅的说法之意)。在现实生活中,有一些事物或行为不宜过于直率地表达出来,于是用一种不明说的,能使人感到愉快的或含糊的说法,代替具有令人不悦的含义或不够尊敬的表达方法,避开"直言不讳"(call a spade a spade),采用(beat around the bush)的策略完成交际意图,这就是委婉语。由于它会采用一些比较抽象或者是模棱两可的概念,运用比喻或者是褒义等手法,使谈话双方能够间接的谈论不宜直说的事情,在翻译过程中,要注意把握其交际意图,努力再现说话者的语气。

以 money 为例: In his scale of values he places power and economics at the top of the list.这里说话人就是用 economics(经济)来代替 money(金钱),这样可弱化事物,达到语用效果。又如在一个野外旅行的场景当中,女友对男友说 Wait a minute, I want to pick a daisy.如果你把它翻译成"等一等,我想去摘一朵菊花",那可就要闹笑话了,因为她说的 to pick a daisy 是"方

便”的委婉语，不妨译成“我去去就来”或其他一些为委婉的表达，而不至于掉入误译的陷阱。

“死亡”的说法古今中外不胜枚举，在汉语里，有“崩”或“驾崩”、“驾鹤归西”、“羽化飞天”、“圆寂”、“仙逝”、“涅槃”、“香消玉殒”、“玉碎珠沉”等。现在，人们常用“长眠了”、“停止呼吸”等一些委婉的表达方式。英语中死亡的委婉说法有数百种之多：to pass away（离开），to depart（离开），to go to sleep（长眠），to go to heaven（上西天），to be no more（不在了），to join the majority（加入了大多数），to go to glory expire（去了光荣的国度），corpse（跨了），kick the bucket（蹬腿），breathe one’s last（停止了呼吸）等等。关于死亡的委婉说法，可能由于数量太多，所以有许多说法在出现之后，甚至没有流传开来便渐渐湮没了。

社会职业。西方社会职业的高低、贵贱十分明显，一些社会地位低下的人对自己职业的卑微很敏感，出于虚荣心，希望自己的职业能有一个好听的名称，于是“秘书”成了 administrative assistant（行政助理），把保姆 maid 称为 domestic-help（内务助手），老人被称之为“年长公民”（senior citizen），清洁工被尊称为 sanitary engineer（卫生工程师）。在谈到某人失业时（out of job），常用 between jobs，to be developing a new project，to be self-employed，相当于汉语的“待业”，“找工作当中”。就连屠夫（butcher）也摇身一变，成了 meat technologist（肉类技术专家），贫民窟也有了悦耳动听的叫法 substandard housing（不标准的住宅）或 special area（特殊区），这些职业的委婉说法很大程度上是出于礼貌，并且与社会的发展进步是分不开的。

此外，一些禁忌话语也会被委婉的说法取代，例如，如果说到某位女士已 pregnant（怀有身孕），听者就会联想到“挺得高高的肚子”。若说她是 eating for two（吃双份饭）的人，就能淡化“挺着大肚子”概念。用 expecting 或 in the family way 也可表达同样的意思。

在商业、广告方面，现今人们为了使自己的行业赢得他人的喜欢，有些关于行业的委婉用词越来越广泛。如 industry 这个词最初只限于使用机器制造成品的企业，如今几乎一切能够产生利润的部门，都可用这一词。如 extractive industry（赌博业），women’s beauty industry（美容业），tourist industry（旅游业）等。商店里的鸡蛋，不应再分大蛋，小蛋，而被称为 large，medium，standard。在广告方面，旧汽车不再叫 old car 或 second-hand，而叫做 pre-owned car 尽管新的说法并不能改变现实，但这些说法使听者得到了一种精神上的安慰。

熟悉和掌握英语中的委婉表达，在译入的时候一方面可以尽量避免误译，另一方面则可丰富表达形式，体现出原文的文体特征，甚至是为译文增添色彩。

6.1.7 拟人（personification）

把无生命的事物、动植物乃至抽象概念等当作有知觉、情感和人格的人来描述，这种修辞方法叫作拟人法（personification/prosopopeia）。

英语修辞格 personification（拟人）和汉语修辞格拟人的特点一样，即把非人的事物当成人来写，把本来只适用于人的动词、形容词、名词或代词等用于写物，赋予它们人的特性、思想和行动，从而达到深刻地表达感情、生动地描绘事物的目的。例如：

Then night, like some great loving mother, gently lays her hand at our fevered head, and turns our little tear — stained face up to hers, and smiles, and, though she does not speak, we know that she would say and lay our hot, flushed cheek against her bosom and the pain is gone.

［参考译文］ 夜像一个慈祥伟大的母亲，轻轻地把她的手放在我们发烫的额头上，把我们沾满泪水的小脸扭向她的面孔，微笑着，虽然她不说话，但我们知道她会说些什么。她把我们烧得发烫的面颊靠在她的胸上，疼痛也就消失了。

The moon rose from behind the copse, nearly full and the two lights struggled till moonlight conquered, changing the color and quality of all the garden, stealing along the flagstones reaching their feet, climbing up, changing their faces.

［参考译文］ 快要圆了的月亮从矮树丛后升起，月光和薄暮互相争辉，最后月光胜利了，它改变了整个花园的面貌和气氛，月光偷偷地沿着石板路来到他们的脚旁，渐渐地往上爬，使他们的脸上起了变化。

绘声绘色，情趣横生的拟人手法增添了文章的生动性和艺术性，使文章表达效果更加突出，人的情感的加入，使语言更加活泼，描述的对象也随之愈发生动起来。然而，修辞手法并非是孤立使用的，各种手法经常混合在一起以增强修饰效果，请看下例：

The one in the brown suit gaped at her. Blue suit grinned, might even have winked. But big nose in the grey suit still stared and he had small angry eyes and did not even smile.

［参考译文］ 穿棕色衣服的人目瞪口呆地盯着她，蓝衣服笑着，甚至还使了个眼色。但是穿灰衣服的大鼻子仍然凝视着，他长着一双红肿的小眼睛，脸上没有笑容。

拟人与借代混合使用是一种兼用的拟人方法，不论是借代，明喻还是隐喻，兼用拟人法可以使语言生动活泼，继而引起读者往下读的兴趣，翻译过程当中要有修辞意识，表达出修辞的特色。

6.1.8 轭式(zeugma)

轭式修饰法(zeugma)，又称轭式搭配法，指的是用一个词(通常是动词、形容词或介词)同时修饰或支配两个或两个以上的名词，但其中只有一个是合乎逻辑的搭配句式。

轭式句式的翻译关键是如何把句子中的巧妙搭配体现出来，有时候句子的搭配新颖顽皮，在不禁赞叹语言的丰富巧妙的同时，如何在译文当中也体现出这种特点是我们需要下工夫着重解决的地方。轭式修饰法大概有以下几种情况：

1. 一个动词支配两个名词(宾语)

例如：She opened the door and her heart to the homeless boy.

［参考译文］ 她为这个无家可归的孩子打开自己的家门，也打开了自己的心扉。

He swallowed bread and butter and a spasm of emotion.

［参考译文］ 他吞下奶油面包，也咽下一阵激动。

例句中就合理地使用了动宾搭配结构，使句子顿时生动活泼起来，做这种翻译的句子，要充分考虑倒译文的句法结构，找到可行性的搭配。

2. 两个主语搭配一个动词

During the next year, a young widow and a fortune fell in love with him.

［参考译文］ 接下来的一年里，一位年轻的寡妇爱上他，一大笔财产也跟着爱上了他。

3. 一个介词支配两个(或两个以上)宾语

She was seen washing clothes with happiness and Pears' soap.

［参考译文］ 有人见到她在洗衣服，手拿皮尔斯肥皂，一脸的欢快。

这一例句用介词 with 把看似毫不相关的两个词语巧妙地连接起来了，并建立起某种关联，要准确地用汉语传达出来，一些变通总是不可避免的。

4. 一个形容词同时修饰两个(或两个以上)名词

The room was not light, but his fingers were.

[参考译文] 房间光线差，可他灵活的手指却不差。

英文当中一词多义，使得一个单词修饰多个不同对象成为可能，如果能巧妙地结合到句子当中，就构成了轭式修饰的句型。另外，一个动词支配两个名词的情况在英语中是十分常见的，请看其他一些例句：

The umpire lost his cap and his cool.

[参考译文] 裁判员丢了帽子，也丢了忍耐。

She possessed two false teeth and a sympathetic heart.

[参考译文] 她有两颗假牙和一颗同情心。

You devils ought to search our heads not our pocket.(Gorky: *Mother*)

[参考译文] 你们这些魔鬼要搜就搜我们的脑袋，而不是搜我们的腰包。

Miss Bolo rose from the table considerably agitated, and went straight home, in a flood of tears and a sedan chair.

[参考译文] 伯洛小姐餐毕离席，相当焦急不安，泪如泉涌地坐着轿子径直回家。

我们应当运用各种形式来尽量再现原句诙谐幽默的修辞效果，有些轭式搭配句汉译时很难做到形式与内容的兼顾，在可能顾此失彼的情况下，当然应该首先保证传达语意的实质内容，兼顾原文外表的修辞形式。因句制宜，灵活掌握，以确保译本的质量。

6.1.9 移就(transferred epithet)

移就是英语中常用的一种修辞格，指的是甲乙两者相关联，把原用来说明甲的修饰语转用来修饰与它根本不同属性的乙，其特点是不直接说明它所修饰对象的性质、形象或特色，而是与不同属性的词搭配，使其具备一种字面以外的联想意义。

例如 a sleepless bed, brutal plan, surprised disapproval，这些搭配乍一看上去，给人一种突兀之感，有悖常理和逻辑，给我们的翻译也会造成一定的困难。但是，细加分析，我们就可以看出从这些移置过来的修饰语虽不符合语法逻辑却新颖别致，它通过词语巧妙的移植，来取得常规搭配所无法得到的效果。

例如：The big man crashed down on a protesting chair.

[参考译文] 大个子一屁股坐了下来，椅子吱吱嘎嘎地作响，好像是在提抗议似的。

例句中的 protesting 常用来说明人的行为，现移用来修饰具体事物 chair，既生动又幽默，为表达原文的这种让人忍俊不禁的效果，a protesting chair 不宜译为"抗议的椅子"，上面的译文也正是通过意译的方式更明确地传达了原文的内涵意义。

There was a short, thoughtful silence. Then he said, "Dad, you have just worked a profound change in my personality."

[参考译文] 电话里出现了短暂的沉默，思考片刻后，他接着说道："爸爸，您刚才的话使我深受启迪，让我恍然大悟。"

译文并没有死扣原文，而是将形容词 thoughtful 转译成动词，并添加一个“他”字，顿使译文表达清楚，自然流畅。

下面我们来介绍一下几种处理的方法：

1）位置还原法

例句：When I'm having trouble with a story and think about giving up, or when I start to feel sorry for myself and think things should be easier for me, I roll a piece of paper into that cranky old machine and type, word by painful word, just the way Mother did.

［参考译文］ 每当我写文章遇到困难想打退堂鼓时，或是自叹不走运时，我就往那台破旧的打字机里卷进一张纸，像妈妈当年一样，一字字地吃力地打着。

painful word 中 painful 显然应该是用来修饰人的，所以分析完了后，我们就可以将它还原到该修饰的词语的地方，让译文 make sense。

2）变换结构

例句：An expensive failure can be made into an asset if you've learnt from it.

［参考译文］ 失败的代价虽然昂贵，但是只要你能从中吸取教训，它就能化为一笔财富。

对例句应作深层次的分析，expensive failure 如何译成汉语？这就需要结构的转换。译文将作定语的 expensive 转换成谓语，并增添“代价”二字使非常规的搭配变为常规搭配，再与谓语“昂贵”构成主述结构，使句子易被读者接受。

英语移就是一种颇具特色的修辞手法，其有悖逻辑却又合乎逻辑的超常规搭配常给人耳目一新的感觉，言简意丰，生动形象，因而被广泛应用于各种文体当中。翻译时，要对原文中的移就辞格进行充分的分析，从表层结构的临时修饰看透其深层结构的语义关系和逻辑关系，彻底理解移就所传达的情感和语义信息，根据不同的语境，运用恰当的翻译策略，将这一生动形象的修辞手段完美地传译出来。

6.2 形象的处理

翻译当中，形象和语气的问题是译者应该细加揣摩、认真考虑的方面。因为原文的意义不仅仅局限于概念意义，而且包括风格意义、形象意义和文化意义等等。因此，要完整地表达出原文的意义以及思想感情，有时因为译者把握不准或者拿捏不定，就会损害甚至歪曲原文的语气和形象，令原文蒙受损失。

当然，我们不能苛求译者，要求翻译做到完美无缺，有时候，为了维持原文的本身意义，而又暂时找不到合适的表达，就不得不牺牲原文的形象而保留原文的本来意义。

请看下例：When a woman dresses to kill, the victim is apt to be time. kill 一词与 victim 相映成趣。当该句翻译成中文“当女人梳妆打扮的时候，时间就成了牺牲品”时，应该说译文的表达非常忠实，但是 kill 一词与 victim 的这个呼应就消失了。kill 这个词在汉语中找不到对应语，这时省略该词就成为合适的方法。翻译过程中形象的处理是一门重要的艺术。译文若想达到一种艺术的境界，形象上的处理也要下一番工夫。似可改译为：当女人极力把自己打扮得花枝招展的时候，时间成了无谓的牺牲品。

又如：All that sleepless night I replayed the moment those black gloves came up to the car window.

[参考译文] 如当晚我彻夜难眠,眼前不时重现出那副黑手套伸向车窗的那一瞬间。

这里的 black gloves 转喻为“戴黑手套的行凶抢劫者”,原文的形象呼之欲出,跃然纸上。

翻译中的形象转换要做到恰如其分,译者必须有扎实的双语文化基础。灵活运用各种英语辞格的修辞特点及其音韵美、形式美、内容美、意境美的特征,能充分体现其文化内涵、宣传功能、信息功能。翻译并不仅仅是涉及两种语言层面的操作。

6.2.1 移植形象直译

At present, the super powers are armed to the teeth with nuclear weapons, placing the people of the whole world under their nuclear threat.

[参考译文] 目前,超级大国用核武器武装到了牙齿,把全世界人民都置于他们的威胁之下。

在以往的一些报刊中,我们会发现 armed to the teeth 被译为“全副武装”,意思很正确,但原文的形象却丢失了,这里 armed to the teeth 其实可以直译为“武装到了牙齿”,把其形象移植到汉语中,比套译为汉成语“全副武装”显得形象更突出,更能表达原语篇内涵。

6.2.2 添加形象意译

Nothing venture, nothing have 与“不入虎穴,焉得虎子”从语义基本等值的角度可以互译,但若在特定的语篇以及相关的文化语境中就不可以简单套用。中国古语:“不入虎穴,焉得虎子”对于人们的实践是真理。

In the end things will mend.

将此句译成“车到山前必有路。”或“船到桥头自然直。”虽然添加了形象,但却仍保留了原语简洁有力的特征,使译语读者达到与源语读者基本一致的接受效果,当然,这是一种比较大胆的改译,译者是出于对原文所要传达的形象的考虑。

6.2.3 替换或取消形象(具体情况具体分析)

例如:He has a butterfly in his stomach.

[参考译文 1] 他肚子里有只蝴蝶。

[参考译文 2] 他怀里像揣着兔子一般。

如果译成“肚子里有只蝴蝶”,相信只会让读者感到莫名其妙,不知所言何物。我们在抓住原文所要表达的深层含义之后,经过反复推敲,权衡得失,用转换形象的方法来表达相同的意思,应该不失为一种较好的翻译策略。

又如:Ass in the lion's skin.

[参考译文] 狐假虎威。

若直译成“披着狮子皮的驴子”,不见得能为汉语读者所接受,因为两种语言的社会文化背景不同。译语读者不会产生源语读者的那种联想,所以要达到交际目的,这时往往需要将其象征意义表达出来,我们发现汉语中有类似的成语,我们这里不妨借用以便于译语读者接受。

某些成语或固定词组经过长期的历史演变，已逐渐丧失其字面意义。翻译时如果照搬原文形象，就会离题万里。所以只能省略其外部形象，而译出其内在含义。

例如：It rains cats and dogs.

［参考译文］ 大雨倾盆（而非下猫下狗）。

取消形象一法必须慎用。只有当原文中出现汉语读者无法接受或会产生歧义，而汉语中又没有类似的、合适的形象可以替换时，才能采用此法。

总之，不论是替换还是取消形象，都是为了在达到交际目的的同时，又最大限度地保留原文的形象，既不拘泥于源语的外部语言形式以及语法结构，又不会像脱缰的野马，漫漫不着边际。在翻译过程中既尊重原作作者，又做到对译文读者负责，在汉语中积极地寻找恰当的替代物，再次创造新的内容与形式的统一。

6.3 语气的处理

和形象的处理一样，译文语气的处理也十分重要，文学作品当中，往往同一篇原文，不同的译者由于采用的语气不同，翻译出来的效果就大不一样。因此，这就需要译者能体味原文细微的语气及情感，创造性地再现原文风格。

例如：Snobs talk as if they had begotten their own ancestors.

［参考译文］ 大言不惭，简直把祖宗也说成了自己的后代。

在这一译文当中，先不说译句的信息是否有遗漏，句中用的是 as if（"好像、似乎"）这种虚拟语气，而译文却没有体现出说话人这种语气。

试改译为：势利鬼大言不惭，似乎把他们的先人也能说成是自己的后代。

又如："Well, its my duty to help them out of it." "It's your duty to invite all the rats in the world to gnaw at your bones." (D. H. Lawrence: *Women in love*)

这是劳伦斯《恋爱中的女人》中杰拉匀德的父母亲之间的一段对话。老夫妇两人正在讨论该不该救济穷人。两个人的对话似在斗嘴而又充满了幽默，如何再现这种口吻就需要译者费一番心思了。

如果译成："嘿——我有责任去帮助他们解脱困难。"

"你还有责任去叫全世界的老鼠来啃你的骨头哩。"

其实原文理解上没有多大问题，而且译文也已达意，然而似乎总感觉还缺少一点什么东西，译文的语气把握似乎还有些商榷的地方，另外，把 duty 译为"责任"似乎不够口语化，说话的口吻有些变形。

试译为："唉——我该帮帮他们来解脱困难。"

"你该把全世界的老鼠都叫来啃你的骨头才对！"

首先，把语气词换掉后，说话者的情感得以再现，另外，译文也注意到了原文的语体特征，使语句读起来尽量上口，凸显原文口语化的特点，临摹原文的语气，使说话者的神态也得以再现。

名家谈翻译

王佐良："词义、文体、翻译"（节选）

现在我们来看看文体学又对翻译者有什么用处。

现代语言学家——以别于文艺学家——所研究的文体学是一门年轻的学科。它有几个基本概念也许是可以应用于翻译的。

1. 语言要适合社会场合。一群科学工作者讨论专业问题时所说的话不同于他们回家后对妻子说的，成人与成人之间所用的词也不同于成人对儿童用的，闲谈的句子结构不同于作正式报告，写起文章来总比讲话要句子修整，段落分明，而同样是写文章，法律文书、外交条约、会议决议案、商业合同等等又迥然不同于日记、私人信件——如此等等，研究结果，出现了三个多少有点用处的概念：一曰"语域"（register），即某一社会集团（例如从事同一职业的人）在特定社会场合（例如讨论本行业的技术问题）下所用的词汇、句子结构等等；二曰"语类"（varieties，如 varieties of English），即科学、商业、体育、宗教之类的文体；三曰"共核"（common core），即各语类各文体都必须要用，而且在任何一类一体中都用得最多最广的基本词汇、基本句型种种。这最后一点很重要，可以使我们不至于由于注意各类各体之异而忘了它们之间的同，而且在任何情况下总是同多于异的。从实际运用上讲，没有人能不掌握"共核"而独独能掌握某一语类或文体的；反过来，确实掌握了"共核"的人略经训练，要掌握某一特殊类或文体却是并不困难的。

然而文学语言却构成了一个特殊问题。在文学语言中，不仅各类各体并存，而且作家们经常利用不同语类、文体的转换与对照来达到特殊艺术效果。而比这点更重要的则是：正是在文学语言中，共核的运用不仅最频繁、最活跃，而且达到了最能发挥其表达力的地步。

在翻译工作中，也必须注意语言与社会场合的关系。译文同样有一个适合社会场合的问题，同样必须能根据原文的要求，运用各种不同的语类、文体。例如翻译请帖、通知、布告、规章、病历与病情公告之类的"应用文体"，译者应该知道在译文里怎样寻到相等的内行的格式和说法。"油漆未干"必须译成英文的 wet paint，而不应是 The paint is not dry 之类的外行话。"此处有炸药，注意安全"照英语惯例大概应该译成：DANGER：EXPLOSIVES。换言之，在这些地方就不能照汉语字面直译，而必须要寻找适合于英语国家同样场合的"对等说法"。过去我国出口商品（如罐头食品）上的说明与广告的译文显得很奇特，就是吃了照汉语原稿直译之苦。

另一方面，对于马克思列宁主义经典著作、外交文件、政府声明之类的翻译，那就要十分贴近字面，特别是在关键性的名词方面。事实上，只要译文句子符合所译成的语言的习惯，并且注意全文的连贯通顺，若干重要名词照原文直译不仅无碍于读者的接受，有时反而能显得突出而新鲜。Paper tiger，People's Commune，male-chauvinism，political power grows out of the barrel of a gun 之类的词与说法在英语国家也有一定的流行，便是证明。

文学作品又如何？既然文体学的研究使我们看清它的复杂性，我们也就要用多种手段去翻译它。既然文学作品中各体并存，那么译者所掌握的文体的类别也要广些。既然在文学作品里"共核"运用得最好最精，那么译者也必须首先掌握所用语言中最普通、最本质的东西——而除非译者从小就兼通两种语言，这样深入、细微的掌握只有在运用本族语时才能做到。做到了这一点，又能深刻理解原作，那么直译与意译之争也就比较容易解决。简单地说，要根据原作语言的不同情况，来决定其中该直译的就直译，该意译的就意译。一个出色的译者总是能全局在胸而又紧扣局部，既忠实于原作的灵魂，又便利于读者的理解与接受的。一部好的译作总是既有直译又有意译的：凡能直译处坚持直译，必须意译处则放手意译。

2. 语言的运用常有程度不同的个人变异，而变异的目的在于造成突出，引起注意。每种语言都有运用上的常规，即有若干共同遵守的最基本的惯例，但在运用时则各人的“表现”不一样，有些人为了造成强调或其他效果，总要来点或大或小的变异，而以文学作家——特别是诗人——所作的变异为最多、最大胆。变异即是对语言的创造性地运用。变异可以是词汇方面的，例如一本畅销小说里出现 two martinis ago(两杯鸡尾酒以前)，这是容易理解的，并不离奇，而英国已故诗人 Dylan Thomas 写了 a grief ago 那就比较难懂了(是否指在发生一件惨事或事故以前?)。然而这与常规的 a year ago 之类的话，也只是一字之易。变异也可以是句法、语调和其他方面的，有时两句话分开来看都是最合乎常规的，然而合在一起却使人有一种猝然之感，例如：

I hope they do give you the Nobel Prize,
it would serve you right.

这是美国现代诗里继承惠德曼传统的诗人 William Carlos Williams 写给另一个诗人 Ezra Pound 的两行，其变异全在第二行。(人们不禁要问：为什么得诺贝尔奖金是：“报应”，是“活该”? 此中的消息是这两人都自命不俗，也许在嘲笑这项奖金和它的获得者。)

对于译者来说，他有双重任务：一是要有慧眼能在原作里发现变异之处，而这就需要他对那个语言的常规很熟悉；二是要有本领能在自己的译文里再现这变异所造成的效果，而这就需要他对自己语言的各种表达方式有充分的掌握。

3. 变异最多见于形象语言，而形象语言的核心是比喻。比喻是随处可见的：

All grammars *leak*.

Einstein took a huge conceptual *leap*.

The British *thrusted* their language down the linguistic *throats* of the conquered peoples.

Those slick operators, with their *patent teather* souls!

以上见于非文学的“语类”。有的比喻用动词形式表现，有的用名词，有的用形容词，而在第三例则由动词与名词合起来表现，二者呵成一气。比喻的好处，一是形象化、具体化，一见就明白，捉摸得住；二是高度集中，在纷纭现象中用一二字就点出核心，语言的运用不能比它更精炼了。而要做到这两点，须有将两种不同事物联在一起——将熟悉的、身边的东西同生疏的、辽远的东西联在一起，将琐碎的、实际的、无甚意义的小东西同一个大背景、大的精神世界联在一起——的想象力。正因如此，历来的哲学家、文学批评家都强调比喻的重要性，亚里士多德就在《诗学》里称之为“天才的标志”。然而在时间的长河里，比喻却又是不断受到淘汰的，用久了成了套语，因此文学作家——特别是诗人——无不致力于创造新的比喻、新的形象。20 世纪作家笔下出现的比喻是这样一类：

The multitudinous windows of the new Hilton look to me *like the heavy-lidded eyes of insomnia sufferers*, aching for rest.

White and black trade words as *do front-line soldiers lobbing back and undetonated grenade*.

All art must be for the end of liberating the masses. A landscape is only good *when it shows the oppressor hanging from a tree*!

这些比喻有明显的时代与社会特色，在它们背后有着70年代的“敏感”。有时比喻的运用持续几行诗句，如在Robert Lowell的“For the Union Dead”(1964)里：

Everywhere
giant finned cars nose forward like fish;
a savage servility
slides by on grease.

诗人对于“汽车社会”的鄙弃是如闻其声的。

比喻之常见于重要既如此，翻译者又应对他们采取什么方法、什么战略？在这里，文体学的“语类”之分似乎可以帮助我们决策。当然，每一个比喻或形象都需要根据它的实际情况慎重对待，但是一般地说，对于非文学的语类中的非关键性的比喻，特别是那些早已同普通语言化为一体的所谓“死比喻”(如：the bonnet of a car，foothills，throw a monkey wrench into之类)，就无须拘泥，意译即可。而在文学作品中，特别在诗里，既然比喻有着体现作者的敏感和时代风貌等等的特殊重要性，那就应该直译。所谓直译，是指：(1) 不要用四字成语等套语去译，宁可“欧化”些，以保持其新鲜。(2) 要十分准确。例如雪莱有一首题为“England in 1819”的十四行诗，其最后两行是：

Are graves，from which a glorious phantom may
Burst，to illumine our tempestuous day

这当中的phantom一词，按照我们现在通行的词典，有“幽灵、鬼怪；阴影，令人恐惧的东西”等释义，但用来译此诗都不合适。也许用“神灵”比较好些，因为雪莱此处此词所指的，实是革命，而“神灵”同后来马克思、恩格斯在《共产党宣言》第一局里所用的“幽灵”一词(德文是Gespenst，英译作spectre)——

一个幽灵，共产主义的幽灵，在欧洲徘徊

——既可以有所区别，又可以有所呼应。雪莱当然想不到会有《共产党宣言》这一具体的书，马克思、恩格斯也未必对雪莱这一具体的诗或比喻有特别深刻的印象，但是我们后世读者心里明白：这两篇著作相隔不过30年，正是在这风云变幻的30年中，工人阶级揭开了人类历史的新页，一个年轻英国诗人在1819年所憧憬和渴望的，在1848年变成了震惊全欧洲的现实。在这样的背景之前，如果译者漫不经心地将phantom一词译为“鬼怪、怪物”之类，那就减缩了雪莱的革命性和预见性，也就是在一个关键的地方没有忠实于原作的精神了。

4. 适合就是一切。文体学的灵魂在于研究什么样的语言适合什么样的社会场合。译者的任务在于再现原作的面貌和精神：原作是细致说理的，译文也细致说理；原作是高举想像之翼的，译文也高举想像之翼。一篇文章的风格只是作者为表达特定内容而运用语言的个人方式，它与内容是血肉一体，而不是外加的、美化的成分。因此从译文来说，严复的“信、达、雅”里的“雅”是没有道理的——原作如不雅，又何雅之可言？

……

人们喜欢谈翻译中“对等词”的重要，殊不知真正的对等词应该包括情感力量，背景烘托，新鲜还是陈腐，时髦还是古旧，声调是和谐还是故意不协律，引起的联想是雅还是俗等等方面的“对等”，而且在文学作品特别是诗的翻译中，还有比词对词、句对句的对等更重要的通篇的“神似”问题。这一切使得翻译更为不易，但也正是这点不易使翻译跳出“技巧”的范畴而变为一种艺术，使它能那样强烈地吸引着无数时代的有志之士——他们明知其大不易而甘愿为之，而且精益求精，乐此不疲；他们是在创造的能人，他们在两种文化之间搭着桥梁，他们的努力使翻译工作变成一种英雄的事业。(申雨平、戴宁，2000)

第七单元

7 篇章翻译

语篇通常指一系列连续的语段或句子构成的语言整体。它可以是独白、对话(dialogue),也可以是众人交谈(multi-person interchanges);可以是文字标志(如交通标志),也可以是诗歌、小说。它可以是讲话,也可以是文章;短者一两句可成篇,长者可洋洋万言以上。所以,可以说,无论是一句问候(greeting)、一次谈话、一场论文答辩、一次记者招待会的问答,还是一张便条、一封书信、一份科研报告、一本文稿,都可以是语篇。

黄国文,1997

衔接体现在语篇的表层结构上,是语篇的有形网络;连贯存在于语篇的底层,是语篇的无形网络。

方梦之,2002

无论在汉语还是英语中,语篇的意义范围至今仍未确定。在国内 discourse 被译为“语段”、“语篇”、“话语”,而 text 被译为“篇章”、“语篇”,也有译成“话语”的。西方的语言学家们对此也是众说纷纭。为方便起见,我们在这里采用我国学者的看法,即语篇包括“话语”(discourse)和“篇章”(text)。语篇结构往往随着文体的改变而改变。限于篇幅,本章将讨论书面语中的翻译。

Hatim 和 Mason(1999: 192)在其 *Discourse and the Translator* 一书中这样描述语篇特征:语篇应该连贯(即意义上有关联)、衔接(即表现为表层结构上的黏着性),且具有明确的论题结构(即其结构安排应该能突出语篇中最重要的内容)。可见语篇实际上是由各种言语单位(词、句、句群、句段等)组成的一个结构——意义的统一体,而衔接正是组句成篇过程中必不可少的黏着手段。

谈到衔接,我们就必须分清楚衔接与连贯的关系。方梦之(2002: 326)认为,“衔接体现在语篇的表层结构上,是语篇的有形网络;连贯存在于语篇的底层,是语篇的无形网络”。衔接是语篇的有形网络,体现在语篇的表层结构上,即通过语法、词汇和篇章的手段表达的语篇组成部分之间的显性关系;连贯是语篇的无形网络,体现在语篇的深层结构上。不过,虽然语篇的衔接性与连贯性属两个不同的概念，但两者在构成语篇时的关系却是非常紧密的。

衔接理论从20世纪70年代初现端倪至今，已成为语言学领域的一个主流话题。学者们纷纷著书立说，在这一领域展开了深入的探讨，其中贡献最大、影响最深的当数英国语言学家Halliday和Hasan，他们在其合著的《英语的衔接》(*Cohesion in English*)一书中把衔接看作“存在于篇章内部，使之成为语篇的意义关系”(Halliday, 1976: 4)，他们认为衔接之所以能使一段话成为语篇，就在于衔接通过语法和词汇等手段，把结构上彼此缺乏联系的句子黏着在一起。在国内对衔接理论的研究贡献突出的主要是胡壮麟。胡壮麟等人(1997: 150)将衔接关系定义为“把语篇中结构上互不相关，但语义上互相依赖的各个成分联成一体的一种潜能”。根据Halliday和Hasan的划分，衔接手段大致可分为语法衔接手段(grammatical cohesion)和词汇衔接手段(lexical cohesion)两种。前者又可以包括指称(reference)、省略(ellipsis)、替代(substitution)和连词(conjunction)。

由于英汉文化、语言结构、行文习惯的差异，英汉语在组织成篇时所采用的衔接手段也必然存在差异。在语篇翻译中，译者要考虑用符合汉语习惯的表达方式把原文信息重新表达出来。重新表达不仅需要词汇方面的转换，还需采取一些相应的策略对译文的衔接进行重组，从而达到译文的连贯。因而，正确认识英汉语中语篇的衔接手段的使用，对翻译实践无疑具有十分重要的意义。卡特福德(1965)指出，翻译是一种语言的篇章材料与其对等的另一种语言的篇章材料的替换。译者要在翻译中做到篇章等值(textual equivalence)，就必须在译语语篇中努力再现原语语篇的“语篇组织”(texture)。语篇组织的一个重要内容就是衔接手段的使用。在翻译过程中，译者通过辨析原语篇中的衔接方式，可以正确认识原语篇的深层含义，这样，要贯彻翻译的忠实性标准也就有了明确的理据。

7.1 衔接

Halliday和Hasan在其著作《英语中的衔接》中将英语的衔接手段概括成5种：1)指代(reference)；2)替代(substitution)；3)省略(ellipsis)；4)连接词(conjunction)；5)词汇衔接(lexical cohesion)。本节我们将基于他们的分类，讨论在英译汉中如何处理这些衔接手段，以实现译文的连贯。

7.1.1 指代

在Halliday和Hasan(1976)所提出的衔接模式中，指代是衔接手段中最明显的一种，表示某个项目自己不能解释自己，而是必须到其他地方寻求其解释的现象。在词汇语法层次上，指代主要由语法项目来体现，主要分为三类：人称指代、指示指代和比较指代。人称指代主要由人称代词体现。指示指代主要有指示代词和指示副词体现。比较指代分为两类：普通比较和特殊比较，两者都由比较形容词或比较副词体现(张德禄，2001)。鉴于在英译汉中经常遇到的情况是人称指代和指示指代，我们这里将主要讨论在英译汉时如何处理这两种指代。

英语与汉语在指代衔接手段的运用方面确实存在差异。英语中，为了实现衔接，在某一意义名词出现后，除非是要达到某种修辞效果，一般尽量采用代词指代。这样，一方面避免语篇的累赘，繁复；同时也可以使语篇主题鲜明，读起来逻辑清晰。相比之下，汉语倾向于重复前文出现的

名词,或者采用"零式指称"(胡壮麟,1994: 64—66),省略主语。请看下例:

A green caterpillar was slowly crawling out from under the lettuce. It was huge, fat, and apparently well-fed. It paused in its travels to survey the scene. Purple with fury, Henry could barely find his voice. (*A Hard Day in the Kitchen*, Shannon Hodge)

此例中,原文由3个小句组成,第一句中主语为 a green caterpillar,紧接着两句中都以第三人称代词替代 a green caterpillar 做主语。这样的表达符合英文习惯,使文章读起来自然流畅,而不显啰嗦、冗繁。在英译汉过程中,我们不能受原文的影响,要考虑汉语行文习惯,可以省略后两个句子的主语,可译为:

[参考译文 1] 一条绿色蠕虫正慢慢地从生菜下面爬出来,很大,很肥,显然吃得很好。它在旅途中停下来以观察周围的环境,亨利气得脸色发紫,话都差点说不出来。(何田 译)

或者我们也可以重复前面的名词,将其译为:

[参考译文 2] 一条绿虫子正慢吞吞地从生菜底下爬出来。那虫子又大又肥,显然吃得很好,在途中还停下来审视周围的环境。亨利此时气得脸色发青,话都差点说不出来了。(吉文凯 译)

为了更加清楚地看出英汉两种语言在行文上的差异,我们再看两个汉译英的例子:

朋友有点不好意思地解释说,买这座房子时,孩子们还上着学,如今都成家立业了。(《枣核》)

[参考译文] My friend looked somewhat ill at ease when he told me this: At the time when he bought this big house, his children had all been at school. Now they had their own homes and jobs.(张培基)

杨志取路,不数日,来到东京。入得城来,选个客店,安歇下。(施耐庵:《水浒传》)

[参考译文] Yang Zhi thus journeyed on for many days and he went toward the eastern capital and he came into the city and found an inn and there settled himself to rest. (P. S. Buck)

从以上汉英互译的例子中,我们可以发现,代词是现代英语语篇中的重要衔接手段,在某一意义名词出现后,英语中一般使用代词指代前面出现的名词,汉语倾向于重复前文出现的名词,或者省略主语。因而,在英汉互译中我们要注意两种语言在衔接手段使用上的差异,使译文更加符合译入语语篇的行文习惯。

7.1.2 省略

省略指某结构中未出现的词语可从语篇的其他小句或句子中找回(胡壮麟,1994)。一般来说,省略的内容可以从篇章语境中推知,这就要求在翻译时要考虑全文框架,把握具体语境。根据韩礼德和哈桑(1976)的解释,这种省略也可以认为是"零式指称"(zero substitution)。省略在语篇中是一种常见的衔接手段,指示思想或形象的快速移动(Wales,1989)。胡壮麟认为,省略可以分为名词省略、动词省略和小句省略(胡壮麟,1994),编者赞同这种分类,因此本书中我们也基于这种分类,讨论在英汉翻译中如何处理原文的衔接,实现译文的连贯。

在英文中,为了简洁可以省略某一意义的中心名词,某个动词甚至一个小句,例如:

A man is sometimes more generous when he has but a little money than when he has plenty, perhaps through fear of being thought to have but little. (*Three Great Rolls*, Benjamin Franklin)

[参考译文 1] 人有时囊中羞涩反而比腰缠万贯时显得大方,或许是怕人家笑话自己没钱吧。(吉文凯 译)

[参考译文 2] 人有的时候钱少了反倒比钱多了大方,也许是怕人嫌贫吧。(张平功 译)

此例中,原文比较结构后半部分省略了 money 一词,本来应该是…than when he has plenty of money,这样在比较结构中省略句中出现过的名词的现象在英语中十分常见,合乎行文表达习惯。在汉语中,我们倾向于重复句中出现过的名词。此例两个译文虽然分别采取了意译和改变词性的方式,但都重复了句中出现的 money 一词,符合汉语表达习惯。

动词省略也是英语表达重视简洁的重要体现,尤其是在比较结构中更加常见。请看下例:

Though a brother, I was his apprentice and he considered himself my master. He expected the same services from me as he would from another; while I thought he asked too much of a brother. (*Three Great Rolls*, Benjamin Franklin)

[参考译文 1] 虽说是兄弟,我可是给他当学徒,他也以我的老板自居。他要求我和别人一样干活,可是我觉得他这样要求亲兄弟也太过分了。(张平功 译)

[参考译文 2] 虽是兄弟,我却成了哥哥的学徒,而他也把自己看作是我的老板,要求我像其他人一样给他卖力;可是我觉得这样对兄弟也太不讲情分了。(吉文凯 译)

原文第二句中比较结构后半部分省略了动词 expect,应该是... as he would expect from another。这样表达符合英语重简洁的表达习惯。汉语中在遇到这样需要重复动词的比较结构时,为了行文简洁、明了,也采取省略动词的处理方法。此例中两种译文都采取了这种处理方式,保留了一个中心动词。

7.1.3 替代

"替代"指用较简短的语言形式替代上文中的某些词语,使行文简练流畅(李运兴,2001)。王力(1994)用"替代"指人称替代,不过也谈及名词替代、谓语替代、形容词替代和动词替代。有些学者(胡壮麟,1994;李运兴,2001)认为"替代"可以分为名词替代、动词替代和小句替代或分句替代。我们这里采用这种三分法,讨论英译汉中如何体现原文的衔接。

名词替代比较常见的是使用 one 代替前文出现的某个名词,这样可以使行文简洁,更有条理,请看下例:

I never met a more interesting man than Mayhew. He was a lawyer in Detroit. He was an able and successful one. By the time he was thirty-five he had a large and a lucrative practice, he had amassed a competence, and he stood on the threshold of a distinguished career. (*Mayhew*, William S. Naugham)

[参考译文 1] 我从未见到过比梅休更有意思的人了。他是底特律的一名律师,为人能干,事业上也很成功。35 岁就门庭若市,收入可观,累累胜诉,声名昭著,前程似锦。(叶子南 译)

[参考译文 2] 我从未见过比梅休更有意思的人了。梅休是底特律的一名律师,他精明能干,事业有成,35 岁时就拥有一份收入不菲的工作。如今累累胜诉的他真可谓前程似锦。(吉文凯 译)

该段中第二句指出,梅休是名律师,在第三句中为了避免重复,作者使用了替代衔接手段,用

one 来代替前文中的 lawyer 一词，这样处理符合英文追求简洁避免冗繁的习惯。在译成汉语时译者要考虑汉语表达习惯。在汉语中我们一般会省略重复的词语，采取句型转换策略，如参考译文中将其变成动词短语的方式。

动词替代是另一种常见的替代衔接手段，经常是用助动词 do 的几种形式来代替前文出现的某个动词或动作意义，请看下例：

After the play, I took home the flower (the dandelion blossom) I had stuffed in the apron of my costume. My mother pressed it between two sheets of paper toweling in a dictionary, laughing as she did it that we were perhaps the only people who would press such a sorry-looking seed. (*My Mother's Gift*, Suzanne Chazin)

［参考译文 1］ 演出结束后，我把塞在演出服围裙里的那朵蒲公英带回了家。母亲将花接了过去，用两张纸巾将它压平，夹在一本字典里。她一边忙碌着，一边笑，想到也许只有我们俩会珍藏这么一朵打了蔫的野草花。(姜建华　译)

［参考译文 2］ 演出结束后，我把那朵塞在表演服围裙里的蒲公英带回家中。妈妈用两张纸巾把花压平，然后夹在字典里。她一边夹花一边笑，似乎只有我们俩才会珍藏这样一朵打了蔫的野花。(吉文凯　译)

此例中，原文为了行文简明，避免重复，使用 do 的过去式 did 代替前文的动作 pressed it between two sheets of paper toweling in a dictionary。翻译中我们要在理解原文替代衔接手段的运用，正确理解原文。在理解的基础上，要根据汉语表达习惯，可以采取译文一模糊的处理方法，将其译为“一边忙碌着”；也可以明确其指代意义，按照译文二的处理方法，将其意义译出。这样处理汉语读者容易接受，又可避免重复，是英译汉中处理动词替代比较常用的策略。

了解了名词替代和动词替代的情况，我们再来看看另外一种常见的替代衔接方式——小句替代。英语为了行文简洁，往往使用指示代词指代前文出现的某一小句或者某一概念，在翻译时要注意汉语的表达习惯，尽量追求译文的简洁。请看下例：

When my brother finally found out, he was not exactly pleased. Perhaps this might be one cause for the arguments that we began to have about this time. (*Three Great Rolls*, Benjamin Franklin)

［参考译文 1］ 哥哥终于发现了，他很不高兴。我们大概是这个时候开始争吵的，也许这要算个原因。(张平功　译)

［参考译文 2］ 哥哥终于发现了，很不乐意。大概从那时起我们便常常争吵，这件事也许是个原因。(吉文凯　译)

该例中，原文第一句指出哥哥发现弟弟偷偷投稿这件事后十分生气。第二句中作者为了行文的简洁，使用指示代词 this 代替前一句话的内容，在翻译时，可以使用汉语中的指示代词“这”来取代原文的 this 一词，如参考译文 1。当然，为了表意明确，也可以将其“清晰化”，按照参考译文 2 的处理方法，将其译为“这件事”。

7.1.4 连词

连词作为衔接手段，是“使句子、分句和段落相互联系的形式标记”(Moan Baker, 2000)。韩礼德和哈桑(Halliday and Hasan, 1976)将连接分为四类：增补(additive)、转折(adversative)、因果(causal)和时间(temporal)。

我们先来看第一种情况：增补。增补是英语中很常见的一种衔接手段，经常由并列连词 and 充当。比如说，I like English and I have read many English fictions。在英语中，这种表达常用而又不显啰嗦，但按照汉语表达习惯，我们会经常使用连动句，不加任何连接词。这符合汉语是“意合语言”的特点。请看下例：

Our arguments were often brought before our father, and I guess I was either generally in the right, or else a better debater, because the judgment was usually in my favor. (*Three Great Rolls*, Benjamin Franklin)

[参考译文 1] 我们往往要争吵到父亲那儿去，我想若不是我占理，那就是我嘴更硬，因为父亲评起理来通常是偏向我的。(张平功 译)

[参考译文 2] 我们之间的争吵最后常常要父亲决断，我想要么是我在理，要么就是我能说善辩，反正父亲评起来往往是我在理。(吉文凯 译)

此例原文是一个长句，由 4 个小句，三部分构成。第一个小句是第一部分，第二和第三小句是第二部分，最后一个小句是第三部分。第一跟第二部分之间是“增补”关系，由并列连词 and 体现；前两个部分跟第三部分之间又是因果关系。清楚了原文的结构，我们在翻译时就有个清晰的逻辑结构。在翻译时我们可以按照汉语“意合”的习惯，省略连词，采用连动句结构，如两个译文所采用的处理方式。

下面我们讨论第二种常见连词衔接手段，转折连词。无论在汉语还是英语中，我们都会使用一些转折连词，表示意义的转折或语气的转变，以实现文章的衔接与连贯。英语中表示转折关系的连词常用的有 but, though, however, while, although 等，这说明英语的连接词比较丰富，也体现出英文重形合的特点。在汉语中，我们经常使用的表示转折关系的连词主要有“但是”、“虽然……但是”、“可是”、“不过”、“然而”等。由此可见，在英译汉时，我们很容易找到相对的衔接手段，实现译文的连贯。请看下例：

We tend to treat persons like goods. We even speak of children “belonging” to their parents. But nobody is “belonging” to anyone else. (*Love Is Not Like Merchandise*, Sydney J. Harris)

[参考译文 1] 我们往往待人如物。我们甚至说孩子“属于”父母。但是谁也不“属于”谁。(韩瑷明 译)

[参考译文 2] 我们总是把人看作是货物，甚至会说孩子是“父母的”。可是，没有谁是“哪个人的”。(吉文凯 译)

此例中，两种译法结构不太相同，但在处理连接词 but 时的策略是一致的。值得注意的是，英语中使用了 although 后就不能再使用 but 一词，而汉语中我们却可以使用“虽然……但是”这一结构作为常用的衔接手段。

另一种连词衔接手段是因果关系连词，这种连词在英语和汉语中都作为重要的衔接手段而广泛使用。英语中表示因果关系的连词常用的主要有 because, so, since, as 等；汉语中也有对应的表示因果关系的连词结构“因为……所以”。由此可见在英汉翻译时我们可以在汉语中找到相对应的表达，不过在翻译时要注意两点：一是虽然英语和汉语中都有表示因果关系的连词结构，但英语中出现了 because 后句中就不再使用 so 之类的表示结果的词汇，这跟汉语使用“因为……所以”因果结构的表达习惯不同;另一方面是汉语重意合,经常可以不使用连词,而根据句子之间潜在的逻辑线索就可以实现行文的连贯。请看下例:

I started wondering why I refused to run the light. I was not afraid of being arrested, because there was obviously no cop around, and there certainly would have been no danger in going through it. (*Trust*, Andy Rooney)

[参考译文 1] 我开始琢磨起自己为什么不肯闯红灯这个问题来。我并不是害怕被抓住,因为周围根本没有警察,即使闯红灯也不会有什么危险。(匿名)

[参考译文 2] 我开始纳闷儿为什么没闯红灯呢。当时旁边肯定没有警察,又不用担心被拘留,而且即便冒险闯了灯也没什么危险啊。(吉文凯 译)

另外一种常见的连词衔接手段是表示时间关系的连词。这一类型的连词也是经常在英汉两种语言中广泛使用的,用以表示过程发展的先后顺序。英语中经常使用的时间关系的连词主要有 when, before, as soon as, not ... until 等;在汉语中我们也有相对的表示时间的表达方式,可以灵活处理。请看下面两例:

With night approaching, the boatman and I had no choice but to wait until the wind stopped. (*Three Great Rolls*, Benjamin Franklin)

[参考译文 1] 眼看夜色来临,船主和我只好等风住了再说。(张平功 译)

[参考译文 2] 夜幕渐渐降临,船夫和我别无选择,只能等待风停下来再说。(吉文凯 译)

Though osteoporosis afflicts, for example, about 25 million Americans, most of them women, the disease offers no early symptoms. Usually it is not diagnosed until after age 50, when a victim suffers a fracture. (*Why the Bones Break*, Anastasia Toufexis)

[参考译文 1] 尽管骨质疏松症给人带来痛苦,譬如在美国就有 2 500 万人,大多数是妇女,但这种病并没有什么早期症状。它通常是病人在 50 岁以后不幸骨折时才被诊断出来。(陈德浩 译)

[参考译文 2] 虽然骨质疏松症困扰着许多患者,仅美国就有 2 500 万人,而且大多是妇女,但这种疾病却没有任何早期症状,通常是患者在 50 多岁时不幸骨折后才被诊断出已经患病。(吉文凯 译)

从以上两例中可以看出,在英译汉时时间连词衔接手段可以灵活处理,英汉两种语言有相通之处,只要处理恰当,是能够实现译文的连贯的。

7.1.5 词汇衔接

词汇衔接指运用词语达到语篇衔接目的的手段。韩礼德与哈桑(1976)把英语的词汇衔接分为复现关系(reiteration)和同现关系(collocation)两类。李运兴(2001)把词汇衔接分为同义衔接(synonym)和组合衔接(collocation)两类。而同义衔接又可以进一步分为同义词(synonym)、近义词(near-synonym)、上义词(super-ordinate)、下义词(hyponym)和概括词(general word)等构成的词汇链。

在有些段落中,原文为了衔接往往重复某个中心词,或使用其同义或上下义词,从而使文章成为连贯的一体。在翻译时,译者如果能把握好这些衔接词,并在头脑中形成一个逻辑脉络清晰的整体,就能在动手翻译时把握全局,有条不紊。请看下例:

It was a lovely spring day and the rose vine on the trellis was turning green. Under the huge elm trees, we could see yellow dandelions popping through the grass in bunches, as if a painter had touched our landscape with dabs of gold.

I watched my mother casually bend down by one of the clumps. "I think I'm going to dig up all these weeds," she said, yanking a blossom up by its roots. "From now on, we'll have only roses in this garden." (*My Mother's Gift*, Suzanne Chazin)

[参考译文] 那真是一个可爱的春日，棚架上蔷薇的藤蔓正在转青。在一些高大的榆树下面，我们可以看到，一丛丛黄色的蒲公英冒出草坪，仿佛是一位画家为了给眼前的美景增色而着意加上的点点金色。

我看到母亲在一簇花丛旁漫不经心地弯下身来。"我看得把这些野草都拔了，"她说，一边使劲把一丛蒲公英连根拔出，"往后咱这园子里只让长蔷薇花。"（姜建华　译）

该例中，原文中作者为了实现语篇的连贯，使用了词汇衔接手段。注意文中画线的词可以发现这些词贯穿这段文字，给读者一个清晰的脉络。原文中 yellow dandelions, dabs of gold, weeds 和 blossom 之间分别体现了同义、近义以及上下义关系。如果此时读者或译者没意识到这一系列关系，就可能出现错误理解。因此，在翻译中，把握原文的词汇衔接有助于译者理解，推测出某些词或表达的意思，从而准确传达原文信息。相比之下，下例中的词汇衔接就相对明显了：

Could anything be more majestic, serene or threatening than the largest bird of prey in the world, the harpy eagle, soaring above its domain? Weighing nine kilograms and with a 2.2 meter wingspan, this giant of the sky glides at 65 kilometers per hour over dense Brazilian rainforest. Its cruel head with flaring colored crest and huge hooked beak twists constantly from side to side. (*Killer on Wings is Under Threat*, Bruce Gooding)

[参考译文] 有什么比世界上最大的食肉猛禽热带大雕在它的领地上方搏击长空更加壮丽、更加安详，又更具威胁性呢？体重 9 公斤，翼幅达 2.2 米的空中巨物在茂密的巴西雨林上空以每小时 65 公里的速度滑翔。它那长着展开的有色肉冠和巨大钩状鹰嘴的残暴的脑袋不断地向两边扭来扭去。（许爱军　译）

此例中，原文为了清晰形象地描述这种热带大雕，分别采用了三个同义短语：the largest bird of prey, the harpy eagle 和 this giant of the sky，这样处理可以使读者对雕的形象有个清晰的了解，又可以使行文简洁、明了。在描写雕的细节时，作者分别采用了三个下义词：head, crest 和 beak。这就要求译者在翻译时注意词汇衔接手段的复现，努力实现译文的连贯。

本节中，我们主要讨论了衔接手段的应用对英汉翻译的启示。在英汉翻译过程中，译者要注意英汉两种语言在衔接手段方面的差异，总结经验。只有这样，才能更好地把握译文的逻辑脉络，使译文清晰、连贯，符合汉语表达习惯。

7.2 连贯

前一节中我们谈到了衔接手段在语篇中的重要性，本节我们将讨论在翻译时如何处理语篇的连贯。李运兴(2001)认为，连贯是词语，小句，句群在概念、逻辑上合理、恰当地连为一体的语篇特征。我们认为衔接与连贯密不可分，衔接是实现语篇连贯的一个重要前提，但并不是说，连贯必须要以衔接为前提。从前一节我们知道，衔接手段一般是指语法、词汇手段的应用，可以说衔接手段运用得当有助于语篇的连贯。但也要注意，连贯是语篇的深层结构，是潜藏的逻辑结构。实现语篇的连贯，不仅可以使用词汇，语法等衔接手段，也可以从信息的逻辑布局考虑。我们从事翻译学习和工作，最终目标并不是实现字词、句子的对译，而是要给读者提供逻辑清晰，布局合理的译文。因而，把握语篇的连贯对译者来说是个极其重要的要求。

有时英语的连贯不仅依靠语言、语法手段，还要靠读者的语外知识。请看下例：

And under these seas the largest single geological feature on earth has been found — a mountain range that dwarfs the Himalayas. It's a range that covers nearly one quarter of the earth's surface. (*The Living Seas*)

[参考译文 1]　就在这些海洋中发现了地球上唯一最大的地质构成——一条使喜马拉雅相形见绌的大山脉，这条山脉覆盖了地球表面几乎四分之一。(陈文伯　译)

[参考译文 2]　在这些大海的深处发现了地球上所知的最大规模的地质奇观——一座让喜马拉雅相形见绌的山脉。这座山脉几乎覆盖地球表面的四分之一。(吉文凯　译)

该例中，原文将海底山脉与喜马拉雅山脉相比较，以描述山脉之雄伟。这就要求原文读者对喜马拉雅山有所了解才能实现文章的连贯。在翻译时，译者一定要考虑译文读者是否具有相关语外知识。考虑到喜马拉雅山脉在普通中国人看来同样有高大巍峨、宏伟壮阔的感觉，我们像所给译文那样将其直译，以实现译文的连贯。

正如 Beaugrande 所认为的那样，“连贯显然不仅仅是语篇特征，而更是语篇使用者的认知过程的产物”。(Beaugrande，1981:6) (Coherence is clearly not a mere feature of texts, but rather the outcome of cognitive processes among text users.)语篇连贯的基础是信息发出者和信息接受者的认知和知识结构的沟通。读者从语篇中获取信息时并非只依靠对语言符号的破译，他还必须调动大脑里所储存的相关信息，主动地参与对语篇的解释过程。(李运兴，2001:160)我们在翻译时不仅要获取和传达语言信息，还要考虑读者大脑所存储的语外信息。让我们再看一例：

The earth is the only planet we know that has an ocean. The ocean is the largest feature on earth. Yet it's the one feature we know the least about. We know more about the moon 240,000 miles away than we know about the three-fourths of the earth covered with water. Man has set foot on the moon, but not on the most remote part of the earth, 35,000 feet under the sea. (*The Living Seas*)

[参考译文 1]　地球是我们所知的唯一拥有海洋的行星。地球表面绝大部分被海水覆盖，然而对于如此广阔的地域我们了解的却最少。相比之下，我们对距离地球 24 万英里的月球的了解远远超出对覆盖地球四分之三的水域的了解。人类已经登临月球，然而对海面以下 3 万 5 千英尺的地方却从未涉足。(吉文凯　译)

[参考译文 2]　地球是我们所知有海洋存在的唯一行星。海洋是地球构成的最大部分，而正是这部分我们知道得最少，这一覆盖地球四分之三的水域我们所知的情况还不如我们对离地

球 24 万英里的月球所知道的多。人类已涉足月球,但对海面以下 3 万 5 千英尺地球最深邃的地方却从未涉足过。(陈文伯　译)

此例中,原文将人类对海底深处的勘测与登月进行对比,以表达海洋深处探测的困难之大。这要求原文读者清楚登月是人类太空史上一大突破。在翻译时译者也要把握这一基本信息的传递,考虑译文读者的知识储备,才能更好地实现译文的连贯。

连贯的译文是翻译的一大目的,译者一定要培养自己对连贯的把握意识。衔接手段是实现译文连贯的基础,但语篇的连贯还要靠作者和译者对读者语外知识储备的把握。只有两方面都做好了,才能真正实现译文的连贯和流畅。

7.3 布局

前面两节,我们分别讨论了语篇翻译中衔接和连贯的重要性,下面我们主要讨论语篇翻译中如何处理原文的信息,合理布局。本节我们主要讨论两种情况的处理:一是具有描写功能和叙述功能信息的语篇在汉语中如何合理重构;二是包含对话的叙述型文本的处理。

李运兴(2001: 197)认为具有描写功能的信息在英汉两种语言中常呈现出不同的布局:英语重形合,这两类信息常混合在一个句子中;而汉语由于重意合,这两类信息常分开处理,各自聚集在不同的句子中。

请看下例:

The desire to move about unknown in the well-clad world, the world of the frequenters of costly hotels, the world to which he was accustomed, had overtaken him. Moreover, he felt hungry. Hence he had descended to the famous restaurant.

[参考译文]　这是个衣冠华丽的世界,是豪华饭店常客们的世界,也是他所熟悉的世界。他极想在这个世界里默默无闻地来往,再说他也饿了,于是便下楼来到这家著名的餐厅。(李运兴,2001: 197)

在此例中,译者注意到英汉两种语言在信息布局方面的差别,合理地对信息进行重组,将描写部分跟叙事部分分开,符合汉语表达习惯。

另外,在叙述文体中,英语习惯将对话跟叙述部分分开处理,而汉语中习惯将二者合并成一段,使文章紧凑、简洁。请看下面两例:

例如: In the father's hands was the potato stalk and from its straggling thin roots there hung a cluster of tiny new potatoes, smaller than small marbles. Already their seeds had borne fruit and multiplied. They all stood around and wondered. Then suddenly the eldest son, a stripling, spat on his hands and said wistfully:

"Ah! If Mary were here now wouldn't she be glad to see the new potatoes. I remember, on this very spot, she spread seaweed last winter." (*The Letter*, Liam O'Flaherty)

[参考译文 1]　只见父亲手捧土豆秧,稀疏的细根上挂着一串新长出的小土豆蛋子。比弹子还小。种子已经结果繁殖了。大家围拢来,好不稀罕。大儿子是长大成人了,他忽然往手上吐了口唾沫,若有所思地说:"嗐! 玛丽现在要是在这儿,看到新长出的土豆,该多高兴啊! 我记得

去年冬天,就是这块地,还是她撒的海草呢。"(马义禄　译)

[参考译文 2]　父亲的手里握着土豆秧,只见稀稀拉拉的根上悬着一串新生的小土豆,看起来还没有小石块那么大。土豆已经长出了果实,繁衍生息。大家围在父亲周围,一副若有所思的神情。突然,已经长大成人的大儿子往手上吐了口唾沫,略带惋惜地说:"嗐! 要是玛丽在,看到新长出的土豆不知会多开心啊。记得去年冬天,就在这块地里,还是她施的海藻呢!"(吉文凯　译)

例如:The mother bowed her head and murmured sadly:

"God is good. Maybe today we'll get a letter."

The father stooped again, struck the earth fiercely with his shovel, and whispered harshly:

"Get with the work." (*The Letter*, Liam O'Flaherty)

[参考译文 1]　母亲低下头,凄楚地低声道:"上帝好心啊。说不定今天我们会有信来。"

父亲又弯下腰,把铁锹狠狠戳在地上,粗声粗气压着嗓门说:"干活吧。"(马义禄　译)

[参考译文 2]　母亲低头伤心地嘟囔着:"上帝保佑,但愿我们今天能收到来信。"

父亲又弯下腰,狠狠地把铲子插到土里,严厉地低声说:"快干活!"(吉文凯　译)

从上面两例中可以看出,在处理含有对话的叙事性语篇时可以将对话跟叙述部分合二为一。这样符合汉语表达习惯,也使得译文看起来简洁、明快。

本章我们主要讨论了语篇翻译中的衔接,连贯以及布局。英译汉时要注意英汉衔接手段在使用上的区别,合理安排译文信息,尽量使译文符合汉语表达习惯,实现译文的语篇连贯。同时译者还要注意到衔接手段只是实现译文连贯的一个条件,要使译文逻辑清晰,脉络条理还要靠译者不懈的努力和长期的积累。另外,在组织成篇时还要合理布局,尽量使译文简洁明快、条理清晰,符合汉语表达习惯。

篇章翻译热身练习

1. Peering into the 21st century, new scientific breakthroughs will allow genetic engineering to transform everything from machine and agriculture to computer technology and industry.

   A few near-term prospects. In agriculture, possibilities include larger tress, increased grain yields and even square tomatoes, easily packaged with less water content. It is possible to breed cows the size of elephants that could produce 40 percent more milk.

   Scientists talk of using protein to replace the silicon in computer chips to allow billions of times more information to be contained in the same space.

   [提示]　原文无复杂结构,但要译得通顺易懂却并非易事。因此,有必要打破其外形结构,进行必要的重组并适当增加一些词汇。possibilities include ...英文只有一个动词,译成汉语时要大量使用动词,不宜译为"可能性包括……"。

2. The increase in international business and in foreign investment has created a need for executives with knowledge of foreign languages and skills in cross-cultural

communication. Americans, however, have not been well trained in either area and, consequently, have not enjoyed the same level of success in negotiation in an international arena as have their foreign counterparts.

Negotiating is the process of communicating back and forth for the purpose of reaching an agreement. It involves persuasion and compromise, but in order to participate in either one, the negotiators must understand the ways in which people are persuaded and how compromise is reached within the culture of the negotiation.

[提示] The increase in ... has created a need ...翻译时最好冲破其结构外形,译成通顺的汉语。这句可译为:“随着国际贸易和海外投资的增加,需要培训出一批既懂外语又有跨文化交流技巧的管理人才。”试比较直译的译文:“国际贸易和海外投资的增加产生了对具有外语知识和跨文化交流的经理的需求。”counterpart 是使用频率较高的一个词,翻译时应根据上下文灵活处理,这里可译为“他们的谈判对手”。在翻译 participate in either one 时应参照上下文译得实一点,把上文中的内容重复出来:如“进行说服和妥协”。

But we also know that this greater openness and faster change mean that problems which start beyond one nation's borders can quickly move inside them — the spread of weapons of mass destruction, the threats of organized crime and drug trafficking, of environmental degradation, and severe economic dislocation. No nation can isolate itself from these problems, and no nation can solve them alone. We, especially the younger generations of China and the United States, must make common cause of our common challenges, so that we can, together, shape a new century of brilliant possibilities.

Other ancient cultures failed because they failed to change. China has constantly proven the capacity to change and grow. Now, you must re-imagine China again for a new century, and your generation must be at the heart of China's regeneration.

The new century is upon us. All our sights are turned toward the future. Now your country has known more millennia than the United States has known centuries. Today, however, China is as young as any nation on Earth. This new century can be the dawn of a new China, proud of your ancient greatness, proud of what you are doing, prouder still of the tomorrows to come. It can be a time when the world again looks to China for the vigor of its culture, the freshness of its thinking, the elevation of human dignity that is apparent in its works. It can be a time when the oldest of nations helps to make a new world.

[提示] greater openness and faster change 可译为“更大程度的开放以及更迅速的改革”。make common cause of our common challenges 可译为“联合起来,迎接共同的挑战”。brilliant possibilities 可译为“发展机会”。change 可译为“变革”。“Now your courtry has known more millennia than the United States has known centuries.”可译为“中国的历史比美国的历史悠久得多。”

名家谈翻译

唐人：翻译是艺术(节选)

两 个 比 喻

我想可以首先把翻译比作画写生画。写生画要能做到“传真”、“传神”、“惟妙惟肖”、“栩栩如生”，翻译对于原作也要做到这个地步。

一个画家先把捉客观人物的形状、轮廓、神态，然后运用甚大的匠心把它表现在画面上，翻译家也是先把捉原作的思想、感情、风格、神韵，然后用同样的匠心把它表现成为另一种语文。

一篇成功的译品应该是原作的艺术的复制，应该有与原作一样的感人的能力。

把翻译工作比作画写生画，是就翻译工作的性质及它所应达到的标准说的；若就翻译工作与从事翻译工作者的关系说，我想可以把翻译比作摔跤：

假定原作是你的摔跤的对手，你应该有能力把它抱起，把他上下或左右翻转，然后把他照你要他站立的姿势叫他站立。

翻 译 是 艺 术

有人鄙薄翻译，说它非同创作，不是艺术，仅是一种技术。我认为这说法是不对的。

一切艺术——无论是绘画、文学、演剧或唱歌——都含有技术的成分，没有精炼的技巧是不能成就任何的艺术的。那么艺术不同于技术的是什么呢？它比技术多了什么呢？

技术是机械性的工作，技术工作是按照一定的步骤，用一定的方法去完成的工作。它不需要你用很多心思，它不需要你，甚至不容许你自出心裁。它着重的是手，是手的熟练，而不是脑的运用。它与思想、感情没有甚大的关系，甚至完全没有关系。

翻译工作需要精炼的技术，需要技巧，然而是不是仅有翻译的技巧就能做翻译了呢？不，翻译所要求与翻译者的，不仅是精炼的技术，虽然技巧是万分必要的。

有人说思想感情是原作者的思想感情，翻译者只不过用另一种文字把它传达出来而已。然而思想感情是不是这样简单的东西呢？翻译者若没有与原作者相同的思想感情，它如果不把原作融会贯通，吸收原作者的思想感情，成为他自己的思想感情，它能胜任愉快地传达原作者的思想感情吗？翻译者所吸收于原作者的思想感情即使不是原本的思想感情，而是第二手的东西，然而其为思想感情则是一样的。

若把翻译认作是单纯的技术，就是把翻译比作是照相，是机械地把原来的人物反映出来。然则事实上绝不是这样。一个翻译者在翻译上的用心同一个绘画者是一样的。绘画若是艺术，翻译也应该是艺术。（申雨平、戴宁，2000）

第八单元

8 语言学与翻译

翻译有助于本国文化的发展。这一点，老一辈的翻译家们已经作出了很大的贡献。许多新字眼、新的句法就是通过翻译外文而产生的。在古代的中国文字中，哪有“沙文主义”(chauvinism)、“罗曼蒂克”(romantic)、“俱乐部”(club)、“盘尼西林”(penicillin)等词语？由于很多新的词语使我们能更好地了解某些事情，所以我们接受并运用了，有时甚至不知道它们是从外语中翻译过来的。

同样地，英语中有很多词语(尤其是习语)也是源于外国语言，特别是西方语言，如希腊语、拉丁语、法语、德语和西班牙语等。汉语中有部分词语也被译成英文，受到广泛的应有，并且很多已被列为正式的英语。例如英语中的“茶”(tea)就是由福建话音译为英语的。近年流行于外国的kung fu(功夫)和势将流行的wu shu(武术)也会逐渐被吸收进英语中去。

有些词语和习语由于用途广或意义佳，所以更可能从一种语言翻译成为另一种语言之后，再被子译为第三或第四种语言。如英语中的sour grape来自希腊的《伊索寓言》，汉语又从英语中直译过来，成为“酸葡萄”，同样用来表示“可望而不可及”的东西。

8.1 理论语言学与翻译

从全球的角度看，当代语言学的分支很多，带有“语言学”字样的学科或专业名称就有：社会语言学、人类语言学、心理语言学、认知语言学、神经语言学、计算语言学、语料库语言学、历史语言学、比较语言学等。还有一些不带“语言学”字样的，如语音学、音系学、词汇学、句法学、语义学、语用学、会话分析、语篇分析等。一般把这些不带的称为理论语言学，那些带的称为应用语言学。理论语言学跟应用语言学的区分是不能反映当代语言学的特色的。这是因为所谓的应用语言学本身也有很多理论问题，同样理论语言学也有许多应用成分。实际上，我们可以把当代语言学比成一盏发光的灯：核心是语言学的传统研究领域如语音学、音系学、词汇学、句法学和语义学，核心的外围是一些新兴分支如语用学、会话分析、语篇分析等。进一步向外辐射有三个主要方向，一是向大脑，如心理语言学、认知语言学、神经语言学；二是向社会，如社会语言学、人类语言学，批评话语分析；三是向信息高科技，如计算语言学（包括机器翻译）、语料库语言学、语音识别与合成等。

翻译学是一门综合性学科。它跟其他学科，特别是社会科学中的许多学科有着千丝万缕的联系。许多语言学家把现代语言学理论应用于翻译研究，甚至把翻译学列为应用语言学的一个分支。毫无疑问，在众多的有关学科中，与翻译联系得最密切的莫过于语言学了。

早在40年代末50年代初，刚刚兴起的翻译学科中就已经有许多学者开始关注语言学，希望在其中找到能够有效地运用于翻译研究的理论及教学模式。对语言学的兴趣在当时是有道理的，现在也仍然如此。首先，一个明显的事实是，语言是翻译的原材料，因此一门说明语言行为的学科自然就应该可以为研究翻译的学者提供很多的东西。但是在那个时候，借用语言学模式也还有许多技术上的原因。40至50年代，语言学本身也开始成为一门"科学"的学问，其标志是用严谨而高度形式化的方式来描述语言，结果是提高了语言学在学术界的地位。"科学"方式这一点正是近年来翻译学内部激烈批评的一个对象，语言学途径有时就被轻蔑地贴上"科学主义的标签"。然而在那个时期，努力跻身于科学性学科之列以确保自己在学术界的地位，对语言学和翻译学显然都具有莫大的吸引力。语言学在语言教学和词典编纂等领域里成功地解决了许多问题，改进了有关工作，这使它更加成为翻译学效仿的榜样。（莫娜・贝克尔，2005）

学习语言学至少可以提高译者进行语言对比的起点以及进行语言分析的能力。翻译的实质是语际转换，是在两种不同语言对比中进行的。翻译不免要在词、词组、分句、句子、段落、篇章等各个语言平面上进行比较和分析。掌握一定的语言学知识，了解不同语言之间的共性和规律性，必将有助于翻译实践。

8.2 应用语言学与翻译

应用语言学作为学科名称，是波兰语言学家J.N.博杜恩・德・库尔特内在19世纪70年代提出来的。相对于理论语言学，应用语言学是将理论语言学的知识应用于解决其他科学领域的问题，或者说是研究语言在各个领域中实际应用的学科。反过来，语言应用是促使语言理论研究的动力，因此两者之间有密切的关系。应用语言学真正发展成为一门独立的学科，是在20世纪40至50年代。应用语言学有广义和狭义之分。广义的应用语言学研究语言学知识应用于其他科学领域；狭义的应用语言学专指语言教学，特别是第二语言教学和外语教学，还包括语言规范化、文字改革、辞书编纂、翻译等。在国际著名语言学文摘刊物《语言学与语言行为文摘》（*Linguistics and Language Behavior Abstracts*）的分类中，应用语言学包含语言教育政策、本族语讲授、非本族语讲授、语言测试与评估、成人语言发展、阅读的习得、教学和辅导、阅读过程、阅读测试、写作的教学、习得、过程和测试、双语教育、翻译、英语作为第二语言/外语的教学和学习等11个（近年又增列为15个）分支学科。（王福祥、王克非，2005）

近年来，有关翻译研究的论文和专著不断涌现，翻译人才的培养体系也在不断完善。翻译学是一门跨学科的综合性学科，已经不再满足于局限在应用语言学的范围内，其独立的学科地位日臻成熟。翻译研究的语言学派运用现代语言学的成果,着重成分分析,强调翻译对等,力求使翻译研究更加客观、更加准确、更加科学,从而对翻译实践更具有实际的指导意义。

8.3 语义学与翻译

请先试译以下几段话。

One afternoon a few summers ago, I had been clearing brush in the mountains for several hours and decided to reward myself with lunch. Sitting on a log, I unwrapped a sandwich and surveyed the rugged scenery. Two turbulent streams joined to form a clear, deep pool before roaring down a heavily wooded canyon.

My idyll would have been perfect had it not been for a persistent bee that began buzzing around me. The bee was of the common variety that plagues picnickers.

Not the least intimidated, the bee came back and buzzed me again. Now, losing patience, I swatted the pest to the ground and crunched it into the sand with my foot.

Moments later I was startled by a minor explosion of sand at my feet. My tormentor emerged with its wings buzzing furiously. This time I took no chances. I stood up and ground the insect into the sand with all my 210 pounds.

Once more I sat down to my lunch. After several minutes I became aware of a slight movement near my feet. A broken but still living bee was feebly emerging from the sand.

Beguiled by its survival, I leaned down to survey the damage. The right wing was relatively intact, but the left was crumpled like a piece of paper. Nevertheless, the bee kept exercising the wings slowly up and down, as though assessing the damage. It also began to groom its sand-encrusted thorax and abdomen.

现在我们就上面的段落以及其他的典型段落为例,介绍一下翻译中各种语义的传达。

在传达原文所指意义时,会碰到一个主要问题,即原语单位和译语单位的意义范围不一致。两种不同语言中意义单位的所指意义在一切范围内都完全一致的情况几乎是不存在的,因此如何在翻译的过程中解决语义的相关问题,实际上直接影响着译文的质量。

我们结合语义学的研究领域,介绍翻译中的一些技巧。

8.3.1 外延意义的翻译

词语的外延意义就是与此所确指对象范围的"认知意义"。许多单词,尤其是单义词,在篇章段落中经常使用转义,因此对于这些词的翻译不仅需要对原文词语的意义予以限定,还要根据具体的语境对原文词语的意义予以引申。

我们再看本节开头的第二段文字。对于这样一段文字,大家是不是会作如下翻译:

"要是没有一只蜜蜂围着我不停地嗡嗡地飞,我的田园诗一定会一直都是完美无瑕的。这只蜜蜂是传染瘟疫给野餐者的普通种类。不假思索,我挥手把它赶走了。"

读完这个译文,大家是否觉得不知所措,不知道文章说的内容是什么呢?造成这种结果的原因是译者没有正确处理好 idyll,plague 和 picknicker 这几个词。当然,我们在查阅字典的时候会发现，字典中的这三个词的意思，分别为“田园诗”、“瘟疫”和“去野餐的人”。但是，我们从上文的译文中可以看出，简单的一一对应并不能得到恰当的译文。因此我们需要回头再次阅读原文，思考并尝试理解这三个词的意义。

通过二次阅读和思考分析，我们发现 idyll 如果简单地翻译为“田园诗”是不符合前一段叙述的内容的。从第一段中，我们知道作者描述的是他完成了农活之后的遭遇，因此，此处的 idyll 的意思应该是“闲适的心情”。当然本词也可勉强翻译为“田园诗般的心情”，这时需要注意上下文的搭配，如此，第一句应该翻译为“……我的田园诗般的心情一定会保持得相当不错。”

类似地，我们可以分析出 plague 和 picknicker 因为要和上下文表达的意思相一致，所以这两个词不能直接引用词典义，而应该作出适当的转化，分别使用“烦扰”和“带饭到野外去吃的人”。

通过这样的分析，大家不难把上述段落翻译为：

“要不是有个蜜蜂在我身边嗡嗡个不停，我一定会非常安闲自在。那是个常见的蜜蜂，专找这种时候来搅人兴致。于是，我想都没想，就挥手把它赶跑了。”

8.3.2 内涵意义的翻译

词语的内涵意义是一定社会文化经过积淀之后附着在词语外延意义上的情感联想和感情色彩。客观地说，在篇章段落的翻译中，词语的外延意义属于确定的意义，所以容易把握，但是词语的内涵意义比较含蓄，所以一般来说比较晦涩内敛，难以把握。因此要准确地把握原文从而有效地落实译文，就不仅要着力把握词语的外延意义，更要着力把握词语的内涵意义。因此在翻译的过程中，我们一定要仔细斟酌字词，努力把握原文以及译文近义词之间的细微差异，切忌望文生义，否则译文不仅不能有效再现原文的内容意旨，还可能造成不同程度的误解。

试翻译以下文字：

Any physical theory is always provisional, in the sense that it is only a hypothesis: you can never prove it. No matter how many times the results of experiments agree with some theory, you can never be sure that the next time the result will not contradict the theory. On the other hand, you can disprove a theory by finding even a single observation that disagrees with the predictions of the theory. As philosopher of science Karl Popper has emphasized, a good theory is characterized by the fact that it makes a number of predictions that could in principle be disproved or falsified by observation. Each time new experiments are observed to agree with the predictions the theory survives, and our confidence in it is increased; but if ever a new observation is found to disagree, we have to abandon or modify the theory. At least that is what is supposed to happen, but you can always question the competence of the person who carried out the observation.

考虑一下第一句话是否可以翻译为“任何物理理论都是暂时的，因为它只是一种假设：人们永远也不可能证明它”？

不可以，对吗？那么你的判断是正确的。我们从另一个角度来分析这个问题。如果物理理论“永远不能证明”是正确还是错误，那么这就是一个永恒的真理，又怎么可能是“暂时的”？由此，我们可以发现上述译文自相矛盾。而出现这个问题的主要原因是译者望文生义，没有准确把握词语的内涵意义。具体而言，问题的关键在于 provisional 一词的含义：其外延意义是 serving for the time being，但是这个词的内涵意义是 intended to exist for only a short period of time and likely to be changed in the future, or not yet definite but should be definite in the future，因此上文应该做如下翻译：

自然科学的理论决非一成不变，任何一种理论都只是假说，永远证明不完，无论被多少次实验结果证明成立，也难保不被以后的实验结果证明不成立。相反，只要有一次实验结果与某理论所预测的结果相悖，就足以证明该理论不成立，从而推翻该理论。科学哲学家卡尔・雷・波珀(Karl Raimund Popper, 1902—1994)强调指出：完备的理论最大特点是允许被证明不完备，即允许其预测的结果被实际观测的结果证明不准确，甚至被彻底推翻。一种理论，如果预测的结果与实际观测的结果相吻合，就证明成立，如果与实际观测的结果不相吻合，就证明需要修正甚至摈弃。一般认为，只有这样方始合情合理。但是，进行实际观测的人能力如何？对此亦未尝不可提出质疑。

8.3.3 词语的重复使用

请大家对比一下以下两篇对上文第三和第四段的翻译：

[参考译文 1] 这只蜜蜂一点也没有给吓倒，它飞回来又围着我嗡嗡地转了起来。这时我可失去了耐心，一下子把这小虫子打落到地上，接着一脚把它踩住，嘎吱一声把它碾进了沙土里。

片刻之后，我脚旁边的沙土中发生了一次微型爆炸，使我大吃一惊。那个折磨我的坏东西从沙土中钻出来，它的翅膀狂乱地扑打着。这一次我可不存侥幸心理了。我站了起来，用全身 210 磅体重的力量把这个小虫子碾进了沙土里。

[参考译文 2] 可是这个蜜蜂好像一点也不害怕，又飞回来在我身边嗡嗡着。这下我可没那么大耐心了，一巴掌就把它打落在地，又一脚踩住，嘎吱一声把它踩进了沙土里。

过了不多会儿，我脚旁踩平了的沙土一下子迸裂了开来，让我大吃一惊。这个讨厌的东西从沙土里钻了出来，没命地拍打着翅膀。这回我可不含糊了，我站起身来，借着 210 磅的体重，用脚把它碾进了沙土里。

英语中常用近义词，上义词和代词进行替换，而汉语经常采用重复的手段，因此在翻译的过程中要特别注意英、汉语中这种词汇运用手段的差异。原文为英语是替代的表达就需要运用重复的方法来翻译。如上文中的第三和第四段文字中出现了 bee，pest 和 insect 等词，这些词都指代同一种动物，就是"蜜蜂"，从而避免了重复。这几个词的词典意义显然不同，他们的词典意义分别为"蜜蜂"，"害虫"和"昆虫"，后一个词分别是前一个词的上义词，但是由于受到语境的制约，在翻译的过程中就不能照搬词典意义。

仔细阅读之后，我们发现，参考译文 1 将上述三个词译为"小虫子"，这是一个不错的尝试，但是不如参考译文 2 自然。

请再试译下文：

Walter B Jehovah, for whose name I made no apology since it really was his name, had been a solipsist all his life. A solipsist, in case you don't happen to know the word, is one who believes that he himself is the only thing that really exists, that other people and the universe in general exist only in his imagination, and that if he quit imagining them they would cease to exist.

我们来分析这一段话。不难看出，这段文字的第一句话是一个主从句，使用了 whose 和 it 来表示指代意义，因此在翻译时应将代词具体化，指明代词指代的内容，同时根据汉语的表达习惯作适当的重复。第二句话之所以比较复杂是因为句子中大量运用了代词，如 it，one，he 和 they 等，因此我们如果直接将这句话翻译为"'主观唯心论者'这个词怕万一你不知道，这儿解释一下，它指的是相信自己是唯一存在的实体，他人和天地万物全都只存在于他的想像之中，如果他不想像，这些全不存在"，读者就会感觉语句不通，因此在翻译这句话时，译者需要考虑代词的具体指代内容，并在译文中作相应调整。

通过以上分析，我们可以将上述文字翻译如下：

沃尔特·B·耶和华是个唯我论者。至于"沃尔特·B·耶和华"这个名字，我没有什么好说的，反正名字就是这么起的。至于"唯我论者"，没准你不知道，这里解释一下。"唯我论者"就是"唯我是论者"，只相信"我"的存在，别人以及天地万物只存在于"我"的想像之中，如果"我"不再想像，一切都不复存在。

8.4 语用学与翻译

曾有电视台转播美国电视网直播的三位太空人升空的实况。太空人说：We are in good shape.（我们情况良好。）电视台的解说员把这句话译成"我们的'三围'很好"，并且还自作聪明地妄加按语，说美国太空人真够幽默的，上了太空还说笑话等。懂英语的电视观众/听众为之哗然。纷纷打电话到电视台责问，闹了一个大笑话。

请先试译以下的篇章。

He wasn't sure what had awakened him. Perhaps the child had made some small noise in her sleep. But as he peeked from beneath the covers, his gaze was drawn not to the cradle but to the window.

It was then that he realized what had sneaked through the shield of his slumbers. It was the sense of falling snow.

Quietly, so as not to disturb the child's mother, he rose from the bed and inched toward the cradle. Reaching down, he gently lifted the warm bundle to his shoulder. Then, as he tiptoed from the bedroom, she lifted her head, opened her eyes. and — daily dose of magic — smiled up at her dad.

He carried her downstairs, counting the creaks on the way. Together, they settled in at the kitchen table, and the adult in him slipped away. Two children now, they pressed their noses against the glass.

语用意义指的是符号与符号使用者之间的关系，即符号对符号使用者产生的影响。词语的语用意义便是词语在实际运用时所蕴涵的意义，它与语境密切相关。汉语的"没关系"可用来回答别人的致谢、道歉等，是一种礼貌得体的社交用语，对应的英语应该分别用 It doesn't matter, That's all right! 和 Never mind 来表示。因此理解和表达词语的语用意义离不开双语交际的语境。以下将从言内意义与言外意义两方面着手进行介绍。

人们在社会中用语言进行交际，交际双方为使交际有效，总会自觉或不自觉地遵守某些约定俗成的交际原则。美国语言哲学家 Grice 提出合作原则(Principle of Cooperation)，认为人们在交际中一般遵循以下 4 条准则：

- 数量准则(Quantity Maxim)
- 质量准则(Quality Maxim)
- 关联准则(Relation Maxim)
- 方式准则(Manner Maxim)

语言学家 Leech 认为合作原则不足以概括语言在交际中的语用功能，因此提出礼貌原则(Politeness Principle)：

- 得体准则(Tact Maxim)
- 宽宏准则(Generosity Maxim)
- 褒扬准则(Approbation Maxim)
- 谦虚准则(Modesty Maxim)
- 一致准则(Agreement Maxim)
- 同情准则(Sympathy Maxim)

但是，在双语交际中，仅运用一种原则显然是不合适的，因为不同社会的语用原则是不相同的。中国文化特别强调谦逊准则，而英美人更注重质量准则。

译者为了在跨文化交际中游刃有余，必须熟悉掌握语用原则，熟悉了解不同的社会文化规范，培养语用意识，将语言习得与文化习得结合起来。只有掌握了语言语境与非语言语境的同与异，才能捕捉到“弦外之音”，产出高质量的译文。

8.4.1 言内意义

阅读文章，目的不同，关注的问题就会不同，采用的方法也会有所不同。出于翻译的目的，除了把握原文的中心思想、细节内容，遵循常规的阅读方法之外，还要将内容与形式结合起来去把握原文，不仅要把握原文的体裁、题材和思想内容，还要把握原文的谋篇布局、遣词造句和风格特点。只有正确理解原文的言内之意与言外之意，译文才能恰如其分，不偏不倚。

判断译文的好坏必须是在语篇的基础上，而好的译文必然是恰如其分地再现内容意旨和风格特点，因此译者在翻译的过程中需要对原文进行通观，不能只见树木不见树林，关注文章的言内和言外两个方面的意义。

关注言内意义，首先要通过通读原文，落实词义，并使译文连贯，意义理解正确。一般来说，阅读原文的时候，既要咬文嚼字，避免随心所欲、望文生义，也要融会贯通，避免就事论事、表里不一。

试翻译以下译文：

September is more than a month, really; it is a season, an achievement in itself. It begins with August's leftovers and it ends with October's preparations, but along the way it achieves special satisfactions. After summer's heat and haste, the year consolidates itself. Deliberate September — in its own time and tempo — begins to sum up another summer.

试比较以下译文:

[译文 1] 的确,九月何止是一个月份,它还是一个功成业就的季节。它跟着八月的离去而来,又随着十月的到达而走,一路上,心满意足。岁月经过夏日的炎热和躁动后,现在宁静下来。从容不迫的九月用自己特有的旋律和节奏为另一个夏天积攒力量。

[译文 2] 九月岂止是个月份,九月还是个季节——一个收获的季节。八月渐去,十月将至,九月则承前而启后,乐在其中。夏日暑气蒸腾,行色匆促;九月心平气和,从容不迫。从容不迫的九月踏着悠悠的节律,迈着闲适的步伐,去收获夏日的硕果。

这段原文虽然只有 4 句话,但是每句话都提供了相应的信息,因此可以连贯理解原文,但是第一篇译文没有把握整段的基调,最终造成误译。首先第一篇译文没有充分把握 it is a season, an achievement in itself 中所包含的"收获"的意思;其次,after summer's heat and haste 和 the year consolidates itself 两个结构分别蕴含了"夏忙"和"秋收"的含义,而原文没有对此加以充分的把握;随后前一篇译文将 to sum up 和 another 分别译为"为……积攒力量"和"另一个"。由于以上的错误,译文表达的意思与原文风马牛不相及,译犹未译。

再如:

He liked to linger over dinner and the guests did not rise from table till late. He would not sit down after they had left in case he fell asleep, and this he would not permit himself to do since he was of opinion that sleep should be enjoyed sparingly, for thus time was saved and so life lengthened. He set out on his afternoon walk.

[译文 1] 他喜欢慢慢地吃,客人也不急着离座。他们走后,他就不再坐下,免得睡着;他不允许自己午睡,是由于他认为应当少享受睡眠的乐趣,这样才能节省时间,延长寿命。他起身去进行午后的散步。

[译文 2] 他吃饭喜欢细嚼慢咽,客人们当然也不急着离座。等客人们一走,他就不再黏椅子了,怕一黏椅子会睡着了。他从来不睡午觉。他认为人不能贪睡,少睡点儿觉可以多节省点儿时间,而多节省点儿时间就等于"活着"的时间比别人长。所以,午饭之后他出去散步。

在译文 1 中,译者错误地理解了 sleep should be enjoyed sparingly 和 life lengthened 两个短语的含义,至少译文中没有表达清楚。从上下文来看,前一个词组表示的意思是"觉不能睡得太多,要适可而止",而译文 1 的表达不够准确。而后一短语在译文 1 中被译为"延长寿命"属于话没有说透彻,结果读者可能会误以为少睡觉是新发现的延年益寿的方法。而这两个词组表达不准确的问题根源在于译者没有很好地理解原文的言内之意。

8.4.2 言外之意

篇章翻译不能采用脚注或尾注形式对言外之意加以辅助说明,因此篇章翻译要做的译文完整自足,不留疑窦,对原文言外之意的介绍要融合在译文中。例如:

"Books," said Hazlitt, "wind into the heart; the poet's verse slides in the current of our blood. We read them when young, we remember them when old. We feel that it has happened to ourselves. They are to be had very cheap and good. We breathe but the air of books."

A good book is often the best urn of a life enshrining the best that life could think out; for the world of a man's life is, for the most part, but the world of his thoughts. Thus the best books are treasuries of good words, the golden thoughts, which, remembered and cherished, become our constant companions and comforters. "They are never alone," said Sir Philip Sidney, "that are accompanied by noble thoughts."

［译文 1］ 哈兹利特曾经说过："书潜移默化人们的内心，诗歌熏陶人们的气质品性。少小所习，老大不忘，犹如身历其事。书籍价廉物美，不啻我们呼吸的空气。"

好书常如最精美的宝器，珍藏着人的一生思想的精华。人生的境界，主要就在于他思想的境界。所以，最好的书是金玉良言的宝库，若将其中的崇高思想铭记于心，就成为我们忠实的伴侣和永恒的慰藉。菲利普悉尼爵士说得好："有崇高思想作伴的人永不孤独。"

［译文 2］ 19 世纪散文家威廉·黑兹利特（Willian Hazlitt，1778—1830）说过："看过的书会铭记在脑海里，背过的诗会融化在血液中。年轻时看过的书到死都不会忘，书中所说的事历历在目，就像自己亲身经历过的一样。书籍价廉物美，书香仿佛空气，无处不在。"

好书犹如聚宝盆，汇聚着人生的思想精华。人生境界的高低取决于思想境界的高低。好书汇聚着金玉般的良言，弥足珍贵，铭记在心就会与我们终身相伴，使我们受益无穷。十六世纪诗人菲利普锡得尼爵士（Sir Philip Sidney，1554—1586）说过："有伟大的思想相伴就永远不会感到孤寂。"

原文中提到的两个人都是名人。一般来说，人名、地名通常应该以正式出版物为依据，被约定俗成或相应的规范译法进行翻译，尤其对原文中的"真人真事"，翻译时不能"别出心裁"，否则会张冠李戴。

该例中的两个人，一个是散文家威廉·黑兹利特（Willian Hazlitt，1778—1830），另一个是诗人菲利普锡得尼爵士（Sir Philip Sidney，1554—1586），一般读者不一定都知道这两个人，因此在翻译中最好能用三言两语略作交代，使读者能略知一二。当然括号中的生卒年也可以隐而不说，不过，翻译通常只提供译文，不提供原文，用加括号的形式将"补白"附注在译文的行文中也能给有心的读者提供"追根溯源"的线索。

再如：

I got down on my hands and knees to better see these futile attempts. Closer scrutiny confirmed the bee was finished — it must be finished. As a veteran pilot, I knew a good deal about wings.

请比较以下译文：

［译文 1］ 我双手撑地跪下去，以便更好地观看这些无用的努力。更仔细的观察证实，这只蜜蜂完了——它肯定完了。身为一个老飞行员，我很熟悉翅膀。

［译文 2］ 我双手按着地跪了下来，我倒要好好看看这个蜜蜂在做什么无用功。这么靠近了仔细一看，我当即断定，这个蜜蜂算是完了，肯定的。我是个老飞行员了，翅膀出了问题意味着什么，我还能不清楚！

大家在读到译文 1 最后一句话的时候，一定会觉得需要想一想这句话的含义。据此我们可以判断译文 1 至少不是非常令人满意，因为原文的言外之意并没有译出，因此译文就晦涩费解，意犹未尽。

当然翻译也不是越详尽越好，因为言不尽意固然不好，但是言无不尽的译文也不能称为好译文。同样以上文为例，如果我们译为“我是个老飞行员了，我还能不熟悉翅膀！飞机的翅膀出了问题就不能再飞了，现在这个蜜蜂的翅膀出了问题当然也就不能再飞了。”严格地说，这样的翻译是不能称为翻译的，而是“译述”了。

8.5 文体学与翻译

英语的 Stylistics 在汉语中分别用文体学、语体学、修辞学、风格学等多种表达方法。目前越来越多的人使用“文体”一词来指语言变体、语言风格、文章体裁、修辞等一系列密切相关的语言问题。

其中语言变体包括时间变体、地域变体和社会变体，这些变体的产生是由于语言使用的时间、地点、环境和使用者不同，会造成各种各样的变化，其结果就产生了语言变体。但是这三种变体的划分并不是绝对的，三者之间其实是一种相互包容的关系。

语言风格指作家体现在作品里的语言个性，是语言艺术的综合体现。风格包括语言特色，叙述方式，布局谋篇等创作特色及某些非语言因素的巧妙运用。由于语言与文学是密不可分的，语言风格有时又称为风格。

文章体裁指作品的类别和样式，大体上可以分为文艺体裁和实用体裁。前者又包括小说、散文、诗歌、戏剧等；后者包括公文、论文、新闻、信函等。不同体裁的文章功用不同，写作方法和修辞要求也各不相同。具体表现在作品语言上，就是语体差异。

8.5.1 口语与书面语

每门语言都各有其不同的语体，不同的语体有着明显的差异，虽然大部分词语适用于各种语体，但是不少词语只用于某些特定的语体，有些词语只用于书面语，有些词语只用于口语。一般说来，原文和译文的语体应该相同，换言之，原文使用书面语体时，译文也要相应地使用书面语体，原文使用口语语体时，译文也应该使用口语语体；原文非常正式时，译文则不能不正式，原文不正式时，译文也不能非常正式。当然，除非原文为了取得某种特殊效果，译文一般不能混淆口语与书面语，也不能夹杂方言与正式言语。例如：

A young man is so strong, so mad, so certain, and so lost. He has everything and he is able to use nothing. He hurls the great shoulder of his strength forever against phantasmal barriers, he is a wave whose power explodes in lost mid-oceans under timeless skies, he reaches out to grip a fume of painted smoke; he wants all, feels the thirst and power for everything, and finally gets nothing. In the end, he is destroyed by his own strength, devoured by his own hunger, impoverished by his own wealth. Thoughtless of money or the accumulation of material possessions, he is none the less defeated in the end by his own greed — a greed that makes the avarice of King Midas seem paltry by comparison.

请看下面的译文：

[译文] 年轻人是如此健壮，朝气蓬勃，信心十足，又如此空虚迷惘。他拥有一切，却不会加

以利用。他总是用自己强壮的躯体竭尽全力同想像出的困难作斗争。在无边无际的时空里，他就像一排浪花冲撞并迸发出力量，然后消失在一望无垠的海洋中。他伸出双臂想抓住未来那缕彩色的烟云，他想要一切，他感到对拥有一切的渴望，但最终是两手空空，他被自己的力量摧毁，被个人私欲所吞噬，反而被自身的财富搞得十分贫瘠。虽然他不考虑积攒金钱和物质财富，到头来他依然被他自己的贪心所击垮——相比之下，那贪欲是饕餮成性的迈达斯国王都汗颜逊色。

判断的标准当然是译文与原文的语体。我们可以仔细阅读上段译文。首先，这段译文将 impoverished by his own wealth 译成"反而被自身的财富搞得十分贫瘠"。在本句译文中的"贫瘠"表示"(土地)不肥沃"，因此译者错误地使用这个单词。此外，"贫瘠"是非常正式的书面语，但是译文中的"搞"却是一个非常口语化的一个词语，因此这两个词使用在同一句话中有失协调。此外 he is none the less defeated in the end by his own greed 在第一篇译文中的表达为"到头来他依然被他自己的贪心击垮"。"到头来"一般用于口语，但是"依然"和"击垮"都用于书面语。考虑到整段译文的风格，这句话可以翻译为"到头来还是被自己的贪心打垮"。

此外，原文中的 King Midas 指的是希腊神话中贪得无厌而祈求点金术的弗里吉亚国王迈达斯。但是汉语中的"饕餮"多用于书面语，比喻"凶恶贪婪或贪吃的人"。在上段译文中，用"饕餮成性"来形容 King Midas 似乎也可以，但是"饕餮成性"和"汗颜逊色"与整段文字的语体色彩不协调，如果译成"相比之下，其贪欲令传说中贪婪成性的弗里吉亚国王迈达斯相形见绌"。

我们可以将上述原文作如下翻译：

[译文] 青春年少的时候，虽然心高气盛，却迷惘混沌；虽然机缘无数，却把握不住；虽然身强体壮，试图冲破重重虚幻的屏障，却有如一朵浪花，最终还是无力地消失在旷远浩瀚的大海之中；想要抓住斑斓的云烟，想要得到世间的万物，最终却是一无所获，被自己击败，被自己劫夺，被自己毁灭；对金钱不以为意，对财富漫不经心，最终还是被自己的贪欲所吞噬，被自己的欲壑所埋葬。

8.5.2 术语与普通用语

虽然同一语言中的基本语法和词汇是大多数人都懂并使用的，属于"共同核心部分(common core)"，然而不同的行业有不同的"行话"，不同的专业有不同的"术语"，于是就一般性质的篇章段落的翻译而言，译者必须关注原文及译文遣词造句的语域(register)，关注普通用语与专门用语之间的区别和转换。遣词造句不仅要适宜"内行"，还要兼顾"外行"，从而使译文在"语义"上适宜，在"语域"上得体。例如：

As an explanation, however, this is at odds with astronomical data. There was indeed a rather distant conjunction of the Moon with Venus on the evening of 25 August 1922, and Jupiter and Saturn were also close by. One minor problem is that the conjunction was in the evening, so that the Moon's side should be "concave" to the left, the opposite of how it appears on the Turkish flag. The major trouble was that the battle started on 26 August, after the conjunction, so it would have been impossible for it to have been reflected in pools of blood.

大家先来看看以下的译文：

[译文] 但是，这种解释同天文资料不一致。1922 年 8 月 25 日晚上，月亮和金星确实有过

一次相当远的会合，并且木星和土星离得也很近。一个小问题是，这种会合发生在晚上，因此月亮的“凹面”应该在左边，这同土耳其国旗上的新月方向相反。主要的麻烦问题是，萨卡利亚之役于8月26日开始，是在月亮和金星会合之后，因此这种会合本来是不可能反映在血泊中的。

上述译文将 so that the Moon's side should be "concave" to the left, the opposite of how it appears on the Turkish flag 翻译成了“因此月亮的‘凹面’应该在左边，这同土耳其国旗上的新月方向相反”，语义上虽然贴近了原文，但是从语域角度来看，却有失得体，因为它既不专业，也不通俗。

试将上述译文与以下译文相比较：

[译文] 但是，这个土耳其学生的说法与天文资料的记载并不相符。据天文资料记载，1922年8月25日晚，金星与月球确实交会过，而且木星和土星也相距不远。然而问题是，金星与月球交会是在晚上，月相应该是左缺右圆，而土耳其国旗上的月相却相反，是左圆右缺。再有，萨卡利亚战役26日才开始，即在金星与月球交会之后才开始，因此金星与月球交会不可能在血泊中留下倒影。

再如：

It is remarkable that one symbol has been used by so many religions in so many nations for the past 4,500 years with only minor changes. The two types of minor variations are, first, how the star is depicted — its number of rays varies from zero to 20. The second variation is its orientation with respect to the horizontal. The orientation is widely variable, with the star usually on top in Assyrian cylinder seals and in the upper right-hand quadrant on modern flags.

[参考译文1] 值得注意的是，4 500年来这么多国家、这么多宗教都使用一种标记，其形式只有一些细小的变化罢了。两类细小变化的第一类是星的画法，光芒的数目从零到20之间有所不同；第二类变化是星相对于地平线的方向。方向的变化很大，在亚述人的圆柱形印章上，星通常在顶部；而在现代国旗上，星在右上象限。

[参考译文2] 值得注意的是，在迄今4 500年的历史中，虽然国度不同、信仰不同，但是所用的星月象征图案却大同小异。所谓小异，主要有两点：其一，金星的图案略有小异，光芒数目从零到20不等；其二，金星的位置略有小异，亚述圆柱形印玺上的金星基本在新月的内侧正上方，而现在伊斯兰国家国旗上的金星则均在新月的内侧右上方。

译文1中的表述“星通常在顶部”不准确，容易令人误解金星是在国旗的右上方，而不是在新月内侧的右上方；此外“在现代国旗上，星在右上象限”容易令人误解金星是在国旗的右上方，而不是在新月内侧的右上方。在这些方向的表述上，参考译文2明显优于参考译文1。

8.6 修辞学与翻译

语言学界普遍认为，修辞是修饰文词或词语的基本手法，修辞是使语言表达产生美感效果的形式安排，使语言能最有效地表达信息、感动听读者的策略。这种策略与形式是说话人或作者有意安排并能充分控制的。

修辞不能离开语言而存在，修辞实际上是语言的一种属性，在很大程度上没有修辞就没有语言。人们把语言作为交际的主要手段，没有修辞的语言人们几乎是不能用做交际工具的。因此人们在说话、听话、写作、阅读时都离不开修辞。

修辞不仅仅存在于文学作品中，在政论文章、科技文章等几乎一切文体中都有修辞问题，只不过程度不同而已。这就给我们翻译工作者提出了一个严峻的问题：翻译者必须懂得修辞，否则你就理解不了文章的信息，体会不到其中的美感效果，当然也不可能在译文中将这些东西转达过来，也就达不到翻译的目的。修辞的翻译是一个庞大的课题。（陈茂新，2001）

修辞是依附语言而存在的，语言由于有了修辞而产生了无穷尽的表现手法，使其所说所写呈现出形象性、具体性和体验性。调动一切语言因素，求得最佳效果，这是人类一切修辞活动乃至言语活动的共同宗旨。从心理学的角度看，修辞活动主要依赖于人类的三种联想能力，即相似联想（Association by similarity）、对比联想（Association by contrast）和邻接联想（Association by contiguity）。作为人类，不管是东方人还是西方人，由于共同的生活经验，共同的认知模式，所操语言虽然不同，却有共同的修辞手段，例如比喻（simile, metaphor）、对偶（antithesis）、排比（parallelism）、借代（metonymy）、双关（pun）、委婉（euphemism）、重复（repetition）等。

但是，一切修辞格又都是依附于特定语言之中的，必然受到特定语言材料所制约。英汉两种语言，无论在音系、词汇形态，还是句法结构上都存在巨大的差异。同一个词格融入两种语言模式，会产生不同的运作，产生不同的效果。更重要的是，修辞活动既是言语活动，又是文化活动。其形式、运作和发展势必受各自文化的影响，包括物质文化、制度文化和心理文化。（陈茂新，2001）

本书的第 6 单元已经详述了修辞的翻译，在此不再赘言。

课内练习

1. 以下是“英语专业八级考试”的英译汉部分，在学习了基本的翻译技巧并掌握了一定的理论基础后，大家不妨测试一下自己的水平，请在 30 分钟内不借助任何资料的帮助完成以下的翻译练习。

   For me the most interesting thing about a solitary life, and mine has been that for the last twenty years, is that it becomes increasingly rewarding. When I can wake up and watch the sun rise over the ocean, as I do most days, and know that I have an entire day ahead, uninterrupted, in which to write a few pages, take a walk with my dog, read and listen to music, I am flooded with happiness.

   I am lonely only when I am overtired, when I have worked too long without a break, when for the time being I fell empty and need filling up. And I am lonely sometimes when I come back home after a lecture trip, when I have seen a lot of people and talked a lot, and am full to the brim with experience that needs to be sorted out.

   Then for a little while the house feels huge and empty, and I wonder where my self is hiding. It has to be recaptured slowly by watering the plants and, perhaps, by looking again at each one as though it were a person.

It takes a while, as I watch the surf blowing up in fountains, but the moment comes when the world falls away, and the self emerges again from the deep unconsciousness, bring back all I have recently experienced to be explored and slowly understood.

[提示] 这是一篇关于个人生活的散文。作者为女作家梅·莎唐(May Sarton)(1912—1995)。本文选自散文 *The Rewards of Living a Solitary Life*(《单独生活的回报》)的结尾部分。这篇文章在理解方面没有什么障碍,关键是表达时的文采和风格。翻译时应尽量把作者对孤独的感受用较好的文学语言表达出来。

翻译难点:

(1) 第一句话的主语是 the most interesting thing about a solitary life,其后的 mine has been that 是翻译的一大难点,mine 指 my life,that 指 a solitary life。it becomes increasingly rewarding 可译为"单独生活的回报与日俱增"。

(2) be flooded with happiness 是比喻,意为 be filled with,be full of,"充满了幸福"。

(3) 第二段中一共出现了 5 个 when,前三个 when 引导的时间状语从句描述的是同一时刻同时存在的三种状况:"当我过度疲劳"、"长时间不间断工作"、"一时间感到空虚而需要充实自己时"。后一句的两个 when 描述的又是另一种情况,不要把每一个 when 引导的短句理解成一种独立状态,也就是说原文共描述了两种情况,而不是 5 种,表达时要把这两种情况区别开。need filling up 可译为"需要充实自己"。

2. 短文翻译练习

在感受了八级考试的英译汉练习后,我们不妨轻松一下,以下是一篇短文,请把它翻译成中文,时间不限,并且可以寻找一切有助于翻译的资料。

Life in the Universe

"Are there living things anywhere else in the Universe?"

To answer this question, first we must consider what goes to make a living thing, whether plant or animal, and then what conditions living things need in order to go on living.

Living things, like everything else, are made of atoms, which are grouped into molecules. A molecule is the very smallest possible bit you can have of any substance. When you break up a molecule of water, for example, you no longer have water at all, but only the atoms of which water is made — one atom of oxygen and two of hydrogen. The molecules of living things are made, not of tow or three atoms, but of hundreds and thousands in different complicated patterns.

If they become too hot, these complicated molecules of living things break up into separate atoms and cease to be living. Therefore, there cannot be life on the Sun or any of the stars because they are far too hot.

Living molecules are also damaged by X-rays, and many of them by ultra-violet rays, so they are not likely to exist on a planet close to the Sun or any other star where there is no atmosphere to keep off these radiations.

Living things also need energy to make them breathe, grow and move. On Earth plants and animals get their energy, directly or indirectly, from the Sun. So planets which are far from the Sun and extremely cold are not places where living things could exist. It seems that we still have a long way to go before we get a satisfactory answer.

3. Portfolio writing

在完成了两类翻译练习后,你现在觉得第一类翻译的困难主要在哪些方面? 对你来说,第二类翻译的困难又主要体现在哪些方面? 你自己在哪一种情况下发挥得更好? 为什么?

名家谈翻译

董秋斯：论翻译理论的建设(节选)

……

早就有人说过,翻译是一种科学。这是什么意思呢? 这是说,从这一种文字译成另一种文字,在工作过程中,有一定的客观规律可以遵循,并不完全靠天才或灵感,如某些人所说的。这规律是客观存在的,不是某些人凭空想出来的。要发现它和通晓它,就得向与此有关的客观事物作一番调查研究的工作。那就是说,我们首先得考察各种语文的构造、特点和发展法则,各学科的内容和表现方式,各时代和各国家的翻译经验。然后把这三样东西的调查研究所得结合起来,构成一个完整的理论体系。翻译界有了这样一种东西,就等于有了一套度量衡,初学的人不要再浪费很多时力去摸索门径,也不要不自觉地蹈了前人的覆辙。从事翻译批评的人也有一个可靠的标准。在这样的条件下,毫无疑问,翻译工作的品质是可以飞跃一般地提高的。

……

翻译理论的建设基础有三：正确的科学方法,广泛的调查,深入的研究。建设在这样基础上的翻译理论,自身就是一种科学,一切非科学的东西都不能拿来与它比拟。正如一切科学理论,翻译理论有它的普遍性,也有它的特殊性。它的建设一方面要符合普遍的科学法则,另一方面却具有明显的时代特征和地域特征。它要参考前人的和别国的理论和经验,但绝对不是抄袭。要建设这样一种理论,没有捷径,没有省力的办法,必须结合一定的人力和物力,辛辛苦苦去工作。为了这个缘故,我要反复说明这个问题,希望从事翻译工作和关心翻译工作的人,认识它的重要性,肯提供一定的力量来完成它。一旦完成之后,我们的翻译工作就要脱离以往的手工业方式,而进入现代化,就能对中国新文化的建设有更大的贡献。(申雨平、戴宁,2000)

第九单元

9 翻译单位

Coca-Cola 的英文名字是由彭伯顿当时的助手及合伙人会计员罗宾逊命名的。他自己是一个古典书法家，他认为“两个大写 C 字会很好看”，因此用了 Coca-Cola。coca 是可可树叶子提炼的香料，cola 是可可果中取出的成分，于是就有了 Coca-Cola。

“可口可乐”这个名字，一直以来被认为世上翻译得最好的名字，既“可口”亦“可乐”，不但保持英文的音，还比英文更有意思。当代西方发达国家品牌名称定位的一个流行趋势，就是像“可口可乐”一样采用以读音取胜新创词汇命名，不注意名字的文字含义，甚至一些世界发达国家的企业大胆用若干西文字母组成毫无意义的名字，只要这个名字发音响亮，没有令世人讨厌的含义，就被认为是一个非常成功的品牌设计。例如 OMO(奥妙)、Pepsi(百事可乐)、NIKON(尼康)、Kodak(柯达)等世界名牌都属于这一类型。

翻译的过程，是主体对客体进行操控的过程。确定翻译过程中的操作单位，对翻译实践具有重要的指导意义，这一点是为人们所共识的。那么什么是翻译单位？翻译应以什么为单位？对此问题，国内外翻译理论界颇有争议。

20 世纪 70 年代，前苏联著名语言学派翻译理论家巴尔胡达罗夫在《语言与翻译》一书中给翻译单位下的定义是：“在译文中能够找到对应物的原文单位，但它的组成成分单独地在译文中并没有对应物。换言之，翻译单位就是原语在译语中具备对应物的最小(最低限度)的语言单位”(蔡毅等，1985：145)。巴氏把翻译单位按语言等级体系划分为 6 个层次：音位层(书面语里是字位层)、词素层、词汇层、词组层、句子层和话语层。因此，在翻译中也相应地分为：音位层翻译、词素层翻译、词汇层翻译、词组层翻译、句子层翻译和话语层翻译。

选择翻译单位的过程实际上也就是选择翻译方法的过程。例如：在翻译某一语篇时，若以词为单位，则会造成逐词翻译、直译、死译的现象；若整篇以语段为翻译单位，则会造成意译，使译文偏离原文过大；若以整个语篇为翻译单位，则会造成译文只是对原文的一个大概论述，任意性太大(方梦之，2002：231)。因此，在翻译一部作品的过程中，翻译单位的层级是处于不断变化的动态过程之中的，译者应根据需要不断寻找合适的翻译单位进行翻译。

9.1 音位层翻译

音位(phoneme)不仅是最小的语音单位，也是构成词素、词、词组和句子的最小单位。音位，其本身并没有独立的意义，但英汉语言中的很多现象是借助音位特征实现的。音位(字位)层翻译主要用在音译中，尤其体现在一些专有名词的翻译和外来新词的翻译中。

下面将举例介绍音位层翻译在商标词翻译、专有人名地名翻译、外来新词翻译中的应用。在翻译这些概念时，需注意遵守约定俗成的原则并采用公认的、常用的音译标准，以求语音层面的准确。

9.1.1 商标词的翻译

随着国际贸易的日益频繁，商标词的翻译显得日益重要。商标词翻译的好坏，往往会直接影响到企业的利益。译的好，则会给企业带来巨额利润；反之，则会给企业造成巨大的损失。

当商标词是专有名词或臆造的词汇时，这类词本身并没有太多的意思，所以常采用音译的方法。这类音译完全是按照原商标的音位翻译的，从译文字面看不出商品的特征，也没有实在的意义，该译文只是代表原商品所代表的产品。音译主要有两个优势：一是简单易记；二是富有"洋"味。如：

Lincoln	林肯	Motorola	摩托罗拉
Kodak	柯达	Casio	卡西欧
Parker	派克	Rolex	劳力士

目前，我国许多外来商标绝大多数都采用音译这种方法。

9.1.2 专有人名地名的翻译

在汉译一些英语人名和地名时，因为在多数情况下，这些词的能指和所指关系已不同于其在语言普通用法中的能指和所指的关系，它只不过是某人或某个地方的一个代称而已。所以，各国之间一般采用音译的方法来翻译某些专有人名和地名。

9.1.3 外来新词翻译

随着科学技术的日新月异，每个民族的语言也在不断发生着变化，其中之一就是不断吸收其他民族的外来语来丰富和发展本民族的语言。音译是引入新词的重要方法之一。如：

disco	迪斯科	gene	基因
Waltz	华尔兹	golf	高尔夫
chocolate	巧克力	Olympic	奥林匹克
radar	雷达		

在翻译实践中，音位转换是音译的基本方法。无论原语与译语是单个音位的对应还是词的对应，音位都是双语之间转换的基本翻译单位。因此，音位层次的翻译在翻译实践中具有一

定的指导意义。

课内练习

1. Translate the following words, pay special attention to their phonemes in the translation process.

Best	Pierre Cardin
Citizen	Canon
Goldlion	Benz
Kennedy	Jordan
Kissinger	Hugo
Diana	Huxley
Detroit	Moscow
Texas	Lebanon
Cuba	California
romantic	angel
engine	guitar
sofa	modern

2. Find any examples of the trademark translation practice both at home and abroad and analyze whether they have adopt the transliteration method or not?

9.2 词素层翻译

词素(morpheme)是最小的语音语义结合体,是构成词的要素。英语中词素一般可分为以下两大类:自由词素(free morpheme)和粘着词素(bound morpheme)。其中,自由词素具有完整的形式和意义,能独立成词,如:dog, man, nation;粘着词素则不能独立成词,只能依附于其他词素来构成词,包括词根(root)和词缀(affix)。

词素作为语言转换的单位并不是很常见,因为英汉两种语言词的构成法很不一样。但也不容忽视,其主要用于一些缀合词、混合词和语法词缀的翻译中(吕俊、侯向群,2001: 279),而且原文中词的每个构成词素在译语中有一定的相应词素。如:

un-	conscious	
无	意识的	
contra-	injection	
反向	喷射	
electro-	magnet	ics

电	磁	学
poly-	chroma	tic
多	色	的

9.2.1　缀合词翻译

英语中,-ress,-or,分别表示阴阳性,但汉语中没有阴阳性词缀,故 actor 译为"男演员",actress 译为"女演员"; waiter 译为"男服务员",waitress 译为"女服务员"。employer 译为"雇主", employee 译为"雇员", employment 译为"雇佣"。

9.2.2　混合词翻译

英语中,很多词都是通过词素的结合形成,也即混合词。如:

comsat (communication + satellite) 通讯卫星

smog (smoke + fog) 烟雾

motel (motor + hotel) 汽车旅馆

camcorder (camera + recorder) 摄像机

videophone (video + phone) 视频电话

9.2.3　语法词缀翻译

英语中,常用-s, -es 等语法范畴来表示复数概念,而汉语中没有可以表示复数概念的词缀,常用汉语词语来表示复数形式。如:

friends	几个朋友
mountains	群山
birds	几只小鸟
buses	几辆公共汽车

这里需注意的是:有时英语词的单复数意思并不一样。如:experience 译为"经验",而 experiences 则译为"经历";security 译为"安全",而 securities 则译为"证券"。

在翻译实践中,虽然词素层翻译比音位层翻译出现得更少,但其在一些合成词的翻译,尤其是在科技新词的翻译中占有重要意义,因为很多词都是通过词素的结合而形成的。

课内练习

1. Translate the following English terms into Chinese.

(1)

prototype	protolanguage
electro-magnetic	electro-massage
postmodern	postscript
synonym	antonym

telescope periscope
brunch
(2)
know-how
high-tech
datacom
Chinglish

2. Try to illustrate any new technological words which are blended by parts of other words to see whether these words are formed by some rules.

____

____

9.3 词汇层翻译

作为可以单独用来构成句子和话语的最小单位——词是英汉翻译中常用的一种翻译单位。词层翻译在英汉翻译中也是很普遍的。这一般体现在一些句子结构相对比较简单，宜采用直译的情况下，如：

We play basketball, but they play football.
我们 打 篮球， 但 他们 踢 足球。

He has the key, but not the lock.
他 有 钥匙， 但 没有 锁。

She is going to see a film.
她 要 去 看 电影。

[分析] 以上三个简单句中，基本上是以词作为翻译单位。但如果我们仔细分析一下，不难发现表面似乎是词词对应的翻译，其实也不全是。第三个句子中，谓语 is going to + inf. 表示简单将来时，而其中的 is 翻译成汉语中的"要"并不对应。因此，词层的翻译还是有很大的局限性的，很多情况下只有一部分的英语词汇翻译成汉语时能够找到相对应的汉语词汇。

那么，具有丰富词汇量的英汉两种语言，其词汇层的对应大致有以下几种：

9.3.1 完全对应

由于人类共同生活在这个地球上，有着相似的生态环境，对世界和社会的感知也有其相似之处。汉英两种语言文化虽然有很大的不同之处，但也必然存在着相对应的地方。英语中的专有名词和一些普通名词在汉语中都能找到相对应的词。如：

专有名词：

Marxism 马克思主义
aspirin 阿司匹林
Homer 荷马
parliament 议会

congress　　国会

普通名词：

table　　桌子

helicopter　　直升机

laser　　激光

leukemia　　白血病

water　　水

9.3.2 部分对应

有些英语词汇在翻译过程中会出现部分对应的情况，因为其意义在英汉语中有广义和狭义之分。部分对应又可分为两种情况，即(1) 英语中的某词在汉语中有多种对应词；(2) 英语中的某词在汉语中有多种意思。

(1) 英语中的某词在汉语中有多种对应词

wife：妻子、爱人、夫人、太太、老婆、老伴、媳妇、堂客、内人、贱内、拙荆

potato：马铃薯、土豆、洋芋、山药蛋

(2) 英语中的某词在汉语中有多种意思

cousin：堂兄、堂弟、堂姐、堂妹、表哥、表弟、表姐、表妹

president：主席、总统、总裁、董事长、会长、校长、行长

aunt：阿姨、姑姑、婶婶

uncle：叔叔、伯伯、姑父、姨夫、舅舅

[分析]　在翻译以上部分对应的词汇时，需时时注意英汉两种语言的差异，应根据不同的语言背景选择合适的词义进行翻译，否则容易发生翻译错误。

9.3.3 对应空缺

由于英汉两种语言的社会文化差异，两种语言中必然存在各自独特的事物，相应地出现了一语言中存在而另一语言中尚无表达的词汇，这就造成了词汇层次的对应空白。一般来讲，这些词能反映某一民族独特的民族色彩，在翻译时往往采用音译、意译和加注的方法。如：

teenager：13至19岁的青少年

prey：被捕食的动物

clock-watcher：老是看钟等下班的人

beddo：(一种多用途的)床

9.3.4 假对应

在寻找语义相符的对应语时，很容易犯逐词翻译的毛病，以为一一对应的翻译没错，实则有些词汇只是假对应而已，也即是错误的对应，这主要是由于译者没有掌握好英语的习惯用法。如：

pull one's leg ≠拖后腿 (＝戏弄某人；哄骗某人的钱)

eat one's words ≠食言（=收回前言；承认错误）

wash one's hands of something ≠洗手不干（=不再过问；不再负责）

child's play ≠儿戏(=非常容易做的事；不足挂齿的小事)

[分析] 在翻译以上这些假对应的词汇时，一定要非常小心，不能犯逐词翻译的毛病，在遇到不懂或者不明白确切意义的情况下，需勤查字典，注意英语中的一些惯用法。

在词层翻译时，要忌讳的是逐词翻译，因为除了一些专有名词和少部分的普通名词在英汉两种语言中能够找到对应外，很对情况下是不对应的，甚至出现假对应的现象，因此我们在翻译实践中一定要注意避免死译。

课内练习

1. Try to translate the following English words into Chinese.

Lancaster	humanism
Fascism	Darwinism
atropine	Disney

2. Try to list a Chinese family tree diagram and translate them into English.

____

____

9.4 词组层翻译

词组层翻译在翻译实践中也是比较常见的。相对于词汇层翻译容易出现逐词翻译和死译等现象，从而造成译文艰涩、生硬等弊端，词组层翻译可以减少这样的现象出现。英汉翻译过程中常以词组为翻译单位，这多见于一些英语习语和固定搭配的翻译中。

有许多词组，其意义并不等于将其各个单词意思简单的叠加就可以了，也即并不是各个单词意义的总和，而只能把它们看作一个整体来进行翻译。比如：这些习语和固定搭配，一般采用直译和意译两种翻译方法。如：a land of milk and honey 并不是翻译成"一个有牛奶和蜂蜜的地方"，而应该翻译成"鱼米之乡"；再则，to lay heads together 并不是"把头靠在一起"的意思，而是"集思广益"的意思。

9.4.1 习语的翻译

作为固定词组，习语具有整体的意思，除少部分能够直译外，一般应作整体考虑进行翻译。如：

There is no need for you to beat around the bush.

你没有必要旁敲侧击。

Although she was born with a silver spoon in her mouth, she was very frugal with her money.

虽然她出生于富贵之家，却很节俭。

His sudden death came as a bolt from the blue.

他的突然去世，犹如晴天霹雳。

以上句子中划横线的词组需作为一个独立的翻译单位进行翻译，不能拆开来也不能逐词翻译。其他的例子如：

the last but not least 最后但不是最不重要的

to take French leave 不辞而别

to teach fish to swim 班门弄斧

a black sheep 害群之马

a wet blanket 令人扫兴的人

from Afghanistan to Zimbabwe 全世界

9.4.2 固定搭配的翻译

有些固定搭配是由两个或两个以上的单词组合而成的。虽然各单词有自己的意思，但翻译时应连在一起进行翻译。如：

at sixes and sevens 七上八下

safe and sound 安然无恙

for good and all 永远

heart and soul 全心全意

cheap and fine 价廉物美

by hook and by crook 不择手段

top and tail 全然

ten to one 十之八九

从以上例子可以看出，词组层的翻译往往多出现在英语习语和其他一些固定搭配上，应作整体翻译处理。

课内练习

1. Translate the following phrases into Chinese.

(1) hang by a thread

(2) break a deadlock

(3) after a storm comes calm

(4) spill the milk

(5) cast pearls before swine

(6) hit the right nail on the head

(7) rack one's brains

(8) early bird

(9) dead hours
(10) birds of a feather
(11) call a spade a spade
(12) a drop in the ocean
(13) leave no stone unturned

2. Try to translate the following sentences. Pay attention to the underlined phrases.
(1) His methods were direct and wrong.
(2) The little girl's face was ablaze with fun.
(3) She was my greatest delight upon earth.
(4) You should think of the wear and tear of modern city life.
(5) There are many odds and ends in the stock.

9.5 句子层翻译

有时,当词组也不能充当翻译单位时,就需要扩大到句子层翻译,使句子作为一个翻译的单位。句子是能够独立运用的、句法成分完整的语义单位。人们在日常生活中一般都以句子作为交际单位,因此句子在语言中有着相当广泛的运用。

这有两种情况。一是谚语,这一类句子的意义并不等于其各个成分,包括词语和词组意义的简单总和。二是一般的句子,其意义也是每个词语和词组意义的整合。

谚语类,如:

The style is the man. 文如其人。

Birds of a feather flock together. 物以类聚,人以群分。

Once bite, twice shy. 一朝被蛇咬,十年怕井绳。

Man proposes, God disposes. 谋事在人,成事在天。

The Tongue cuts the throat. 祸从口出。

Out of sight, out of mind. 眼不见心不烦。

Where there is a will, there is a way. 有志者事竟成。

All roads lead to Rome. 条条大路通罗马。

Everybody's business is nobody's business. 三个和尚无水喝。

Penny wise and pound foolish. 因小失大。

一般套语或程式语类,如:

Wet paint!

油漆未干。

No spitting!

不准随地吐痰。

Seat by number!

对号入座。

在一些英语长难句中,当其句子结构比较复杂的时候,句子层翻译的方法也是经常采用的,这时往往需要对原文进行重组，或增减或颠倒，调整语序。如：

It is a truth universally acknowledged that a single man in possession of a good fortune, must be in want of a wife.

——*Pride and Prejudice*

凡是有钱的单身汉，总想娶位太太，这已经成了一条举世公认的真理。

——《傲慢与偏见》，王科一　译

［分析］　在上面这个句子中，原文的语序已经作了调整，译文中“举世公认的真理”放在了最后，而原文中 it is a truth universally acknowledged that 是在句子开始处的。

再如下面这个长句：

Do not aircraft design engineers' work, at precisely that point where specific calculations and plans give out, according to the same principle of evolution, when they test the serviceability of a great number of statistically determined forms in the wind tunnel, in order to choose the one that functions best?

［参考译文］　当航空器工程设计师为了选择那个最能发挥作用的机器模型而从诸多由统计学原理决定的模型中测试其在风洞之内的适应性时，不就是根据同样的进化论原理，当详细的计算和计划毫无作用的时候工作的吗？

［分析］　在这样一个结构复杂的长句中，原文在语序上已经作了重组和相应地调整，使译文能更好地、更准确地表达原文的意思。

句子是段落、篇章甚至整部作品的基本意义单位，在组词成篇的行文模式中，句子起着承上启下的作用。在不能进行逐词翻译，词组翻译也不太理想的情况下，句子作为翻译单位是一种很好的翻译模式。

课内练习

1. Translate the following proverbs into Chinese.
   (1) Nothing venture, nothing have.
   (2) Do in Rome as the Romans do.
   (3) Things done cannot undone.
   (4) Misfortunes never come alone.
   (5) Beauty is in the eyes of the beholders.
   (6) Time and tide wait for no man.
   (7) Kill two birds with one stone.
   (8) Facts speak louder than words.
2. Try to translate the following sentences into Chinese.
   (1) Handle with Care.
   (2) No U Turns.
   (3) Queue Up for the Bus.

9.6 语段层翻译

语段，顾名思义，是大于句子的语言片段，一般由两个或者两个以上的句子组成。构成语段的各个句子内在必然有一定的联系，以一定的手段衔接起来。

以语段为翻译的基本单位，要求译者必须以原文的整个语段为整体进行考虑。其中词、词组、句子的翻译应服务于整个语段的翻译要求和目的，可改变原文语段的结构形式，拆分、调整、合并原语段，使译文表达贴切、自然，符合译入语的思维习惯。如：

Rambling through a pine forest early in the morning, I came across a bunch of forsaken roses lying by the shady wayside. They were still fresh in color. One was purplish-red, another pink, still another a sickly ivory-yellow slightly tinged with blood-red.

清晨往松林里去散步，我在林荫路畔发现了一束被人遗弃了的蔷薇。蔷薇的花色还是鲜艳的，一朵紫红，一朵嫩红，一朵是病黄的象牙色中带着几分血晕。

（张培基：《英译中国现代散文选》，第 157 页）

［分析］ 在上面这个例句中，原文的词序、语序都进行了调整，使之符合我们的表达习惯。在对画横线的部分，还进行了整合，使之成为一句话。

再如：

吕俊在其发表的《谈语段作为翻译单位》一文中，有这样一个例子：

The lightenings leap and blaze; the thunders crack and roar; the rain lashes; the water writhe; the wind smites and howls.

其翻译为：电光闪烁着、跳动着；雷声炸裂着、轰鸣着；雨点抽打着，积水激荡冲撞着；狂风怒吼着。

其分析为：

很显然，这一语段中各句有各自的主位和述位，从语义上来看，它们也似乎是各自独立的，但它们之所以成为一个语段，除了它们共同构成一个暴风雨的场景外，还有它们在形态方面的一致性。如：都是简单的陈述句，都具有相同的时态和语态，句子结构也基本一致，这些形态上的特点也同样构成了这一语段形态上的一个特点。在翻译时如能注意保持这一形态上的一致性，则译文所取得的艺术效果也就会与原文接近或等同。

这个句子的翻译几乎可以达到与原文的形态一致的效果，同时也可以创造出与原文一样的气氛，收到相同的艺术效果。

从以上例子对原文与译文的分析，我们不难看出译文采取了一定的手段来保持原文的表现效果。

从以上几个语段的翻译，我们可以看出，从原语语段到译语的转化，决不是简单地将某个句子拼凑而成，而是进行了一种深层次的转化。

课内练习

Try to find some good translation examples in any famous literary works and discuss with your group partners about it.

名家谈翻译

林语堂：论翻译

译文须以句为本位

译文与作文之不同者，即其原有思想非发自译者心中，而出于一使用外国文之作者，然于译者欲以同一思想用本国文表示出来时，其心理应与行文相同，换言之，必以句为本位，而非一字一字叠成的。

译者必将原文全句意义详细准确地体会出来，吸收心中，然后将此全句意义依中文语法译出。这就是我们所谓“句译”的方法。

译者须完全根据中文心理

行文时须完全根据中文心理。翻译者所表之思想，既本于外国文，则不免多少受外国文之影响，且译者亦不应过改其本来面目。虽然，若是译者心中非先将此原文思想译成有意义之中国话，则据字直译，似中国话而非中国话，似通而不通，决不能达到通顺结果。我们读此种译文时之感觉，则其文法或且无疵可摘，然中国人说话绝非如此。一语有一语之语性，语法句法如何，皆须跟从一定之习惯，平常所谓“通”与“不通”即其句法是否跟从其习惯。凡与此习惯相反者即所谓“不通”，不必触犯文法上之纪律也。（作古文不通，即不合古文之笔法习惯而已，“习惯”即usage，idiom；“文法”即grammar。）中国学生，每每可作“中国人之英文”。其思想心理句法，完全为中文的而非英文的，虽其文法上全无错误，而由英人观之，则必曰“不是英文”；犹如西人以“谢谢很多”代“谢谢”者，华人亦必斥之为“外国话”。译文太牢守西洋心理者，其读者之感念，亦以为“非中国话”。此种非中国话之中国话，实不必以“欧化”之名自为掩饰，因为他是与欧化问题不同的。无论何种语体于未经“国化”以前都是不通，不能以其为翻译而为例外。且欧化之大部分工作在词汇，若语法仍极不易欧化，而且不能句句皆欧化也。此非本篇所宜讨论，且以篇幅关系，不得不赶紧进论翻译与艺术文问题。（申雨平、戴宁，2000）

第十单元

10 翻译的类型

翻译，源远流长。

翻译，你的本质是什么？

回答这个问题，决非易事。似可以用苏东坡写庐山的名句写之：横看成岭侧成峰，远近高低各不同。

古今中外，人们在回答这个问题时，见仁见智，有众多不同的着眼点。

当下是一个人人可译的时代，是文字权威的失落、译法纷呈的时代，一个只部分需要慢工出细活的时代，一个写作与阅读在迅速加快的时代。无视条件和需求，死守这完美的全译方式不放，译者永远只能做原作的奴隶，将不利于翻译事业的发展，不利于文化的交流。

然而，我们不得不承认：全译，在目前，乃至今后一个很长的时期，仍将在译界唱主角。而变译，只能唱配角。此外，凡能登堂入室，青史留名的译作，无论文学、政论、科技或新闻类的译作，其主体应该是“全译”之作，而非“变译”。

变译难道就一定适用于“非全译”吗？换言之，全译就不需要变译了吗？

回答应该是肯定的。就本质而言，翻译即变译。

——倪家耀《翻译，你的本质是什么：议全译基础上的变译》

有人认为，按照不同的分类标准，翻译可以分为多种类型。按照文本类型来分，翻译可分为科技翻译、文学翻译、商务翻译、经贸翻译等；按照处理方法来分，翻译可以分为全译、编译、摘译、节译等等。这种按照处理方法的分类标准，也可以说是对原作内容与形式的保留程度的分类标准。那么，根据这种标准，翻译可以分为力求保全的“全译”和有所改变的“变译”。变译的实质是译者根据特定条件下特定读者的需求采用增、减、编、述、缩、并、改等变通手段摄取原作有关内容的翻译活动（黄忠廉，1999；2002）。

编者对上面引用的两位作者的观点持有异议，尽管近年来有关论述出现的频率较高，但我们认为应该给初学者一个明辨概念的机会。我们并不主张使用"变译"这个概念与"全译"的概念相对立,因为原作者对"全译"的界定与我们的理解有所不同。译即"易",有译就有易,易就是变,难道因为有变就可以称为"变译"? 那岂不是说,所有的翻译都是"变译"吗? 为何还要区分"全译"和"变译"呢? 倪家耀也承认,"翻译即变译",那么,把"变译"作为"全译"的对立岂不是自相矛盾? 黄忠廉也承认,所谓"全译"与"变译",其实是"对原作内容与形式保留程度的分类标准"。按照这一理解,与"全文翻译"相并列的概念,不是"变译",而是编译、摘译和节译等;所有这些翻译(包括全译)都是"变译",只是变的程度不同而已。而且从"忠实"的标准来看,"变译"并非译者有意不按照翻译的标准去做,只是译者根据读者需要有意而为之。其实,我们所说的"全译",是指对原文的全部翻译,重点指翻译操作对象的完整,而非经过翻译所能达到的效果,因为所有的翻译都有"变"。我们之所以要用一章的篇幅来谈翻译的类型,是想让读者看到,编译、摘译、节译等等,都是翻译的手段,是译者主动采取的翻译方法,其侧重点都在于翻译操作对象的完整程度与操作方式本身,而不是操作之后所能达到的效果。前一段黄忠廉的论述,问题出在把翻译操作对象、操作方式与操作之后的效果混为一谈。可以采用"翻译变体"这个概念。(编者会在下文专门论述"全文翻译"与"变译"这两个概念)

在我国翻译史上,翻译运作的主流应该说对原文信息总体上不增不减或力求保全的翻译,但是也存在对原作有增有减、有评有写,甚至是完全改头换面的翻译作品。例如 19 世纪末严复、林纾等翻译家翻译的作品,因为各种原因几乎都有增删。随着信息时代的到来以及接受美学的盛行,人们越来越重视如何根据自己的需求对数量庞大的信息的选择,因而对原作信息有所取舍、有所改造以适应市场需求和读者要求的翻译逐渐占据主导地位,成为跨文化信息传播的主要方式。根据对翻译史和翻译实践的总结,翻译变体大概包括节译、编译、摘译、改译、综译、译评、阐译、参译等。除全文翻译外,本章主要介绍节译、改译、编译、摘译、综译等 5 种翻译变体。

10.1 全文翻译(complete translation)

全文翻译,顾名思义,就是指译者对原文或原著的完整的翻译,不加任何删节(赖余,552)。全文翻译是针对译者的处理手段而言。纵观翻译史,全文翻译一直都是翻译实践的主流。传统的翻译观强调忠实于原文,其隐语即为包括内容和形式在内的完整。例如 20 世纪上半叶中国众多翻译家对西方文学作品的译介,包括莎士比亚戏剧、狄更斯的小说等的翻译都是全文翻译。即使在信息爆炸的时代,全文翻译仍然是翻译实践中不可或缺的一个组成部分,尤其是文学作品翻译。虽然可以采取其他翻译变体对文学作品作简略的译介,但是对文学作品信息的抽取并不能反映文学作品本身的诗学价值。文学语言中的形式和内容具有不分伯仲的重要性,要欣赏文学作品,尤其是诗歌在另一种语言表达中的美感,必须通过全文翻译才有实现的可能。

10.1.1 操作原则

全文翻译必须强调再现原作内容和形式的完整性和整体性,而这一点也同时对译者创造性的发挥带来一定的限制。既然全文翻译的变化在于"微观调整",那么译者的自由度也只存在于微观层次,而非在宏观结构上的很大改动。

10.1.2 适用范围

全文翻译适用范围最广,任何语体、任何文体的作品都可以用全文翻译的方法用另一种语言表达出来。政治外交场合、法律文书、严肃文学作品等尤其需要完整无缺地再现原作的思想内容。在某种程度上,全文翻译比变译难度低,因为全文翻译不需要译者对原著作结构上的调整或者编辑,从而降低了在信息重组调度上的难度。但这并不意味着全文翻译是一件轻而易举的事情。译者必须把握原文的内容与精神,全力以赴以达到在译文中保全完整的原作信息。

10.1.3 对译者要求

全文翻译不要求译者对原作内容作任何改变,所以不需要译者作任何概括、编辑、改写等。它对译者提出的要求是普遍性的翻译要求,即译者需要具备的翻译能力,如双语理解和表达能力、翻译转换的技巧、相关领域的背景知识等等。同时也要求译者不能对原作进行改动,限制译者主体性的发挥。

10.1.4 全文翻译与翻译变体的关系

请看以下例子:

Building Bridges to the Future — with Soya

[1] Scientists in the United States say they have found a way to make tanks, tractors, cars and even bridges out of soya beans.

[2] A University of Delaware team called Acres (Affordable Composites from Renewable Sources) has filed a patent for a process that could end with cheaper, lighter and greener materials. They will replace the existing composites — plates, planks or beams of lightweight but costly petroleum resins, reinforced with glass fibers — to make material as stiff as steel but lighter.

[3] The first industrial partner is the U.S. tractor firm Deere and Co, which predicts a $50 million market for farm equipment made out of soya.

[4] Soya is one of the world's great crops: the U.S. alone grows more than 60 million tons a year. Soy products get into mayonnaise and medicines, anti-corrosion varnishes, fungicides and shampoos. Soy is used as a milk substitute, as cat food and as a cosmetic.

[5] Soya protein is being tested in Illinois as an oestrogen substitute and North Carolina scientists think it could contain a cancer prophylactic. Soya oil costs half as much as the polyester, epoxy and vinyl ester resins used in modern composite materials to make everything from ship hulls to aircraft parts.

[6] But this is the first time beans have been promoted as potential box girders for bridges or shown off as panels for hay balers. Just as builders stiffen concrete with steel rods, materials scientists toughened the soya oils by adding chemicals and then stiffened them further with fibers of glass.

[7] A sample of the new soy composite went on show in Illinois last week: a 2.5 meter by 1m glass-reinforced, soy-based prototype baler part weights 11kg — a quarter of the weight of its metal equivalent. Richard Wool, a chemical engineer, who directs the Acres group, says that one day hay or straw might be used to reinforce the resin.

[8] Soya fabric-makers could face competition from the farm next door: another U.S. group has discovered new stuff for water-resistant, biodegradable containers. It is made from corn.

全文翻译:

用大豆建造未来的桥梁

[1] 美国科学家声称,他们已找到了利用大豆生产坦克、拖拉机、轿车甚至是桥梁的方法。

[2] 特拉华大学的一个称为 Acres(从再生资源中提取可利用合成物)的研究小组已申请了一项工艺的专利,将采用更加便宜、轻便和天然的材料来代替现有的复合物,如金属、木汁拌菜或重量轻成本高的束状石油树脂(其中加入了玻璃纤维以提高强度),可使材料像钢一样硬而重量则轻得多。

[3] 首家工业合作伙伴是美国 Deere 拖拉机公司,他们预测采用大豆为原材料生产农用设备的市场将达 5 000 万美元。

[4] 大豆是世界上产量最大的农作物之一:仅美国全年产量就超过 6 000 万吨。大豆制品涉及蛋黄酱和药品,防腐清漆,杀菌剂及洗发香波。大豆可用作牛奶的替代物、猫食及化妆品。

[5] 试验证明大豆蛋白质可代替雌性激素,其内部含有防癌物质。豆油成本只及聚酯、环氧树脂及乙烯基酯树脂的一半,它们用在现代复合材料中以生产从船体到飞机零件等各种东西。

[6] 不过,这回大豆还是第一次被选作桥梁桁架及干草带编织机镶板的可行性材料。正如建筑工人在混凝土中加入钢筋以提高其强度一样,材料科学家为韧化豆油在其中加入了化学物质,还掺入了玻璃纤维以进一步提高强度。

[7] 上星期,一种新型大豆复合材料在伊利诺伊展出:它是一件 2.5 m×1 m 用大豆制成并加入玻璃纤维的编织机零件,重 11 公斤——只及同等金属零件重量的四分之一。领导 Acres 小组的化学工程师 Richard Wool 说,将来有一天可能会用干草或麦秸来提高树脂强度。

[8] 不过,大豆生产商可能会面临来自同行业的竞争:另一家美国集团又开发了一种用于生产防水、可降解容器的原料,它来自谷物。

翻译变体:

用 大 豆 造 桥

[1] 美国科学家声称,大豆还可用来制造坦克、拖拉机、轿车,甚至是桥梁。

[2] 大豆可用来制蛋黄酱、药品、防腐清漆、杀菌剂、洗发香波等。大豆蛋白质可代替雌性激素,含有防癌物质。豆油成本只及聚酯、环氧树脂及乙烯基酯树脂的一半,可以生产从船体到飞机零件等各种东西。

[3] 大豆用作桥梁桁架及干草带编织机镶板的生产材料尚属首次。材料科学家在豆油中加入

化学物质和玻璃纤维即可韧化豆油,使之坚硬如刚且重量较轻。

[4] 1997 年 11 月,一种新型大豆复合材料研制成功: 这是一个用大豆制成的玻璃钢编织机零件,面积为 2.5 m×1 m,重 11 公斤,仅为同类金属零件重量的四分之一。

[5] 产研结合的首家工业伙伴是美国 Deere 拖拉机公司,他们预测采用大豆为原材料生产农用设备的市场将达 5 000 万美元。

分析:

1. 变题: 是为了吸引读者,"豆腐渣工程"在中国已熟为人知,采用悬念可以显示新技术的独特之处。另外,题目虽说造桥,实际上不限于此,而是介绍大豆可用作许多工业领域的生产材料。
2. 具体的研究单位大众读者不太感兴趣,那是某些科技工作者的兴趣,译给某些报刊只需说一说其生产原理即可。
3. 段 3 属于未来工作,应调后。
4. 段 4 与段 5 可合并,只突出大豆现有的工业作用即可,与食品相关的可舍去。
5. 段 6 可以舍去比喻,与段 2 合,讲清工作原理。
6. 段 7 仅选取最新研究成果,而且要将时间差算进去,以便于国内读者知道新技术出现的时间和运用的时间。
7. 段 8 是节外生枝,可舍。

10.2 节译(selected translation)

节译指一部著作或一篇文章局部地被删节了的翻译。另外,当原著中出现了少量不宜翻译出来的内容的时候,译者可以适当地删去不译,仅在译文的前言或后记里注明"略有删节",应该说,"节译"和"略有删节"是有区别的(赖余,330)。节译将一书或一篇文章的全部或部分节缩译出,其翻译要求与全文翻译是完全一样的,差别只在于因为某些原因,全文不需要全部译出而已。节译中删节的内容应比"略有删节"的翻译更多,而且不是因为不宜翻译,而是因为根据信息重要性而作出的取舍。"略有删节"所删除的少量内容应该是微不足道,不会对整体造成致命影响的。而节译在内容的删取上相对比较多,有时候由于社会文化或经济政治的原因,译者经过对实际利益、译文可能的社会效应的权衡后选择删除。节译的内容能保持意义的相对完整。节译不是细枝末节的修整,是选择局部的不译,或者选择部分的内容翻译,翻译的部分还是完整的。

英国作家 Haggard 的 *Joan Haste*(《迦茵小传》)20 世纪初译介到中国,成为风行一时的畅销书。节译本和全译本受到的读者反应却完全不同。根据一些学者的研究,节译本《迦茵小传》女主人翁忍辱负重、贤良淑德,具有中国封建社会淑女的精神。而在全译本中,女主人翁变成具有现代精神的女子,敢爱敢恨,感情热烈,这与中国封建社会道德伦理是背道而驰的。节译本和全译本都体现了故事的完整性,但是由于译者价值观念的不同,产生的译本在选择翻译内容上存在巨大差异,可见译者主体性在变译中所起的重要作用。

10.2.1 操作原则

节译也要遵循一定的原则。例如针对性原则,同样也是对翻译内容的取舍问题。取舍必须有针对性，针对译文的目标读者，尽量满足读者的期望和要求。此外还需要遵循重要性原则。节译所选择的内容必须有所侧重，不能随心所欲。除了满足读者的要求外，还必须体现普遍的价值意义。所以，译者必须花费一定的时间和精力衡量和选取翻译的内容。

10.2.2 适用范围

根据译者翻译的目的和节译的意义整体性特点，节译也可适用多种文体的翻译，例如文学作品的节选翻译、社科作品的选段翻译等等。需要注意的是，节译的内容必须具有相当的整体性，能够独立成为思想意义相对完整的语篇，不能是支离破碎，含混不清的任意选译。另外，还需要在适当的地方注明所节选的具体出处，以便有兴趣的读者进一步阅读查找。

10.2.3 对译者要求

节译者除了要具备基本翻译能力外，还要求译者具备对原作各部分内容的分析判断能力，能够对原作整体思想进行准确无误的把握。

10.3 改译(rewriting)

有翻译学者认为翻译就是改写(rewriting)。此处的改译并不是用来定义翻译的改写，而是译者在理解原作的基础上根据自己的理解重新书写的翻译方法，使原作在内容、形式，甚至风格上发生明显改变。这种方法赋予译者相当的自由，可以说是译者的重新创作。改译带有明显的译者特点。改译也可以是为了纠正原作的错误，或者直接纠正，或者按照原文直译，再加上注释说明错误之处。改译可以帮助读者理解原文，消除因为语言文化差异而引起的沟通问题。改译也可能是出于意识形态的要求。翻译是在一定历史背景下按照特定社会群体的利益对原文进行重新阐释的实践活动。翻译家严复在翻译实践中也采用了改译的方法来处理翻译外来文化或事物，如改变风格、改变原文宏观的语篇结构等等，其出发点是读者的期望和需求。

勒菲弗尔指出："译作的形象受两种因素的制约：译者的思想意识和当时在接受语文化中占主导地位的诗学。译者是否愿意接受这种思想意识，这种思想意识是否是某种赞助人力量强加给他的一种制约因素。思想意识决定了译者基本的翻译策略，也决定了他对原文中语言和论域有关的问题(属于原作者的事物、概念、风俗习惯)的处理方法。"改译就是译者因为思想意识和诗学的限制而选择的处理原文语言文化有关问题的策略。清末翻译家的翻译改写策略常被批评家诟病，而事实上，他们的改译正体现了当时社会的主流思想风气并适应市场需求的倾向。19世纪末侦探小说开始译介到中国时，译者选择了重组故事结构、改写故事的翻译方法，把原文三个层次的叙事方法变为中国读者熟悉的按时序的单层次叙述。把侦探故事结构重组并不是轻而易举的事情，而译者作出这样的选择，无非是因为中国尚未发展起多层次叙事常规，中国读者还未能接受多番倒叙等这些叙事方法。改译的办法，也许是翻译中难度最大的一种，译者本着为读者负责的态度、避免与主流思想意识和诗学正面冲突的考虑，承担了改译的责任，可见译者翻译态度之诚恳认真。

10.3.1 操作原则

改译也需要遵循一定的原则。首先,改译可以使原作在内容上、形式上,甚至风格上发生明显改变,而改变必须以原作为基础,违反了这条原则,改译是否为翻译都会成问题。

其次,译者在改译过程中享有充分的主体性,可以对原文进行一定的处理,但是必须以保证译文的整体性为前提。改写并不是随意的改动,不能把原文打得支离破碎。

10.3.2 适用范围

改译可用于文学作品的译介,也可用于应用文体翻译。对文学作品的改译可能造成文学作品美学价值的流失,但是可以调整适应读者市场的要求而广受欢迎。对于可以调整改变表达形式而不会对原作造成严重损害的语篇内容,改译是迎合读者喜好、赢取市场的好方法。例如广告翻译,其目的是吸引读者注意产品和购买产品,以何种形式表现内容并没有特定要求。需要注意的是,尽管改译赋予译者相当的自由度,译者始终要受到原文的约束。

10.3.3 对译者要求

改译并不是轻而易举的事情,译者必须充分把握原作的精神,所以译者需要具备对原文的理解与表达能力、文学创作能力、对作品内容重组能力等。

10.3.4 改译例子(见黄忠廉,1999: 284~285)

严复翻译赫胥黎《天演论》的开场白,是常引常议的例子。

It may be safely assumed that, two thousand years ago, before Caesar set foot in southern Britain, the whole country-side visible from the windows of the room in which I write, was in what is called "there state of Nature". Except, it may be, by raising a few sepulchral mounds, such as those which still, here and there, break the flowing contours of the downs, man's hands had made no mark upon it; and the thin veil of vegetation which overspread the broad-backed heights and the shelving sides of the coombs was unaffected by his industry.

赫胥黎独处一室之中,在英伦之南,背山而面野。槛外诸境,历历如在几下。乃悬想两千年前,当罗马大将恺撒彻底未到时,此间有何景物。计惟有天造草昧,人功未施,其借征人境者,不过几处荒坟,散见坡陀起伏间。而灌木丛林,蒙茸山麓,未经删治如今日者,则无疑也。

[分析] 比读一下,不难看出严复结构了原作,又照汉语习见的方式重新组合,改复合句为若干短句,并列关系替代了主从关系;原文第一人称改为第三人称。原文以事实开头,译文以人开头。改译的原因,大概是为了使中国读者读起来像中国古代的说部和史书,史书的开头多半是:太史公曰,臣光曰之类。这一开始就动摇了原作的风格,严译比原文更戏剧化。王佐良先生说原文首句是板着面孔开始的,而严译第一句就把读者带到了一个富有戏剧性的场合,而且本段略后处,严复将原文 unceasing struggle for existence 译做"战事炽然。强者后亡。弱者先绝。偏有留遗"。加了许多字,读起来简直像战况公报。科学理论著作翻译的戏剧化的动因,王佐良认为可能是严复想增强译作强烈的历史意识,利用种种风格手段以增强读者的历史感。

10.4 编译(adapted translation)

从本质上说,编译就是把一种语言所写的一篇文章或一本著作的内容,或者若干篇文章、若干部著作中的相关内容,用另一种语言忠实而又相对完整地把它概述出来。编译可以用简洁凝练的语言和较小篇幅在较短时间内译介大量的内容,具有速度快、效率高、实用性强等特点。编译具有相对的自由性,但是并不意味着编译可以随心所欲,篡改原文,更不可以看得懂的就译,看不懂的就删掉。编译必须紧扣原作的内容,取其精华,以凝练的语言集中表达所翻译作品的内容和中心思想。编译有广义和狭义之分。广义的编译包含了译者个人的观点,而狭义的编译不能增加译者自己的观点,译者的工作只是编译原作的精华部分加以重组、翻译。严复译《天演论》被认为是编译作品,原作在译者笔下改头换面,译者有取有舍地改造了原作,使之适应中国实际的需求。

10.4.1 操作原则

编译的操作原则在摘译的操作原则上还可增加概括性原则、调整性原则、层次性原则以及合并性原则等等。

概括性原则。即编译者必须对原文内容进行高度概括,要脱离原文的语言形式,把原文的精神概括提取出来加以翻译。

调整性原则。仅仅把原文的内容高度概括还不足以得到好的编译。概括了内容后,还需要对内容作出调整。由于不同国家的语言文化、风俗习惯多种多样,在翻译中对原文材料作出适当的调整以适应译入语读者的需要是编译的一个重要原则。

层次性原则。编译是把若干原著的相关内容经过概括调整后进行翻译的活动。各相关的内容必须以逻辑明确、层次分明的形式出现。编译的层次性原则就体现在译文表达的条理上。

合并性原则。编译既然把各种相关的内容经过整合后进行翻译,那么,译文必须以统一整体的形式出现。换句话说,原文的相关内容必须在翻译过程中进行融会贯通,各部分合成不可分割的整体。否则,编译的译文只会是原文各种内容的机械罗列,逻辑混乱的编译决不是好的译文。

10.4.2 适用范围

由于其具有速度快、效率高、实用性强的特点,编译广泛应用于各种领域语篇的处理,例如科技情报报道、科研综述、经济社会报道、新学说新思想的译介等。在信息爆炸的时代,读者要求在有限的时间获取大量的有用的信息,编译这种特殊的翻译处理方法将会更加广泛应用于各个领域。翻译的时候需要注意向读者提供编译的文章来源、编译的倾向性、编译的取舍原则等。

10.4.3 对译者要求

编译集翻译与编辑于一身,不仅要求有较强的外语阅读能力,做到吃透原作的内容,掌握它的要领;还要求能用另一种语言忠实而又通顺地把它再现出来。所以,编译要求译者具有深厚的语言功底,尤其是汉语表达能力。其次,编译要求译者具有丰富的相关专业知识。在编译过程中,译者不仅仅要理解原作的字面含义,还要理解原作所涉及的基本原理和行业知识。最后,编译还要求译者具备一定的鉴赏能力、分析判断能力和一定的编辑能力。编译既有编辑又有翻译,译者除了要有翻译能力外,还要掌握编辑的技巧。编译者必须能够从纷繁复杂的材料中编辑出符合读者期望的内容,把有价值的部分翻译给读者。

10.4.4 编译例析(见黄忠廉,1999: 58~66)

原文 I

Hormones Could Curb Broken Hips in Women

By Oliver Gillie

Medical Editor

[1] WOMEN who have passed through the menopause should consider taking extra female hormones to prevent bone fractures, the Royal College of Physicians said yesterday.

[2] Its advice follows a two-fold increase in hip fractures in old people over the past 20 years. The increase is probably the result of changes in lifestyle, particularly a decline in the amount of exercise people take.

[3] More than 46,000 people a year suffer hip fractures in England and Wales and about a quarter die as a result. Many more never regain full mobility. The hospital costs are about £160m a year, the college says in a new report.

[4] Women are most vulnerable after the age of 50 because calcium is most from bones more rapidly when female hormones decline after the menopause. Hip fractures are most common in older women; almost 60 percent occur in women over 75.

[5] Middle-aged women vary in the amount of calcium lost from their bones; one third suffer heavy losses, making them much more vulnerable to fractures. These women may be detected by screening methods which involve shining a light beam through the wrist, but this method is not widely available.

[6] Dr. John Kanis, reader in human metabolism at Sheffield University, said: "Female hormones help to prevent loss of calcium from bones. After the menopause some female hormone is still produced in body fat but thin women produce very little female hormone and so they should have hormone replacement therapy [extra female hormones].

[7] "Women who have their ovaries removed surgically and women who have a premature menopause [while they are in their early 40s or younger] should have hormone replacement therapy because they start losing calcium from their bones earlier.

[8] "Heavy smokers and heavy drinkers should also have hormone replacement therapy because they produce less female hormone naturally."

[9] However, medical opinion differs on the therapy. Sir Raymond Hoffenberg, president of the college, said: "It is advisable for all women over 50 to have hormone replacement therapy, except for certain women who should not take it because here is an increased

risk of breast cancer if close relatives have had the disease."

[10] However, loss of calcium can also be prevented by taking exercise and eating foods rich in calcium (best sources: milk and milk products, canned fish eaten with bones, dark-green leafy vegetables).

[11] Fractured Neck of Femur: Prevention and management. Royal College of physicians, 11 St Andrews Place, London, NW14LE. (£5)

(*The Independent*, 9 January 1989)

全文翻译稿Ⅱ

激素可防止女性髋部骨折

[1] 英国皇家医学院建议绝经后女性应考虑额外摄取雌性激素以预防骨折。

[2] 这项建议的提出,是由于在过去的20年中老人髋部骨折病例增加两倍。增加的原因可能是由于生活方式的改变,特别是运动量的减少。

[3] 在英格兰和威尔士两地,每年有46 000多人患髋部骨折,其中约有1/4的人因此而丧生。更多的人因此活动功能受限。据皇家医学院的最新报道,医院每年的开销约为1.6亿英镑。

[4] 50岁以上妇女最容易发生髋部骨折,因为绝经期后雌性激素水平下降,骨内钙丧失更加迅速。老年女性中髋部骨折最为常见;几乎60%的病例发生在75岁以上的妇女。

[5] 中年女性骨钙损耗量因人而异:其中有1/3损耗严重,更容易发生骨折。这部分女性可通过"光透法"——光束通透腕部而筛选出来。但这种方法尚未普及。

[6] 谢菲尔德大学人体代谢作用高级讲师约翰·凯尼斯博士说:"雌性激素可预防骨中钙质损耗。绝经期后的妇女脂肪仍能产生部分雌性激素。但体瘦妇女产生雌性激素量微乎其微,应该采用激素补充疗法(即额外摄取雌性激素)进行治疗。

[7] "卵巢手术摘除的妇女以及绝经期提前的妇女(绝经期在40岁左右)都应进行激素补充治疗,因为她们的骨骼比正常人失钙要早。

[8] "嗜烟酒成性的妇女也应采用这种疗法,她们体内产生的雌激素水平也较低。"

[9] 但是在如何治疗上,医生们的意见有分歧。该学院校长雷蒙德·霍芬勃格爵士认为,除了那些近亲中有患乳腺癌的妇女,因其患癌的可能性比别人大之外,所有年过50岁的妇女均应进行此种疗法。

[10] 然而,增加运动量,食用富含钙的食物(如牛奶及奶制品、可带骨头食用的罐头鱼、深绿色叶蔬菜等)也可以起到防止钙损耗的作用。(最后一段原译者未译出——该书编者注)

原编译稿Ⅲ

激素可防止女性髋部骨折

[1] 不久前,英国皇家医学院(The Royal College of Physicians)的专家们公布,绝经后的妇女可采用补充雌性激素疗法来预防髋部(组成骨盆的大骨,左右各一,形态不规则,统称髋骨)骨折。

[2] 通过长期临床观察和大量研究,这些医学家们发现:雌性激素有助于防止骨骼中钙质的损耗;而50岁左右的妇女绝经期后雌性激素的分泌越来越少,尤其是体质瘦弱的妇女分泌量

几乎是微乎其微。这就造成了骨骼内钙质的迅速损耗，导致髋部骨折屡屡发生。

[3] 据专家们测算，在过去的 20 年中，由于生活方式的改变和运动量的减少，英国老人中髋部骨折患者几乎增加了两倍。现在，在英格兰和威尔士两地，每年髋部骨折患者多达 46 000 余人，其中 1/4 因此而丧生，而绝大多数是绝经后妇女，75 岁以上的老妇高达总发病率的 60% 左右。

[4] 最近，谢菲尔德大学人体代谢作用学高级讲师约翰·凯尼斯博士(Dr. John Kanis at Sheffield University)一再告诫那些做过卵巢摘除术以及绝经期提前(绝经期在 40 岁左右)的妇女和嗜烟酒成性的妇女要及早进行雌性激素补充疗法，以弥补体内雌性激素过度不足，防止骨骼中钙质的过早损耗而造成髋部骨折的发生。但是，英国皇家医院原长雷蒙德·霍芬勃格爵士(Sir Raymond Hoffenberg)不同意近亲中有患乳腺癌的妇女接受这种新型疗法，以免诱发乳腺癌的危险。这些医学专家们一直认为，中老年妇女适当增加运动量，多食用牛奶、奶制品、深绿色叶蔬菜以及带骨头吃的罐头鱼等富含钙的食物，来补充骨骼中的钙质含量，也可起到防止骨折的作用。

[5] 据介绍，中年妇女骨骼内钙质的含量因人而异，其中 1/3 的人钙质损耗现象严重，极易发生骨折。目前，英国发明了一种新型查钙法(具体原理不详，属专利之列)——让一种特殊的光束通过腕部就可测定出骨骼内的钙质含量，以便及时对症下药进行治疗。但此测量法尚未普及。

见报编译稿Ⅳ

激素可防妇女髋部骨折

[1] 不久前，英国皇家医学院的专家们公布，绝经妇女可采用补充雌性激素疗法来预防髋部(组成骨盆的大骨)骨折。

[2] 通过长期临床观察和大量研究，专家们发现，雌性激素有助于防止骨骼中钙质的损耗；而 50 岁左右的妇女雌性激素的分泌又越来越少，造成了骨骼内钙质迅速损耗，导致髋部骨折。在过去的 20 年中，由于生活方式的改变和运动量的减少，英国老人中髋部骨折患者几乎增加了两倍。在英格兰和威尔士两地，每年髋部骨折患者多达 4 万余人，而绝大多数是绝经后妇女。

[3] 最近，谢菲尔德大学人体代谢专业高级讲师约翰·凯尼斯博士一再告诫那些做过卵巢摘除术、绝经期提前和绝经期后体瘦的以及烟酒成性的妇女要及早进行雌性激素补充疗法，防止髋部骨折。但是，英国皇家医院院长雷蒙德·霍芬勃格爵士认为，近亲中有患乳腺癌的妇女不宜接受这种新型疗法，以免诱发乳腺癌的危险。为避免髋部骨折，医学专家们一致认为，中老年妇女适当增加运动量，多食用牛奶、奶制品、深绿色叶蔬菜以及带骨头吃的罐头鱼等含钙食物，来补充骨骼中的钙质含量。

(刊于《人民日报》1989 年 5 月 12 日，编者略加变动)

分析：

比读原文与两篇编译稿，总的感觉是：不仅原文内容有删减，而且内容之间有融合，文章结构有调整，逻辑顺序更显豁。

在叙述逻辑上，编译者以时间为序，按事物发展的时间顺序报道国外医学科研成就。因为原稿发稿日期是1989年1月9日，等到国内报道出来已经是5月。为保证报道的科学性和严肃性，编译者在文章的时间脉络上分别加上了“不久前”（Ⅲ和Ⅳ的段[1]）和“最近”（Ⅲ段[4]和Ⅳ段[3]）。

在文章结构上，出现了大调整。Ⅰ段[3、4]合并后又与段[2]合并为Ⅲ段[2]，Ⅰ段[5～9]合并为Ⅳ段[3]。原作共9段，经编译者（此处包括原编译者和报社的编校者）的加工处理，见报编译稿只存3段。

内容上的融合，形式结构的变化，根本原因是编译者对所要表达的内容进行了调整。内容的表达决定形式的再现。请比较：

Ⅰ的内容结构：总的报道→女性髋部骨折的原因、现象（含治疗方法）→治疗方法。

Ⅳ的内容结构：总的报道→女性髋部骨折现象及原因→治疗方法。

Ⅳ在内容上较之于Ⅰ显得紧凑，逻辑性强。

再看原编译稿Ⅲ。在编译稿中加入相应的英文人名地名，如段[1]的The Royal College of Physicians，段[4]的Dr. John Kanis at Sheffield University和Sir Raymond Hoffenberg，这是报纸对用稿的要求，实际上对广大读者的读书兴趣关系不大；Ⅰ段[4]讲的是中年女性的钙损耗及其疗法，但其疗法与主题向左，拖到Ⅲ段[5]，纯粹是狗尾续貂。所以做编译，该舍去时就舍去，大刀阔斧去处理所需要的内容。Ⅲ段[1]中对髋部的注释过长，“组成骨盆的大骨，左右各一，形状不规则，统称髋骨”，注释是对的，为了普及医学知识，相比之下，Ⅳ段[1]中的注释就简明得多，“组成骨盆的大骨”。另外，在Ⅲ段[4]中仍保留“绝经期提前”的注释“绝经期在40岁左右”，似无必要。将Ⅰ段[5～9]合为Ⅲ段[4]，不错，将相同的内容合并，将相反的两种意义放在一起进行比较，把直接引语改为间接引语等等，都是成功的加工。

10.5 摘译(abstract translation)

摘译指译者根据实际需要摘取原文的中心内容或个别章节或段落进行翻译，其内容一般是原作的核心部分或者是译文读者感兴趣的部分内容（林煌天，905）。从程序上讲，摘译应是先摘，后取，再译，应该是译者根据特定的服务对象的需要，摘取原文的特定部分进行翻译的一种单向的跨文化传播活动（文军，2001）。摘译的部分必须忠实原文，不可加进译者的思想内容。摘译可以从各个层次上摘取原作内容，可分为删章译、删段译、删句译、删词译4种。严复译作中很多都是摘译，采用上述4种摘译方法译介西方思想。如《天演论》是赫胥黎12册《进化论与论理学》第9册中的序论与本论，《原富》1901年摘译出版两篇，1902年译全5篇出版。

10.5.1 操作原则

摘译在操作上可遵循以下原则：

整体性原则。部分是相对于整体而言的，只有了解了整体的结构，才能进行部分摘取。所以摘译者必须对原作有整体的把握，站在全篇的高度进行摘取，取舍有度。

针对性原则。摘译的目的无非是让本国读者了解域外风俗民情，所以摘译必须针对读者的兴趣和需要。

简要性原则。摘译者必须在理解原文主旨的前提下对摘取内容进行修整处理，使译文主体鲜明，文字简练，中心突出。

重要性原则。任何文章的内容都有主次之分，在摘译的时候必须选择重要的内容翻译，不能本末倒置，主次不分。

选择性原则。摘译的对象可能涉及多方面的内容，如果不能做到面面俱到，则要注意选择，主要是按照译者或者读者的兴趣优先选取。

客观性原则。摘译不能加入译者的个人观点，不能采取批判性的态度对原作进行评论。为了句段之间衔接自然，译者可以适当增加必要的关联词或句子，前提是对原作的客观处理。

10.5.2 适用范围

摘译最适用于科技作品的翻译，是译介国外最新科技信息的一个有效方法。摘译者可以根据国内读者的需求摘取国外最新科技文献资料加以翻译，以促进国内科技发展，加快与国际发展接轨。摘译也可用于新闻报道等应用文体翻译，但是不太适用于文学作品的翻译。这是由文学作品固有的特点决定的。文学作品内容与形式不可分离，摘取部分并不能让读者欣赏到文学的美学效果。

10.5.3 对译者要求

摘译作为变译的一种，译者必须注意对出现变化的地方做好标记，以方便读者查找。例如注明摘译文相对应的原文版面位置、增加连接纽带、用括弧加以区分、对所删部分打上标记等。

摘译者必须对读者的期望以及社会的期望有充分的了解，以此为出发点对翻译过程中取什么舍什么进行判断。所以译者除了具备基本的翻译能力外，还需具备相关领域的广博知识和对原作分析判断能力。

10.5.4 摘译例析(见黄忠廉，1999：19～23)

Amazed Scientists Discover Space Is Full of Vast Oceans of Water

[1] European scientists using an ultracold orbiting telescope have discovered unimaginable volumes of water in the space between the stars. The discovery raises new questions about life elsewhere in the universe — and provides new answers about why life was possible on Earth.

[2] The scientists were astounded to find water vapor in the freezing atmospheres of Jupiter, Uranus, Neptune and Saturn. They also revealed yesterday that they have detected water in the atmosphere of Saturn's mysterious moon Titan — which is to be visited by a joint U.S.-European probe in 2004. They have even identified a cloud of water, less than a light year across, in the constellation Orion.

[3] Hydrogen is the raw material of the universe. Oxygen is made in huge quantities by the stars. So water should be no surprise. There have been fleeting glimpses of water vapor on the Sun's surface, and in March the Americans confirmed the presence of water on the Moon. But the discovery of vast oceans of water vapor — the mass of

which in the Milky Way galaxy alone would equal that of tens of thousands of suns — by the European Space Agency's (ESA) infrared space observatory ISO astonished astronomers.

[4] "I think our imaginations failed to describe the variety of places, the variety of circumstances, and the variety of conditions under which we found it," said Paul Murdin, of the British National Space Center, yesterday.

[5] Using instruments called spectroscopes, scientists have identified an astonishing range of organic molecules in space, including hydrogen cyanide, alcohol and formaldehyde. But water is the first requirement for life. The £600 million ISO experiment confirms once again that there could be life on planets in other solar systems. The next step will be to look for tell-tale signs of life itself: concentration of oxygen or ozone in distant planetary atmospheres.

[6] The ISO discovery also confirms a growing belief that water on Earth may have been delivered by comets, icy scraps of dust left over from the birth of stars.

[7] The experiment opens a new window on the universe. More than 1,000 astronomers from Europe, Japan and the U.S. have used the telescope, launched in 1995, for more than 26,000 observations. The data returned will keep researchers busy for years.

[8] "All the missions we undertake in ESA have to be unique," said Roger Bonnet, head of science at the space agency. "In principle, the Americans have done everything, so what remains to be done is impossible. All our missions are Mission Impossible, but ISO is more impossible than any other."

[9] ISO should have survived for only 18 months but is still operating after 29. The telescope posed a huge technical challenge: to detect infrared rays, it had to be cooler than any object it looked at — and the average temperature of deep space is −270C. So ISO had to be cooled with liquid helium which kept the instrument's temperature just above absolute zero (−273C).

[10] The satellite has peered into clouds of space dust to watch the formation of solar systems, and deep into the heart of ultraluminous galaxies. It has also witnessed two galaxies colliding and, in one of them, the signature of a black hole sucking a blaze of stardust into itself. Besides mapping the edge of the known universe, it has also seen a star being born inside the Horsehead nebula.

(*Popular Science*, 8 Apr. 1998)

摘译译文：

科学家发现太空存在大量的水

[1] 欧洲科学家利用超冷轨道望远镜发现星际空间存在大量水。该发现向人类提出了宇宙其他地方是否存在生命的新问题，也为地球上存在生命提供了新的解释。

[2] 科学家惊奇地发现在木星、天王星、海王星和土星的低温大气中存在水蒸气。他们还透露已

探测到土星的一颗神秘的卫星"泰坦"的大气中存在水,甚至确定猎户星座上存在云状水层。

[3] 氢是宇宙的基本元素,恒星又大量地产生氧元素,所以水的生成不足为奇。在太阳的表面观察到稍纵即逝的水蒸气。3 月份,美国人证实了月球上水的存在,而欧洲空间研究所(ESA)红外线太空天文台(ISO)发现大量水蒸气存在于银河系中,其规模相当于成千上万个太阳表面的水蒸气,这更令天文学家们为之一振。

[4] 利用光谱仪,科学家已发现太空中存在大量的有机分子,包括氰化氢、酒精和甲醛分子。耗资 6 亿英镑的 ISO 实验再次证实,在太阳系的其他星体上可能存在生命。下一步就是寻找生命存在的标志:遥远行星的大气中是否存有氧气或臭氧。

[5] ISO 的发现使人更加相信:地球上的水来自彗星、恒星形成时留下的宇宙尘埃冰屑。

分析:

很明显,原作 10 个自然段,摘译后被删除了 5 个自然段:段[4]和段[7～10]。首先我们认为要介绍给国内读者的是"科学家发现太空存在大量的水"这一事实,以之为准绳,对原作进行删减,因此原段[2]中 which is to be visited by a joint U.S.-European probe in 2004. 一句省去,使译文专注现在的事实,不说将来的事,原段[2]第二句中的 yesterday 也可省略,这一明确时间概念在此显得并不重要,句意"他们还透露以探测到土星的一颗神秘的卫星'泰坦'的大气中存在水"足以反映这一信息,由于传输信息的翻译和出版时空障碍,对译文读者而言,"昨天"已成久远。

原段[4]是 the British National Space Center 的 Paul Murdin 说的话,可省。原段[7～10]写的是红外线太空天文台实验研究的意义、过程、时间、规模、技术要求和所取得的进展。这些过程、方式手段等均是发现太空存在水的背景知识,与我们要译介的事实结果相去甚远,我们感兴趣的只是科技信息,为大众读者提供快速传输科技成就发展。

译段[3]中"欧洲空间研究所(ESA)红外线太空天文台(ISO)"中的缩略语还可考虑保留与否,若是综合性报刊给大众看,可省;若是给专业情报刊物,给专业读者看,可保留。同理,原段[6]中的 ISO 也要还原为全称"红外线太空天文台"。

10.6 综译(comprehensive translation)

综译可以说是对一篇或多篇原作进行综述后再进行翻译的一种翻译方法。综译可能带上译者的评论讲解或者译者随意增删的内容。再如严复译《天演论》,目的是引进西方思想,他没有仅局限于赫胥黎的原作思想。严复认识到"赫胥黎氏此书之旨,本以救斯宾塞任天为治之末流,其中所论,与吾古人有甚合者。且于自强保种之事,反复三致意焉"(《天演论.自序》)。严复利用赫胥黎介绍斯宾塞理论,将后者的理论思想扩充延展,成为与赫胥黎观点相似的一份重要内容(黄忠廉,2002)。严复译《天演论》里不仅包含赫胥黎原著的译述,也包含赫胥黎对斯宾塞观点的评注,并夹杂着其他学者的学说思想,如达尔文、马尔萨斯、苏格拉底、柏拉图、亚里士多德等。《天演论》也可以说是包含众多学说的综译,包含着译者对多种原著的传译、理解以及评价。总的来说,翻译的种种变体,旨在提供充分利用国外各种信息的最有效、最快捷的引进方法。

10.6.1 操作原则

综译的基本原则包括综合性和叙述性、真实性和准确性、充分性和必要性、新颖性和典型性、详略性和统一性、综译过程的研究性。

综合性和叙述性。所谓综合性，即纵向的综合和横向的综合，也可以说既从共时性又从历时性对某一领域进行综合分析研究。叙述性体现在对大量实际材料的客观性叙述。

真实性和准确性。综译所选择的材料必须真实可靠，并尽量选用第一手材料，以确保内容的准确性。此外，还必须明确区分何为客观叙述，何为主观评述。

充分性和必要性。面对浩如烟海的信息材料，选择时不可能做到面面俱到，因此必须选择充分有力的材料，让人信服地说明问题。

新颖性和典型性。综译材料的选择需要以新颖性和典型性为标准。因为新颖，所以能够反映最新的研究进展，容易吸引读者的眼光；因为典型，所以所选材料均具有一定的代表性。

详略性和统一性。在对综译材料的处理上要分主次，重要的材料要详细介绍，次要的材料大略带过即可。所有的材料都必须服从统一性原则，不能给读者以堆砌材料，敷衍了事之感。

综译过程的研究性。综译要求译者掌握大量相关资料，并对材料进行分析研究，作出判断和鉴别，再整理和书写。综译过程的研究可以帮助整理写作思路，也为读者提供思路上的引导。

10.6.2 适用范围

综译凭借其高度浓缩的信息，是介绍国外最新科研信息的重要手段。所以综译可以帮助各个学科引进国外最新研究发展成果，为国内学者提供某一学科发展的过去、现在、未来的发展动向。书写综译的时候要注意避免加入过多的主观评论，并且注意列出综译的参考文献以及注明引文具体出处，以方便读者查找原文阅读。

10.6.3 对译者要求

综译者必须熟练掌握运用外语，具备基本的翻译能力，并且对某一领域的发展的过去、现状、未来发展趋向非常了解。可以说，综译者一般是某行业资深的信息专家，懂外文的专家，或在某一方面有深入研究的专家。

名家谈翻译

朱光潜：谈翻译（节选）

只就文字的意义来说，困难已经够多了，如果我们进一步研究语句的组织，又可发现其他更大的困难。拿中文和西文来比较，语句组织上的悬殊很大。先说文法。中文也并非没有文法，只是中文文法的弹性比较大，许多虚字可用可不用，字与词的位置有时可随意颠倒，没有西文文法那么谨严，因此，意思有时不免含糊，虽然它可以做得很简练。其次，中文少用复句和插句，往往一义自成一句，特点在简单明了，但是没有西文那样能随情思曲折变化而见出轻重疾徐，有时不免失之松散平滑。总之，中文以简练直截见长，西文以繁复绵密见长，西文一长句所包含的意思用中文来表达，往往需要几个单句才行。这对于阅读比较费力。初学西文者看见一长句中包含许多短句或子句，一意未完又插入另一意，一个曲折之后又是一个曲折，不免觉得置身五里雾外，一切都朦胧幻变，捉摸不住。其实西文语句组织尽管如何繁复曲折，文法必定有线索可寻，把文法一分析，一切就了如指掌。所以中国人学西文必须熟习文法，常作分析语句的练习，使一字一句在文法上都有着落，意义就自然醒豁了。这并非难事，只要下过一两年切实仔细的功夫就可以办到。翻译上的错误不外两种，不是上文所说的字义的误解，就是语句的文法组织没有弄清楚。这两种错误第一种比较难免，因为文字意义的彻底了解需要长久的深广的修养，多读书，多写作，多思考，才可以达到；至于语句文法组织有一定规律可循，只要找一部较可靠的文法把它懂透记熟，一切就可迎刃而解。所以翻译在文法组织上的错误是不可宽恕的，但是最常见的错误也起于文法上的忽略。

在这里我们可以趁便略谈直译和意译的争执。所谓“直译”是指依原文的字面翻译，有一字一句就译一字一句，而且字句的次第也不更动。所谓“意译”是指把原文的意思用中文表达出来，不必完全依原文的字面和次第。“直译”偏重对于原文的忠实，“意译”偏重译文语气的顺畅。哪一种是最妥当的译法，人们争执得很厉害。依我看，直译和意译的分别根本应存在。忠实的翻译必定要能尽量表达原文的意思。思想情感与语言是一致的，相随而变的，一个意思只有一个精确的说法，换一个说法，意味就不完全相同。所以想尽量表达原文的意思，必须尽量保存原文的语句组织。因此，直译不能不是意译，而意译也不能不是直译。不过同时我们也要顾到中西文字的习惯不同，在尽量保存原文的意蕴与风格之中，译文仍应是读得顺口的中文。以相当的中国语文习惯代替西文语句习惯，而能尽量表达原文的意蕴，这也并不害于“直”。总之，理想的翻译是文从字顺的直译。

一般人所谓直译有时含有一种不好的意思，就是中西文都不很精通的翻译者，不能融汇中西文的语句组织，又不肯细心推敲西文某种说法恰当于中文某种说法，一面翻字典，一面看原文，用生吞活剥的办法，勉强照西文字面顺次译下去，结果译文既不通顺，又不能达原文的意思。许多这一类的译品读起来佶屈聱牙，远比读原文困难，读者费很大的气力还抓不住一段文章的意思。严格地说，这并不能算是直译。

一般人所谓意译也有时含有一种不好的意思，就是不求精确，只粗枝大叶地摘取原文大意，有时原文不易了解或不易翻译处，便索性把它删去；有时原文须加解释意思才醒豁处，便硬加一些话进去。林琴南是这派意译的代表。他本不通西文，只听旁人讲解原文大意，便用唐人小说体的古文敷衍成一部译品。他的努力不无可钦佩处，可是他是一个最不忠实的译者。从他的译文中见不出原文的风格。较早的佛殿翻译如《佛教遗经》和《四十二章经》之类，读起来好像中国著述，思想和文章风格都很像是从印度来的。英国人译霸罗（Boileau）的《诗学》，遇着原文所举的法国文学例证，都改用英国文学例证代替。英美人译中国诗常随意增加原文所没有的话，以求强和音律。这些都不足为训，只是“乱译”。

提起“改译”，人们都会联想到英人 Fitzgerald 所译的波斯诗人奥马康颜的《劝酒行》。据说这诗的译文比原文还好，假如这样，那便不是翻译而是创作。译者只是从原诗得到一种灵感，根据它的大意，而自己创作一首诗。近来我国人译西方戏剧，也有采用这种办法的。我们对于这一类成功尝试原不必反对；不过从翻译的立场说，我们还是要求对原文尽量的忠实。纵非“改译”好的翻译仍是一种创作。因为文学作品以语文表达情感思想，情感思想的佳妙处必从语文见出。作者须费一番苦心才能使思想情感凝定于语文。所不同者作者是用他的本国语文去凝定他的情感思想，而译者除了了解欣赏这情感思想语文的融贯体以外，还要把它移植于另一国语文，使所用的另一国语文和那情感思想融成一个新的作品。因为这个缘故，翻译比自著较难；也因为这个缘故，只有文学家才能胜任翻译文学作品。（申雨平、戴宁，2000）

第十一单元

11 常用文体翻译(文学翻译)

何谓文学翻译?一些翻译理论家给它作出了定义:

茅盾说:"文学的翻译是用另一种语言,把原作的艺术意境传达出来,使读者在读译文的时候能够像读原作一样得到启发、感动和美的感受。"①

苏联翻译理论家加切奇拉泽说:"文艺翻译是把用一种语言写成的作品用另一种语言再创造出来。"②

张今和张宁教授根据前人的定义总结道:"文学翻译是文学领域内两个语言社会之间的交际过程和交际工具,它的目的是要促进本语言社会的政治、经济和(或)文化进步,它的任务是要把原作中包含的一定社会生活的映象完好无损地从一种语言移注到另一种语言中去。"③

这些定义都是正确的,它告诉我们在翻译文学作品时要考虑到的因素,概括之,审美因素、社会因素和交际因素。

翻译界中存在翻译是科学还是艺术的争论,但是,文学翻译却永远是一门艺术。因为真正的艺术永远是艺术。既然文学是艺术,文学翻译也就不能不是艺术。不仅如此,文学翻译还是艺术的高级形式,当代翻译大师许渊冲说过:"文学翻译家要像画家一样使人如历其境,像音乐家一样使人如闻其声,像演员一样使观众如见其人。"④可见文学翻译对译者要求之高。

要使翻译出来的小说像原作一样具有文学价值,译者至少应该在以下几个方面下工夫:

① "为发展文学翻译事业和提高翻译质量而奋斗".《译文》杂志 1954 年 10 月号.
② "现实主义翻译及其理论任务".《翻译通讯》1984 年第 11 期.
③ 张今、张宁. 文学翻译原理. 清华大学出版社,第 11 页.
④ 许渊冲. 文学与翻译. 北京大学出版社,第 1 页.

一、深刻理解原作

译者想要传神地译出文学作品，首先要对它有深刻透彻的理解。这是翻译的基础。译者只有自己先理解了原文，才能用另一种语言对作品再创造，才能进一步去传达作品的风格和思想。

二、把握原文的风格

风格是什么？布封说："风格即其人。"福楼拜说："风格不但就是其人，而且还是一个具体的、活生生的、有血有肉的人。"

风格乃作家、艺术家在创作中表现出来的艺术特色和创作个性，由于作家的生活经历、立场观点、艺术修养、个性特征各不相同，他们在处理题材、驾驭体裁、描述形象等方面也各不相同。这种写作和艺术风格，常常比表达的意义本身还重要。

三、了解双语的社会文化背景

文学作为社会上层建筑，必然有反映社会文化的一面。因此，文学翻译就不能不对原作中包含的社会生活映象进行认识和反映，或者说对原作中反映的社会生活进行再认识和再反映。而译者如果没有对源语的社会文化背景深刻的理解，就不可能具有敏锐的美学和社会学眼光，自然对文学作品的理解和再创作也就不能进行到一个比较深的层次了。

另外，除了源语的社会文化背景，译者同样也要了解目标语的社会文化背景。这会帮助译者选择翻译策略，甚至影响到译者翻译的语言表达。

四、要有良好的母语素养

一位翻译界的教授曾将翻译中的语言表达比喻为足球比赛中临门的一脚：一位译者可能学了许多翻译理论，又花费了许多时间，终于理解了原作，搞懂了相关的背景知识，就像球员们好不容易将球带入对方禁区了。万事俱备，只需提笔翻译。可是这临门一脚却不争气，拙劣的汉语表达使译文不堪入目，美感全无。

按照传统划分法，文学翻译大致可分为散文翻译、小说翻译、诗歌翻译和戏剧翻译四类。目前又有人提出影视翻译也应囊括其中。本单元中，我们将初步探讨文学翻译中的小说翻译、散文翻译和诗歌翻译。但文学翻译浩如烟海、深不可测，要想真正做好文学翻译，还有待大家长期的训练和积累。

11.1 文学翻译——明知不可而为之的艺术

11.1.1 难译

译事难，难于上青天。"译一本书比自己写一本书要难得多。"①

"事实上，作者在'灵感'与'冲动'的诱导下写出一篇作品，恐怕他自己对他当时的感受也很难说出一个具体的轮廓。文学和艺术作品毕竟不是科学，而是触及'灵魂'的东西，这里面有'朦胧'和'似与不似之间'(齐白石关于绘画的见解)的成分，要用像数学那样的精确的形式表达出来是不可能的。"②

① 朱光潜."谈翻译". 原载《华声》半月刊1944年第1卷第4期.

② 叶君健.关于文学作品翻译的一点体会[A].王寿兰编.当代文学翻译百家谈[C].北京：北京大学出版社，1989.

布朗宁(Robert Browning)对此有过精辟的论述,“我在写这首诗的时候,只有两个人知道我的意思,即我和上帝。至于现在呢,那只有上帝知道了”。

王克非将译事之难归结为“翻译之难在于传达原文的‘意’和‘味’”。①

11.1.2 可译

然而,并不是说文学作品就是“高山仰止,景行行止”不能至了:国内外很多成功译例无疑是年轻译者漫漫翻译路上的启明灯。

钱钟书曾说:“我这一次发现自己宁可读林纾的译文,不乐意读哈葛德的原文。理由很简单,林纾的文笔比哈葛德的英文文笔高明得多。”

11.1.3 如何走上漫漫译途?

信心 + 练笔 + 悟性

1. 树立信心

翻译伊始,不要害怕出错,人非圣贤,孰能无“错”? 别说新手,“连荷马也有打盹的时候”。②

俄国大诗人莱蒙托夫在翻译拜伦的长诗《阿比多斯的新娘》的一句题词时,就曾把 Had we never loved so kindly 一句中的 kindly 一字,和德文的 das kind 一字混淆起来,结果把这个句子翻译成“假如我们不是孩子们”;鲁迅翻译《死魂灵》加注时,误将《一千零一夜》中讲故事的女主人公谢赫拉扎台的名字解释为一座城市名称。③

2. 练笔有方

我认为文学翻译有两种搞法,一种是“游击战”式的,即不固定翻译某一作家的作品,碰上谁的翻谁的;另一种是“阵地战”式的,即经过逐渐摸索,逐渐确定一位作家的作品来译。④

“原作者所读过的书,译者也应该读过。原作者所知道的,译者也应该知道。否则译时只能照猫画虎。”⑤

一个翻译工作者要提高业务水平,必须加强文学修养。修养主要靠的是平时坚持不懈地阅读,不能靠临时抱佛脚。在这前提下,当一个人翻译某一外国文学作品时,为了掌握原作风格,倒也不妨读一些本国有关的作品,临时抱抱佛脚。⑥

3. 悟性

叶廷芳深知文学翻译的艰难与奥秘。他说过,文学翻译是所有翻译中难度最大的一种,搞文学翻译的至少要过四道关:外语关(文学语言比其他语言更活、更难)、知识关(文学涉及天文地理的各种学问)、母语关(译文文学性的强弱就看你的母语功底)、悟性关(文学中存在非理性因素)。

如果说前三关还可以通过后天努力改善,那么悟性关在勤奋之外还要求译者要有文人内在

① 王克非. 关于翻译的哲学思考[A]. 许钧. 翻译思考录[C]. 武汉:湖北教育出版社,1998.
② 吕叔湘. 翻译工作和杂学[A]. 王寿兰编. 当代文学翻译百家谈[C]. 北京:北京大学出版社,1989.
③ 戈宝权. 漫谈译事难[A]. 王寿兰编. 当代文学翻译百家谈[C]. 北京:北京大学出版社,1989.
④ 萧乾. 漫谈文学翻译[A]. 王寿兰编. 当代文学翻译百家谈[C]. 北京:北京大学出版社,1989.
⑤ 张谷若. 谈我的翻译生涯[A]. 王寿兰编. 当代文学翻译百家谈[C]. 北京:北京大学出版社,1989.
⑥ 文洁若. 不妨临时抱抱佛脚[A]. 王寿兰编. 当代文学翻译百家谈[C]. 北京:北京大学出版社,1989.

的气质。

11.1.4 理论与实践

不要再纠缠于理论有用无用的争论中。很多翻译大师根本不讲理论，仍旧称其为大师，很多研究理论的人只能“纸上谈兵”；这似乎是很好的佐证，做翻译实践就好了，不必去看理论。事实情况是，大师不讲理论不等于没有理论，不过是他们的翻译理念恰好跟某些理论相吻合，内化了而已。所以，了解一些前人总结出来的经验、理论，犹如“站在巨人的肩膀上”，能够站得高看得远，省去一些摸索过程。

11.2 翻译文学

“文学翻译的最高目标是成为翻译文学。”①

谢天振、查明建等学者呼吁人们重视翻译文学，他们认为，将翻译文学等同于外国文学，抹杀了文学翻译者的创造性劳动；而且“翻译文学直接参与了时代文学主题的建构，与创作文学形成互动、互文关系”。②

因此，应改变其游离于外国文学与目标语文学之间的尴尬地位，“主张把翻译文学视为本国文学”③；并勾勒出中国文学翻译史的书写框架：“文学翻译史以翻译事件为核心，关注的是翻译事件和文学翻译历时性的发展线索。而翻译文学史不仅关注历时性的翻译活动，更关注翻译事件发生的文化空间、译者翻译行为的文学、文化目的以及进入中国文学视野的外国作家。”④

但张南峰提出了商榷意见：“承认翻译文学的国籍的模糊性、双重性甚至游移性，才是出路所在。”⑤

11.3 小说翻译

小说是微观叙述的语言艺术，是对具体的人物、事件、场景、环境的描写。小说总是表现特定的主题。其表现技巧全部归属于书面语言，主要有结构、章节、段落、语法、修辞、描写，对话等，即运用形象思维，通过情节、细节，越过时间、空间，调动环境、场景，塑造性格化的人物形象，反映丰富的社会生活，以及隐蔽地显示代表作者世界观的主题思想。

小说与其他文学体裁比较，是一种最自由的叙事性的文学形式：它既不受真人真事的限制，也不受时间、空间的约束；既能在文中直叙作者的感情和见解，又能在文中根据情节的发展描述大段的景物和人物的心态。总之，它是可以调动各种艺术表现手段，多角度、多层次地充分反映五彩缤纷生活的全方位的创作“摄影机”。

在进行小说翻译时必须将小说的这些特点充分考虑到，这样才能重现原作的意境和表达意

---

① 许渊冲. 文学翻译与翻译文学[J]. 世界文学，1990(1).
② 谢天振、查明建主编. 中国现代翻译文学史[C]. 上海：上海外语教育出版社，2003.
③ 张南峰. 从多元系统论的观点看翻译文学的“国际”[J]. 外国语，2005(5).
④ 张谷若. 谈我的翻译生涯[A]. 王寿兰编. 当代文学翻译百家谈[C]. 北京：北京大学出版社，1989.
⑤ 同注③.

图。如果仅仅是将小说的情节用另一种语言说出来，恐怕小说作者都宁愿不要翻译他的作品。本节我们从以下几个方面来体会小说翻译。

11.3.1 翻译策略的选择

提到翻译策略，大家可能就想到“归化(domestication)”与“异化(foreignization)”。

翻译中的“归化”表现在把原文的句式(syntactical structure)按照中文的习惯句式译出，如“Behind the mountain, the sun set.”如果译成“日落山阴”则是句式上的“归化”，而如果译成原文的欧化句式“山背后，太阳落下去了。”就是句式上的异化①。

其次就是词汇上的“归化”和“异化”。对于一些文化特有词汇，选择“归化”的译法则会将其用中文中已有的文化词汇表达出来，而“异化”则保持原文。如 crocodile's tear，“归化”的翻译策略译为“假慈悲”，“异化”的翻译策略则是“鳄鱼的眼泪”。

翻译策略对于译文的好坏有至关重要的意义，但是如何选择翻译策略却受到多方面因素的影响，除了译者本身的双语水平和审美能力以外，社会因素也会制约译者。

我们现在来看《飘》第一句的翻译：

Scarlett O'Hara was not beautiful, but men seldom realized it when caught by her charm as the Tarleton twins were.

[译文 1] 那郝思嘉小姐长得并不美，可是极富有魅力，男人见了她，往往要着迷，就像汤家那一对双胞胎兄弟似的。(傅东华 译)

[译文 2] 思嘉·奥哈拉长得并不漂亮，但是男人们一旦像塔尔顿家那对孪生兄弟为她的魅力所迷住时，便看不到这一点了。(戴侃等 译)

[译文 3] 思嘉丽·奥哈拉长得并不美，但是男人一旦像塔尔顿家孪生兄弟那样给她的魅力迷住往往就不大会理会这点。(陈良廷 译)

这是《飘》的开篇第一句话，预示了小说的基本基调，包括叙事节奏、语言风格等。我们可以初步得出：这部小说的叙事节奏较快，开门见山，一针见血；语言通俗，贴近日常用语，句子的重点在末尾，符合英语传统句末点意的特点。我们来看下面的三个译本，可以说三个译者对原文都彻底理解了，但他们得出的译本风格迥异。傅东华先生的译本出现最早，首版于 1940 年，是将《飘》作为通俗的畅销书来译的，整个译本给读者一种轻松阅读的感受，他对原文的改动最大，将人名译成“郝思嘉”，很像中国人名，以便读者接受；另外他对句子也作了较大的调整，将长句拆分为易读的短句和分句。再看当代的戴侃和陈良廷的译本，基本上保持了原句的词序和结构，人名也是采取保守的音译，译文读起来拗口多了。因为在 1940 年以后，《飘》在中国乃至全世界的文学地位不断上升，这使得译者翻译时不得不小心谨慎亦步亦趋。在上面这个句子的翻译中我们也可以看出来。译者不敢随便拆分句子，因为长句的应用在文中构成了一种张力，也将句子的重心突出了出来。

从这点来看，我们可以说，傅东华先生在翻译时采取了“归化”的翻译策略。而戴侃和陈良廷则采取了“异化”的翻译策略。

再来看下面几段翻译，请注意分析：

---

① 卢敏编. 英语笔译实务 2 级：国家职业资格证书，第 28 页.

Although they considered themselves Scarlett's favored suitors, they had never before gained tokens of this favor so easily.

[译文 1] 他们在思嘉的追求者当中,虽然自问还算受欢迎,可是从来没有像今天这样百依百顺过。(傅东华 译)

[译文 2] 尽管他们把自己看作思嘉所嘉许的追求者,可是以前他们还从来没有像今天这样百依百顺过。(戴侃 译)

[译文 3] 虽然他们自命为思嘉丽的意中人,可是他们从没有这么轻易得到过这份恩宠。(陈良廷 译)

从翻译的历史来看,"归化"的翻译策略具有历史性。在两种文化互不相通的阶段,翻译为了尽快介绍异国文化和原作的主要信息,会用"归化"翻译策略。随着时代的进步,文化观念和翻译观念都在发生改变,翻译界开始提倡"异化",认为文化交流中应消除民族文化优势感和民族语言优越感,尊重他者文化。可以大胆地下一个结论:大多数情况下,译者对原文抱着越尊重的态度,越会采取"异化"的翻译策略。

11.3.2 对话的翻译

在大多数小说中,对话占有非常重要的地位。通过对话展开情节,塑造人物,制造矛盾,激起高潮……有些小说,比如海明威的《白象似的群山》,几乎只有对话。所以,对话的翻译对小说的重塑也是至关重要的。

看《傲慢与偏见》开篇的一段对话:

"My dear Mr. Bennet," said his lady to him one day, "have you heard that Netherfield Park is let at last?"

Mr. Bennet *replied that he had not.*

"But it is," returned she; "for Mrs. Long has just been here, and she told me all about it."

Mr. Bennet made no answer.

"Do not you want to know who has taken it?" cried his wife impatiently. "You want to tell me, and I have no objection to hearing it."

This was invitation enough.

"Why, my dear, you must know, Mrs. *Long says that Netherfield is taken by a young man of large fortune from the north of England; that he came down on Monday in a chaise and four to see the place, and was so much delighted with it that he agreed with Mr. Morris immediately; that he is to take possession before Michaelmas, and some of his servants are to be in the house by the end of next week.*"

"What is his name?"

"Bingley."

"Is he married or single?"

"Oh! single, my dear, to be sure! A single man of large fortune; four or five thousand a year. What a fine thing for our girls!"

"How so? How can it affect them?"

"My dear Mr. Bennet," replied his wife, "*how can you be so tiresome!* You must know that I am thinking of his marrying one of them."

"Is that his design in settling here?"

"Design! nonsense, how can you talk so! But *it is very likely that* he may fall in love with one of them, and therefore you must visit him as soon as he comes."

"I see no occasion for that. You and the girls may go, or you may send them by themselves, which perhaps will be still better, for as you are as handsome as any of them, Mr. Bingley might like you the best of the party."

译文:

有一天班纳特太太对她的丈夫说:"我的好老爷,尼日斐花园终于租出去了,你听说过没有?"

班纳特先生回答道,他没有听说过。

"的确租出去了,"她说,"朗格太太刚刚上这儿来过,她把这件事的底细,一五一十地告诉了我。"

班纳特先生没有理睬她。

"你难道不想知道是谁租去的吗?"太太不耐烦地嚷起来了。

"既是你要说给我听,我听听也无妨。"

这句话足够鼓励她讲下去了。

"哦!亲爱的,你得知道,郎格太太说,租尼日斐花园的是个阔少爷,他是英格兰北部的人;听说他星期一那天,乘着一辆驷马大轿车来看房子,看得非常中意,当场就和莫理斯先生谈妥了;他要在'米迦勒节'以前搬进来,打算下个周末先叫几个佣人来住。"

"这个人叫什么名字?"

"彬格莱。"

"有太太的呢,还是单身汉?"

"噢!是个单身汉,亲爱的,确确实实是个单身汉!一个有钱的单身汉;每年有四五千磅的收入。真是女儿们的福气!"

"这怎么说?关女儿们什么事?"

"我的好老爷,"太太回答道,"*你怎么这样叫人讨厌!*告诉你吧,我正在盘算,他要是挑中我们一个女儿做老婆,可多好!"

"他住到这儿来,就是为了这个打算吗?"

"打算!胡扯,这是哪儿的话!不过,他倒*作兴*看中我们的某一个女儿呢。他一搬来,你就得去拜访拜访他。"

"我不用去。你带着女儿们去就得啦,要不你干脆打发她们自己去,那或许倒更好些,因为你跟女儿们比起来,她们哪一个都不能胜过你的美貌,你去了,彬格莱先生倒可能挑中你呢?"(王科一 译)

《傲慢与偏见》这部小说因其通过精美的语言制作而显现出来的伟大人文思想而傲然于世,深受英国人民喜爱。小说属于叙述文体典型,对话为高雅的口语,分为应对式和随意式,随处可感受对话者们的机智、诙谐、幽默、反讽。可以说,如果译不好对话,就译不好这部小说。

在中国，王科一先生最早译入了《傲慢与偏见》，引起读者的热烈反响。随着翻译事业的发展，又有一些译者重译了该小说。现在我们就其中的一些不同处理作一个比较。

1. Mr. Bennet replied that he had not.

[译文 1] 班纳特先生回答道，他没有听说过。（王科一 译）

[译文 2] 贝内特先生回答道，没有听说。（孙致礼 译）

[译文 3] 本内特先生回答他没听说。（张玲、张扬 译）

[分析] 这三个译本对这句话的翻译越来越短，这个意识就非常好。在这段对话中，原作者不断凸现 Mr. Bennet 和 Mrs. Bennet 的不同，使二人之间形成鲜明对比，表现为一个啰嗦，一个简洁，一个热衷，一个冷淡，一个非要说，一个爱理不理等。从这点来看，对这句话的翻译越短越好。Mr. Bennet 的话越短，越显得不以为然，这种对比越明显，小说中人物之间的张力越大。

2. "Why, my dear, you must know, Mrs. Long says *that* Netherfield is taken by a young man of large fortune from the north of England; *that* he came down on Monday in a chaise and four to see the place, and was so much delighted with it *that* he agreed with Mr. Morris immediately; *that* he is to take possession before Michaelmas, and some of his servants are to be in the house by the end of next week."

[译文 1] "哦！亲爱的，你得知道，郎格太太说，租尼日斐花园的是个阔少爷，他是英格兰北部的人；听说他星期一那天，乘着一辆驷马大轿车来看房子，看得非常中意，当场就和莫理斯先生谈妥了；他要在'米迦勒节'以前搬进来，打算下个周末先叫几个佣人来住。"（王科一 译）

[译文 2] "嗨，亲爱的，你可要知道，郎太太说，租内瑟菲德庄园的是英格兰北边来的一个年轻人，有大笔家当；说他星期一坐了一辆驷马轿车来看了房子，一看就十分中意，马上跟莫里斯先生租妥，说要在米迦勒节以前就搬进去，而且他的几个佣人下周末就要先住进去了。"（张玲、张扬 译）

[译文 3] "咳，亲爱的，你应该知道，尼日菲尔得庄园被一个从英格兰北部来的年轻人租去了。他可是大富翁啊。星期一那天，他坐着一辆驷马马车来看房子。他对房子很满意，并立即同意从莫里斯先生手上租下；他将在米迦勒节前搬进来住，他的一些佣人将在下周末提前过来。这是郎格太太告诉我的。"（义海 译）

[分析] 这段话里，作者让 Mrs. Bennet 一连说了 4 个 that，这在忌讳重复的英语里是不正常的，作者的意图显而易见，通过重复塑造 Mrs. Bennet 啰嗦、长舌，说话不思考的性格。在张玲、张扬译本中，有三个说字，其实就在重建这种效果，义海的译本故意使语言冗长，应该也是出于这点考虑，但是他将"这是郎格太太告诉我的。"放在句末，对原文改动就有点过了。

3. how can you be so tiresome!

[译文 1] 你怎么这样叫人讨厌！（王科一 译）

[译文 2] 你怎么这么令人讨厌！（孙致礼 译）

[译文 3] 你怎么这么烦人！（张玲、张扬 译）

[译文 4] 你怎么这么不开窍？（义海 译）

[分析] 这句话是夫妻之间的轻嗔。需要译得自然，口语化，但又不能成了真骂。前两个译本显得文绉绉的，不像夫妻之间自然的语言。译文 3、4 都比较自然，译文 4 对原意理解后不拘泥于字面意思，也传达了原作的精神。

4. . . . But *it is very likely that* he may fall in love with one of them . . .

[译文 1] 他倒*作兴*看中我们的某一个女儿呢……(王科一 译)

[译文 2] 他*兴许*会看中她们中哪一个……(孙致礼 译)

[译文 3] 但是他的确很有*可能*爱上我们女儿当中的一个……(义海 译)

[分析] 这句话中,大家对 it is very likely that 的译法不同。同样,我们可以从口语化角度来处理。

11.3.3 名句的翻译

译小说,特别是译名著,除了在大的方面要把握好小说的情节和人物的性格,常常还会遇到一些经典的句子,这些句子是对译者水平的考验。所谓 Translator is born, not taught. 在遇到这样的句子时,真的要靠灵感和每个人的悟性了,同艺术创作一样,有时成败就在你认为理所当然的细节上。

举一个简单的例子,海伦·凯勒的《假如让我眼亮三日》中的句子:

I have often thought it would be a blessing if each human being were stricken blind and deaf for a few days at some time during his early adult life. (*Three Days to See*)

译文:我多次这样想过,如果一个人在刚成年时经历一段瞎子或聋子的生活,可能是一件好事。①

原文中的 a few days 其实与题目的 three days 相互照应,译者此处译为"一段生活"就破坏了这种照应,损伤了原文的连贯(coherence)。

下面,我们来看莎士比亚《哈姆雷特》中的名句 To be or not to be; that is the question. 的十几个译本。

1. 生存还是毁灭,这是一个值得考虑的问题。(朱生豪 译)
2. 是生存还是消亡,问题的所在。(孙大雨 译)
3. 存在,还是毁灭就是这问题了。(林同济 译)
4. 死后还是存在,还是不存在,——这是问题。(梁实秋 译)
5. "反抗还是不反抗",或者简单一些"干还是不干"。(陈嘉 译)
6. 是生,是死,这是问题。(许国璋 译)
7. 生或死,这就是问题所在。(王佐良 译)
8. 生存还是不生存,就是这个问题。(曹未风 译)
9. 活下去还是不活,这是问题。(卞之琳 译)
10. 活着好,还是死了好,这是个问题……(方平 译)
11. 应活吗? 应死吗? ——问题还是……(黄兆杰 译)
12. 死还是不死? 这是个问题。(许渊冲 译)

前 3 个译本将 to be 译为"生存"或"存在",将 not to be 译为"毁灭"或"消亡",词很大,用于哈姆雷特对个人生命的思考,似乎不太适宜;第 4、5 译本对原文的理解与众人不同,只能代表一家

---

① 见毛荣贵. 新世纪大学英汉翻译教程,第 211 页.

之言；第 6、7 译本简短精练，但是有人指出它们像哲学家的演讲，不像剧中人在台上吐露真情①，其后 4 种译本代表了主流；最后一个译本联系舞台的实际，大胆译出“死还是不死”。

课内练习

Try to translate the following paragraph. Pay special attention to the style and tone.

Her knowledge of love was purely theoretical, and she conceived of it as lambent flame, gentle as the fall of dew or the ripple of quiet water, and cool as the velvet-dark of summer nights. Her idea of love was more that of placid affection, serving the loved one softly in an atmosphere, flower-scented and dim-lighted, of ethereal calm. (*Martin Eden*)

11.4 散文翻译

散文是最自由的一种文体，是一种作者写自己经历见闻中的真情实感的灵活精干的文学体裁。在散文中，作者的形象比较明显，常用第一人称叙述，个性鲜明，可以说是表现自我。正如鲁迅所说“任意而谈，无所顾忌”。写真实的“我”是散文的核心特征和生命所在。散文语言一般以口语为基础，而文语（包括古语和欧化语）为点缀。好的散文文风清新自然，优美洗练，句式长短相间，随物赋形，如多用修辞特别是比喻，如讲音调、节奏、旋律的音乐美等。②

下面，我们来看在英汉散文翻译中如何实现美感功能和表情功能。

11.4.1 散文美感功能在语言上的实现

1. 词汇方面

(1) 语义清晰

意义的传达是翻译最基本的功能，但是如果译者没有从整体上把握原文意思，再用译语准确流畅地加以表达这种翻译观念，就很容易受语言对等思想的影响，束缚于原文的语言结构，导致语义失真或语义梗塞。试看以下几例：

Between two tall gate-posts of rough-hewn stone (the gate itself having fallen from its hinges at some unknown epoch) we beheld the gray front of the old parsonage terminating the vista of an avenue of black ash-trees. It was now a twelvemonth since the funeral procession of the venerable clergymen, its last inhabitant, had turned from that gateway towards the village burying-ground. The wheel-track leading to the door, as well as the whole breadth of the avenue, was almost overgrown with grass, affording dainty mouthfuls to two or three vagrant crows and an old white horse who had his own living to pick up along the roadside. The glimmering shadows that lay half asleep between the door of the house and the public highway were a kind of spiritual medium, seen through which the edifice had not quite the aspect of belonging to the material world. (《古屋杂忆》)

[译文] 一条大路，两旁白蜡树成林，路尽头可以望见牧师旧宅的灰色门面。路口园门的门

① 见许渊冲. 文学与翻译，第 251 页.

② 姜秋霞. 文学翻译中的审美过程：格式塔意象再造.

拱不知在哪一年掉下来了，可是两座粗石雕成的门柱还巍然矗立着。旧宅的故主是位德高望重的牧师，现已不在人世，一年前，他的灵柩从园门里迁出，移向村中的公墓，也有不少人执绋随行。园门里的林荫大路和宅门前的马车道，杂草蔓生，偶尔有两三只乌鸦飞来，随意啄食，在路旁觅食的那头老白马，也可以在这里吃到几口可口的美餐。宅门和公路之间，都是隐约朦胧的树影，似乎人鬼异世，这座旧宅也不属于这个世界的了。(夏济安　译)

在翻译中，译者通过自己的理解能力在头脑中再现与原作者头脑近似的图景，再依靠自己的表达能力将这一图景蕴涵在译语的语言形式中。由于语言材料和文化环境的不同，要实现相同图景的传达，这个二次表达和原作者的一次表达必然有相同也有不同的地方。翻译要把握与原创作的同与不同，靠的就是这个整体图景的限定。作为一种成熟的艺术题材，散文艺术的翻译要素是多方面的，包括语言风格、意象、情感等各个层面。无论是哪一个层面，译者都应该进行整体把握，在充分掌握原语信息的基础上，将所形成的格式塔意象用译语建构起来，这样才能摄原文“意境之神韵”，突破语言、文化和时空的藩篱，将美感体验完整地再现于译文中。下面我们看夏济安先生是怎么做的：

① We beheld the gray front of the old parsonage terminating the vista of an avenue of black ash-trees.

［译文］　一条大路，两旁白蜡树成林，路尽头可以望见牧师旧宅的灰色门面。

［分析］　译者将 terminating the vista of an avenue 的意思用“路尽头”来传达，没有受到 vista 这个虚义模糊词的局限，并将 terminating 转换成一个地点状语，所表达的意思与原文一致，并非常清楚。如果译者试图寻找与 terminating 和 vista 语义对应的语言单位，就会受到英语语言结构的影响。

② The wheel-track leading to the door, as well as the whole breadth of the avenue.

［译文］　园门里的林荫大路和宅门前的马车道。

［分析］　对应原文，译文中没有语言单位能对应抽象名词 breadth 所表达的意思，但整句话的含义没有损失，因为“杂草蔓生”也能反映原文中把整条道路覆盖的意思。从上面两例中可以看出，原文抽象虚义的词很难把握，如果译者不是从整体上把握原文的意思，就容易为了把他们的意思表达出来而受到他们的束缚，最终会使语义不清。

(2) 词汇丰富

Books of voyages and travels became my passion, and in devouring their contents I neglected the regular exercises of the school.

［译文 1］　我最爱读的书是游记旅行之类，废寝忘食读这种闲书，把学校里的正课练习都给耽误了。

［译文 2］　描写海与陆的游记成了我的酷嗜，寝馈其中，致废课业。

［分析］　比较两种译文，可以发现译文 2 在遣字措辞上的功夫和善于白文结合的特点使得译文干净利索，遒劲练达。

(3) 虚词的使用

My native country was full of youthful promise. Europe was rich in the accumulated treasures of age. Every ruin told the history of times gone by and every moldering stone was a chronicle.

［译文］ 我的本国充满着青年的远大前程；欧洲却蕴蓄着世代聚集的珍奇宝藏。就连那里的遗址废墟也尽是过去历史的记载，每块残砖烂石都是一部史册。

［分析］ 原文由两句构成，每句又分别包含两个并列的分句，之间并无明显的关系标志。通过使用“却”、“就连”、“也”、“都”等虚词，将原文语句间隐含的关系一一明示，使译文条理清晰。

(4) 四字结构

The long slender bars of cloud float like fishes in the sea of crimson light.

［译文 1］ 条条纤云在绛色霞光中飘扬，如海中游鱼般。

［译文 2］ 那里万道霞光，宛如无数锦鳞，正浮沉翔游于金光熠耀的猩红海洋。

［分析］ 四字结构是汉语表达形式中一个极重要的组成部分，比较两个译文不难看出，正是通过四字结构的使用，才使得译文 2 更加丰满，并极富色彩的变化，让人读起来有壮丽华美之感。

2. 句子层面

(1) 行文流畅

① It was now a twelvemonth since the funeral procession of the venerable clergymen, its last inhabitant, had turned from that gateway towards the village burying-ground.

［译文］ 一年前，他的灵柩从园门里迁出，移向村中的公墓，也有不少人执绋随行。

［分析］ 原文是 it was ... since 的结构，译文将他转换成适合汉语的表达方式（一年前……），这种记述的视角更符合译语的习惯，行文更流畅。原文中的一个时间状语 since the funeral procession，在译文中被作者转换成一个独立的分句“也有不少人执绋随行”，对上文“一年前，他的灵柩从园门里迁出……”补充说明，意思非常连贯。

② The glimmering shadows that lay half asleep between the door of the house and the public highway were a kind of spiritual medium, seen through which the edifice had not quite the aspect of belonging to the material world.

［译文］ 宅门和公路之间，都是隐约朦胧的树影，似乎人鬼异世，这座旧宅也不属于这个世界的了。

［分析］ 译者将 a kind of spiritual medium 译成“似乎人鬼异世”，把 medium 这个很难放在汉语里的意思表达得很清楚了，而且渲染了原文情感色彩，使译作呈现一股“圣洁之气”。如果译者不作这样的努力，原作的基本意思很难表达清楚，更不用说他的蕴涵了。而且，译者并没有对应原文用 a kind of spiritual medium 作 the glimmering shadows 的补足成分，那样不符合汉语的表达和思维习惯。上面两例说明，译者在把握了原文语义的基础上，还要注意在表达的时候，语言首先要连贯流畅，不受原文表达模式的影响。如果行文不畅，也就谈不上语言的美了。

行文流畅是散文语言风格的基本要素。凡是好的散文，读之均如行云流水，畅快淋漓，意象呼之欲出，情感喷薄而发。好的翻译散文当然也要做到这一点。

(2) 适合汉语散文语体

Between two tall gate-posts of rough-hewn stone we beheld the gray front of the old parsonage terminating the vista of an avenue of black ash-trees.

［译文］ 一条大路，两旁白蜡树成林，路尽头可以望见牧师旧宅的灰色门面。

［分析］ 原句是一个由 between，of 等小词构成的复杂句，有比较长的修辞限定关系和主从句关系。译文将这个复杂句分成若干小句，以不同关系对应之，符合汉语表达的习惯和思维模

式。并且译者尽量避免用“的”来表达原句中的从属结构，把从属成分作为意象并置，避免了“的的不休”的欧化语体。

此例中，原文中有“我们”，而译文省略了这个主语，这也是汉语散文语体特征之一。散文翻译的语言风格是翻译界讨论的一个热点，如何才算翻译的风格，是译者的风格还是原作的风格。原作的风格是否能用译语传达，都还很难达到共同认识。但是散文不能没有风格。夏济安先生的翻译实践证明，如果翻译的语言风格不能适合译语的语言特点，这种风格也很难再现。夏济安先生舍弃了翻译中以语言单位对应实现语义对应的机械翻译的操作模式，突破了翻译单位说，在实现语言信息与主观的美感体验达到高度融合后，用目的语进行再创作式的翻译，在语言层面上真正有效避免了语义梗塞，使译文流畅自然，语义清晰，不仅将原文的含义表达得非常清楚，而且符合汉语散文语体的特点。由于这种整体构建方法的有效性，他的散文翻译既能照顾到译文与原文信息的真正映合，又能让翻译散文自成一个完美的艺术体，保证译作上下文关系不受与原文形式对应关系的分割。

(3) 巧妙安排句式

I made myself familiar with all its places famous in history or fable. ① I knew every spot where a murder or robbery had been committed or a ghost seen. ② I visited the neighboring villages and added greatly to my stock of knowledge by noting their habits and customs and conversing with their sages and great men. ③ I even journeyed one long summer's day to the summit of the most distant hill from whence I stretched my eye over many a mile of terra incognita and was astonished to find how vast a globe I inhabited. ④

[译文] 那里一切在历史上或传说上有名的地方，我无不十分熟悉。我知道那里的每一处杀人越货之所与鬼魂出显之地。我继而访问了许多邻村，观察其地的风俗习惯，并与当地的圣贤与伟人接谈，因而极大增加了我的原有见闻。一次，在一个漫长的夏日天气，我竟漫游到了一座远山之巅，登临纵目，望见了数不尽的无名广土，因而惊悟所居天地之宽。

[分析] 英汉在句式特点上有很大不同。英语中绝大部分句子都以主谓结构为主干，而汉语中主谓结构与话题说明结构则各占相当一部分比重。这里，原文以 4 个清晰的主谓结构描述“我”的见闻，灵活地将段首主题句处理为话题说明句，而将其余各句仍然保留为主谓结构，使整个自然段呈现出清晰的总分态势，从而准确无误地将原作者的意图传递给了译文读者。

11.4.2 散文美感功能在意象方面的实现

译文的意象必然来自原文，但并不是所有的译者都能将译语中的意象表达得完整、鲜明而有感染力。原文的意思在译文中表达是否清晰、流畅、准确是意象成功再现的先决条件，但并不是充分条件。译者在翻译语义的时候，还必须有意识地考虑如何使译文中的意象完整、鲜明、意象是否完整涉及重构的问题，也就是说他不仅是一个语义转换的问题，需要译者专门在意象上下工夫。看下面的例子：

... affording dainty mouthfuls to two or three vagrant crows and an old white horse who had his own living to pick up along the roadside.

[译文] 偶尔有两三只乌鸦飞来，随意啄食，在路旁觅食的那头老白马，也可以在这里吃到几口可口的美餐。

［分析］ 一方面，我们可以看到译者在语义转换上的技巧，将一个结构紧凑的短句展开成几个分句，语调舒缓；另一方面，可以看到译者意象的重构，乌鸦（随意啄食）和白马（在路旁觅食）的形象并不是完全包含在原句中，而是有译者的创造。在文学翻译中，译者要通过形象思维将物化在原文语句中的艺术形象转化为自己心目中的意象，并使自己的审美体验与原文作者的审美体验相互统一，从而达到两者审美意象的相互融合。

11.4.3 散文表情功能的实现

散文的情感非常重要。即使译文和原文能保证给读者传递同样的信息，在读者头脑中创造同样的意象，但也不能说就一定能引起读者同样的情感共鸣。意象传达和感情色彩上整体把握，在译文中创造性地再现原文的信息和表达模式，使译文语义流畅，语言有韵味；场景生动，意象鲜明；感情色彩丰满和谐，才能真正使译文闪烁原文同样的艺术魅力。看下面的例子：

1. Between two tall gate-posts of rough-hewn stone(the gate itself having fallen from its hinges at some unknown epoch).

［译文］ 路口园门的门拱不知在哪一年掉下来了，可是两座粗石雕成的门柱还巍然矗立着。

［分析］ 原文中只有 at some unknown epoch 凸现古屋之古，译文中用到“门拱不知在哪一年掉下来了”，再用“门柱还巍然矗立着”加以照应，表达了怀旧的情绪。充分体现了原文的表情功能。

2. The wheel-track leading to the door, as well as the whole breadth of the avenue, was almost overgrown with grass, affording dainty mouthfuls to two or three vagrant crows and an old white horse who had his own living to pick up along the roadside.

［译文］ 园门里的林荫大路和宅门前的马车道，杂草蔓生，偶尔有两三只乌鸦飞来，随意啄食，在路旁觅食的那头老白马，也可以在这里吃到几口可口的美餐。

［分析］ 这一段的描写中作者对小镇的田园风光的热爱之情溢于言表，文中场景中的几个重要形象是 overgrown with grass, two or three vagrant crows, an old white horse who had his own living。在译者笔下突出了他们“蔓生”、“随意”、“在路旁”等特点，译者用自己创造性的笔触再现了小镇美好的田园风光，表达了作者对小镇的亲切之情。

3. Those ordinary abodes which stand so imminent upon the road that every passer-by can thrust his head, as it were, into the domestic circle.

［译文］ 通常贴近路旁的住宅屋子，看上去总是亲切近人，行人路过，似乎觉得伸进头去即可看到家庭融洽之乐。

［分析］ 原文中提到 every passer-by can thrust his head, as it were, into the domestic circle. 具体描述普通人家与古屋不同的气象。古屋有一种远离尘世的圣洁，而普通人家包含每个人都体验过的情感，特别亲切。译文用了“家庭融洽之乐”虽未能表达 the domestic circle 的全部外延信息，但它比这一抽象词语更具体，其所给人情感上的联想更能表达原作者的情感状态。

4. From these quiet windows the figures of passing travelers looked too remote and dim to disturb the sense of privacy.

［译文］ 这里的环境十分幽静，从窗子望出去，一片静穆，即使有人路过，也像是模模糊糊，

隔了一个世界,不足以扰乱宅内宁静。

[分析] 原文 quiet, remote and dim 表现了古屋环境幽深、圣洁的氛围,译文中为渲染这一情感,用了"十分幽静"、"一片静穆"、"模模糊糊,隔了一个世界"等,加强了这种情感的表现力度,突出了原文的主题。

5. Georgiana, who had a spoiled temper, a very acrid spite, a captious and insolent carriage, was universally indulged. Her beauty, her pink cheeks, and golden curls, seemed to give delight to all who looked at her, and to purchase indemnity for every fault.

[译文 1] 乔治亚娜有被宠坏了的脾气,有非常毒辣的恶意,有吹毛求疵的傲慢态度,却受到普遍的宽容。她的美,她的微红的面颊和金色的卷发,似乎使所有看她的人都欢喜,而且一切缺陷人家都不计较了。(刘士聪 译)

[译文 2] 乔治安娜脾气给惯坏了,凶狠毒辣,吹毛求疵,蛮横无理,大家却都纵容她。她的美丽,她的红喷喷的脸蛋和金黄色的卷发,似乎叫看着她的人都感到愉快,都能因此而原谅她的每一个缺点。(高健 译)

[分析] 原文这段语言在描写 Georgiana 的个性特点时,是怀着一种不满和厌恶的情绪,这种情感因素在译文 2 中得到了很好的体现。译文 1 却没有完整转换,was universally indulged 被"受到普遍的宽容"所代替,to purchase indemnity for every fault 则被转换为"一切缺陷人家都不计较了",这样的结果使乔治安娜由一个蛮横无理的女孩变成了一个可怜的小女孩了。

课内练习

Try to translate the following paragraph, and tell your team members how you reconstruct the beauty of the prose in target language.

... had I been merely a lover of fine scenery, I should have felt little desire to seek elsewhere its gratification, for on no country had the charms of nature been more prodigally lavished. Her mighty lakes; her oceans of liquid silver; her mountains with their bright aerial tints; her valleys teeming with wild fertility; her tremendous cataracts thundering in their solitudes; her boundless plains waving with spontaneous verdure; her broad deep rivers rolling in solemn silence to the ocean; her trackless forests where vegetation puts forth all its magnificence; her skies kindling with the magic of summer clouds and glorious sunshine ...

11.5 诗歌翻译

什么是诗歌呢? 有学者收集了欧美诗人对诗的看法,整理出如下 10 条定义①: 1. 约翰逊博

① 许渊冲. "从诗的定义看诗词的译法". 文学与翻译. 第 201 页.

士说：诗是把乐趣和真理融合为一的艺术。2. 华兹华斯说：好诗是强烈的感情自然的流露。3. 科尔律治说：诗是绝妙好词的绝妙安排。4. 雪莱说：诗记录了最美好、最幸福的心灵度过的最美好、最幸福的时光。5. 卡奈尔说：诗是音乐性的思想。6. 亚诺德说：诗是对生活的批判。7. 布朗宁说：诗用有限显示无限。8. 弗洛斯说：诗说一指二。9. 叶芝说：诗是心血、想像、智慧的交流。10. 瓦雷里说：散文是走路，诗是跳舞。

诗歌作为一种高级的文学艺术形式，它是否可译，现在翻译界都没有达成一致。不管怎样，每年都有大量的诗歌被译入和译出。诗歌具有三美：音乐美、建筑美、美术美，即音韵美、形式美和意象美。诗歌的神韵需要一定的形式来表现，甚至一些诗，其形式的表现力可以超过内容的表现力。神寓于形，形之不存，神将焉附？所以英诗翻译应该在恰如其分地传达原诗神韵的同时，尽可能地忠于原诗的形式。

关于英诗汉译的形式问题大致有两种不同意见。一种主张把英诗译成“中国诗”，即译成中国固有的诗歌形式；另一种主张译诗应该连同原诗的形式一起移过来，使它尽量接近原作。①诗歌到底要怎么译呢？

中国当代译诗的大家许渊冲先生提出的“译诗六论”②很有借鉴意义。它们是：

11.5.1 译者一也(Identification)

翻译是译文和原文矛盾的统一。统一有不同的层次：词汇和词组层次上统一；句子层面上统一；段落和全诗的层面上统一。

11.5.2 译者艺也(Re-creation)

文学翻译是艺术，诗歌翻译更是艺术。英语是形合的语言，往往表意比较精确；中文是意合的语言，比较模糊，说一指二，两种语言互译时，常常难以统一，这时就需要译者艺术地创新。

11.5.3 译者异也(Innovation)

诗歌翻译可以创新，创新就难免会标新立异。有时立异是必须的，特别是对年代久远的诗，可能在原语中的理解都已经不能确定了，不立异就不能翻译。

11.5.4 译者依也(Imitation)

前面说译者异也，但是异不能脱离原文的依据，这就是所谓的译者依也。也就是说，“异”指的是译文脱离原文的程度，“依”则是指译文接近原文的程度。

11.5.5 译者怡也(Recreation)

所谓“怡”，就是翻译的诗歌应该怡性悦情，使人得到乐趣。一首诗艺术上的优劣，在一定程度上取决于启示义的有无，一首译诗的优劣，也在很大程度上取决于启示义译得如何。

---

① 冯庆华. 文体翻译论. 上海外语教育出版社，第 186 页.
② 许渊冲. “译诗六论”. 中国翻译. 1991 年第 5、6 期.

11.5.6 译者易也(Rendition)

翻译是换易语言形式，无论如何使用和选择上述的五论，易是总论。

我们来看拜伦"这一天我满 36 岁"一诗第二节的翻译。

原文：

The days are in the yellow leaf,
The flowers and fruits of love are gone,
The worm, the canker, and the grief
Are mine alone.

译文 1：

年华黄叶秋，
花实空悠悠。
多情徒自苦，
残泪带愁流。(译者不详)

如果不对照原诗，译诗读来朗朗上口，是很符合中国传统审美的诗。但是对照原诗来看，译诗的风格和拜伦的风格则相去甚远，不能算是一个成功的翻译。而杨德豫[①]的翻译，基本按照原诗的用词和形式得来，则更能让中文读者看到拜伦的真面目：

译文 2：

我的岁月似深秋的黄叶，
爱情的香花甜果已凋残；
只有蛀虫、病毒和灾孽，
是我的财产。

此段译文流畅自然，第一句以明喻替代原诗的暗喻，第二句根据语意添加"香、甜"两字，第 4 句则用一个暗喻译原诗的直陈句；译诗与原诗句式长短相当，形式相似，用韵也与原诗一致，同为 abab 式。原诗中的一切形象，如黄叶、香花、甜果、蛀虫、病毒、灾孽，一件不漏，可谓较好地保留了原诗的音、形、意三美，读来确有拜伦的韵味和风格。所以我们可以说，译文 2 和原诗的统一度比译文 1 高。

再来看苏格兰农民诗人罗伯特・彭斯(Robert Burns)的《我的爱像朵红红的玫瑰》的译本：

原文：

O my Luve's like a red red rose
That's newly sprung in June;
O my Luve's like the melodie
That's sweetly played in tune.
...
And fare thee weel, my only Luve!
And fare thee awhile!
And I will come again, my Luve,

① 杨德豫. 拜伦抒情诗七十首.

Tho'it were ten thousand mile.

译文：

呵，我的爱人像朵红红的玫瑰，
六月里迎风初开；
呵，我的爱人像支甜甜的曲子，
奏得和谐又合拍。（王佐良　译）
……
再见吧，我唯一的爱人，
我和你小别片刻。
我要回来的，亲爱的，
即使是万里相隔。（袁可嘉　译）

［分析］　罗伯特·彭斯自幼受民歌熏陶，他的诗富有乡土气息和民歌风味，语言通俗，音乐性强，读来流畅自然，朗朗上口。译诗所选的首尾两节是直译过来的，句法未变，字面意义也未作任何变更，正是奉行了"译者依也"的原则。而不变是相对的，第一句根据 sprung 表现的情态增加了"迎风"；第三句给 melodie 加上了"甜甜的"修饰。这些"异"都是译者的"艺"，增添了原诗深层意蕴所有而表层意蕴所无的内容，因而更深层次地传达了原诗的意境，达到了"怡"的效果。第二节中将 my Luve 译为意义相同的两个称呼"我的爱人"和"亲爱的"，展现了诗人深沉的情感和依依不舍的心情。而"小别"和"相隔"两词用得更是精当优美，与此节一、三句相呼应，进一步表现出诗人真挚深切的感情。此"易"使原诗和译诗达到了统一。如果以音、形、意三美的标准来衡量，译诗也是相当成功的：第一，它完全保留了原诗的意义和意境；第二，基本保留了跟原诗相当的形式，每节同为四行，句子长短也较整齐；第三，节奏自然，偶句押韵，读来颇有原诗的神韵和风采。①

诗歌翻译热身练习

Read the following poem and its version. Try to evaluate and edit it.

原文：

Love at First Sight

by Wislawa Szymborska

They're both convinced
That a sudden passion joined them.
Such certainty is beautiful,
But uncertainty is more beautiful still.

Since they'd never met before, they're sure
that there'd been nothing between them.
But what's the word from the streets, staircases, hallways —

① 此评论参考冯庆华．"英语诗歌汉译"．文体翻译论．上海外语教育出版社．

perhaps they've passed by each other a million times?
I want to ask them
if they don't remember —
a moment face to face
in some revolving door?
perhaps a "sorry" muttered in a crowd?
a curt "wrong number" caught in the receiver?
but I know the answer.
No, they don't remember.

They'd be amazed to hear
that Chance has been toying with them
now for years.
Not quite ready yet
to become their Destiny,
it pushed them close, drove them apart,
it barred their path,
stifling a laugh,
and then leaped aside.

There were signs and signals,
even if they couldn't read them yet.
Perhaps three years ago
or just last Tuesday
a certain leaf fluttered
from one shoulder to another?
Something was dropped and then picked up.
Who knows, maybe the ball that vanished
into childhood's thicket?

There were doorknobs and doorbells
where one touch had covered another
beforehand.
Suitcases checked and standing side by side.
One night, perhaps, the same dream,
grown hazy by morning.

Every beginning

is only a sequel, after all,
and the book of events
is always open halfway through.

译文：

一 见 钟 情

他们彼此深信
是瞬间迸发的热情让他们相遇
这样的确是美丽的
但变幻无常更为美丽

他们素未谋面
所以他们确定彼此并无任何瓜葛
但是从街道、楼梯、大堂传来的话语……
他们也许擦肩而过一百万次了吧

我想问他们是否记得
在旋转门面对面那一刹那
或是在人群中喃喃道出的“对不起”
或是在电话的另一端道出的“打错了”

但是　我早知道答案
是的　他们并不记得
他们会很诧异
原来缘分已经戏弄他们多年

时机尚未成熟
变成他们的命运
缘分将他们推近、分离
忍住笑声
挡住去路
然后闪到一旁

有一些信号和迹象存在
即使他们尚未解读
也许就在三年前
或者上个星期二
某片叶子飘舞于

肩与肩之间
有东西掉下又捡了起来
天晓得　也许是那个
消失于童年灌木丛中的球

还有事前已被触摸
层层覆盖的
门把和门铃
检查完毕后并排放置的手提箱
有一晚，也许同样的梦
到了早晨已变得模糊

每个开始
毕竟都只是续篇
而充满情节的画本
总是从一半开始看起

译文比较分析：以下每段原文均有两个译本，请仔细阅读，并根据本单元所学的内容分析两个译本的特点，找出各自的优劣之处。

1. 原文

Kitty and I drove away from Delhi along the straights, flat Agra road. It was hot, with all the stale accumulated heat of summer concentrated in that autumn day. Behind us the dust rolled upward in thick red clouds. Kitty kept her hand casually and frequently on the horn while we wound our way through the morning traffic ...

[译文 1]　我和凯蒂沿着笔直平坦的亚格拉公路驱车离开德里。天很热，整个夏天郁积起来的全部暑热都集中到了秋天的这个日子里。车后卷着浓厚的红尘。我们在上午拥挤的街道上穿行时，凯蒂随便而频繁地按着喇叭。

[译文 2]　我和凯蒂开着车，离开德里，沿着笔直而平坦的亚格拉公路行驶。天气十分炎热，好像要把整个夏天积聚起来的暑热都集中投放到这个本该秋凉的日子里。车子开过，卷起滚滚红尘。上午的这个时间，街道上到处是人流和车流，我们穿行其中，凯蒂一刻不离地把手放在喇叭上，频繁地按动。

2. 原文

He was an undersized little man, with a head too big for his body — a sickly little man. His nerves were bad. He had skin trouble. It was agony for him to wear anything next to his skin coarser than silk. And he had delusions of grandeur.

He was a monster of conceit. Never for one minute did he look at the world or at people, except in relation to himself. He was not only the most important person in the world, to himself; in his own eyes he was the only person who existed. He believed himself to be the one of the greatest dramatists in the world, one of the greatest thinkers, and one of the greatest composers. To hear his talk, he was Shakespeare and Beethoven, and Plato, rolled into one. And you would have had no difficulty in hearing his talk. He was one of the most exhausting conversationalists that ever lived. And evening with him was an evening spent in listening to monologue. Sometimes he was brilliant; sometimes he was maddeningly tiresome. But whether he was being brilliant or dull, he had one sole topic of conversation; himself. What he thought and what he did.

— Deems Taylor: *The Monster*

[译文 1] 他是一位身材矮小的人，头和身体相比显得太大——一位病态的小个子。他的神经不好。皮肤有病。穿的内衣若比丝绸粗糙就会引起疼痛。他满怀宏伟的幻想。

他是一个自负的怪物。看人或世界没有一刻不从自己出发。他把自己看成不仅是世界上最重要的人，而且在他自己的眼中他是有史以来唯一的一个。他认为自己是世界上最伟大的戏剧家，最伟大的思想家，最伟大的作曲家中的一个。听他说起来，他就是莎士比亚、贝多芬和柏拉图并成一体。听他说话的机会常有，毫不困难。他是人世间最令人忍受不了的饶舌者。晚上和他在一起就意味着整晚听他独白。有时他颇有才气，有时却令人讨厌到了极点。但不论他是否才气横溢还是索然无味，他讲的唯一题目就是他自己。他怎么想，他怎么做。

[译文 2] 他身材矮小，头很大，和身体明显不相称，一种病态的体形。他的神经发育不良，皮肤也有病。若穿比光滑的丝绸粗糙一点的内衣就会感到疼痛。然而他却雄心勃勃。

他很自负。从来都是按自己的观点来看待他人，看待世界。他把自己看作伟人，而且在他的眼里他是唯一的。他把自己看作世界上最伟大的戏剧家、思想家和作曲家中的一员。听他说起来，他就是莎士比亚、贝多芬和柏拉图的合成体。想听他说话并不难。他可是个能说会道的人，说起话来没完没了。要是和他一起呆一晚，你就听他说吧，没你插话的份。有时让你感到他才华横溢，有时却让你感到无聊至极。但无论怎样，话题只有一个——谈的总是他自己——谈他是怎么想的，怎么做的。

诗歌翻译欣赏

HOPE IS THE THING WITH FEATHERS

"Hope" is the thing with feathers —
That perches in the soul —
And sings the tune without the words —
And never stops — at all —

And sweetest — in the Gale — is heart —
And sore must be the storm —
That could abash the little bird —
That kept so many warm —

I 've heard it in the chilliest land —
And on the strangest Sea —

Yet, never, in Extremity,
It asked a crumb — of me.

希望是小鸟

希望是鸟儿，
在人们心灵栖居，
唱着无词的歌儿，
永无止息。

心灵是甜蜜的避风港
只有猛烈的风暴，
才能威胁希望，
这慰藉心灵的小鸟。

它歌唱在最寒冷的地方
最陌生的海洋
纵然身处绝境，
也不索取分毫。

名家谈翻译

季羡林:《罗摩衍那》译音问题和译文文体问题(节选)

……

至于译文文体，初看似无问题，细想颇有问题。在过去5年多我翻译《罗摩衍那》的过程中，这个问题时隐时现地萦绕在我的脑际。到了今天，翻译初稿虽然已经完成，但是这个问题还远远没有解决。

问题的关键究竟在什么地方呢？翻译工作开始时，我根本没有想到这里面还会有什么问题。我不假思索地就用报章杂志上常见的那种诗体来翻译。我心里有一个不成文的规章：把每首32个音节的颂译成4行，每行字数相差不要太大，但也不一定都写成豆腐干式：押韵是abcd或aaba；韵既不按唐韵，也不按平水韵，只是按照普通话的发音大体押相同的韵，有时候还难免掺杂上一点乡音，读起来比较能够上口。鲁迅说："诗须有形式，要易记，易懂，易唱，动听，但格式不要太严。要有韵，但不必依旧诗韵，只要顺口就好。"我就想译成这样的诗。但是，与此同时，我心里还有一个潜台词：用这样的诗体翻译史诗妥当吗？最好是以中国古体长篇叙事抒情诗，如《孔雀东南飞》之类作为样板，把原诗译成类似七绝的那样的民歌体，印度史诗本来就是伶工说唱的东西，这样译更能表达原诗的精神与风采。在这样的潜台词的指导下，我也尝试过几次，但却遇到了困难。在《罗摩衍那》里，有时候人名一大堆，有时候树名、兵器名一大堆(我到现在也不明白，印度听众对于这些东西怎么能听得下去呢?)，想凑成整整齐齐的七绝，是绝对办不到的。此外，书中呼格也特别多，这也成了拦路虎。就这样，在心中两种想法的斗争中，在两种尝试的斗争中，我的翻译工作就进行了下来。结果是，书的绝大部分是在第一种想法的指导下译成的。当我译到第6篇下一半的时候，第二种想法突然胜利，我忍不住又使用了类似七言绝句的民歌体来翻译，一直到把第7篇也就是全书译完。毛主席给陈毅同志的信中说："将来趋势，很可能从民歌中吸引养料和形式，发展成为一套吸引广大读者的新体诗歌。"我读了这段话，更增强了我这样做的决心。一部书，尽管它是一部有将近两万首诗的伟大作品，前后文体竟如此不统一，这似乎是不妥当的。但是我仍然决心保留原样。因为，这样可以给读者一个机会，评一评究竟哪一种文体为好。中国的翻译工作还会大大地发展，在理论与实践方面都有待于进一步的努力。这样一部《罗摩衍那》将来也肯定会再重译。有了我这一次的实践，于将来的文学翻译工作大有好处。这就是我保留原样的理由。（申雨平、戴宁，2000）

第十二单元

12 常用文体翻译（科技翻译）

Internet 最初的中译名多达十几种，分为音译和意译两种。其中意译名主要在“国际”、“全球”、“电脑”、“计算机”、“资讯”、“交互”、“互联”、“网路”……这些词语的范围内加以选取和组配，多则 9 个汉字，少则 3 个汉字，但无论如何选配均有其不足之处。因为 Internet 是指由美国国防部 ARPA 网演变而来的采用 TCP/IP 协议的一种互联网，是多种互联网中的一种。因此 Internet 为专指性专有名词，而 internet 为泛指性普通名词，泛指各种互联的计算机网络。所以将 Internet 翻译为上述泛指性译名是不妥的。音译主要有“英特网”和“因特网”两种。“英特网”本可继续采用，但按照新华社的外国人名、地名音译标准 in 为“因”，ing 为“英”；此外，不采用“英特网”的另一个主要原因是为了避免与英特尔公司的“英特网”相混淆。全国科学技术名词审定委员会经过长期的审议于 1997 年 7 月发布了推荐名“因特网”。

（吴同，1998）

12.1 科技文体的范畴

科技英语(English for science and technology)现在已经成为一种独立的文体。其具体内容包括：“一、科技著述、科技论文和报告、实验报告和方案；二、各类科技情报和文字资料；三、科技实用手册；四、有关科技问题的会谈、会议、交谈的用语；五、有关科技的影片、录像等有声资料的解说词等。”（刘宓庆，1998：325）

12.2 科技英语的特点

任何作品均有其特定的文体，原文文体不同，翻译方法也随之而异。科技英语亦不例外。因此，要做好该类文体的翻译实践，就必须了解科技英语的特点。试比较下面两个例子的文体特点：

例 1：

She was of a helpless, fleshy build, with a frank, open countenance and an innocent, diffident manner. Her eyes were large and patient, and in them dwelt such a shadow of distress as only those who have looked sympathetically into the countenances of the distraught and helpless poor know anything about. (from *Jennie Gerhardt*)

［参考译文］ 那妇人生着一副绵软多肉的体格，一张坦率开诚的面容，一种天真羞怯的神气。一双大落落的柔顺眼睛，里边隐藏着无穷的心事，只有那些对于凄惶无告的穷苦人面目作过同情观察的人才看得出来。

（《珍妮姑娘》，傅东华 译）

上面 51 个词的片断，就运用了 10 个形容词，占五分之一。and in them dwelt such a shadow of distress 是非常优美生动的文学语言，译文保持了这一风格。

例 2

The range of a voltmeter may be extended by means of a series resistor called a multiplier as shown in Fig. 2. The full scale reading of the meter alone may be 15 volts. With the multiplier 250 volts may be required to move the pointer to full-scale, 135 volts across the multiplier and 15volts across the meter.

从上面的这段科技文章，不难看出其文体与前面的文艺小说迥然不同。总体而言，科技文体严谨周密，概念准确，逻辑性强，行文简练，重点突出，句式严整，少有变化。那么，科技英语的语言特色在翻译过程中如何处理，这是进行英汉科技翻译时需要探讨的问题。本章主要从语法和句法方面就科技英语的特点及其翻译时应注意的问题予以介绍。

12.2.1 多名词化结构

汉语使用动词较多，而英语中的名词使用率较高。再加上科技文体要求行文简洁、表达客观、内容确切、信息量大、强调存在的事实而非某一行为，所以使用的名词结构就更多了。

Archimedes first discovered the principle of displacement of water by solid bodies.

［参考译文］ 阿基米德最先发现固体排水的原理。

［分析］ 句中 of displacement of water by solid bodies 系名词化结构，一方面简化了同位语从句，另一方面强调 displacement 这一事实。

The rotation of the earth on its own axis causes the change from day to night.

［参考译文］ 地球绕轴自转，引起昼夜的变化。

［分析］ 名词化结构 the rotation of the earth on its own axis 使复合句简化成简单句，而且使表达的概念更加确切严密。

Television is the transmission and reception of images of moving objects by radio waves.

［参考译文］ 电视通过无线电波发射和接受活动物体的图像。

［分析］ 名词化结构 the transmission and reception of images of moving objects by radio waves 强调客观事实，而译文的谓语动词则着重其发射和接受的能力。

12.2.2 广泛使用被动态

在英语中，相对比较正式的文体中被动语态的使用率要比普通文体高。科技活动是相当严肃的事情，所以用于描述和记录科技活动的科技文章在语气上就比较正式。再加上为了体现科学研究的客观性，就更离不开被动语态。研究发现，科技英语中的谓语至少三分之一是被动态。在英译汉的时候，为表现科技文章的上述特点，在翻译时最好也是翻译成无主语结构或被动意义的句子。具体翻译技巧参见第四单元句子翻译中关于被动句的翻译。试看以下的几个例子：

Attention must be paid to the working temperature of the machine.

[参考译文] 应当注意机器的工作温度。

而很少说：You must pay attention to the working temperature of the machine.

[参考译文] 你应当注意机器的工作温度。

此外，科技文章将主要信息前置，放在主语部分。这也是广泛使用被动态的另一个原因。试观察并比较下列两段短文的主语：

Electrical energy can be stored in two metal plates separated by an insulating medium. Such a device is called a capacitor, or a condenser, and its ability to store electrical energy capacitance. It is measured in farads.

[参考译文] 电能可储存在由一绝缘介质隔开的两块金属极板内。这样的装置称之为电容器，其储存电能的能力称为电容。电容的测量单位是法拉。

这一段短文中各句的主语分别为：

Electrical energy

Such a device

Its ability to store electrical energy

It (Capacitance)

它们都包含了较多的信息，并且处于句首的位置，非常醒目。4个主语完全不同，避免了单调重复，前后连贯，自然流畅。足见被动结构可收简洁客观之效。

12.2.3 多用一般现在时

一般现在时可以较好地表现文章内容的无时间性，用一般现在时来描述和记录科技文章中的科学定义、定理、公式，可以给人以精确无误的不受时间限制的印象，以排除受制于时间牵连的误解，使文章内容显得更客观准确。在翻译成汉语时也应该突出这种“无时间性”的特征。试看下列两个例子：

There are a number of methods of joining metal articles together, depending on the type of the metal and the strength of the joint which is required. Soldering gives a satisfactory joint for light articles of steel, copper or brass, but the strength of a soldered joint is rather less than a joint which is brazed, riveted or welded. These methods of joining metal are normally adopted for strong permanent joints.

[参考译文] 把金属连接在一起的方法很多，因金属的类型和所需接缝的强度不同而异。软钎焊焊接薄钢件、薄铜件和薄黄铜件，其接缝合乎要求，但其强度比硬钎焊铆接或焊接接缝要

低得多。这三种连接金属的方法通常用于高强度的永久性焊接。

（严俊仁，2000：240）

The elimination of the errors of these types is a major problem in the design of physical experiments. A few possible lines of attack on this problem are indicated below, but the devising of experiments to investigate a particular point, to the exclusion of disturbing factors, is the most exacting of experimental physicist.

［参考译文］ 消除这几种误差，是设计物理学实验的重要问题。下面叙述了解决这个问题的几种可行办法，不过，要排除各个干扰因素设计出一个实验方案来，去对特定的问题加以研究，却是实验物理学家一项最艰巨的任务。

（严俊仁，2000：301）

上述两例英语原文所有的时态都是一般现在时态，其目的就是为了体现"无时间性"，汉语译文也较好地体现了科学事实不受时间限制的特点。

12.2.4 大量非限定动词

英语中的非限定性动词有现在分词、过去分词和不定式三种。科技文章行文简练，结构紧凑，为此，往往使用分词短语代替定语从句或状语从句。这样可缩短句子，又比较醒目。刘宓庆在《文体与翻译》中认为，由于该类结构多出现在长句中，因此在翻译时，应该化长为短，分层处理。具体的翻译方法有以下几种：

1. 译成动词并列式分句

The solar wind grossly distorts the earth's magnetic field, dragging it out to a long tail.

［参考译文］ 太阳风使地球磁场的形状发生很大的变化，将它向外牵拉，扯出一条长尾。

2. 译成复合式分句

Long regarded by elementary particle physicists as a costly nuisance, synchrotron radiation is now recognized as a valuable research tool.

［参考译文］ 同步加速器辐射长期被基本粒子物理学家当作是一种费钱的废物，现在人们却认识到，它是宝贵的研究工具。

3. 译成包孕式

Using a computer, we composed a series of synthetic songs by shuffling natural syllables into different patterns.

［参考译文］ 我们用计算机把音节组织成种种不同的结构模式从而合成了一系列曲子。

4. 译成外位句

To signal the presence of a hunting hawk, the chaffinch becomes a ventriloquist, "throwing" its voice so that the hawk can not find it.

［参考译文］ 为了通知同伴有恶鹰到来，苍头雀变成了口技表演家。它把叫声"抛"得老远，既警告了同伴，又让老鹰找不到它。

5. 译成前置无主句

Using this reasoning, we can estimate the number of the detectable civilization in our galaxy.

[参考译文] 根据这种推理，我们可以估计出银河系中可探测到的文明世界的数目。

6. 译成定语

Bred in the areas around the equator, this protozoan proves very inactive out of the tropical zone.

[参考译文] 这种在赤道周围繁殖原生物，在热带地区以外的地方是极不活跃的。

12.2.5 后置修饰语频繁

大量使用后置定语也是科技文章的特点之一。常见的后置定语结构有以下 5 种：

1. 介词短语

The forces due to friction are called frictional forces.

[参考译文] 由于摩擦而产生的力称之为摩擦力。

A call for paper is now being issued.

[参考译文] 征集论文的通知现正陆续发出。

2. 形容词及形容词短语

In this country the only fuel available is coal.

[参考译文] 该国唯一可用的燃料是煤。

In radiation, thermal energy is transformed into radiant energy, similar in nature to light.

[参考译文] 热能在辐射时，转换成性质与光相似的辐射能。

3. 副词

The air outside pressed the side in.

[参考译文] 外面的空气将桶壁压得凹进去了。

The force upward equals the force downward so that the balloon stays at the level.

[参考译文] 向上的力与向下的力相等，所以气球就保持在这一高度。

4. 过去分词

The results obtained must be checked.

[参考译文] 结果必须加以校核。

The heat produced is equal to the electrical energy wasted.

[参考译文] 产生的热量等于消耗了的电能。

5. 定语从句

During construction, problems often arise which require design changes.

[参考译文] 在施工过程中，常会出现需要改变设计的问题。

The molecules exert forces upon each other, which depend upon the distance between them.

[参考译文] 分子相互间都存在着力的作用，该力的大小取决于它们之间的距离。

Very wonderful changes in matter take place before our eyes every day to which we pay little attention.

(定语从句 to which we pay little attention 修饰的是 changes，这是一种分隔定语从句。)

[参考译文] 我们几乎没有注意的很奇异的物质变化每天都在眼前发生着。

To make an atomic bomb we have to use uranium 235, in which all the atoms are available for fission.

[参考译文] 制造原子弹，我们必须用铀 235，因为该铀的所有原子都会裂变。

12.2.6 多长句

相对而言，英语中的长句要比汉语多。由于科技领域中的概念相对复杂，在论述时为使之意义完整，逻辑严密，科技英语中往往出现许多长句。有的长句多达七八十个词。而汉语的句子相对于英语而言要短，所以英语中的长句在翻译成汉语时，在保证准确传达原文的意思和逻辑的前提下，往往将其拆分成几个短句。作为英语文体中的一种，科技英语中长句的翻译技巧可以参照本书第四单元句子翻译中关于长句的翻译方法。试看以下例子：

The area rule concept, the supercritical airfoil, and the engine installation configurations that provide favorable interference which are presently being applied to military aircraft and fuel efficient transport aircraft were evolved through wind tunnel experiments.

[参考译文] 面积率概念、超临界翼型、可提供有利干扰的动力装置布局等，都是通过风洞实验发展起来的。后者现正应用于军用飞机及低油耗运输机上。

(严俊仁，2000：240)

上述例子的原句是一个多达几十个单词的复合句，在译成汉语时均被拆分为两个句子。

科技英语作为英语文体中的一种，也具有普通英语的一些普遍特点，因此，普通英语的一些翻译技巧和策略也适用于科技英语的翻译。另一方面，掌握了科技英语的上述基本特点，可以帮助译者更有效而且准确地将科技文献译成汉语。当然，上述各特点有时候会集中出现在同一句子或意群中，在翻译的时候要灵活应用。

课内练习

1. 试翻译划线部分

Washington — U.S. instruments aboard Russian and U.S. satellites have detected a "hole" in the ozone layer over Antarctica nearly as deep as the record reported in 1993 and as large as the North American continent in surface area.

National Aeronautics and Space Administration (NASA) scientists at the Goddard Space Flight Center in Greenbelt, Maryland, said preliminary satellite data indicate that the size of the Antarctic ozone hole is about as large as those that occurred during the last two years, covering an area of 24 million square kilometers.

The largest hole ever observed was on September 27, 1992, when it was measured to cover a surface area of 24.4 million square kilometers.

This year's ozone hole is also nearly as deep as the record hole measured in

October 1993.

Ozone, a molecule made up of three atoms of oxygen, collects in a thin layer in the upper atmosphere and absorbs harmful ultraviolet radiation from the sun. The term "ozone hole" is used to describe a large area of intense ozone depletion that occurs over Antarctica during late August through early October and typically breaks up in late November.

Scientists have determined that chlorine products from human activities, such as electronics and refrigeration uses, are a primary cause for the formation of the ozone hole.

The latest Antarctic ozone levels were measured by NASA's Total Ozone Mapping Spectrometer, also know as TOMS, aboard the Russian Meteor-3 satellite, which has been measuring ozone since its launch in 1991 and has become the primary source of NASA's ozone data.

2. 翻译赏析

以下是第三届韩素音青年翻译奖的参赛原文。这是一篇优美的科普散文。大家不妨练练笔,然后再参照其后的翻译提示和参考译文,通过对比来发现自己的不足与长处。

原文:

The Color of the Sky

By Alfred Russel Wallace

If we look at the sky on a perfectly fine summer's day we shall find that the blue color is the most pure and intense overhead, and when looking high up in a direction opposite the sun. Near the horizon it is always less bright, while in the region immediately around the sun it is more or less yellow. The reason of this is that near the horizon we look through a very great thickness of the lower atmosphere, which is full of the larger dust particles reflecting white light, and this dilutes the pure blue of the higher atmosphere seen beyond. And in the vicinity of the sun a good deal of the blue light is reflected back into space by the finer dust, thus giving a yellowish tinge to that which reaches us reflected chiefly from the coarse dust of the lower atmosphere. At sunset and sunrise, however, this last effect is greatly intensified, owing to the great thickness of the strata of air through which the light reaches us. The enormous amount of this dust is well shown by the fact that only then can we look full at the sun, even when the whole sky is free from clouds and there is no apparent mist. But the sun's rays then reach us after having passed, first, through an enormous thickness of the higher strata of the air, the minute dust of which reflects most of the blue rays away from us, leaving the complementary yellow light to pass on. Then, the somewhat coarser dust reflects the green rays, leaving a more orange-colored light to pass on; and finally some of the yellow is reflected, leaving almost pure red. But owing to the constant presence of air currents, arranging both the dust and vapor in strata of varying extent and density, and of high or low clouds which both absorb and reflect the light in varying degrees, we see produced all those wondrous combinations of tints and those gorgeous ever-changing colors which are a constant source of admiration and delight to all who have the advantage of an uninterrupted view to the west and who are accustomed to watch for those not infrequent exhibitions of nature's kaleidoscopic color painting. With every change in the altitude of the sun the display changes its character; and most of all when it has sunk below the horizon, and owing to the favorable angels a larger quantity of the colored light is reflected toward us. Especially when there is a certain amount of cloud is this the case. These, so long as the sun is above the horizon, intercept much of the light and color; but when the great luminary has passed away from our direct vision, his light shines more directly on the undersides of all clouds and air strata of different densities; a new and more brilliant light flushes the western sky, and a display of gorgeous ever-changing tints occurs which are at once the delight of the beholder and the despair of the artist. And all this unsurpassable glory we owe to — dust!

参考译文:

天空的色彩

艾尔弗雷德·拉塞尔·华莱士

晴空万里的夏日,如果我们观察一下天空,且背向太阳极目远望,就会发现头顶上空的蓝色最为纯净浓郁。靠近天边的地方色彩往往比较暗淡,而太阳周围的地方则略呈黄色。这是因为我们向天边望去时目光要穿过一层极厚的低空大气层。低空大气层中所布满的颗粒较大的尘埃会反射白光,这就冲淡了高空大气层中纯净的蓝色。在太阳附近,大量的蓝光被细微的尘埃反射回天空,所以,由低空大气层粗粒尘埃反射到地面的光线便带有浅黄色。在日出日落时,由于光线到达地面需要穿过厚厚的大气层,这种反射效果大大增强了。只有在这种时候我们才可以直视太阳,即使是万里长空没有一点云彩,没有一丝雾霭。这就充分显示了低空中尘埃的数量之大。但是,太阳的光线在到达地面之前首先要穿过厚度极大的高空大气层,其中的细微尘埃把大部分的蓝色光反射掉了,仅让属于互补色的黄色光继续通行。接着,粗粒尘埃又将绿色光反射掉,让偏橙色的光继续通行;最后,部分黄色也被反射掉了,剩下的几乎是纯红色。不过,由于不断出现气流,把尘埃与水汽广度不均、密度各异地分层排列,加上高低空常有云层,不同程度地吸收并反射阳光,我们这才看到各种奇异的色调斑驳陆离,诸多绚丽的色彩变化万千。任何人只要有幸将西天的景致一览无余,只要有心观看大自然不时展现的那一幅幅瞬息万变的彩画,都会为之赞不绝口,喜不自胜。随着夕阳缓缓西坠,这种景观也不断变幻,尤其是在太阳沉入地平线之后,由于角度更加适宜,五颜六色的光都反射到地面上来。若有些许云雾,情况更是如此。本来,只要太阳还在地平线以上,云雾便截住了不少阳光和色彩。而今太阳已从我们的视野消失,阳光便会更直接地照射到密度各异的重重云霭与大雾的底部;一片崭新和更加灿烂的阳光染红了西天,呈现出一幅色彩绚丽、变化万千的景观。观赏者固然赏心悦目,丹青手则只好自叹莫如。而我们之所以能领略如此无与伦比的美景,全应归功于尘埃。

1) 这是一篇优美的科普散文,作者是英国著名博物学家。整篇散文前后意义连贯,层层深入:从人们熟悉的自然现象引出科学道理,由这些科学道理又引出日出日落时的天空景色的缘由,然后通过科学知识的介绍与景物描写的交替发展,自然地过渡到全文的高潮——夕阳西下时天空的色彩。本文的描写部分写得凝重华美,运用了大量的长句,同时也充分体现了英语用以名词来表达行为概念,使文章愈显华丽的特点。仔细分析本文中的长句,体会英语独到的优美,会对英语学习大有裨益。

2) If we look at the sky on a perfectly fine summer's day we shall find that the blue color is the most pure **and intense overhead**, **and when looking high up in a direction opposite the sun.** 晴空万里的夏日,如果我们观察一下天空,且背**向太阳极目远望,**就会发现头顶上空的蓝色最为纯净**浓郁**。原句句尾由 when 引导的现在分词短语实际上是"条件状语",故汉译时将其移到句首的条件状语之后与之并列。

3) Near the horizon **it** is **always** less bright, while in the region immediately around the sun it is more or less yellow. 靠近天边的地方,**色彩往往**比较暗淡,而太阳周围的地方则略呈黄色。该句汉译时将代词 it 译成了"色彩",与全文内容吻合;将副词 always 译成了"往往"而不是"总是",以免给人一种"一成不变"的感觉。

4) The reason of this is that near the horizon **we look through** a very great thickness of the lower atmosphere, which is full of the larger dust particles reflecting white light, and **this dilutes the pure blue** of the higher atmosphere seen beyond. 这是因为我们向天边望去时**目光要**穿过一层极厚的低空大气层。低空大气层中布满的颗粒较大的尘埃会反射白光,**这就冲淡**了高空大气层中纯净的蓝色。该句汉译时增译了"我们向天边望去时",是重复前面一句的内容;将 we look through 译成"目光要穿过",we 改译成"目光"。原句末尾 and this dilutes the pure blue ... 中 this 指前面由 that 引导的表语从句,不指前面的非限定性定语从句。

5) And in the vicinity of the sun a good deal of the blue light is reflected back into space by the finer dust, **thus giving a yellowish tinge to that which** reaches us **reflected** chiefly from the coarse dust of the lower atmosphere. 在太阳附近,大量的蓝光被细微的尘埃反射回天空,所以,由低空大气层粗粒尘埃**反射到地面的光线便带有浅黄色**。原句中 thus giving a yellowish tinge to that which 结构直译为"因而使照射到地面的光线呈浅黄色",其中 that 为指示代词,指代 the light,后面的 reflected 部分是过去分词短语作后置定语,修饰 that。

6) At sunset and sunrise, however, this last effect is greatly intensified, **owing to the great thickness of the strata of air through which the light reaches us.** 在日出日落时,**由于光线到达地面需要穿过厚厚的大气层,**这种反射效果大大增强了。注意该句汉译时将句尾的原因状语移至主句前面,使之更符合汉语表达习惯。

7) The enormous amount of this dust is well shown by the fact **that only then can we look full at the sun**, **even when the whole sky is free from clouds and there is no apparent mist.** **只有在这种时候我们才可以直视太阳,即使是万里长空没有一点云彩,没有一丝雾霭。**这就充分显示了低空中尘埃的数量之大。该句汉译时采用了拆句译法,将同位语从句 that only then can we look full at the sun 译成独立句,并采用变序译法,将同位语从句和让步状语从句移至主句前面。其中的短语 look full at the sun 意为"直视太阳"。

8) But the sun's rays then **reach us** after having passed, first, through an enormous thickness of the higher strata of the air, **the minute dust of which** reflects most of the blue rays away from us, leaving the complementary yellow light to pass on. 但是,太阳

的光线**在到达地面之前**首先要穿过厚度极大的高空大气层，**其中的细微尘埃**把大部分的蓝色光反射掉了，仅让属于互补色淡黄色光继续通行。该句汉译时将谓语部分译成时间状语“在到达地面之前”，而将动名词短语 having passed 译成谓语“要穿过”。第一个逗号后面由 which 引导的非限定性定语从句改译成了并列分句。

9) But owing to the constant presence of air currents, ... we see produced all those wondrous combinations of tints and those gorgeous ever-changing colors **which** are a constant source of admiration and delight to all **who** have the advantage of an uninterrupted view to the west and **who** are accustomed to watch for those not infrequent exhibitions of nature's kaleidoscopic color painting. 不过，是由于……，我们这才看到各种奇异的色调斑驳陆离，诸多绚丽的色彩千变万化。**任何人**只要有幸将西天的景致一览无余，只要有心观看大自然不时展现的那一幅幅瞬息万变的彩画，都会为之赞不绝口，喜不自胜。此句汉译时采用了拆句译法，将 which 引导的定语从句译成独立句，由 who 引导的定语从句则译成了条件状语从句。

10) With every change in the altitude of the sun the display changes its character; and most of all when it has sunk below the horizon, and owing to the favorable angles a larger quantity of the colored light is reflected toward us. 随着夕阳缓缓西坠，这种景观也不断变幻；尤其是在太阳沉入地平线之后，由于角度更加适宜，五颜六色的光都反射到地面上来。原句是个并列句，第一个分句的主句是 the display changes its character，第二个分句的主句是 a larger quantity of the colored light is reflected toward us，汉译时基本上采用了与原句相同的语序。

11) Especially when there is a certain amount of cloud is this the case. 若有些许云雾，情况更是如此。该句是倒装句，正常语序应为：This is the case especially when ...

12) These, so long as the sun is above the horizon, ... which are at once the delight of the beholder and the despair of the artist. 本来，只要太阳还在地平线以上，云雾便截住了不少阳光和色彩。而今太阳已从我们的视野消失，阳光便会更直接地照射到密度各异的重重云霭与大雾的底部；一片崭新和更加灿烂的阳光染红了西天，呈现出一幅色彩绚丽、变化万千的景观。观赏者固然赏心悦目，丹青手则只好自叹莫如。此句汉译时用了拆句译法，将原句拆成三个独立句。句尾的定语从句中 the despair of the artist 指画家望着美丽的天空，自叹能力有限，不能绘出所见美景的心情。傅雷在其《高老头》重译本序中写道：“艺术的境界无穷，个人的才力有限：心长力绌，惟有投笔兴叹而已。”这里的 despair 正是傅雷笔下的“投笔兴叹”之意。

3. 比较与分析

特别注意划线部分的比较，请指出译者在翻译时采用了怎样的策略，你对此有何看法。

原文：

Fiber-optic lines will form most of the backbone of the information highway, just as they do for the phone system today. Fiber-optic cable is made of long, think strands of glass rather than wire, and it transmits information in the form of digitized pulses of laser light rather than the radio waves used by coaxial cable. Because light pulses have shorter wavelengths than radio waves, engineers can cram much more data into fiber-optic lines than into other kinds of cables and wires. A single fiber, for example, can handle a mind-boggling 5,000 video signals or more than 500,000 voice conversations simultaneously. This huge capacity allows it to transmit all signals digitally. So noise or static easily can be filtered out. Finally, because glass is an inherently more efficient medium for transmitting information than other materials, a fiber-optic line can transmit a signal thousands of miles without much "signal loss". Fiber-optic cable, simply put, is the method of choice for transmitting massive quantities of information over long distances.

Another key is "digital compression" — a variety of methods for reducing the amount of digital code (streams of ones and zeros) needed to represent a piece of information — whether it is a document, a still picture, a movie or a sound. Digital compression is most critical for transmitting video, because digitized video consumes enormous amounts of space. Just four seconds of a digitized film, for example, would completely fill a 100-megabyte hard drive. A feature film of typical length, if uncompressed, would occupy more than 350 ordinary compact discs.

Compression techniques achieve their gins by recording only the changes from one frame to the next. The background image in a movie scene, for example, typically does not change much from one frame to another. In a digital compression scheme, the background would be recorded only once; after that, only the actors' movements would be captured.

One result is more choices — hundreds of channels coming through your cable TV line instead of dozens. Digital compression also makes it easier to piggyback data onto media that were not designed with data in mind: in particular, phone lines.

译文:

光纤电缆构成了今日电话系统的主干线,同样,它也将构成未来信息公路的主干线。光纤电缆的制造材料是细长的玻璃丝而不是金属导线,它的信息传输方式是激光数字脉冲而不是同轴电缆使用的无线电波。由于光脉冲的波长比无线电波的波长短,因而工程师可以输入光纤电缆的信息量之大令其他类型的电缆和导线望尘莫及。例如,一根光纤电缆可同时处理五千个电视信号或 50 多万次电话通话,简直令人惊奇。这种巨大的能力使它可以实现全部信号传输数字化,从而轻而易举地滤掉噪音或静电干扰。最后要指出的是,玻璃作为媒介,它本身的传输效率便高于其他材料,因而一条光纤电缆可将一个信号传输数千英里而几乎没有"信号流失"。简而言之,光纤电缆是远距离传输大量信息的最佳方式。

另一关键技术是"数字压缩"技术——及减少数码(一连串的 1 和 0)数量的各种方法,这种数码用来表示某种信息,如一份文件、一张静止图片、一部电影或一种声音。数字压缩技术对影像传送来说至关重要,因为数字化影像会占据大量的存储空间。例如,仅仅四秒钟的数字化影片,便要占据一百兆的硬盘存储空间。一部普通长度的故事片,如果未经压缩,要占 350 多张普通光盘。

数据压缩技术只记录一个画面与下一个画面之间的变化,从而实现其功能。例如,电影场景的背景图像在一个画面转为另一个画面时通常是不变的,在数字压缩系统中,背景图像只被记录一次,此后便只记录演员的动作。

数据压缩技术使可供选择的有线电视频道从几十个增加到几百个，数字压缩技术还能使数据更容易通过本不是用于传送数据的媒体线传送——特别是电话线。

名家谈翻译

张树柏：谈谈科技论文的翻译（节选）

……

由于文学作品与科技论著本质上的区别，在翻译工作上也就有了很大的差异。

谈文学作品翻译的很多作者都认为某一语言文字，在其背后，都代表一个特殊的文化历史背景。没有相同的文化背景，如想把一种文字译为另一种文字而求其百分之百的忠实贴切，就不是件很容易的事。勉强直译出来，也难引起读者的共鸣。例如中文“一日不见如隔三秋兮；三日不见如隔九秋兮。”其中三与九，只不过是代表长时期的意思，其实并没有“三年”和“九年”的意思在内。如果外国人没有读过汪中所著的《释三九》一篇文章，或是不明白中国人用“三”和“九”这两个数目字的一般习惯，就会难于了解其中的意义，这种例子非常多。最简单的就是本国人读了哈哈大笑的话，外国人就算字义完全明白，却也不会发笑，原因就是文化背景不同，不能引起读者的共鸣。

可是科技论文就不同。科技论文主要是受两个民族（或国家）科技发展程度的影响，如果本国科学不发达，翻译外国高深的科技论著必然会有困难。假如用未开化部落民族巫医的术语译现代医学教科书，其困难是可想而知的。就以翻译人员本身来论，如果没有相当程度的科技知识，工作必不能胜任愉快。就这一点而论，科技论文的翻译需要特殊的科技知识，和文学作品翻译相比之下，虽然谈不上二者哪一个较难或较易，但对翻译人员本身的要求，两者之间则有很大的距离。

其次谈到文字修辞方面。前文已说过，文学作品不论是原文或译文，用字修辞要细心推敲，务求新颖华丽。可是科技论著在这方面要求并不苛刻，因为科技论文本身有一种平淡、叙事，而没有生气的特质。平铺直叙把理论和事实叙述清楚为主，文字愈平易愈好，用字愈浅显，就愈容易使读者了解，也就愈合乎科技论文的要求。所以翻译科技论著时，严禁卖弄文字，也不需掺入本人感情，并且绝对不可夸张，炫露个人的才华。文学作品中可以有“白发三千丈，缘愁似个长”的夸张语，如果这种手法入了科技论文中，就变为不伦不类，完全失了科技论文的价值。Theodoare Savory 在所著 The Art of Translation 一书中曾举过一个例子说，R. C. Punnett 教授的名著 Mendelism（《孟德尔学说》）一书译成日文，目的只在想使日本人明白孟德尔遗传定律。任何一位日本读者读日本译文的时候，也不会由译文中得到 Punnett 英文原著文字简练，用字妥帖的印象。但日本译文仍不失为一本科学翻译名著。这就说明了一个要点：科技论文翻译，辞藻在其次，文字要力求简单易懂，但内容知识一定要正确无误地译出来。（申雨平、戴宁，2000）

第十三单元

13 常用文体翻译(法律翻译)

翻译点滴

假如说,文学翻译允许译者在翻译的过程中进行“再创造”以“拓展无限空间”,那么,法律翻译所注重的就是要“阻塞一切空间”了。艺术作品讲究的是形神兼备,但丹青难写是精神,最重要的是神似而非形似。齐白石说自己的作品在“似与不似之间”,歌德说美在“真与不真之间”,这两者的说法,也许是艺术作品及艺术创造的最佳诠释,但绝对不适宜用来描绘法律条文,因为双语立法时,“每个语文本须以同一形式出现”,这一个基本原则已定,求神似不求形似的说法便无法达成。控辩双方对簿公堂时,最主要的是拿出真凭实据,而两边的代表律师,各就各的呈堂证供来滔滔雄辩,他们所做的也无非是在法律条文之中寻找依据,希望字里行间出现空隙来迂回周转。因此法律条文订立得越刻板,越周全,就越有效。此所以历来法律文件不论以何种文字写成,都冗长累赘,不堪卒读,令一般老百姓望而生畏。

(金圣华,2004)

翻译什么最难?一定有人会大声说:“法律!”的确,在法律英语中,冗长的叙述和古英语和拉丁语频频出现,要理解它已经很不容易。要想把法律英语翻译得严谨、缜密、滴水不漏,更是“蜀道难,难于上青天”。请先看一下法律条文中比比皆是的“条”、“款”、“项”、“目”的翻译。只是这4个词,现在的法律文献中的表述就已经相当混乱,而相关的工具书也没有一个统一的说法。一般意义上而言,在英文中能够表达法律中“条款”之类的词汇大概有:article, section, subsection, paragraph, subparagraph, item, clause, rule, regulation, provision 以及 stipulation 等等。根据美国《法律词典》(*A Dictionary of the Law*. Clapp, 2000: 36), Article: subdivision of a written instrument; particularly a. a subdivision of a statute or constitution, usually subdivided into sections. b. one of the items or clauses in a contract, treaty, or other agreement. 从此书对 article 的释义来看，article 是宪法、制定法，或合同中“单独的，显著的部分”。所以，将之译为我国法律条文中的“条”是合适的。例如：

Any Member availing itself of the possibilities provided in Article 6 of the Berne Convention (1971) or paragraph 1 (b) of Article 16 of the Rome Convention shall make a notification as foreseen in those provisions to the Council for TRIPS.

[参考译文] 任何利用《伯尔尼公约》第 6 条或《罗马公约》第 16 条第 1 款(b)项规定的可能性的成员，均应按这些条款中所预想的那样，向 TRIPS 理事会做出通知。

Subparagraph 1 (b) and 1 (c) of Article XXIII of GATT 1994 shall not apply to the settlement of disputes under this Agreement for a period of five years from the date of entry into force of the WTO Agreement.

[参考译文] 自《WTO 协定》生效之日起 5 年内，GATT 1994 第 23 条第 1 款(b)项和(c)项不得适用于本协定项下的争端解决。

另外，clause 一词可将其译为泛指意义上的“条款”。例如，《新英汉词典》(1985：208)中对 clause 这个词的解释就是“条款”，“款项”。比如，clause of devolution 译为“义务承担条款”。

(屈文生、邢彩霞，2005)

13.1 法律英语的特点

法律语言有其自身的特点，用词精准，制作客观陈述，不带主观色彩。所用词语，无论是名词还是动词，都非人们日常使用的口语体，非常正式，体现出了法律文本的严肃性和缜密性。法律英语特别强调三性：即表达的准确性、简明性和明晰性。如下例：

The option period shall be the period of 10 days starting from the 30th day after the execution of this Agreement.

[参考译文] 选择期为本合同执行之日 30 天后的 10 天。

This convention shall not affect, or be incompatible with, the application of any international convention or national law relating to the regulation and control of transport operations.

[参考译文] 本公约不得影响任何有关运输业务管理的国际公约或国家法律的适用，也不得与之相冲突。

另外，法律英语在句法方面，长句、复杂句比较多，把错综复杂的信息通过各种连接有逻辑地安排在一个句子当中；为了准确完整地表达一个法律概念和法律事实，排除错误的可能性，条件句、定语从句的使用频率非常高。在翻译复杂的长句时，要先简化句子的结构，剔除定语、状语等修饰语，寻找主谓宾，抓住中心意思。(黄木兰，2005)如下例：

Every person who, himself, is exercising ordinary care, has a right to assume that every other person will perform his duty and obey the law; and in the absence of reasonable cause for thinking otherwise, it is not negligence for such a person to fail to anticipate an accident which can be occasioned only by a violation of law or duty by anther person.

[参考译文] 每个以适当谨慎行事的个人都有权假定他人将会履行职责并遵守法律；在没

有其他理由做出不同判断之时,该个人未能预见他人仅在违犯法律或职责的情况下方可导致事故发生的,不构成疏忽责任。

我们可以看出,上例中修饰主语的定语从句非常之长,并且有定语后置、分隔现象,而且从句之中又套从句,句式结构非常复杂。但这种句式的复杂性使得其条文逻辑脉络清楚明白,主从分明,又使得表述风格严谨、庄重。再如:

If the Respondent applies to the court for it to consider the Respondent's financial position after the divorce, the decree nisi cannot be made absolute unless the court is satisfied that the Petitioner had made or will make proper financial provision for the Respondent, or else that the Petitioner should not be required to make any financial provision for the Respondent.

[参考译文] 倘答辩人提出申请,要求法庭考虑其离婚后的经济状况,则法庭会认为呈请人已经提供或将会提供予答辩人妥善的经济援助,或(因任何理由)呈请人无需为答辩人提供任何经济援助,否则不可将暂准离婚令正式确定为最终离婚令。(黄木兰,2005)

这整段话句式冗长,但把全句的修饰成分剔除后,我们可以找到主句:The decree nisi cannot be made absolute.围绕这个中心意思,这句话的翻译也就不难了。

我们在翻译法律英语时,不仅要清楚具体地表达出法律英语原有的意思和宗旨,还要注意我国法律术语的选择。另外,由于中英法律文化的重大差异和法律文书的特殊性,要在理解原文的基础上重写中文的表述方式,在中文的表达中同样要注意逻辑清晰,用语庄重。在尽量避免含有感情色彩的词语出现的同时,要注意符合汉语的表达习惯。例如:

The borrower shall not do or cause or suffer anything to be done whereby the lender's interest may be prejudiced.

[参考译文 1] 借款人不得作出或促使或容许任何事情发生借以使贷款人的利益可能受损。

[参考译文 2] 凡可导致贷款人的利益受损的事情,借款人均不得作出,或促使或容许其发生。(黄木兰,2005)

上述两个版本的译文中,译文 1 不符合汉语的表达习惯,整个句子没有明显的层次,容易让人产生理解困难。但译文 2 就很好地解决了这个问题,主次分明,符合汉语的表达逻辑。

13.2 法律文书的翻译

法律文书多种多样,有各式法规条文,起诉书,答辩状,证明文件,委托书,判决书,各种合同等。其语言都有一个特点:即用语正式,专业术语多,句式结构也比较复杂。这给法律翻译设置了很大的障碍。本小节将从应用最广泛的合同文书出发,探讨法律文书的翻译技巧。

生活中的法律文书中最常见的就是各种各样的合同。无论是公司之间的合作协议,采购合同,还是个人之间的财产协议都以合同的形式出现。如果涉及双语合同文书,那么翻译的责任就极其重大,稍有不慎,就会带来难以弥补的损失。合同通常有固定的格式,内容一般包括陈述、定义解释、双方的权利义、不可抗力条款、管辖的法律、争议的解决、责任、赔偿等等。另外,合同中常常涉及行业的专业术语,这一点在翻译时要特别注意,译者要多咨询业内人士,查询各种专业的工具书，避免在翻译中贻笑大方。

合同中经常使用公文用语，特别是英语中一套惯用的公文副词，如从此以后，今后：hereafter；此后，以后：thereafter；在其上：thereon /thereupon；在其下：thereunder；对于这个：hereto；对于那个：whereto；在上文：hereinabove /hereinbefore；在下文：hereinafter / hereinbelow；在上文中，在上一部分中：thereinbefore；在下文中，在下一部分中：thereinafter 等等。如下例：

This Contract shall come into force from the date of execution hereof by the Buyer and the Builder.

［参考译文］ 本合同自买方和建造方签署之日生效。

The undersigned hereby agrees that the new products whereto this trade name is more appropriate are made in China.

［参考译文］ 下述签署人同意在中国制造新产品，其品牌以此为合适。

另外，合同中有一些条款基本内容是比较固定的，翻译是可以有现成的已为大众所接受的译文作为参考，如合同中的不可抗力条款和仲裁条款等。翻译时只要根据具体内容稍作更改即可。如：

Force Majeure：The Sellers shall not be held responsible for late delivery or non-delivery of the goods owing to generally recognized "Force Majeure" causes. However, in such case, the Sellers shall immediately cable the Buyers the accident and airmail to the Buyers within 15 days after the accident, a certificate of the accident issued by the competent government authorities or the chamber of commerce which is located at the place where the accident occurs as evidence thereof. With the exception of late delivery or non-delivery due to "Force Majeure" causes, in case the Sellers fail to make delivery within the time as stipulated in the contract, the Sellers should indemnify the Buyers for all losses and expenses incurred to the latter directly attributable to late delivery or failure to make delivery of the goods in accordance with the terms of this contract. If the "Force Majeuer" cause lasts over 60 days, the Buyers shall have the right to cancel the Contract or the undelivered part of the Contract.

［参考译文］ 不可抗力：由于一般公认的人力不可抗拒原因而不能交货或装船迟延，卖方不负责任。但卖方必须在事故发生时立即电告买方并在事故发生后 15 天内航空邮寄给买方灾害发生地点之有关政府机关或商会所发给的证件证实灾害存在。除因不可抗力致装船迟延或不能交货外，如卖方不能按合同规定期限内装船，则需要赔偿买方直接由于延期交货或不能按合同条件交货所遭受之一切损失及费用。人力不可抗拒事故如继续存在 60 天以上时，买方有权撤销合同或合同中未装运部分。

Arbitration：All disputes in connection with this Contract or the execution there of shall be amicably settled through negotiation. In case no settlement can be reached between the two Parties, the case under dispute shall be submitted to the Trade Arbitration Commission of the China Council for the Promotion of International Trade for arbitration. The arbitration shall take place in Beijing, China and shall be executed in accordance with the Provisional Rules of Procedure of the said Commission and the decision made by the Arbitration

Commission shall be accepted as final and binding upon both parties. The fees for arbitration shall be borne by the losing Party unless otherwise awarded.

［参考译文］ 仲裁：一切因执行本合同所发生与本合同有关之争执，双方应友好协商解决。如双方协商不能解决时，此争执应提交中国国际贸易促进委员会对外贸易仲裁委员会，按照该仲裁委员会仲裁程序暂行规则进行仲裁。仲裁地点在中国北京。仲裁委员会的裁决为终局裁决，对双方均有约束力，对仲裁费用除非仲裁委员会另有决定外，均由败诉一方负担。

以下是一篇完整的采购合同框架，读者可体会一下合同翻译的用词，注意翻译的准确性。

Purchase Contract

Contract No.（合同编号）：________

Date（签订日期）：________

Signed at（签订地点）：________

The Buyer（买方）：________

Address（地址）：________

The Seller（卖方）：________

Address（地址）：________

The Seller and the Buyer agree to conclude this Contract subject to the terms and conditions stated below：

买卖双方同意按照下列条款签订本合同：

1. Name，Specifications and Quality of Commodity（货物名称、规格和质量）：
2. Quantity（数量）：________，________ more or less allowed（允许________的溢短装）
3. Unit Price（单价）：
4. Total Amount（总值）：
5. Terms of Delivery（交货条件）FOB/CFR/CIF ________
6. Country of Origin and Manufacturers（原产地国与制造商）：
7. Packing（包装及标准）：

The packing of the goods shall be preventive from dampness，rust，moisture，erosion and shock，and shall be suitable for ocean transportation / multiple transportation. The Seller shall be liable for any damage and loss of the goods attributable to the inadequate or improper packing. The measurement，gross weight，net weight and the cautions such as "Do not stack up side down"，"Keep away from moisture"，"Handle with care" shall be stenciled on the surface of each package with fadeless pigment.

货物应具有防潮、防锈蚀、防震并适合于远洋运输的包装，由于货物包装不良而造成的货物残损、灭失应由卖方负责。卖方应在每个包装箱上用不褪色的颜色标明尺码、包装箱号码、毛重、净重及"此端向上"、"防潮"、"小心轻放"等标记。

8. Shipping Marks(唛头):

9. Time of Shipment (装运期限):

10. Port of Loading(装运口岸):

11. Port of Destination(目的口岸):

12. Insurance(保险):

Insurance shall be covered by the ________ for 110% of the invoice value against ________ Risks and ________ Additional Risks.

由________按发票金额 110% 投保________险和________附加险。

13. Terms of Payment(付款条件):

(1) Letter of Credit: The Buyer shall, ________ days prior to the time of shipment/after this Contract comes into effect, open an irrevocable Letter of Credit in favor of the Seller. The Letter of Credit shall expire ________ days after the completion of loading of the shipment as stipulated.

信用证方式:买方应在装运期前/合同生效后________日,开出以卖方为受益人的不可撤销的议付信用证,信用证在装船完毕后________日内到期。

(2) Documents against payment: After shipment, the Seller shall draw a sight bill of exchange on the Buyer and deliver the documents through Sellers bank and ________ Bank to the Buyer against payment, i. e D/P. The Buyer shall effect the payment immediately upon the first presentation of the bill(s) of exchange.

付款交单:货物发运后,卖方出具以买方为付款人的付款跟单汇票,按即期付款交单(D/P)方式,通过卖方银行及________银行向买方转交单证,换取货物。

(3) Documents against Acceptance: After shipment, the Seller shall draw a sight bill of exchange, payable ________ days after the Seller delivers the document through Seller's bank and ________ Bank to the Buyer against acceptance (D/A ________ days). The Buyer shall make the payment on date of the bill of exchange.

承兑交单:货物发运后,卖方出具以买方为付款人的付款跟单汇票,付款期限为________后________日,按即期承兑交单(D/A ________日)方式,通过卖方银行及________银行,经买方承兑后,向买方转交单证,买方在汇票期限到期时支付货款。

(4) Cash on delivery (COD): The Buyer shall pay to the Seller total amount within ________ days after the receipt of the goods (This clause is not applied to the Terms of FOB, CFR, CIF).

货到付款:买方在收到货物后________天内将全部货款支付卖方(不适用于 FOB、CRF、CIF 术语)。

14. Documents Required(单据):

The Seller shall present the following documents required to the bank for negotiation/collection: 卖方应将下列单据提交银行议付/托收:

(1) Full set of clean on board Ocean/Combined Transportation/Land Bills of Lading and blank endorsed marked freight prepaid/ to collect；标明通知收货人/受货代理人的全套清洁的、已装船的、空白抬头、空白背书并注明运费已付/到付的海运/联运/陆运提单；

(2) Signed commercial invoice in ________ copies indicating Contract No.，L/C No. (Terms of L/C) and shipping marks；标有合同编号、信用证号(信用证支付条件下)及装运唛头的商业发票一式________份；

(3) Packing list/weight memo in ________ copies issued by ________；由________出具的装箱或重量单一式________份；

(4) Certificate of Quality in ________ copies issued by ________；由________出具的质量证明书一式________份；

(5) Certificate of Quantity in ________ copies issued by ________；由________出具的数量证明书一式________份；

(6) Insurance policy/certificate in ________ copies (Terms of CIF)；保险单正本一式________份(CIF交货条件)；

(7) Certificate of Origin in ________ copies issued by ________；________签发的产地证一式________份；

(8) The Seller shall，within ________ hours after shipment effected，send by courier each copy of the above-mentioned documents No. ________. 装运通知(Shipping advice)：卖方应在交运后________小时内以特快专递方式邮寄给买方上述第________项单据副本一式一套。

15. Terms of Shipment(装运条款)：

(1) FOB交货方式

The Seller shall，30 days before the shipment date specified in the Contract，advise the Buyer by ________ of the Contract No.，commodity，quantity，amount，packages，gross weight，measurement，and the date of shipment in order that the Buyer can charter a vessel/book shipping space. In the event of the Seller's failure to effect loading when the vessel arrives duly at the loading port，all expenses including dead freight and/or demurrage charges thus incurred shall be for the Seller's account.

卖方应在合同规定的装运日期前30天，以________方式通知买方合同号、品名、数量、金额、包装件、毛重、尺码及装运港可装日期，以便买方安排租船/订舱。装运船只按期到达装运港后，如卖方不能按时装船，发生的空船费或滞期费由卖方负担。在货物越过船舷并脱离吊钩以前一切费用和风险由卖方负担。

(2) CIF或CFR交货方式

The Seller shall ship the goods duly within the shipping duration from the port of loading to the port of destination. Under CFR terms，the Seller shall advise the Buyer by ________ of the Contract No.，commodity，invoice value and the date of dispatch two days before the shipment for the Buyer to arrange insurance in time.

卖方须按时在装运期限内将货物由装运港装船至目的港。在CFR术语下,卖方应在装船前2天以________方式通知买方合同号、品名、发票价值及开船日期,以便买方安排保险。

16. Shipping Advice(装运通知):

The Seller shall, immediately upon the completion of the loading of the goods, advise the Buyer of the Contract No., names of commodity, loading quantity, invoice values, gross weight, name of vessel and shipment date by ________ within ________ hours.

一旦装载完毕,卖方应在________小时内以________方式通知买方合同编号、品名、已发运数量、发票总金额、毛重、船名/车/机号及启程日期等。

17. Quality Guarantee(质量保证):

The Seller shall guarantee that the commodity must be in conformity with the quantity, specifications and quantity specified in this Contract and Letter of Quality Guarantee. The guarantee period shall be ________ months after the arrival of the goods at the port of destination, and during the period the Seller shall be responsible for the damage due to the defects in designing and manufacturing of the manufacturer.

货物品质规格必须符合本合同及质量保证书之规定,品质保证期为货到目的港________个月内。在保证期限内,因制造厂商在设计制造过程中的缺陷造成的货物损害应由卖方负责赔偿。

18. 检验(Inspection)(以下两项任选一项):

(1) The Seller shall have the goods inspected by ________ days before the shipment and have the Inspection Certificate issued by ________. The Buyer may have the goods re-inspected by ________ after the goods arrival at the destination.

卖方须在装运前________日委托________检验机构对本合同之货物进行检验并出具检验证书,货到目的港后,由买方委托________检验机构进行检验。

(2) The manufacturers shall, before delivery, make a precise and comprehensive inspection of the goods with regard to its quality, specifications, performance and quantity/weight, and issue inspection certificates certifying the technical data and conclusion of the inspection. After arrival of the goods at the port of destination, the Buyer shall apply to China Commodity Inspection Bureau (hereinafter referred to as CCIB) for a further inspection as to the specifications and quantity/weight of the goods. If damages of the goods are found, or the specifications and/or quantity are not in conformity with the stipulations in this Contract, except when the responsibilities lies with Insurance Company or Shipping Company, the Buyer shall, within ________ days after arrival of the goods at the port of destination, claim against the Seller, or reject the goods according to the inspection certificate issued by CCIB. In case of damage of the goods incurred due to the design or manufacture defects and/or in case the quality and performance are not in conformity with the

Contract, the Buyer shall, during the guarantee period, request CCIB to make a survey.

发货前，制造厂应对货物的质量、规格、性能和数量/重量作精密全面的检验，出具检验证明书，并说明检验的技术数据和结论。货到目的港后，买方将申请中国商品检验局(以下简称商检局)对货物的规格和数量/重量进行检验，如发现货物残损或规格、数量与合同规定不符，除保险公司或轮船公司的责任外，买方得在货物到达目的港后________日内凭商检局出具的检验证书向卖方索赔或拒收该货。在保证期内，如货物由于设计或制造上的缺陷而发生损坏或品质和性能与合同规定不符时，买方将委托中国商检局进行检验。

19. Claim (索赔):

The buyer shall make a claim against the Seller (including replacement of the goods) by the further inspection certificate and all the expenses incurred therefrom shall be borne by the Seller. The claims mentioned above shall be regarded as being accepted if the Seller fail to reply within ________ days after the Seller received the Buyer's claim.

买方凭其委托的检验机构出具的检验证明书向卖方提出索赔(包括换货)，由此引起的全部费用应由卖方负担。若卖方收到上述索赔后________天未予答复，则认为卖方已接受买方索赔。

20. Late Delivery and Penalty (迟交货与罚款):

Should the Seller fail to make delivery on time as stipulated in the Contract, with the exception of Force Majeure causes specified in Clause 21 of this Contract, the Buyer shall agree to postpone the delivery on the condition that the Seller agrees to pay a penalty which shall be deducted by the paying bank from the payment under negotiation. The rate of penalty is charged at ________% for every ________ days, odd days less than ________ days should be counted as ________ days. But the penalty, however, shall not exceed ________% of the total value of the goods involved in the delayed delivery. In case the Seller fail to make delivery ________ days later than the time of shipment stipulated in the Contract, the Buyer shall have the right to cancel the Contract and the Seller, in spite of the cancellation, shall nevertheless pay the aforesaid penalty to the Buyer without delay.

The buyer shall have the right to lodge a claim against the Seller for the losses sustained if any.

除合同第21条不可抗力原因外，如卖方不能按合同规定的时间交货，买方应同意在卖方支付罚款的条件下延期交货。罚款可由议付银行在议付货款时扣除，罚款率按每________天收________%，不足________天时以________天计算。但罚款不得超过迟交货物总价的________%。如卖方延期交货超过合同规定________天时，买方有权撤销合同，此时，卖方仍应不迟延地按上述规定向买方支付罚款。

买方有权对因此遭受的其他损失向卖方提出索赔。

21. Force Majeure (不可抗力):

The Seller shall not be responsible for the delay of shipment or non-delivery of the goods due to Force Majeure, which might occur during the process of manufacturing or in the course of loading or transit. The Seller shall advise the Buyer immediately of the occurrence mentioned above and within ________ days thereafter the Seller shall send a notice by courier to the Buyer for their acceptance of a certificate of the accident issued by the local chamber of commerce under whose jurisdiction the accident occurs as evidence thereof. Under such circumstances the Seller, however, are still under the obligation to take all necessary measures to hasten the delivery of the goods. In case the accident lasts for more than ________ days the Buyer shall have the right to cancel the Contract.

凡在制造或装船运输过程中,因不可抗力致使卖方不能或推迟交货时,卖方不负责任。在发生上述情况时,卖方应立即通知买方,并在________天内,给买方特快专递一份由当地民间商会签发的事故证明书。在此情况下,卖方仍有责任采取一切必要措施加快交货。如事故延续________天以上,买方有权撤销合同。

22. Arbitration (争议的解决):

Any dispute arising from or in connection with the Contract shall be settled through friendly negotiation. In case no settlement is reached, the dispute shall be submitted to China International Economic and Trade Arbitration Commission (CIETAC), Shenzhen Commission for arbitration in accordance with its rules in effect at the time of applying for arbitration. The arbitral award is final and binding upon both parties.

凡因本合同引起的或与本合同有关的任何争议应协商解决。若协商不成,应提交中国国际经济贸易仲裁委员会深圳分会,按照申请仲裁时该会现行有效的仲裁规则进行仲裁。仲裁裁决是终局的,对双方均有约束力。

23. Notices(通知):

All notice shall be written in ________ and served to both parties by fax/email/courier according to the following addresses. If any changes of the addresses occur, one party shall inform the other party of the change of address within ________ days after the change.

所有通知用________文写成,并按照如下地址用传真/电子邮件/快件送达给各方。如果地址有变更,一方应在变更后________日内书面通知另一方。

24. The terms FOB, CFR, CIF in the Contract are based on INCOTERMS 2000 of the International Chamber of Commerce.

本合同使用的 FOB、CFR、CIF 术语系根据国际商会《2000 年国际贸易术语解释通则》。

25. Additional clause(附加条款):

Conflicts between Contract clause hereabove and this additional clause, if any, it is subject to this additional clause.

本合同上述条款与本附加条款抵触时,以本附加条款为准。

26. This Contract is executed in two counterparts each in Chinese and English, each of which shall be deemed equally authentic. This Contract is in ________ copies, effective since being signed/sealed by both parties.

本合同用中英文两种文字写成,两种文字具有同等效力。本合同共________份,自双方代表签字(盖章)之日起生效。

Representative of the Buyer
买方代表(签字):
(Authorized signature):
Representative of the Seller
卖方代表(签字):
(Authorized signature):

翻译法律文件要求忠实于原文,不但要表意准确,而且还要符合法律语言的风格。文字要精确,洗炼。这就要求法律翻译工作者除了应具备从事一般文字翻译所必需的能力外,在英语和汉语的功底和写作能力上也有较高的要求,还要具备一定的法律方面的知识。(孙万彪,2004)

13.3 翻译小知识

在法律文件中有些术语的译文是固定,有些则要尊重英语的习惯,在翻译时切忌望文生义。现将一些常用术语及其译文总结如下(按汉语拼音排列):

	A
按劳分配	distribution according to work
	B
败诉方	the losing party
保荐人	sponsor
保险范围	(scope of) coverage
被许可方	licensee
本位币	standard currency
本意	original intent
变更	modify; modification
标的(物)	subject matter
标识	logo
补充协议	supplementary agreement
补救措施	remedial measure; remedy
不可抗力	force majeure

不可(强制)执行的	unenforceable
不能防止的	unpreventable
不能预见的	unforeseeable
不时地	from time to time
不一致	discrepancy; inconsistency; conflict
不作为	omission
	C
财务报表	financial statement
财务状况	financial condition/standing
参照	with reference to
拆迁安置	demolishing of houses and relocation of the residents
产权证	certificate of title
陈述或保证	representation or warranty
诚(实)信(用)	good faith
迟延履行	delay the performance
出口许可证	export license
出资证明书	certificate for capital contribution
从权利	incidental rights
从债务	incidental liabilities
催告	urge
	D
代理人	proxy; agent
贷款协议	loan agreement
抵触	contravene; contravention
抵押	mortgage
董事会	board (of directors)
董事会决议	board resolution
董事长	chairman (of the board)
独立审计师	independent auditor
多劳多得	more pay for more work
	F
罚款/金	penalty; fine
法定代表	legal representative
法定地址	legal address
法定人数	quorum
法律地位	legal status
法律法规	laws and regulations
法律效力	legal force

法人	legal person
房地产	real estate
放弃(权利)	waive; waiver
附件	appendix; schedule
	G
个人所得税	individual income tax
工商(行政管理)局	administration for industry and commerce
工业产权	industrial property (rights)
工作许可证	work permit
公告	(public) announcement
公共利益	public interests
公证机关	notary public office
股权	equity; interest; equity interest
固定资产	fixed assets
管辖	govern
管辖法律	governing law
管辖权	jurisdiction
规章制度	rules and regulations
	H
合法权益	lawful/legitimate rights and interests
合同当事人	party to a contract; contracting party
合同法	Contract Law
合营公司	joint venture company/JV company
合营企业	joint venture
合资(经营)企业	equity joint venture/EJV
合作(经营)企业	cooperative/contractual joint venture/CJV
合作伙伴	partner
会议记录	minutes of a meeting
	J
基本建设	capital construction
基础设施	infrastructure
兼并;合并	merger; merge
奖惩	reward and penalty
解散	dissolve
进口许可证	import license
经济损失	economic loss; financial loss
经营范围	scope of business
经营期限	term of operation

K

抗辩	defense
可分(割)性	severability
可(强制)执行的	enforceable
可行性研究报告	feasibility study report
会计报表	accounting statement
快递	deliver by courier

L

劳动保险	labor insurance
利润分配	profit distribution
连带责任	joint and several liability
留置	lien

M

秘书处	secretariat
免税	tax exemption
民事权利	civil right
民事行为	civil act

P

平等互利	equality and mutual benefit
评估	appraise; assess

Q

期限	time limit; fixed time; deadline
欺诈	fraud
起诉	sue; institute legal proceedings
弃权	abstain from voting
清算程序	liquidation procedures
权利主张	claim
权限	authority
权责发生制	accrual system

R

人身伤害保险	coverage against bodily injury; bodily injury insurance
入境签证	entry visa

S

善意	bona fide
商标注册	trademark registration
社会保障	social security
社会公德	social ethics; public morals
社会经济秩序	social and economic order

失职	dereliction of duty
适用法律	applicable law
首席仲裁员	chief arbitrator
受让人	transferee; assignee
授权代表	authorized representative
书面通知	notify ... in writing; notice in writing
书面文件	instrument
书面形式	in writing
司法权	judicial power
送达	serve
诉讼	(law) suit; litigation
	T
替代条款	substitute provision
条款和条件	terms and conditions
停业	winding-up; cessation of business
土地使用权	right to use the land; land use right
土地(使用权)出让	land (use rights) grant
土地(使用)证书	land use certificate
	W
外汇交易	foreign exchange transaction
外商独资企业	wholly foreign-owned enterprise
违约	breach (of contract); default
违约方	party in default; defaulting party
违约金	default fine
违约责任	liability for breach of contract
委托书	power of attorney
未尽事宜	matters not covered
	X
详情	detailed information
行政法规	administrative regulations
行政权	administrative power
许可方	licensor
验证	verify; verification
	Y
要求赔偿损失	claim damages
一般规定	general provisions/stipulations
议事规则	rules of procedures
应诉	defense in legal proceedings; response to a civil action

营业执照	business license
有法律约束力	be legally binding
有同等效力	be equally authentic
有约束力	be binding on
	Z
在法律允许范围内	to the extent permitted by law
暂时	for the time being
暂行规定	provisional provisions
债权	creditor's rights; claim
债权人	creditor; oblige
债务人	debtor; obligor
章程	articles of association
争议的解决	dispute resolution; settlement of a dispute
知识产权	intellectual property (rights)
职能	function
质押	pledge
滞纳金	late payment penalty
终止	terminate
仲裁裁决	arbitration award
仲裁程序	arbitration proceedings
仲裁机构	arbitration institution
仲裁庭	arbitral tribunal
仲裁委员会	arbitration committee
注册资本	registered capital
专利证书	letters patent
转让人	transferor; assignor
总则	general provisions
最高权力机构	the highest authority

名家谈翻译

贺麟：论翻译(节选)

今翻译之职务，即在于由明道知意而用相应之语言文字以传达此意表示此道，故翻译是可能的。因道是可传，意是可宣的。再则，意与言道与文既是一与多的关系，则可推知同一真理，同一意思，可用许多不同的语言文字或其他方式以表达之。意思惟一，而表达此同一意思之语言文字可以多种。言之多，不妨害意之一。今学术上同一的客观真理，当然可以用多种语言文字以表达之，而不妨害其为同一之真理。今翻译的本质，即是用不同的语言文字，以表达同一的真理，故翻译是可能的。

从这一番关于翻译可能的哲学原理的讨论，我们可以绅绎出下列两层道理：第一，翻译既是以多的语言文字，去传达同一的意思或真理，故凡从事翻译者，应注重原书义理的了解，意思的把握。换言之，翻译应注重意译或义译。不通原书义理，不明著者意旨，而徒斤斤于语言文字的机械对译，这就根本算不得翻译。真切理解原文意旨与义理之后，然后下笔翻译，自可因应裕如，无有滞碍，而得到言与意、文与理合一而平行的译文。而且可以因原书所包含的意与理之新颖独创，而获得一与之相应的新颖独创的译文。故由翻译而得到创造新语言，新术语，新文体的效果，唯有意译方可获致。不从意思与义理着力，徒呆板而去传译语文形式的末节，只能败坏语文，使语文生硬，晦涩，诡怪。第二，凡原书不能表达真切之意、普遍之理，而只是该国家或民族的特殊文字语言之巧妙的玩弄，那便是不能翻译，不必翻译或不值得翻译的文字。如中国六朝的骈体文或西洋许多玩弄文字把戏的哲学著作，便是属于这类不能、不必、不值得翻译的文献。谈到这里就牵涉到诗之能否翻译问题。就诗之具有深切著明人所共喻的意思情绪真理言，则这一方面的诗应是可以用另一种文字表达或翻译的。就诗之音节形式之美，或纯全基于文字本身之美的一部分言，那大半是不能翻译的，要翻译时，恐须深切领会到原诗意义情境之美后，更新创一相应的美的形式以翻译之。换言之，原诗是出于天才的创造，精神的感兴，译诗亦应是出于天才的创造，精神的感兴。原诗具有文字本身之美，译诗亦应具有文字本身之美。我揣想英诗人卡浦曼所译的荷马，大约是属于这一类的。所以我们一方面要承认诗是可以翻译的，一方面又要承认诗之可译性是有限的。译诗所需要的创造天才特别多，所以是特别困难的。便无论如何我们要拒绝诗是绝对不可翻译的谬说，因为那是出于神秘主义，那是懒人遮丑的伎俩，于文化的传播，于诗人所宣泄的伟人情意与真理的共喻和共赏是有阻碍的。总之，我们要把握住“人同此心，心同此理”的真义。心同理同的部分，才是人类的本性，文体的泉源，而此心同理同部分亦即是可以翻译的部分，可以用无限多的语言去发挥表达的部分，彼玩弄光景，沉醉于神奇奥妙的境界的神秘主义者，执着于当下赤裸，飘忽即逝的感觉的感觉主义者，或拘滞于语言文字之形式或技巧之末节的形式主义者，皆是不明了体用合一，心同理同的心学或理学的人，故其立说不足以作翻译可能的理论基础。

此外还有一个关于理论方面的问题，就是关于翻译本身的意义与价值问题。这个问题又分两方面，一是译文绝对不如原文问题。因为一般人大都认为译文乃是改造品，仿造品，抄袭品，绝对不如原文之真，之美，之善，译文与原文有似水与酒的关系。原文意味深厚，译文淡泊无味。所以译文都不值得有学术兴趣的人去读的。译文只是对不通原文的人说法。假如一个已懂英文的人，再去读中译的英文书，是可耻的，至少是无益的。这当然是经验中的事实，而现下国内出版界所流行的译品，也的确使人得到这种看法。但我们须知，这个事实只是一种不良的现象，须得改变，减少的现象。这并不能涉及译品的本质。我们不能说，凡译文绝对地必然地普遍地不如原文。事实上比原文更美或同样美的译文，就异常之多。……所以我国现下通西文的人大都不读中文译本或不参读中文译本，乃是中国翻译工作尚未上轨道，许多重要典籍，均乏标准译本的偶然现象，并非永久的常态。……盖译文与原文的关系，在某意义上，固然有似柏拉图所谓抄本与原型的关系。而在另一意义下，亦可说译文与原文皆是同一客观真理之抄本或表现也。就文字言，译文诚是原著之翻抄本，就义理言，译本与原著皆系同一客观真理之不同语文的表现。故译本表达同一真理之能力，诚多有不如原著处，但译本表达同一真理之能力，有时同于原著，甚或胜过原著亦未尝不可能也。

关于翻译工作本身价值问题的另一方面，就是说翻译只是传达他人的思想，为他人的学说作传声筒的机械工作。从事翻译者大多是没有坚强的个性，没有独创的思想学说的人。故翻译之事乃是创造天才所不愿为不屑为的工作，就表面上看，这显然是事实，而且的确是很普遍而无可否认的事实。但执着此种事实，认为是绝对无例外，且因而忽视翻译工作，那就会成为阻碍学术之进步与发展的浅妄之见。第一，翻译而能成为准确的传声筒，如良好的广播机或收音机然，那已是难能可贵，值得嘉奖鼓励的事。盖文化学术上的传声筒或广播机，实有其急切普遍之需要，不可一日或缺，不可一地或缺。此不过单就翻译在文明社会中之实用价值而言。其次，就学术文化上之贡献言，翻译的意义与价值，在于华化西学，使西洋学问中国化，灌输文化上的新血液，使西学成为国家之一部分。吸收外来学术思想，移译并融化外来学术思想，使外来学术思想成为自己的一部分，这乃正是扩充自我，发展个性的努力，而绝不是埋没个性的奴役。第三，谈到翻译与创造的关系，我们亦须勿囿于片面浅妄的意见。我们须知有时译述他人之思想，即所以发挥或启发自己的思想。翻译为创造之始，创造为翻译之成，（摹仿与创造的关系准此。）翻译中有创造，创造中有翻译。

片面地提倡独自创造，而蔑弃古典思想之注释发挥，外来思想之介绍译述，恐难免走入浅薄空疏夸大之途。谁不愿意创造？但创造乃是不可欲速助长的。创造之发生每每是出于不自知觉的，是不期然而然的，是不能勉强的，不能自命的，故与其侈言创造，而产生空疏浅薄夸大虚娇的流弊或习气，不如在学术界养成一种孔子之“述而不作”，朱子之“注而不作”，玄奘之“译而不作”的笃厚朴实好学的风气，庶几或可不期然而然地会有伟大的创造的时代的降临。

中国的新学术文化如要有坚实的基础，盛大的发展，无论学术界人士和教育负责的当局，似须对于西洋学术思想名著的翻译工作，予以认真的注意。如何审查流行的芜滥的译品，如何培植专门翻译的人才，如何予有志于从事翻译的学者以便利和鼓励，似乎都是教育当局所当考虑的工作。至于若有睿智诚笃好学的青年朋友，因本文的激励而能早下决心，培植深厚的学问基础，以翻译西洋学术上的名著为终身志业，远效奘师，近迈又陵，更是本人所馨香祷祝的了。（申雨平、戴宁，2000）

第十四单元

14 常用文体翻译(商务翻译)

我们每天会面对成千上万则广告。你能够记住多少?研究调查表明,每天能被消费者记住的广告不超过十分之一。一个悦耳的品牌是庞大的无形资产,在经济全球化的今天,不少品牌都有译名。作为一名消费者,你马上就能判断品牌的好坏,可是作为一名译者,你能马上判断品牌译名的好坏吗?大家不妨试试。P&G 旗下的产品大多为广大中国消费者所熟悉,Rejoice 和 Head & Shoulders 就是其中的两个洗发水品牌,你能马上说出它们的中文品牌名称吗?没错,就是“飘柔”和“海飞丝”。作为一名中国消费者,大概不会不喜欢能让你秀发“丝丝柔滑,飘逸如仙”的洗发水吧!再如 Goldlion,如果按照直译,则为“金狮”,“狮”与“输”或“死”谐音,易引起人们的不好联想,故译者巧妙地译为“金利来”,象征“财源滚滚来”,产品相当受欢迎。80 年代中国有一品牌名称为“芳芳”的口红,译者将其音译为 Fang Fang,让外国人联想到“毒蛇之尖牙”,销路可想而知。将“白象牌电池”翻译为“White Elephant Battery”早已成为人们的笑谈,这是因为在英语中 white elephant 通常指“大而无用的东西”。

14.1 品牌和广告的翻译

14.1.1 品牌

请找出你最喜爱的 5 个品牌译名(最好是英译汉),互相比较一下,看哪些品牌译名的受欢迎程度较高。

1) ____________________

2) ____________________

3) ____________________

4) ____________________

5) ______________________________

请说出你喜欢这些品牌译名的原因，互相比较一下，看哪些原因出现的重复率最高：

1) ______________________________

2) ______________________________

3) ______________________________

4) ______________________________

5) ______________________________

请问，你现在能自己概括出衡量品牌译名成功与否的标准吗？

一个商品的品牌，要能吸引消费者，让其识别和联想产品，并发挥良好的广告宣传效应。因此文字的选择显得十分重要。翻译时要采用灵活对等的方法，具体建议如下：

1. 注意文化背景的差异

商标和品牌蕴含着丰富的文化气息，对于同一品牌，不同的文化有着不同的审美情趣和意象联想。正如前面第二单元所述，中国品牌中常用的龙、凤、大象等，在西方一些国家都是不受欢迎的东西。例如："紫罗兰男装"的英译：

紫罗兰男装：Pansy Men's Clothing

Pansy 在英文中表示"女性化的男人"，所以，除非该商品针对的是这一特别的销售群体，否则的话，这样的译名会让消费者极为反感。

2. 选词注意联想效果

译名要能引导联想，确定译名时要反复斟酌其含义，画龙点睛。例如：

Bens	奔驰（联想性能与速度）
Rejoice	飘柔（联想使用效果与美感）
Coca-Cola	可口可乐（联想口感与心情）
Goldlion	金利来（联想财源滚滚来）

3. 将直译、意译、音译三种方法有机结合，灵活运用，烘托商品的主题

理想的译法是尽量做到音意结合，音存意生，内涵丰富，新颖独特，如能产生"音美、意美、形美"的效果则更佳。例如：

Colgate 高露洁（牙膏）　　Welcome 惠康（店名）

Sprite 雪碧（饮品）　　Whisper 护舒宝（卫生巾）

Nike 耐克（运动鞋）　　Canon 佳能（照相机）

课外练习

请利用一切资源调查一下以下品牌的译名，作为一名译者，请判断一下这些译名的优劣，并说出其中的原因。

1) Amer（内衣）　　2) Amway（日用品）

3) Lacovo（饮料）　　4) Goodyear（轮胎）

5) Pepsicola（饮料）　　6) Polaroid（快照）

7) Marlboro（烟）　　8) Companion（烟）

9) Transformer(玩具)

10) Benz(汽车)

11) Hennessy(酒)

12) Audi(汽车)

13) Minolta(照相机)

14) Dutch Lady(婴儿奶粉)

15) Seven-up(汽水)

16) Weicon(隐形眼镜)

17) Pampers(尿布)

18) Dunhil(时装)

14.1.2 广告

请找出你最喜爱的5则广告(最好是英汉对照),互相比较一下,看哪些广告的受欢迎程度较高。

1) ________________

2) ________________

3) ________________

4) ________________

5) ________________

请说出你喜欢这些广告的理由,互相比较一下,看哪些理由的重复率最高。

1) ________________

2) ________________

3) ________________

4) ________________

5) ________________

广告以促销为目的,它的功能被概括为 AIDMA 原则,即 Attention(唤起注意),Interest(引发兴趣),Desire(激起购买欲望),Memory(进入消费者记忆中),Action(促使行动)。为此编写广告要"永无休止地寻找新思想,永无休止地寻找新的与众不同的表达思想方式"。

1. 广告的英语语言特征

广告语言带有明显的非正式语体色彩,总的来讲优美独到,内涵丰富,句法洗练,修辞变化多端,耐人寻味。

(1) 用词凝练新颖,有修饰渲染倾向。

广告较多使用复合词、专有名词和具有积极、肯定的褒扬之词。另外,广告文体还常常别出心裁地使用变异或杜撰新词的方法以达到引人注目,给人深刻印象的目的。例如:Give a Timex to all, to all a good Time. 该广告是 Timex 牌手表。Timex 是杜撰新词,由 Time 加 Excellent 合成,可以给读者联想到"时间"和"优秀",翻译时尽可能反映原新词构成的含义。该广告的译文为:给您一块"天美时",您可把握好时光。

(2) 多用并列句,少用主从结构

侯维瑞(1988)在《英语语体》(*Varieties of English*)一书中指出,"广告英语为求得简洁,常倾向于更多地使用并列结构,而相对较少地使用复合结构"。这话高度概括了广告英语在句法结构方面的一个重要特点，相对于复合结构而言，并列结构读起来亲切自然，易于为人们所接受。例如：

- Polaroid instant movies.
  Easy to make.
  Easy to show.
  Hard to believe.

宝丽莱/拍立得速成电影。
制作简单。
放映便捷。
难以置信。

- More services.
  More data.
  More speed.
  More revenue.
  Less cost.
  Less time.
  Less space.
  Less complex.
  更多的服务。
  更多的数据。
  更快的速度。
  更多的收益。
  更少的花费。
  更少的时间。
  更少的空间。
  更少的繁杂。

(3) 频繁使用疑问句和祈使句

据统计，每30句广告语中就有一句疑问句，这是因为疑问句要求读者对问题作出回答，易激起共鸣。如：

Are you going grey too early?

You will buy this special gift to your darling, don't you?

祈使句具有明显的劝购导向作用。如：

Our sandalwood soap not only possesses all the merits sandalwood soap may have, but also does no harm whatever to your skin. Just try it, and you will see our sincere recommendation is rather convincing. 我厂生产的檀香皂不仅具有檀香皂的独特优点，而且对皮肤无害，君请试之，方知言而有信。

(4) 使用省略句

省略主语、谓语或其他成分。如：

Fresh up with seven-up. 饮七喜,提精神。

(5) 修辞手法丰富多彩

广告中常用的修辞手法有:比喻、双关、排比、拟人、夸张、押韵、对偶等。(详见本书第 6 单元修辞翻译。)例如:

隐喻:Life is a Journey, Travel it Well. — United Airlines

[译文] 生命是一次旅行,一路走好——美国联合航空公司

夸张:Hi-Fi, Hi-Fun, Hi-Fashion, Only from Sony

[译文] 高保真,高乐趣,高时尚——只来自索尼

2. 广告翻译的技巧

广告翻译融科技、商贸、文学翻译为一体,要求译者"不但要有一点诗人的灵感,还要有商人的机灵"。因此,广告翻译不求亦步亦趋的字面对英,而贵在创新和神似。

以下是一则英文服装广告,有两个译文,请读者评论一下孰优孰劣。

原文:

Your body is beautiful.

It's your jeans that are out of proportion.

Even the most beautiful body can get lost under the wrong pair of jeans.

That's why it's important to wear jeans that let you look your best, jeans that make the most of what you've got. Like our Relaxed Riders.

When we make Relaxed Riders, we cut our material on a curve to conform to the natural contours of your body. So where your proportions change, the proportions of your Lee's Relaxed Riders jeans change too.

If you've been thinking that something is wrong with you just because your jeans don't fit, try Relaxed Riders. You'll see it's not a better body you need. It's better jeans.

译文 1:

你的身材美极了。你的牛仔裤却不成比例。

穿上不合身的牛仔裤,再美的身材也无法展现。

因此,重要的是,要穿就穿最能体现你风采的牛仔裤,要穿就穿最能展示你自身有利条件的牛仔裤,就像我们的"轻松骑士"。

在生产"轻松骑士"时,我们将布料剪裁出一定的弧度,以顺应人体的自然曲线。所以,你的身材比例若有变化,你所穿的"轻松骑士"牛仔裤的比例也会随之而变。

如果你因为牛仔裤不合身而正觉得有什么不对劲时,试试我们的"轻松骑士"吧!你会发现,你所需要的并非更好的身材,而是更好的牛仔裤。

译文 2:

你身材美妙
但不合体的牛仔裤
会使美的身材黯然失色
李氏休闲牛仔裤
剪裁得体,自然流畅

随心所欲，调整体型

好牛仔裤赛过好身材

（译文参见田鹏森、季建芬，2005：208）

把英文广告翻译成中文初看很简单，其实不然。如果译者没有对英文原文进行深入准确的理解（包括字里行间的意思，语言的风格特点和所采用的技巧），没有灵活的思维方法和娴熟的中文表达能力，也是很难取得较好的翻译效果的。下面我们将主要讨论广告语修辞手段的翻译。

（1）谐音双关（homophonic pun）

More sun and air for your son and heir.

这里有充足的阳光，清新的空气，一切为了您的子孙后代。（海滨浴场）

Trust us. Over 5,000 ears of experience.

相信我们吧。历经 5 000 多只耳朵的检验，有着 5 000 多年的经验。（助听器）

（2）语义双关（homographic pun）

The label of achievements. Black Label commands more respects.

酒是功成名就的标志。黑色标志使您更显尊贵。

本例广告中的 Label 既有“标志、标签”的意思，又是酒的品牌 Black Label 中的关键词，广告设计者巧妙地运用同形异义的双关手法，将酒的品牌与“事业成功的标志”和谐地联到一起，可谓天衣无缝，不仅让消费者一下就记住了品牌，而且引发凌云壮志，渴望功成名就，不妨去品尝一下该酒的消费欲望。

Asking for More. No cigarette gives me More taste.

再来一支摩尔烟吧，它品味独特，令我难舍。

Try our sweet corn. You'll smile from ear to ear.

Ear 双关：玉米穗、耳朵。

品尝我们的甜玉米吧，穗穗令你欢乐开怀。

夏普电器广告语：

From Sharp minds, come Sharp products.

绝顶智慧造就尖端夏普。

（3）对比（contrast）

在句中或叙述中两个词义相互对立的词说明同一个事物，以形成鲜明的对比或对照的修辞方法称为对比。这种修辞手法通过差异的对比能够更鲜明地提示事物复杂矛盾的性质，给读者以深刻的印象。在广告中，作者通过词义绝然对立的反差，突出某一商品的特性或建议、忠告等深刻含义。

Cancer is often curable. The fear of cancer is often fatal.

这则广告通过“curable 可治的”和“fatal 致命的”两个形容词词义的对比，告诉人们癌症并非都是不治之症，而对癌症的恐惧却是最为可怕的，从而鼓励所有癌症病人鼓起勇气，坚定信心，乐观地与病魔顽强抗争，达到治愈的目的。

（4）夸张（hyperbole）

广告中的夸张是为了迎合消费者的心理，让消费者对其商品有一个完美形象而故意“夸大其词”甚至“言过其实”，以增强广告的宣传效果。

日本雅马哈(YAMAHA)电子琴的广告标题为:

Every time we race, you win.

我们的每场比赛,你都胜券在握。

某香水的广告语:

Her smile could heat up a nation.

Her fragrance captured a country.

迷魂牵魄笑貌,倾国倾城芳香。

(5) 拟人(personification)

广告英语中采用拟人修辞方法将商品和服务人格化,让消费者对它们产生一种真实感亲切感。

某花店的广告语:

Flowers by Interflora speak from heart.

"茵特"之花,表达肺腑之言。

这家花店的广告将花拟人化,能表达肺腑之言,诸如:祝您早日健康,表示真诚的感谢,祝君生日快乐等;即便你公务繁忙不能亲临登门,只要在花束上附上一张名片,也能将你要表达的意愿传递给受花人。

(6) 重复(repetition)

广告英语中的重复能增强商品和服务的宣传力度和宣传效果,让消费者过目不忘,在心理产生一种认可欲买的心理倾向。

立顿(Lipton)牌茶叶的广告标题:

When you're sipping Lipton, you're sipping something special.

啜饮立顿茶,品尝独特味。

此句中,sipping 重复两次使用,其目的强调了饮茶的方法——啜饮,品茶的效果——醇香独特,回味无穷。

某航空运输公司的广告语:

First in airfreight with airfreight first.

第一货运,运货第一。

(7) 明喻(simile)

通过明喻,消费者可以更加具体形象地了解商品和服务,熟悉品牌,进而认同和喜爱该产品。

服装广告标题:

Light as a breeze, soft as a cloud.

轻若微风,柔若浮云。

这则广告用来形容服装的用料轻如拂面之微风,软若天空之浮云,消费者自然联想到穿上这种服装时的轻松舒适感,引起购买的欲望。

某洗发液的广告语:

It gives my hair super shine, super body, and leaves it smelling fresh as a meadow.

它令我秀发柔顺光滑,熠熠生辉,幽香飘逸,犹如绿茵草坪,清新芬芳。

(8) 暗喻(metaphor)

广告英语中暗喻的含蓄比较，可更加激发读者丰富的想像力。

旅游保险公司的广告语：

You're better off under the Umbrella.

Umbrella 旅(行)保(险)公司让你无忧无虑尽情享受旅程乐趣。

广告用 Umbrella(保护伞)这一喻体，形象地使游客感到购买 Umbrella 旅保公司的保险犹如置己于安全保护伞下，可自由自在地享受旅程的快乐。

(9) 换喻(metonymy)

换喻，亦称转喻，是利用一个事物的名称替代与它有密切联系的另一个事物名称的修辞方法。如白宫(White House)指美国政府，唐宁街(Downing Street)指代英国政府，鸽子(Dove)象征和平等。

日本东芝公司为其生产的计算机所做的广告语：

Pick an Ace from Toshiba.

东芝品牌，卓越超群。

在扑克牌中 A 是最大的牌，此广告借 A 牌喻指其产品卓越超群的性能和质量，读者可放心购买，满意使用。

(10) 头韵(alliteration)

头韵有相邻的起首字母(元音或辅音)发音相同而产生渲染对比的效果，加深印象、宣泄感情，经常在广告中使用。如：

Its flavor wins favor.

以我茗香，赢君品尝。(以香取胜。)(茶)

Safety, Security and Simplicity.

安全，安心，实用。(手机)

(11) 尾韵(end-rhyme/consonance)

Pepsi-cola hits the spot,
Twelve full ounces, that's a lot.
Twice as much for a nickel, too,
Pepsi-cola is the drink for you.

百事可乐味道好，
足足 12 盎量不少，
五美分买廿四盎，
百事可乐供您享。

这则广告使用 AABB 押韵，文笔优美，抑扬顿挫，读来朗朗上口，所以陈刚先生(2004)把这则广告译为：

百事可乐味最好，
一瓶一斤真不少，
四角硬币买两瓶，
一喝永远忘不了。

把五美分换算成四角钱人民币，但是人民币里可没有四角的硬币呀，所以这句宜改为：

四毛钞票买两瓶。或译为：四毛就能买两瓶。

(12) 仿拟(parody)

仿拟修辞是揭某种固定形式，如词句、语篇等，而造出的异于原形式的表达手段。如《泰晤士报》的广告语：

We take no pride in prejudice.

就是仿拟奥斯汀的名著 Pride and Prejudice，再如：

Where there is a way, there is a Toyota.

丰田汽车，风行天下。

广告语言的翻译是项非常困难的任务。有些玩弄文字游戏或者文化内涵浓重的广告语甚至是无法互译的。要想翻译得好，必须反复实践，经过长期艰苦的努力，做到左右逢源、千锤百炼。做"表面文章"是不行的。更要切忌那种望文生义、对号入座式的字面上的肤浅翻译。

课内练习

1. 翻译下列广告语，并说出所用的修辞手法。

1) Looks like a pump, feels like a sneaker.
2) NEWS WEEK — Tomorrow's High Tech Office.
3) Come it with me a while.
4) I'm More satisfied!
5) The unique spirit of Canada: We bottle it.
6) Extra Taste. Not Extra Calories.
7) Childhood isn't childhood without it.
8) Give a Timex to all, and to all a good time.
9) Not all mobile phones are created.
10) Practice really does make perfect.
11) Do more. Work less.
12) Once an imperial palace. Now a luxury hotel.
13) Enjoy your glass to the full.
14) Choose your glasses carefully.
15) A business in million, a profit in pennies.
16) A world of visiting cards, a universe of duplication.
17) We've hidden a garden full of vegetable where you'd never expect. In a pie.
18) Little wonder they don't build cars like they used to. Building a pen is difficult enough.
19) If people keep telling you to quit smoking cigarettes, don't listen ... They are probably trying to trick you into living.

2. 翻译下列广告语。

1) Toothpaste

If you don't' take care of this small tooth,

The permanent one might not be so cute.

Somehow, a lot of people figure it doesn't really matter, if a "Baby tooth" gets a cavity. After all, it's just a little temporary tooth.

But it really does matter. First, the tooth is so small, a cavity in it can be a big problem. So, the tooth might have to be pulled.

Then the space left by pulled tooth can cause bad spacing of the permanent teeth which can affect anything from your baby's bite to his appearance.

So it makes sense to take care of those first little teeth just like you would big teeth. With the right foods, regular checkups and brushing after every meal with a good tooth paste.

We hope the toothpaste will be Crest.

2) Cigarette

Designed with taste.

Today's Slims At a very slim price.

3) Whisky

King George IV was up here, back in 1822. He would drink nothing but the Glenlivet. His Majesty was gracing Scotland with a state visit at the time. He brought with him a powerful thirst for the Glenlivet single malt Scotch.

As his host's daughter, Elizabeth Grant, recorded in her memoirs: " Lord Coryingham, the Chamberlain, was looking everywhere for the pure Glenlivet whisky: the King drank nothing else. " Bottle was swiftly brought up from the cellar and pressed into the king's hands. "What is not recorded," says our own Sandy Milne, "is whether His Majesty gave anyone else a sniff of the stuff. "

The Glenlivett. The Father of All Scotch.

4) Sunglasses

Shades of Summer Prescription,

Sunglasses from £59. 99 complete.

Get set for summer with a pair of fashionable prescription shades from our exclusive collection. Prices start from just £59. 99 and include reading or distance lenses plus a special coating to protect your eyes from the sun's ultra violet rays.

And, of course, all prescription sunglasses are covered by our unique Gold Seal Guarantee.

For more details and to view the full range, simply call in at your local branch today.

5) Come to New York and See the World. If you are looking for the place that has everything, there's only one place to visit, and that's New York. It's a whole world in a city.

6) Boeing congratulates Air India for 60 years of leadership in aviation. We're proud our

airplanes have been part of Air India for 60 years of leadership in aviation. We're proud our airplanes have been part of Air India's success for 30 years. Proud, too, that Air India's flag flies on our newest jumbo jet, the 747 - 400.

7) Bask in the Warmth of the Philippines

Bask ... indulge ..., luxuriate ... in beautiful white-sand beaches ... Breathtaking scenic wonders ... world-class facilities and efficient service.

But, best of all, bask in the special warmth and comfort that is uniquely, wonderfully Filipino.

14.2 商品说明书的翻译

请预先收集 5 则商品说明书的译文,可以选择日用品、家电、化妆品、汽车、数码产品、药品、食品等,精读译文,你能否找出其中的问题? 读完此说明,你会使用该产品吗? 你能归类出一般商品说明书的组成部分吗?

1) ____________________

2) ____________________

3) ____________________

4) ____________________

5) ____________________

由于商品的种类五花八门,商品说明书的构成就有所不同,各有特点。但是商品说明书的性质决定了各种说明书的共性。一般说来,商品说明书的组成部分主要有 4 个:

- 商品的特征、功能和成分;
- 安装使用(或服用/饮用/食用)的方式、方法;
- 注意事项;
- 主要性能指标及规格。

语言特征包括:

- 语言通俗易懂,描述较为可观。
- 句式简洁明了,较多使用祈使句。
- 常配有图片等非文字资料,直观清楚。
- 多用条款形式书写,较讲究文体和版面设计。

翻译商品说明书必须注意的几个方面:

- 熟悉被说明商品的基本知识,避免说行外话。
- 如实翻译原文信息,避免夸大其词,言过其实。
- 行文简洁明了。可按原文书写和排版模式翻译,以便从语言形式和内容上达到对等。

(参见田鹏森等,2005: 204)

以下是一则洗发水的说明及翻译:

PANTENE PRO-V
Treatment Shampoo

Pantene Pro-V gives you healthy, shiny hair. Pantene Pro-V Treatment Shampoo now contains even more Pro-Vitamin B5, which deeply penetrates your hair from root to tip, making it healthy and shiny. With a built — in conditioner, Treatment Shampoo cleans and conditions in one easy step.

Directions: Wet hair and lather. Rinse thoroughly. For extra moisturization to prevent split-ends, use regularly Pantene Pro-V Treatment Moisturizer.

[译文]

潘婷 PRO-V 营养洗发露

使用潘婷 PRO-V,能令头发健康,加倍亮泽。潘婷 PRO-V 营养洗发露现在含有更多维他命原 B5,营养能由发根彻底渗透至发尖,补充养分,令头发健康,发出耀眼光泽。洗发露兼含护发素,洗发同时护发。

用法:洗湿头发,以潘婷 PRO-V 营养洗发露轻揉,再以清水冲洗即可。每次洗发后,使用潘婷 PRO-V 营养润发露,能加倍滋润头发,预防头发开叉。

(译文参见许建忠,2001:150)

说明书的翻译还要注意以下几点:

1. 保持其技术和知识的传播性特点

说明书起着技术和知识的传播作用,一般其内容以介绍机件的工作原理或者产品的功能、主要技术参数或者主要成分构成。翻译时要求译者首先了解相关的专业知识,查阅专业词典,或者请教有关专家或行家,以保证不至于造成翻译错误或者说外行话,切忌望文生义,也不可使用含糊不清的表达,让读者无所适从。

例如:

ST858/858L 5-Band Stereo Radio Cassette Recorder

Dynamic power output is 18W total. Sharp MW/SW1/SW2/SW3/FM Stereo radio reception on the ST858. The ST858L delivers superb MW/LM/SW1/SW2/FM Stereo ban reception. Full auto-stop and automatic quick program search (AQPS system). ALC/MLC recording. Full information LED indicators. A wide-stereo 2-way, 4-speakers system. Wow & flutter 0.1% (WRMS). Frequency response: 30Hz - 16kHz (Cro).

Power supply: AC110 - 127/220 - 240V, 50/60Hz; 9 D-size batt; external DC 13.5V with adaptor.

Dimensions: 520(W) * 331(H) * 147(D)mm.

[译文]

ST858/858L 五波段立体声收录两用机

该机的最大输出功率为 18 瓦,ST858 可接收中波、三个短波和调频立体声波段,收音灵敏度高。ST858L 可接收中波、长波、两个短波和调频立体声等波段。有全自动停止装置,自动的快速节目搜索系统(AQPS 系统)。有自动电平调整和手动电平调整两种录音方式。采用发光二极管的显示等,双声道四喇叭扬声系统。音颤率为 0.1%。频率范围：30 赫兹至 16 千赫。

电源：交流电源 110—127/220—240 伏,50/60 赫兹,也可外接 13.5 伏直流电源(需配置变压器)或者使用 9 节 D 型电池。

规格：520 毫米(宽)×331 毫米(高)×147 毫米(厚)。

2. 注意语言的可读性与感染力

由于说明书同时具有广告的辅助作用,其语言有可读性和感召力,因而在翻译时应注意对译文语言进行适当把握和运用,首先要做到语言通俗易懂,也可适度地运用一些文学性语言,以完成其广告的效应。但同时又要注意不能过分地夸大其词。例如：

Lacovo

Lacovo, scientifically prepared with choice ingredients including malt extract, milk, powder cocoa, fresh butter and eggs, is rich in vitamins A, B, D and organic phosphorous. It promotes health and aids convalescence and is especially good for neurasthenia and mental exhaustion. Take regularly, and Lacovo helps build up body resistance against disease. A nourishing beverage for all ages. An excellent gift in all seasons.

For drinking hot: put two or three teaspoonfuls of Lacovo in a cup, then add hot water and stir until the grains are thoroughly dissolved. Add sugar and milk to taste.

For drinking cold: put two or three teaspoonfuls of Lacovo in a glass of cool-hot water and stir until the grains are thoroughly dissolved. Then add fresh milk or condensed milk. It makes a delightful and wholesome drink in summer.

[译文]

乐 口 福

乐口福系采用麦精、牛乳、可可粉、鲜黄油、鲜鸡蛋等上等原料,以科学的方法精制而成,含有丰富的维生素 A、B、D 及天然有机磷质,具有提神醒脑、增强体质之功效,特别适用于用脑过度、神经衰弱的患者。常饮本品,可以增强肌体的免疫力。本品适宜于四季饮用,是老少皆宜的营养饮料,也是馈赠亲友之佳品。

饮用方法：

热饮：取乐口福两至三茶匙,然后倒入适量开水,搅拌至完全融化为止。加入适量的牛奶和糖,味道更佳。

冷饮：取乐口福两至三茶匙,然后倒入适量冷开水,搅拌至完全融化为止。可再加入适量的鲜牛奶或炼乳,是夏季消暑保健之佳品。

总之,翻译说明书要强调其实用性,注意其语言的通俗性,表述的准确性,还要注意保持原作的设计风格和新颖特点,对有关如机械的电流电压、药品服用的剂量等数字和其他重要事项应特别慎重和仔细,避免导致不良后果。

课内练习

试翻译下列商品说明书。

1. Vitalis

New plastic bottle.

Vitalis with V_7 grooms

Vitalis with V_7 prevents dryness

Fights embarrassing dandruff

Keeps hair neat all day

Without grease

Try the "60-second workout"

Massage Vitalis briskly into scalp for 50 seconds. Comb 10 seconds. Your hair will look healthier, handsomer, stay neatly in place all day.

Vitalis is 100% greaseless.

Contains ethyl alcohol (69.8% by volume).

Volatile — avoid flame.

2. Antistine

Properties

Antistine either attenuates or suppresses the effects of histamine, which plays a major role in provoking allergic disorders. It is upon this experimentally confirmed ability to antagonize histamine that the indications for Antistine are based.

Indications

Urticaria; food allergies; hay fever; vasomotor rhinitis; itching due to skin disease, including eczema, pruritus, and serum sickness.

Administration and dosage

Tablets

Adults: 1 tablet 3 - 4 times daily.

Small children: 1/2 tablet once daily.

Children of school age: 1/2 tablet 2 - 3 times daily.

The tablets should be taken during meals and swallowed whole with a little fluid.

Ampoules

1 ampoule, given by intramuscular or slow intravenous injection, 2～3 times daily. For children the doses should be correspondingly reduced.

Note

Since Antistine may cause temporary drowsiness, caution is indicated when employing it, for example, to treat drivers of vehicles. Like other antihistamines, Antistine, too, may give rise to allergic reactions; in such cases, the preparation should be withdrawn.

3. 5-stage consecutive wire drawing machine

Model 550 - 5

Application

This machine is equipped with a gear transmission mechanism, and its multi-dies are arranged in line. It can draw steel, aluminum, brass and other kinds of metal wire.

Feature

Simple construction, easy operation and maintenance, comparatively high productivity.

As the wire to be drawn becomes slender, the power required for the next few stages will be reduced accordingly.

The motion mechanism is fully enclosed to safeguard cleanliness and safety operation.

Main specifications

Processing range: 6.5～2.4 mm

Output: 3.5～5 t /shift

Motor power: 70 kW

Speed: 970 rpm

Overall dimensions: 7,000×2,100×2,800 mm

Weight (approx.): 12,000 kg

14.3 商务信函的翻译

国际商务活动中，尽管电话是一种非常有用的工具，但是，商人之间仍然经常需要信件传达信息。来往的信函是日常工作中必须面对和处理的文件。电话中谈妥的事，通常还需要用信件加以确认。除了信件，还有电报、电传也需要经常处理。当今，由于计算机网络的发达，传真、email给国际商务工作者带来了很大的便利。电传、电报的使用相对地减少了。信件是书面形式的文件，国际贸易中的报盘、发盘、还盘、索赔等都通过信件来完成。信件还是合同的附件，为国际商务活动中出现的纠纷作为书面的证据起着重要的作用，因此翻译时要倍加谨慎小心。（翁凤翔，2005: 255）

国际商务信函的语言特征：

- 语气委婉、礼貌
- 用词简洁明了
- 用词准确，行文严谨
- 专业跨度大，涉及专业范围较广，包括进出口业务、海运、金融、财会、银行、保险等。

由于商务信函种类繁多，在此仅以一封询盘信件为例，读者可以从中体会一下商务信函翻译的特点。

Making an Enquiry

Dear Sirs,

Please be informed that one of our clients is in the market of peanuts. It will be highly appreciated if you could quote us your rock-bottom prices for the said commodity, with indication of date of shipment.

We would like to stress the peanuts enquired for are hand-picked Shandong peanuts, 1995 crop and packed in new gunny bags of 100 kgs each. Meanwhile, the goods should be surveyed by a certified public surveyor as to their quality and weight.

In order to facilitate our mutual business transaction, it is hoped that you would airmail us the soonest possible your pro forma invoice for 2,000 tons of the above commodity with prices on CFR Genoa basis, so that we could get our client's confirmation.

Your prompt reply would be appreciated.

Sincerely yours

询　　盘

敬启者：

现奉告我方一客户欲购花生，盼报此商品的最低价并告装运期。我方愿强调所询购的花生应是1995年所产手拣山东花生，用新麻袋装，每袋100公斤。同时，货物的质量和重量须由公证检验行检验证明。

为便利我们双方交易，希贵方尽速用空邮寄来2 000吨上述商品的形式发票，按CFR热那亚作价，以便我方取得客户确认。

希速复为荷。此致

敬礼！

课内练习

请将以下的建立业务关系函翻译成中文。注意该类信函的一般格式以及特定使用的句式。

Oct. 8, 2001

Huanyu Import & Export Company

271 Zhongshan Road, Shanghai,

China

Dear Sirs:

You no doubt have received Mr. Charles H. Black's letter of September 22, in which he advised you that the writer who has charge of our export business would write you regarding builder's hardware and other items that are reported in great demand at present in China. Due to the abundance of stock of all types of merchandise such as builder's hardware, carpenter's tools, etc. in their superior qualities, we are in a position to do export business advantageously to you. We are now working on a new catalog, which you will shortly receive by separate mail.

We are keeping your letter on file and will write you later how we could arrange to handle this business on a credit basis that would be satisfactory to all concerned.

Yours sincerely,

American Hardware Company

John Combray

Export Department

14.4 信用证的翻译

信用证是由银行发行的证书，授权持证者可从开证行、其支行或其他有关银行或机构提取所述款项。它作为贸易上最重要的信用保证方法，代表买方的外汇银行，接手买方的委托，保证其货款的支付。万一买方付不出货款，根据契约规定，银行必须履行向卖方付款的责任。

信用证是保证卖方收到汇票后即可支取货款的信用文件。在卖方将货物装船后，外汇银行代替买方，开立汇票给卖方；卖方带着汇票和装船单据，到自己往来的外汇银行办理结算而取得货款。

信用证由开证行(Opening Bank)通过通知行(Informing Bank)交给卖方。装船后，有议付行(Negotiating Bank)结算后转回开证行。

信用证有其独具的语言特点。从意义上来说，信用证是一项约定，它对双方均有约束力，它具有法律文书的语言特色，用词严谨、正规、专业性强，具体体现在以下方面，翻译时须谨慎为之。

14.4.1 格式化和规范化

信用证的句式虽然句中缺少一定的成分，但却独立成句。例如：

Latest shipment Sep. 10, 2005. 最近装船时间为2005年9月10日。

Shipment from Dalian to Nagoya. 从大连运往名古屋的货物。

Each document to show B/L number and date and to be dated not earlier than 7 days from B/L date. 显示提单编号和日期的每张信用证，其开具日期不得早于提单日期7天。

All correspondence to be sent to City Bank import services department. 请将所有的信件送到花旗银行进口部。

Transshipment prohibited. 禁止转运。

14.4.2 专业术语的使用

信用证因为具有国际通用性，意义精确严谨，文体特色鲜明，所以常使用专业术语。为了描述进出口流程的各个环节和与此相关的各类单据，信用证使用大量表意清楚的专业术语。翻译时必须熟悉该专业知识和专业表达法，否则会贻笑大方。比如有关信用证类别的词汇：

documentary L/C 跟单信用证

clean L/C 光票信用证

reciprocal L/C 对开信用证

irrevocable L/C 不可撤销信用证

又如有关当事人的词汇：

party 当事人

applicant/principal 开证申请人

beneficiary 受益人

issuing bank 开证行

再如表示单据的词汇：

draft 汇票

invoice 发票

packing list 装箱单

bill of lading（B/L）提单

inspection certificate 检验证书

fumigation certificate 熏舱证书

下面再举例说明：

back-to-back（letter of）credit 背对背信用证/转开信用证

bona fida holder 善意持有人

议付行向受益人垫付资金、买入跟单汇票后，即成为汇票持有人，也就是善意持有人。

proforma invoice（拉丁语）形式发票，也成为"预开发票"或"估价发票"，是进出口商为了向其本国当局申请进口许可证或请求核批外汇，在未成交前要求出口商将拟出售成交的商品名称、单价、规格等条件开立的一份参考性发票。

不可撤销信用证的格式（英汉对照）

IRREVOCABLE LETTER OF CREDIT 不可撤销信用证

Irrevocable Credit No. ________ Date：________

不可撤销信用证编号：________ 日期：________

All drafts drawn must be 全部汇票必须注明：

Marked："Drawn under Credit No. ________" "根据信用证________号开出"

Messrs. ________（Beneficiary）受益人：________

Gentlemen，

You are authorized to value on ________ Bank（Bank on which to draw）for the account of（client）up to the aggregate amount of（currency）by drawing your draft within ________ days for ________%（percentage）invoice cost of Consular Invoice，accompanied by Bills of Lading and Commercial Invoice（evidencing shipment of the commodity）. Bills of Lading must be dated no later than（date）.

敬启者：

兹授权贵方向________银行（议付行）开出付款人为________（委托人），金额限于________（货币），有效期为________天，按领事发票面值的________为票额的汇票。并凭下列单据议付：提单、商业发票（证明货物已装船）。提单日期不迟于________（日期）。

A copy of the Consular Invoice，Commercial Invoice，and Bill of Lading must be mailed to（Issuing Bank or Paying Bank），and a statement to that effect must be attached to the draft.

领事发票、商业发票副本及提单须邮寄至________（开证行或付款行），并将交单说明附于汇票后。

We hereby agree with the drawers, endorsers, and bona fida holders of drafts drawnin compliance with the terms of the credit that such drafts shall be dully honored on presentation and paid at maturity.

Yours very truly,

Signature ________

本行向出票人、背书人及正当汇票持有人表示同意，凡符合本信用证所列条件的汇票，本行将见票按期支付。

顺致谢意

签字：________

课内练习

请翻译以下信用证常用的句子。

1. We are pleased to inform you that we have opened an irrevocable and confirmed L/C.
2. As your L/C was negotiated through one of our bankers, please open a general L/C.
3. As this L/C is an open L/C, the negotiating bank is at your option.
4. We are glad to inform you that we have opened an L/C of U.S. $88,000.
   (We are pleased to let you know our opening of L/C of U.S. $88,000.)
5. As you have not executed the order within the validity of L/C, we will make cancellation of L/C.
6. As the balance of L/C is U.S. $80,000, please make shipment within the amount.
7. We think the details of L/C will be found on your close checking of the L/C.
8. We think the credit opened by us will be with you through the informing bank at the latest by the end of this week.
9. According to your request for opening L/C, we are pleased to inform you that we have airmailed today through the Bank of China an irrevocable L/C for U.S. $1,256,000 in favor the New York Trading Co., Inc. on the following terms and conditions.
10. We have instructed the Bank of China to open an irrevocable letter of credit for U.S. $188,000. This will be advised by the bankers' correspondents, Beijing City Commercial Bank. They will accept your draft on them at 30 days after sight for the amount of your invoice. The credit is valid until January 20.
11. The letter of credit covering your order No. 89 has not yet reached us in spite of our repeated requests.

12. We have been working on the manufacturers to execute your order at higher prices.
13. Therefore we request you open an L/C urgently so that we can make the shipment stipulated.
14. Your order has been accepted on FOB basis.
15. Your L/C is described as C & F basis and some differences will be made between the invoice amount and the amount you require.
16. Therefore please amend the price of your L/C to FOB basis.
17. We are pleased to confirm your order for PCs amounting to U.S. $238,000.
18. As requested, we are preparing to make shipment by the end of June and would request you open an irrevocable L/C in our favor as soon as possible, valid until July 18.

14.5 提单及租船合约的翻译

提单,英语为 bill of lading,常用缩略形式 B/L,为证明海上运输合同和承运人(carrier)的接管或装载货物以及承运人保证据以交付货物的单据。当承运人或实际承运人接受货物时或货物装船以后,必须按照托运人的要求,签发给托运人一式数份的提单。提单条款规定了承运人、托运人之间相应的责任、义务、权利和豁免。按货物是否已装船,提单分为已装船提单(shipped bill of lading)和收讫待运提单(received for shipment bill of lading);按收货人抬头分有指示提单(order bill or lading)、记名提单(straight bill of lading)和不记名提单(bearer bill of lading, blank bill of lading, open bill of lading);按货物外表状况批注与否分为清洁提单(clean bill of lading)和不清洁提单(foul bill of lading);按运输过程分为直达提单(direct bill of lading)、联运提单(through bill of lading)和转船提单(transshipment bill of lading)。我国外贸运输中,一般采用的提单格式为中国远洋运输总公司的提单范本(COSCO B/L)。

国际上租船合约比较通用的为金康格式(GENCON Form)以及土产格式(NYPE Form)。前者的全称是 Uniform General Charter,即统一杂货租船合同,它是适用范围较广的航次租船合同的标准格式;而后者的全称为:Time Charter, PRODUCE FORM,即定期租船合同土产格式,为纽约土产交易所采纳,也是国际贸易运输经常采用的标准格式。

提单及租船合约多用条件句、名词短语、非谓语形式作定语,并大量使用长句。以下是提单和租船合约翻译的节选。请对照阅读,并总结翻译此类文本的一些经验。

14.5.1 提单翻译节选

(1) The Carrier undertakes to carry the goods of an explosive, inflammable, radioactive, corrosive, damaging, noxious, hazardous, poisonous injurious or dangerous nature only upon the Carrier's acceptance of a prior written application by the Merchant for the carriage of such goods. Such application must accurately state the nature, name, label and classification of the goods as well as the method of rendering them innocuous, with the full names and addresses of the shipper and the consigner.

[参考译文] 对具有爆炸性、易燃性、放射性、腐蚀性、破坏性、有害性、剧险性、有毒性、伤害

性或危险性货物，只有在承运人事先接受货方为运输此种货物而提出的书面申请时，承运人才负责承运。此种申请必须准确地说明货物的性质、品名、标签及分类，以及使之变为无害的办法，并载明托运人及收货人的全名及地址。

(2) The merchant shall undertake that the nature of the goods referred to in the proceeding paragraph is distinctly and permanently marked and manifested on the outside of the package(s) and container(s) and shall also undertake to submit the documents or certificates required by any applicable statutes or regulations or by the Carrier.

[参考译文] 货方应保证，前款所述货物性质已清晰、永久性地在货物包件及集装箱外表上进行标注，并应保证提供为任何所适用的法律、规章或承运人所要求的单证或证书。

(3) Whenever the goods are discovered to have been received by the Carrier without complying to paragraph (1) or (2) above or the goods are found to be contraband or prohibited by any laws or regulations of the port of loading, discharge or call or any place or waters during the transport, the Carrier shall be entitled to have such goods rendered innocuous, thrown overboard or discharged or otherwise disposed of at the Carrier's discretion without compensation and the Merchant shall be liable for and indemnify the Carrier against any kind of loss, damage or liability including loss of freight and any expenses directly or indirectly arising out of or resulting therefrom.

[参考译文] 无论何时，一旦发现承运人接受的货物未遵守上述第(1)款或第(2)款的规定，或者发现货物系违禁品或为装货港、卸货港、中途港或在运输途中的任何地点或水域的任何法规、规章所禁止时，承运人有权使此种货物变为无害、将其抛弃入海、卸下或由承运人决定以其他方式加以处置而不予赔偿，货方则应就承运人所受任何灭失、损坏或所负责任，包括运费损失以及直接或间接由此产生的任何费用，给予承运人赔偿。

(4) The Carrier may exercise or enjoy the right or benefit conferred upon the Carrier under the preceding paragraph whenever it is apprehended that the goods received in compliance with paragraphs (1) and (2) above become dangerous to the Carrier vessel, cargo, persons and/or other property.

[参考译文] 无论何时，一当发现根据上述第(1)款及第(2)款规定所接受的货物对承运人、船舶、货物、人员和/或其他财产构成危险时，承运人可行使或享有其根据前款规定所赋予的权利或利益。

(5) The Carrier has the right to inspect the contents of the package(s) or container(s) at any time and anywhere without the Merchant's agreement but only at the risk and expense of the Merchant.

[参考译文] 承运人有权在任何时候、任何地点检查包件或集装箱所装货物，而无需征得货方同意，且仅由货方承担风险及费用。

14.5.2 租船合约翻译节选

Owners' Responsibility Clause

Owners are to be responsible for loss of or damage to the goods for delay in delivery of the goods only in case the loss, damage or delay has been caused by the improper or negligent stowage of the goods (unless stowage performed by shippers/ Charterers or their stevedores or servants) or by personal want of due diligence on the part of the Owners or their Manager to make the vessel in all respects seaworthy and to secure that she is properly manned, equipped and supplied or by personal act or default of the Owners or their Manager.

And the Owners are responsible for no loss or damage or delay arising from any other cause whatsoever, even from the neglect or default of the Captain or crew or some other person employed by the Owners on board or ashore for whose acts they would, but for this clause, be responsible, or from unseaworthiness of the vessel on loading or commencement of the voyage or at any time whatsoever. Damage caused by contact with or leakage, smell or evaporation from other goods or by the inflammable or explosive nature or insufficient package of other goods not to be considered as caused by improper or negligent stowage, even if in fact so caused.

[参考译文] 船舶所有人责任条款

船舶所有人对货物的灭失、损坏或延迟交付的责任限于造成灭失、损坏或延迟的原因是由于货物积载不当或疏忽(积载由托运人/承租人或其装卸工人或受雇人完成者除外),或者是由于船舶所有人或其经理人本身未尽谨慎处理使船舶各方面适航,并保证适当配备船员、装备船舶和配备供应品,或由于船舶所有人或其经理人本身的行为或不履行职责。

船舶所有人对由于其他任何原因造成的货物灭失、损坏或延迟,即使是由于船长或船员或其他船舶所有人雇佣的船上或岸上的人员的疏忽或不履行职责(如无本条规定,船舶所有人应对他们的行为负责),或是由于船舶在装货或开航当时或其他任何时候不适航所造成,亦概不负责。由于其他货物的接触或泄漏、气味或挥发,或由于其他货物的易燃或易爆性质或包装不充分而造成的损坏,即使事实上是由于积载不当或疏忽所致亦不应视为由此而造成。

In the event of accident, danger, damage, or disaster, before or after commencement of the voyage resulting from any cause whatsoever, whether due to negligence or not, for which, or for the consequence of which, the carrier is not responsible, by statute, contract, or otherwise, the goods, the shipper and the consignee, jointly and severally, shall contribute with the carrier in general average to the payment of any sacrifices, losses, or expenses of a general average nature that may be made or incurred, and shall pay salvage and special charges incurred in respect of the goods. If a salving ship is owned or operated by the carrier, salvage shall be paid for as fully and in the same manner as if such salving ship or ships belonged to strangers.

Provisions as to General Average in accordance with the above are to be included in all bills of lading issued hereunder.

[参考译文] 船舶在开航之前或开航之后,由于任何原因,不论是否因疏忽所致,发生事故、危险、损害或灾难,而承运人依据法规、合同或其他规定对此或其后果不负责任,则货物、托运人和受货人应连带地同承运人在共同海损中分摊因此所产生或引起的具有共同海损性质的任何牺

牲、灭失或费用,并应支付有关货物的救助报酬和特别费用。如救助船为承运人所拥有或经营,救助报酬应如同此救助船属于他人一样,以同样的方式全额支付。

上述有关共同海损的规定应订入根据本租船合同签发的所有提单。

商务翻译与其他类翻译有共同之处,也有其自身的特点,译者应对以下问题给予关注。

- 正确理解原文
- 学一些商务知识
- 保证译文的准确
- 注意文化差异
- 注意术语、专有名词的翻译

名家谈翻译

鲁迅:和瞿秋白关于翻译的通信(节选)

……翻译不但在输入新的内容,也在输入新的表现法。中国的文或话,法则实在太不精密了,作文的秘诀,是在避去熟字,删掉虚字,就是好文章,讲话的时候,也时时要词不达意,这就是话不够用,所以教员讲书,也必须借助于粉笔。这语法的不精密,就在证明思路的不精密,换一句话,就是脑筋有些糊涂。倘若永远用着糊涂话,即使读的时候,滔滔而下,但归根结蒂,所得的还是一个糊涂的影子。要医这病,我以为只好陆续吃一点苦,装进异样的句法去,古的,外省外府的,外国的,后来便可以据为己有。……

“题未定”草(节选)

还是翻译《死魂灵》的事情。躲在书房里,是只有这类事情的。动笔之前,就先得解决一个问题:竭力使它归化,还是尽量保存洋气呢?日本文的译者上田进君,是主张用前一法的。他以为讽刺作品的翻译,第一当求其易懂,愈易懂,效力也愈广大。所以他的译文,有时就化一句为数句,很近于解释。我的意见却两样的。只求易懂,不如创作,或者改作,将事改为中国事,人也化为中国人。如果还是翻译,那么,首先的目的,就在博览外国的作品,不但移情,也要益智,至少是知道何地何时,有这等事,和旅行外国,是很相像的:它必须有异国情调,就是所谓洋气。其实世界上也不会有完全归化的译文,倘有,就是貌合神离,从严辨别起来,它算不得翻译。凡是翻译,必须兼顾着两面,一则当然力求其易解,一则保存着原作的风姿,但这保存,却又常常和易懂相矛盾:看不惯了。不过它原是洋鬼子,当然谁也看不惯,为比较的顺眼起见,只能改换他的衣裳,却不该削低他的鼻子,剜掉他的眼睛。我是不主张削鼻剜眼的,所以有些地方,仍然宁可译得不顺口。只是文句的组织,无须科学理论似的精密了,就随随便便,但副词的“地”字,却还是使用的,因为我觉得现在看惯了这字的读者已经很不少。

……

(申雨平、戴宁,2000)

第十五单元

15 常用文体翻译(旅游翻译)

在某市(略去具体城市名)许多路公共汽车车身上,有这样的广告词,solemn impressive start business on January 1。如果不看车上写的汉语,没有几个人能弄懂它的意思。这样的广告给人以复杂的感情:喜的是该广告采用了双语的形式,表明商家已经认识到翻译对提高该市旅游开放城市的商业形象有着重要意义,叹的是"1月1日隆重开业"惨遭乱译。这样的翻译作为车身广告的重要组成部分,在大街小巷上到处招摇,让我们汗颜。又如公共汽车线路将"新一中"(一所从原一中校址搬迁出去而在新的地址建立起来的中学)翻译为"New An Inside",将"XX笑迎四方客"翻译为"Smiles In XX Ciay(City) Greets Cubic Visiter(Visitor)"。大家都知道"四方客"是指来自"四面八方的客人",而在译文中却成了"四四方方的客人"!

孔令翠,2005

先请比较一下下面一个景点介绍的中英文版本,思考两者在行文方面有何不同。

The President Palace where President Ho Chi Minh lived and worked from late 1954 to his last day September 1969, is now the Memorial site about the life and revolutionary work of the most beloved leader of the Vietnamese working class and people, a national liberation hero, a great man of culture.

Uncle Ho's "House on stilts" is a symbol of his simplicity and gentleness. There are only some rooms here, but all of them are full of wind, light and fragrance from the garden together with a heart trending to era.

The President Palace (formerly The Palace of the General Governor for Indochina), with the mango alley, trees, fishing pool ... become the vital memories connecting to Uncle Ho's life during the years from 1954 to 1969.

A visit here will teach us more about Uncle Ho's simplicity and modesty. And we shall be proud of him, be respectful for a great mind, a staunch revolutionary will, a virtue and ideologist, and a man who has dedicated all his life to the cause of revolution and people.

The President Palace Memorial site is honored to welcome all people, compatriots all corners of the country and foreign visitors.

Thanks for the good heart of all who care for this sacred Memorial site.

[参考译文]

胡志明主席故居位于河内主席府(前印支总督府)内。这里是越南工人阶级和越南人民无限敬仰的领袖、民族解放英雄和世界文化名人——胡志明主席革命生涯和革命业绩的重要展示地。从 1954 年底到 1969 年去世,胡主席一直在这里生活和工作。

主席府内胡伯伯曾经居住过的高棚屋是他老人家朴素而高雅生活的见证。寥寥数间房子里,胡伯伯的心中常常激荡着时代的风雨,小小斗室沐浴着阳光与清风,飘洒着花园中散发的芬芳。高高的主席府大楼、两旁遍植芒果树的小路、郁郁葱葱的果园、锦鳞嬉戏的池塘……无不与胡伯伯在这里生活的那段平凡岁月密切相联。

参观胡主席故居,人们可以更加真切地了解胡伯伯谦逊、简朴的一生。这位为国家、为人民、为人类幸福而奋斗终生的伟大的智者和思想家,以其坚强的革命精神、高尚的道德风范和公而忘私的人格力量赢得了人们由衷的敬意和爱戴。

主席府纪念馆欢迎各界同胞、各国朋友光临参观故居并了解胡志明主席的生平和业绩;谨向那些对我馆的保管工作予以协助的人表示衷心的感谢。

实际上这是越南胡志明主席故居的景点门票,票面上用英、法、中三种外语介绍,惟独没有越南本国语言。且这三种语言都比较地道,这不得不让我们国内旅游翻译及旅游产业的同仁反思。当前旅游翻译的质量与我国旅游业的发展极不相称,特别是风景越美越原始的地方,其对外介绍的翻译资料就越差越低级,常见的错误有:单词拼写及拼音标点方面错误;语法错误如冠词使用不当,名词单复数及动词形式错误等;中式英语表达;用词不当,语义模糊甚至译文错误;景点译名不统一等。这些都极不利于开拓海外市场,不利于旅游经济发展的需求,同时也不利于旅游翻译行内的发展。旅游翻译属"呼唤型"文体,主要有传递信息、诱导行动的功能。旅游翻译涉及旅游相关的资料与所有问题,包括广告、书信、旅游日程安排及旅游条件书、景点介绍、通知、电讯、有关合同、旅游标语等内容,涉及社会、历史、文化、地理、宗教、民俗、建筑艺术,甚至生物学、动植物学、生态学、考古学等多种学科知识,需要译者除具有扎实的语言功底外,还应具备广博的多学科知识,最起码也应对上述学科知识有一个基本的了解(曾文雄,2006)。

旅游文体的翻译,不但要传达源语信息,而且要注意它自身的特殊性。旅游资料的功能是通过对景点的介绍、宣传,扩展人们的知识,激发人们旅游、参观的兴趣。因此,旅游文体翻译的最终目的就是通过传递信息来吸引旅游者。翻译这类资料,译者要考虑到译语的可读性及读者的接受效果,所以,译者的自由度相对较大。

旅游文体的翻译不同于官方文件、文献、高级领导人讲话、经贸合同、法律文书等的翻译,后者属"信息型"文本,翻译时要求译语力求遣词用句严谨准确,最充分、最客观地体现源语的信息及语言风貌,译者的自由度相对很小。

在翻译旅游文体的过程中会遇到许多问题,其中相当一部分是文化差异造成的交际困难。

中西方文化差异相当之大，辐射的范围包括人们的生活方式、行为方式、思维方式、语言方式、历史习俗、等级观念、道德规范、审美情趣、政治法律等。而这些差异经常表现在语言文字这一文化的载体之中，更是无时无刻不表现在旅游资料的翻译当中。

要处理好旅游资料中大量的文化信息，译者必须要以偏向译语、侧重读者的方向为准则。译者既不能不顾及英语的表达习惯和读者的接受能力，让英语就范于汉语的概念和意象，追求语言文字和信息量的"对等"转换，也不能因两种文化的差异造成"词汇空缺"而经常回避困难。

15.1 旅游文本的文体特点

旅游文本，无论英语还是汉语，均属应用文范畴，其形式灵活多样，内容无所不包，文体类别也是丰富多彩。如旅游指南属描写型，用词要生动形象，明白晓畅；旅游广告与其他广告语一样属呼唤型，用词短小精悍，富有创意，句式简洁活泼，具有极强的吸引力和号召力；旅游合同，属契约型，用词规范，表达准确，程式化明显；旅游行程，属信息型，用词简洁明了，具有提示性。本章节主要关注旅游景点介绍的翻译。

旅游景点介绍各具特点，归纳起来有以下几个方面：

15.1.1 词汇量丰富

这是由于旅游的综合性、全球性、文化性、经济性、政治性、商业性、教育性、专业性、休闲性、娱乐性、趣味性、宗教性、种族性、民族性、女权性、应用性和交叉性等因素所决定的。可以说上至天文下至地理无所不包无所不括。这一特点也决定了下一个特点。

15.1.2 知识面广

表现得尤为突出的知识是一个地区或一个景区的历史、典故、民间习俗、民间传说、天气以及与整个民族文化有关的方方面面的知识。

15.1.3 文化层面宽

最重要的是，旅游是一项跨文化的交际活动，它必须与景区的地区或国家的文化息息相关，诸如民族的、历史的、经济的、政治的、教育的、宗教的、艺术的、文学的、饮食的、服饰的、生活方式及风俗习惯等。在翻译实践中，译者常感到跨文化的难点较多。

15.1.4 措辞讲究

旅游资料为了达到某种宣传效果，常常在措辞上颇下工夫，尤其是中文资料，作者总是千方百计地用优美的文字，细腻的描写，运用风趣的写法，取得感人的效果。

15.1.5 风格活泼幽默

旅游资料大多是给游人阅读，或讲给游客听的，所以风格常常轻松幽默、清新明快，让读者在愉悦中接受知识。

15.1.6 多引用古诗词

在旅游资料中，特别是汉语资料中，因介绍景点景观的需要，常常引用古诗词的部分句子或整首诗词来增加资料的表达效果。这无疑给翻译带来一定的难度。(参见顾维勇，2005)

15.2 旅游资料的翻译方法

现在我们就境外(主要是香港)一些景点和观光地的旅游资料的翻译为例，介绍一下旅游翻译时常用的方法，以使我们从中得到一定的借鉴。

15.2.1 (景点名字及术语)音译加释义法

一般来说，在翻译旅游景点名字及术语时，应尽可能保留风景名胜的特色。翻译时可用音译加释义法，即直译加意译的方法。例如，Washington Monument(华盛顿纪念碑)、Madame Tussaud's Waxworks(杜莎夫人蜡像馆)等。对于人名一般是采用音译的方法，但用英语拼写及读音中有些是中文读音发不出来的，如果擅自创造常常会使中国读者感到费解，甚至误解。比如，若是将众所周知的Downing Street(唐宁街)按读音译成"党宁街"，或者意译成"下宁街"都是贻笑大方的。这种情况下应该用大家约定俗成的说法。

汉译国外的景点比英译国内的景点容易操作。我们可以先看看中文的翻译，常常采取意译的方法，如将"玉带桥"译成Jade-Belt Bridge、"万年宫"译成the Temple of Longevity等。也可以采用括号注释、同位语或定语从句等形式对原文中的文化信息进行必要的解释，辅以解释性文字，以便外国读者更好地了解所介绍的内容。例如，"一线天"-Yixiantian (A Thread of Sky)。

具体操作形式如下：

1. 类别名词+of+专有名词。例如：万年宫(the Temple of Longevity)。
2. 类别名词+of+形容词+专有名词。例如：慈光寺(the Temple of Mercy Light)。
3. 类别名词+of+数字+专有名词。例如：百丈云梯(the Cloud of Thousand Feet)。
4. 修饰词+类别名词+介词短语。例如：黄山云海(the Cloud Sea of Mt. Huangshan)。
5. 名词+ing形式+名词。有些表示动态的景点名称往往使人产生想像，是对该景点的一种极其形象的描述。例如：猴子观海(the Monkey Gazing at the Sea)等。
6. 名词+定语从句。例如：飞来石(the Rock that Flew Here)。(贾秀海，2005)

而汉译国外旅游景点和地名则相对容易，一般的格式都是：1)(景点特色)+地名+类别名；2)类别名+of+限制属性(特色)。翻译出来的格式一般是：景点特色+地名+类别属性，基本是一一对应就可以了。第二种情况要把of后的属性特色词前调，以限制修饰类别词(中心词)。景点特色词可以渲染解释其具体形象，地名音译，类别名和限制属性都可以用释义的方法(可直译可意译，较多用直译)。比如：

1. Hyde Park(海德公园)：音译+释义(直译)
2. Painted Desert(彩色沙漠)：渲染解释+释义(直译)
3. Museum of History and Technology(历史与工艺博物馆)：属性特色词前调(直译)；
4. Pentagon(五角大楼)：渲染解释；等等。

15.2.2 （文化词语）增补信息法

增补信息法是针对旅游翻译中文化信息词（culture-loaded words）增加必要的解释或补充相关的背景知识，便于国内游客了解。中国游客出境旅游的目的之一，也是想了解国外多姿多彩的文化和迥然不同的文明。比如说全球闻名的迪士尼乐园，是孩子们的天堂，也是属于大人们的寻梦世界。它构建了一个属于全人类的童话世界。请看香港迪士尼的一些宣传例子：

Extend Your Magical Stay

This summer, let the Disney magic linger with a stay at the park's fabulous hotels. Both the Hong Kong Disneyland Hotel and the Disney's Hollywood Hotel will be making a splash with all kinds of fun summer activities for the whole family. Let the kids design their own summer fashions like sunglasses and visors, or get down and groove to the calypso beat with whacky water games. You can even go for a swim with Goofy! And outdoor bars will make sure refreshing poolside beverages are always in reach. Now take a closer look with our photo gallery! And check out our latest hotel offers.

[参考译文]

乐园酒店延续奇妙体验

入住两间迪士尼酒店，使您和家人感受一新！孩子发挥无限创意，设计夏日时装；全家到泳池开心畅泳，与高飞一同嬉水。此外，池畔的酒吧供应清凉饮品，令您暑气全消。马上欣赏酒店图片集，然后再查看酒店优惠，展开奇妙之旅。

从译文看来，非常生动活泼，抓住了迪士尼"奇妙之旅"这个主题特色。但对于 Goofy 的翻译"高飞"对于那些非"迪士尼"迷来说，还缺乏相应的文化信息。Goofy 是迪士尼经典卡通形象，是一只呆呆笨笨的狗，经常闹出不少笑话，所以此处可以酌情翻译作"狗狗高飞"或者"高飞狗"。

15.2.3 （低值信息）淡化法

原文中有文化高值信息词，也有意义不大的低值信息词。对于前者，翻译时需要重点介绍，补充信息甚至背景知识；而对于后者，由于这些低值的文化指涉对主旨并不重要的，译出来反而画蛇添足，甚至弄巧成拙。这些低值信息词有：与介绍的景物没有直接联系的信息；描写性的文字，如景物描写等；议论性、抒情性的文字。这些都需要淡化处理甚至可以从译文中删减掉。

请看香港迪士尼乐园中的另一段简介：

Fresh Summer Flavors

Stay refreshed with a special selection of food and beverages at Hong Kong Disneyland this summer season. Across the park you can try out our refreshing summer treats, including frosty drinks with grass jelly and red bean, ice cream treats and fresh summer fruits to chill your taste buds! Follow the flavor trail to the Disney hotels, and you'll find fine summer dining to sample at our signature restaurant, Crystal Lotus

原文中重点描述的是夏日里清凉新鲜的诱人美食，翻译时重点应放在 special selection of food and beverages、refreshing summer treats、frosty drinks with grass jelly and red bean, ice cream treats and fresh summer fruits、chill your taste buds 等信息上。而译文对原文中生动的 Across the park、Follow the flavor trail 作了淡化处理。请看：

[参考译文]

夏日滋味乐透心

香港迪士尼乐园满载丰富的美食体验。乐园内的餐厅献上多款的消暑美食和冻饮，包括凉粉红豆冰、特色雪糕和夏日鲜果等，可口透心凉。此外，香港迪士尼乐园酒店的晶荷轩更可让馋嘴的您品尝创新的夏日美食。

这样的淡化策略反倒烘托了关键词，使译文一气呵成，对游客更是充满了诱惑和说服力。又如：

Summer Shopping Spree

Get ready for some unforgettable shopping this summer, with great gift ideas for the whole family. Dress for the summer with baseball caps and snazzy sunglasses featuring an all-star cast of Disney friends. If you're feeling thirsty, signature Disney drinking cups will add fun to any beverage! And don't forget to check out the great new clothes, toys and accessories for the park's newest attractions, including the car driving adventure attraction Autopia, and Stitch Encounter, featuring everyone's favorite little blue alien!

[参考译文]

夏日购物乐

香港迪士尼乐园的商店荟萃各式精品，琳琅满目，让全家人挑选心仪礼物，将奇妙体验带回家。不同款式的帽子、印有迪士尼朋友图案的太阳眼镜、有趣实用的水杯，以及夏日全新游乐设施驰车天地与幸会史迪仔的主题衣饰、玩具和精品，全都不容错过。一身夏日装束，一系列夏日精品，令旅程更添乐趣。

比如，例子中 If you're feeling thirsty, signature Disney drinking cups will add fun to any beverage! 这一句中，译者只把“水杯”及其“有趣实用”的特点传达了出来，而把其他信息弱化甚至省略掉了，而着重从真正能吸引顾客的详细情节及能起鼓动作用的地道表达手法入手，给人一种朴实诱人的可信之感。(陈莉，2005)

15.2.4 化实为虚法

请先看香港海洋公园宣传资料中的一个例子：

Sea Jelly Spectacular

More than 1,000 sea jellies of all size, shapes and colors from all over the world have found a new home in this all-new jellyfish exhibit at Ocean Park! Designed with the latest technology in lighting, music and multimedia special effects to enhance your experience,

Sea Jelly Spectacular offers a sensational "undersea" voyage for you to discover this most amazing and beautiful undersea creature. You can see them swim and, glow in their natural environment or play the interactive Shadow Game to "virtually" touch them. You can even play hide-and-seek with them in the Mirror Maze. Part of the thrill is finding your way out of this magical enclosure!

Get ready for a journey of exploration, fun and thrill!

[参考译文]

水母万花筒

千多只来自世界各地色彩缤纷、形态独特的水母，已经云集在海洋公园全新开放的水母馆——水母万花筒！

以超新科技设计的展馆，让你置身超越视觉界限，充满灯光异彩，奇幻音乐、动感和独特效果的多元立体空间，体验前所未有的奇妙之旅！你既可探索这水中世界奇幻精灵的生命周期、发光之谜和求生秘笈，更可加入互动幻影游戏，感受如同置身海洋、与水母交手过招，或是走进奇幻的镜子迷宫，跟各式水母大玩捉迷藏，看谁最先找到出口！

万勿错过这充满探奇、趣味、刺激的全新感官体验！

从英文原文来看，表达生动优美，拟人色彩较浓，并且用简洁的语言，如：all-new jellyfish exhibit、the latest technology in lighting, music and multimedia special effects 等，勾勒出一个相对客观的、可感知的水母馆形象，明显趋向于"实"；而从汉语译文来看，其行文华美，意象奇妙，且情景交融，倾向于从游客自身出发所得到的感受，属于较感官性的"虚"，能够迎合中国游客的审美心理和旅游需求。

同样是本观光地的另一个例子：

Shark Aquarium

Then again. Most sharks are harmless ... to people! But not all. Here you'll come face to face with 70 sharks from 35 species as you travel through Asia's first underwater tunnel. Watch them as they glide over head, and learn about every species, including the rare species. Ocean Park has been able to breed in captivity. You'll never be this close to a shark again.

[参考译文]

鲨 鱼 馆

在鲨鱼馆你可透过亚洲首条水底参观隧道，面对面感受 35 类不同品种，70 条深海霸主的慑人威势。它们会优美地在你头上滑过。让你有机会仔细观看各种鲨鱼及由公园成功繁殖的稀有品种。

这里也可以看出，译文中特意突出了鲨鱼的"深海霸主的慑人威势"，以及添加了"优美地"这样的形态描述。这在英文介绍中并没有突显出来，而考虑到中文中词汇的虚化意象，译者巧妙地运用了目的语的优势达到了宣传和吸引游客的目的。

从上面可以看出，英语比较喜欢客观的细节的描述，而汉语喜欢华丽的辞藻和排比的句式，讲求文字对仗工整。对于旅游资料的汉译，译者完全可以根据原语篇的意图，娴熟自如地处理译文，打破汉语文体特点和表达方式的束缚，化实为虚，大胆操作，根据原文中闪现的实质性物象重点勾勒，用符合中国人心理需求和思维特点的语言表述出来，当然这个方法也要讲求适度原则，如果过分渲染，则是华而不实，对景点宣传是有百害而无一利的。

再看其他例子：

Ocean Theater——Amazing Flips Stunning Tricks

Intelligent dolphins and adorable sea lions team up with their trainers to amaze the crowd. Get your seats while you can. It's a hugely popular marine mammal spectacular.

[参考译文]　海洋剧场——美妙的翻腾　令人赞叹的技巧

海洋公园内最受欢迎的大型表演，深受欢迎。聪明可爱的海豚及海狮作出美妙的跳跃翻腾动作必定为你带来无限欢乐。

与原文对照，就会发现译文中很多没有处理好。比如 Amazing flips 和 Stunning tricks 若是处理成对仗就更好了，译文对原文扣得太死了，没有放开。

用以上的分析我们可以从以下两例中体味到化虚为实法在旅游翻译中的妙处：

Ocean Park Tower ——A Supreme View from Above the Park

Extraordinary vistas reveal as you rise 72 meters and enjoy the stunning view of South China Sea. Gently rotating through 360 degrees, it's an awe inspiring view from the top.

[参考译文]

海洋摩天塔　俯瞰迷人景色

居高林下，美景尽收眼帘。海洋摩天塔带你登上 72 米的高空，尽享无边无际的南中国海迷人景致。俯瞰 360 度环回醉人景色，悠然之意俨如云中仙子。

当然，由于是香港的翻译，对中文的把握并不全是娴熟自如的，上例译文中“居高临下”就由于粗心变成了“居高林下”，当然这小瑕疵也无碍我们从中借鉴有益之处。

15.2.5　类比改译法

这种方法适用于国外的纪年、地名、官职等的翻译，一般会改写成中国相应的公历、地名及职务，或者改成中国游客比较熟悉的年代、地名或职务。在不影响对描述对象理解的基础上，把原文中迂回婉转的表达及修辞改写得直接明了，富有逻辑性。比如在有的翻译资料里，会把西方人熟悉的米老鼠和唐老鸭译成孙悟空和猪八戒。当然这也要看具体情况而定。

15.3　美学风格的等化

汉语的旅游资料中常用优美的词语，华丽的笔墨和高雅的格调来描述某一景点，以唤起游人对美的感受。在译成英语时，应注意尽可能将这种美转化为等效的英语。例如：

北京作为世界旅游名城，有着极为丰富的旅游资源：雄伟壮丽的天安门；金碧辉煌、气象万千的故宫；气势宏伟的万里长城；湖光山色、曲栏回廊的颐和园；建筑精巧、独具艺术风格的天坛；

烟波浩渺、黛色风光的北海公园，以及建筑宏大的明代帝王陵寝——十三陵……这些举世无双、驰名中外的古代建筑，历来是旅游者的竞游之地。

从上文中可以看到，汉语四字结构工整对仗，读来朗朗上口，起伏跌宕，悦耳动听，首先满足了读者的视觉听觉上的享受，符合人们审美习惯与心理态势，同时又体现了作者扎实的文化功底，蕴含着丰富的语言符号意义。陈宏薇(1998: 132)认为，翻译时，译者"应力求达到译文与原文在内容和形式上的统一，向英语读者介绍中国的语言文化精华"。

[参考译文]

Beijing, being one of the world's great cities, is full of tourist attractions. Among these are the magnificent Tiananmen Gate, the majestic Palace Museum, the imposing Great Wall, the scenic Summer Palace, the ingenious Temple of Heaven, the enchanting Beihai Park and the carefully laid-out Ming Tombs. Unrivaled and of world renown, these ancient structures remain attractions to both domestic and foreign travelers.

这里，译者将多个装饰性的四字结构整合为极具特色的英语单词，充分表现了这些景点独特魅力之处。同样描写古建筑雄伟壮丽，译文则采用了 magnificent, majestic, imposing 构成的几个短语排比，分别表现了天安门的雄伟、故宫的庄严、长城的壮丽；而对颐和园只用了一个 scenic 体现了其景色秀美如画，通过这些简单而不重复的词语再现了原文的美感功能。对烟波浩渺、黛色风光的北海公园译者则认为它展现的是一幅妩媚迷人的画面，所以用 enchanting 更为细腻，贴切到位。又如：

苏州位于沪宁线上，地处太湖之滨，建成于公元前 415 年，是我国江南著名的古老城市之一。

城内外遍布名胜古迹。寒山寺，诗韵钟声，脍炙人口；虎丘，千年古塔，巍然屹立；天平山，奇石嶙峋，枫林如锦；洞庭东山，湖光山色，花果连绵。

别具匠心的园林驰名中外。沧浪亭、狮子林、拙政园、留园、网师园、怡园等，亭台楼阁，池石林泉，疏密适度，相映生辉；廊榭曲折，沟壑幽深，移步换景，引人入胜；布局结构，各显特色，表现了宋、元、明、清各个时期园林艺术的不同风格，反映了我国历代劳动人民的高度智慧和卓越的创造才能。

这段资料中同样大量使用了四字结构，浓缩了苏州园林的菁华：亭台楼阁成严谨均衡的几何图形空间布局的静态美与径缘池转、廊引人随、步移景换的立体动感美，将一幅美轮美奂的自然山水与人文景观在读者面前展露无遗。译文也应体现原文的动静之美，达到与原文形式美学上等化的效果。

[参考译文]

Located on the Shanghai-Nanjing railway and off Lake Taihu, Suzhou is a city of historical fame south of the Yangtze, which claims its founding in 514 B. C.

The city abounds with fine scenery and historical interest. The popular haunt of Hanshan Temple, with its charming bell, has inspired many poetic mind. On Tiger Hill, a thousand-year-old pagoda stands in majesty; and while luxuriant fruit-trees add to the natural beauty of East Dongting Hills and lake around, Tianping Hill is featured by grotesque rock formations and red maple woods.

The unique style of widely reputed Suzhou gardens is seen in Gentle Waves Pavilion, Lion Grove Garden, the Humble Administrator's Garden, Lingering Garden, the Master-of-Nets Garden and Joyous Garden. Their towers, gazeboes, terraces, winding corridors and water-side pavilions are so artistically laid out among ponds, rockeries, trees and grottoes that visitors are impressed by the depth they create, and find a different vista at every turn. All this makes a visit most enjoyable. The classical gardens of Suzhou bear the characteristics of the Chinese landscape architecture of the Song, Yuan, Ming and Qing Dynasties and stand as a monument to the wisdom and creativity of the working people of ancient China.（顾维勇，2005）

旅游文化翻译中译者应清楚明了、准确传达旅游信息和文化底蕴。旅游翻译是以感召为主的实用性翻译，根据不同的任务性质，重视读者与译文，在透彻消化、理解原文的前提下，考虑中西文化差异，对文化词汇和信息要有很强的文化敏感性，动态选择合适的语言表达方式，本着以文化翻译为取向，以译文为重点的翻译原则，弄清楚译文的目的、意图与效果。译者可以发挥译语优势，灵活变通，采用不同的翻译策略，例如全译、摘译、改译、提要增删、解释、增加、类比、删减、释义、改写，也可以是直译、意译，或归化、异化，或是这些翻译手段的综合，因事制宜，以增加译文的可读性和可接受性，使译文在传播文化的同时，使外国读者和游客得到身心的愉悦和美的享受，以期达到传达旅游文化信息、宣传中国文化的翻译目的。（曾文雄，2006）

15.4 旅游翻译小知识

15.4.1 楹联的翻译

在我国的许多名胜景点有很多刻写在楹柱上的对联，我们称之为楹联。它是中国独特的文学艺术形式。对联是由韵律诗的对偶句发展而来的，它保留着韵律诗的某些特点。我国古人把吟诗作对相提并论，这在某种意义上说明了两者间的关系。对联是张贴的诗，但它与诗又不尽相同，因为它只有上联和下联，通常它比诗更为凝练，句式更加灵活，长短自如，在我国的建筑物中有长达数百字的长联。所以楹联的翻译是我们旅游翻译工作者的一大难题。在翻译实践中，可以采用不同的方法来翻译不同的楹联俳语，如词汇的对应，句子结构的对应，必要时可改变句子结构等。

山海关有一幅楹联为：

海水朝朝朝朝朝朝朝落

浮云长长长长长长长消

采用字面对应可翻译为：

Sea waters tide, day to day tide, every day tide and every day ebb,

Floating clouds appear, often appear, often appear and often go.（尤金·奈达）

亦可改写或意译为：

Every day floating clouds come and go,

Very often sea waters ebb and flow.（吴伟雄）

上译中，ebb and flow 意为“潮得涨落，盛衰，消长”，还押尾韵，可称佳译。

苏州拙政园有一幅明代书画家文徵明（1470—1559）手书的唐代诗句组成的对联：

蝉噪林愈静

鸟鸣山更幽

英译为：
Cicadas, chirping, make the forest all the more peaceful,
Birds, singing, make the mountain all the more secluded.
此译不但字面意义对应，而且句式对仗工整。
水水山山处处明明秀秀
晴晴雨雨时时好好奇奇
按字面对应直译为：
Water Water Hill Hill Place Place Bright Bright Beautiful Beautiful;
Fine Fine Rain Rain Moment Moment Pleasant Pleasant Wonderful Wonderful.
如果意译则可译为：
With water and hill, every place looks bright and beautiful;
Rain or shine, every moment appears pleasant and wonderful. (陈刚，2004)
大肚能容容世上难容之事
开口便笑笑天下可笑之人
英译时可保持句子结构的对应：
His belly is big enough to contain all intolerable things on earth;
His mouth is ever ready to laugh at all snobbish persons under heaven. (陈刚，2004)
峰峦或再有飞来坐山门老等
泉水已渐生暖意放笑脸相迎
翻译时可改变句子结构：
Awaiting at the door another peak flying over;
Facing with a smile the cool spring warming up.
重重叠叠山，
曲曲环环路，
丁丁冬冬泉，
高高下下树。
The hills — range after range;
The trails — winding and climbing;
The creeks — murmuring and gurgling;
The trees — high and lowly.
上译注意保持词义层对应，再如：
疏影横斜水清浅，
暗香浮动月黄昏。
Sparse shadows slant across the clear water shallow;
Subtle fragrance floats serenely in moonlight mellow.

15.4.2 中菜与主食的英译

民以食为天。饮食文化是中国传统文化的重要组成部分。源于历史的发展和地域的差别，我国形成了北有鲁菜(Shandong Cuisine),南有闽菜(Fujian Cuisine)、粤菜(Guangdong Cuisine),中西部有湘菜(Hunan Cuisine)、川菜(Sichuan Cuisine),东有徽菜(Anhui Cuisine)、江浙菜(Jiangsu Cuisine and Zhejiang Cuisine)等众多菜系及佳菜名肴,真可谓流派纷呈、丰富多彩。中国的菜肴命名方式特点显著。有的赋予浪漫色彩,如"过桥米线"表达了妻子对丈夫的深切思念;有的用写实手法,如"冬菇菜心"见名即见菜;有的取自历史典故,如"鸿门宴"蟹黄和燕窝象征楚汉之争;也有取自民间传说,如"大救驾"说的是宋朝开国皇帝赵匡胤当年攻占寿县后,由于过度操劳,身心疲惫,食欲不振,厨师用猪油面粉果仁等做成饼,赵匡胤用后食欲大增,身体恢复,便赐此名。

1. 中菜与主食英译的基本特点

在中菜与主食的英译中译者既要遵循翻译的原则,又要因地制宜,适时变通。如在宴会上或餐桌上口译时,译员就无法去咬文嚼字、反复推敲,只要"准确"、"忠实"与原文的英译。当然,还要兼顾"变通"与"迅速"。笔译时,除了上述几点之外,还要注意"简洁"的要求。这是因为菜谱的印制、设计及装帧都是十分考究的,一般没有太多的空间位置去容纳冗长累赘的英译文。简言之,无论是口译还是笔译,都要"直入主题",开门见山地点明菜肴的原料和烹调方法。口译时如时间允许,特别是在外国客人点菜时可抓住时机适当补充一些有关菜肴的营养价值、民俗风情的背景知识,额外撒点"文化佐料"提起外国客人的食欲,达到活跃气氛和传播中国饮食文化的目的。

2. 中菜与主食英译的若干方式

在明确了中菜与主食英译的基本特点之后,具体英译时应该如何下手呢?首先应当让外国读者或客人了解中国的饮食文化,包括某道菜的原料及烹调的方法,如果能介绍有关菜肴的营养价值、民俗风情或历史传说、民间故事等知识,可以让他们既品尝了美味佳肴,又了解了我们的饮食文化。归纳起来有以下几种方式供参考。

1) 直译法——烹调法+原料

烹调法是指中国菜的做法,即煮、煎、炸、煸、炒、蒸等。英译时把对应的制作方法译出来,再以该菜的主要原料为中心词就可以了。比如:

煮花生仁 boiled peanuts/groundnut kernels

炒肉丝 stir-fried pork slices

炖牛肉 stewed beef

清蒸桂鱼 steamed mandarin fish

煎鸡蛋 fried eggs

红烧鱼 braised fish with brown sauce

回锅肉 twice-cooked pork/ double cooked pork

2) 直译+释义法

顾名思义,英译时直接按中文菜名译出其意,然后再补充说明其实际所指的含义。

狮子头 lion's head — pork meat balls

全家福 happy family — a combination of shrimps, pork, beef, chicken, lobster and mixed vegetables with brown sauce.

龙凤配 dragon & phoenix — two separate dishes characterize this distinctive plate. On one side, lobster meat in Sichuan chili sauce, which is inviting. On the other is house special chicken, which never fails in delighting.

叫花鸡 beggar's chicken — There's a legendary story connected to it. Long long ago there was a beggar. One day he stole a chicken and was pursued by the owner. He was almost caught when he suddenly hit upon a good idea. He smeared the chicken all over with clay, which he found nearby and threw it into the fire he had built to cook it. After a long while the beggar removed the mud-coated from the fire. When he cracked open the clay he found, to his astonishment, that the clay together with the feather had formed a hard shell in which the chicken had been baked into a delicious dish with wonderful flavor. That night he had a very enjoyable meal. Hence the name of the dish.

3）意译法

① 原料＋with＋佐料

用原料为中心词,有时稍带把烹调法也译出,再加上用介词 with 或 in 与佐料构成的短语即可。

鱼香肉丝 shredded pork with garlic sauce

豆豉桂鱼 mandarin fish in black bean sauce

黄焖龙虾 braised prawns in rice wine

海米白菜 Chinese cabbage with dried shrimps

椒盐排骨 spare ribs with pepper and salt

② 佐料＋原料

此法是把佐料用作修饰语,放在中心词原料的前面,用英文译出。

咖喱鸡 curry chicken

咖喱牛肉 curry beef

麻辣豆腐 spicy bean curd

怪味鸡 multi-flavored chicken

咕老肉/糖醋肉 sweet & sour pork

③ 以实对虚法

从严格的意义上说,该法也是意译法的一种,其方法是舍去中菜名里的喻义、夸张等说法而用平直、明白的英语译出。

白玉虾球 crystal white shrimp balls

红烧狮子头 braised meat balls with brown sauce

发财好市 black moss cooked with oysters

龙虎凤大烩 thick soup of snake, cat and chicken

4）移花接木法

用西方人熟悉并了解的欧洲菜名或主食名来译部分中菜名与少数主食,因为他们之间有许多相似处故借彼之法为我所用。译文地道、通俗易懂,能收到事半功倍的效果。示例如下:

烤排骨 barbecued spare ribs

鸡肉串 teriyaki chicken stick

盖浇面 Chinese-style spaghetti

饺子 Chinese-style ravioli

锅贴 pot stickers

这里的 teriyaki 一词是从日语来的借用词,即"烤"的意思,该字用于此类英译在美国的中餐馆里十分流行。另外,spaghetti 和 ravioli 两字均源自意大利语,其含义与吃法恰巧分别与我们的"盖浇面"和"饺子"非常相似,外国人都异常熟悉。pot stickers 乃是一种通俗、诙谐的译法,较之呆板的译文 pan-fried dumplings 更显得幽默而传神。另外,dumpling 一自似有滥用之嫌,例如,在译烧卖、馄饨、元宵、锅贴、粽子时,常用该字,往往容易引起误解。

5) 音译+释义法

先按中文用拼音译出,然后再加以解释性的英译,使英译文保留点中国味儿。

包子 baozi stuffed bun

饺子 jiaozi Chinese-style ravioli

馒头 mantou steamed bread

锅贴 guotie pot stickers

木须肉 moo shu pork: A combination of shredded pork and assorted vegetables as fillings rolled in small thin pan-cakes.

6) 随机应变法——原料+地名+style

应用此方法可以灵活地处理一些难以对付的地方风味特色菜名。英译出原料名后,再稍加"点拨"就可以大功告成。示例如下:

湖南肉 pork Hunan style

广东龙虾 lobster Cantonese style

家常豆腐 bean curd home style

麻婆豆腐 bean curd Sichuan style

中式泡菜 Chinese-style pickles

关于主食的一些英译法较之于菜名来说就容易多了,这里就不赘述了,下面略举几个示例:

炒饭 fried rice

蛋炒饭 egg fried rice

叉烧炒饭 roast pork rice

汤面 noodles in soup

炒面 stir-fried noodles

上文概括地归纳了中餐菜名与主食的 6 种常见而实用的英译方法。但这绝不是说包罗了此类译法的方方面面。有些译法也非正式或固定译法,因为在口译或笔译时往往因人而异、因语境而异,常常会有不同的英译。如:狮子头,可直译为 lion's head,也可意译为 meat balls;羊肉串,也可译为 mutton skewer。

甚至还有一种幽默的译法,如:豆腐,必要时,也可译为 plant meat(植物肉);啤酒,可译为 liquid bread(液体面包)。

总之,中菜英译以最佳效果为准绳。对于一些各地的风味小吃、有着浓郁地方特色的乡土菜,其英译文除了上面介绍的几种方法外,许多名称仍需译者细心推敲定夺。

3. 常见中餐烹调法的英译

中国菜的烹调方法至少有 50 多种,为翻译方便,可归纳为下列主要几类。

煮 boiling：分为即煮即食 instant boiling 和快煮 quick boiling 两种，北方的火锅以及广东的“打边炉”都属于前者，而快煮是指将煮沸的汤加入盛有食物的器皿中，或把食物投进煮沸的水里，然后慢火煮熟则为后者，即快煮。

煸 stir-fry before stewing：把菜肴放在热油里炒到半熟以后再加佐料加水煮熟。

炖、煨 simmering：是用低于沸点的热水慢慢加热，通常时间较长。

煲、焖、炖 stewing：指把菜放在汤、汁中用文火慢慢加热，它与 simmering 类似，但 stewing 常指把鱼、肉和蔬菜在肉汁或调料中混合在一起做出的食物或菜肴。如果将食物放在水中煲则译为 stewing in water，隔水炖是 stewing out of water，此法主要用于炖补品，如果放在调味汁里煮就是卤 stewing in gravy 了。

烧 braising：红烧是用酱油来烧 braising with soy sauce。

炸(deep) frying：frying 是用热油炸，特别是在一专门的容器中用一定量的油炸。分为干炸 dry deep-frying 和软炸 soft deep-frying 以及酥炸 crisp deep-frying。

煎 pan-frying

炒 stir-frying

爆 quick-frying

扒 frying and simmering

回锅 “twice-cooked” stir-frying

烘、烤 baking

铁烧 broiling/grilling

烧烤 roasting

浇油烧 basting

蒸 steaming

熏 smoking

白灼 scalding，此法多用于烹制河鲜海味。

在具体翻译时切忌望文生义，生搬硬套。比如煮鸡蛋为 boiled eggs，煮荷包蛋则译为 poached eggs；红烧肉、腐乳汁烧肉、干烧明虾三道菜中都含有“烧”字，但分别译为 braised pork with brown sauce, stewed pork with preserved bean curd, fried prawns with pepper sauce；炒蛋译为 scrambled egg，而不译为 fried egg。

所以，翻译时译者要先搞清不同的烹调法英语所表达的确切内涵，然后再选择最贴近的英语名称。

4. 中国菜刀工的英译

切 片	slicing	切 丝	shredding
切 丁	dicing	切 柳	filleting
切 碎	mincing	捣 烂	mashing
酿 入	stuffing		

切之前有的要：去骨 boning；脱壳 shelling；剥皮 skinning；刮鳞 scaling；腌制 pickling。

5. 中国菜常用料的英译

鱼　片	sliced fish	肉　丝	shredded meat
薯　泥	mashed potatoes	鸡　丁	diced chicken
酿豆腐	stuffed bean curd	炸鱼柳	fried fillet of fish
虾　仁	shelled shrimp	去鳞鱼	scaled fish
咸酸菜	picked vegetables		

6. 常见的菜名英译

1）采用直译方法的菜名

叉烧肉	roast pork fillet
白切油鸡	steamed chicken
桶子油鸡	soy chicken
煮鸡蛋	boiled egg
荷包蛋	poached egg
炒鸡蛋	scrambled egg
红烧肉	braised pork with brown sauce
糟　肉	steamed preserved pork in distilled grains liquor dregs
腐乳汁烧肉	stewed pork with preserved bean curd
糖醋排骨	spare ribs with sweet and sour sauce
干烧明虾	fried prawns with pepper sauce
盐水虾	boiled shrimps with shell in salt water
咸水虾	boiled shrimps with salt
煨牛肉	simmered beef

肉片烧豆腐	stewed sliced pork with bean curd
烧青鱼头	stewed black carp head（青鱼：mackerel/herring）
蒜头烧黄鳝	stewed finless eel with garlic
甲鱼裙边煨猪肉	stewed calipash and calipee with fat pork
虾仁扒豆腐	stewed shelled shrimps and bean curd
蟹肉鱼唇	stewed fish lips with crab meat
蟹粉鱼肚	stewed fish maw with crab meat
鱼圆烧海参	stewed sea cucumbers with fish balls
虾仁海参	stewed sea cucumbers with shelled shrimps
炖栗子鸡	stewed chicken with chestnuts and green pepper
时菜鲜菇	stewed fresh mushrooms with vegetables
红烧鹿肉	braised venison of the spotted deer with brown sauce
辣味烩虾	braised prawns with chili sauce
蚝油鱼唇	braised fish lips with oyster oil
鸡翅鲍鱼片	braised abalone with chicken wings
蘑菇鲍脯	braised abalone with fresh mushrooms
葡汁全鸡	braised chicken with wine sauce
砂锅鸡虾豆腐	braised chicken, shelled shrimps with bean curd in earthen pot
青椒肉片	fried sliced pork and green chili
炒猪腰片	fried sliced pig's kidney
茄汁牛肉片	fried sliced beef with tomato sauce
洋葱牛肉丝	fried shredded beef with onion

炸桂鱼	fried mandarin fish
炸鳝丝	fried shredded finless eel
菜炒鲈鱼	fried perch with vegetables
油酱蟹	fried crab with bean sauce
奶油鱼肚	fried fish maw with cream sauce
冬笋炒鱿鱼	fried squid with fresh bamboo shoots
香菇炒蟹肉	fried mushroom with crab meat
香蕉炸锅	fried banana patters
烤乳猪	roast porket
铁烧牛扒	grilled beef steak
脆皮锅酥肉	deep fried pork
奶油烧鱼柳	grilled fish with butter sauce
清蒸鲈鱼脯	steamed perch-flank
荷叶粉蒸肉	steamed flour-coated pork wrapped in lotus leaves
清蒸糟青鱼	steamed black carp in distilled grains
蒸梭子蟹	steamed sea crab
草菇蒸鸡	steamed chicken with mushroom
清蒸滑鸡	steamed chopped chicken
水晶蛋糕	steamed sponge cake
熏　鱼	smoked fish
白灼明虾	scalded prawns
白灼海螺片	scalded sliced conch

炒双冬	fried sauté mushrooms and bamboo shoots
凤肝鸡片	fried sliced chicken with chicken liver
凤足炖甲鱼	steamed turtle and chicken's feet soup
面拖虾	shrimp fritter
汤泡肫球	gizzard balls in soup
三鲜汤	soup with fish, shrimp and pork balls
冬瓜云腿	sliced Yunnan ham with white gourd

2）采用意译方法的菜名

八宝鸡	rice stuffed chicken
香液鸡	boiled chicken with spicy sauce
双片锅巴	sliced meat and liver with fried rice crust
镇江肴肉	fragrancy pork in Zhenjiang style
碧绿鲜虾脯	fried minced shrimps with vegetable
原盅鲜陈肫	steamed chicken fresh and dried gizzards in soup
上汤广肚	fish maw in clear soup
红烧狮子头	braised minced pork balls with brown sauce
蟹粉狮子头	stewed crab meat and minced pork balls
百花酿北菇	mushrooms stuffed with minced shrimps
炸金钱虾盒	round shape fried mashed shrimps
牡丹鲜虾仁	fried shelled shrimps with crab roe
芙蓉鸡片	fried chicken slices with egg-white
冰糖蜜炙火腿	steamed ham with crystal sugar

三鲜鱼肚	fish maw with balls of shelled shrimps, fish and minced pork
龙虎凤大烩	thick soup of snake, cat and chicken
红烧四喜肉	braised brisket with brown sauce
红烩虎皮鸽蛋	boiled and fried pigeon eggs, stewed with brown sauce
木须肉	fried pork with scrambled eggs and fungus
芙蓉蔬菜	stewed vegetable with egg-white
烩罗汉斋	stewed vegetable Luohan Zhai
炒双冬	fried sauté mushrooms and bamboo shoots
牡丹蔬菜	fried mushrooms and bamboo shoots in peony shape
糖醋咕老肉	deep fried pork with sweet and sour sauce
醉　蟹	liquor preserved crab
五柳石斑块	steamed tench with assorted garnishes

3) 其他译法菜名

下面的5道菜分属川菜、京菜和粤菜,翻译时可以结合菜名解释其特色:

Sichuan food is characterized by the strong flavor. It's spicy and hot.

Beijing food is heavy and spicy.

Guangdong food is light.

川式酸辣汤 sour and hot soup in Sichuan style

宫爆鸡丁 fried diced chicken in Sichuan style

北京烤鸭 Beijing roast duck

东江盐焗鸡 steamed Dongjiang chicken in gravy

盐焗信丰鸡 salt baked Xinfeng chicken

名家谈翻译

傅东华:《飘》译序

关于这书的译法,我得向读者诸君请求一点自由权。因为译这样的书,与译Classics究竟两样,如果一定要字真句确地译,恐怕读起来反要沉闷。即如人名地名,我现在都把它们中国化了,无非要替读者省一点气力。对话方面也力求译得像中国话,有许多幽默的、尖刻的、下流的成语,都用我们自己的成语替代进去，以期阅读时可获得闻其声的效果。还有一些冗长的描写和心理的分析，觉得它跟情节的发展没有多大关系，并且要使读者厌倦的，那我就老实不客气地将它整段删节了。但是这样的地方并不多。总之，我的目的是在求忠实于全书的趣味精神，不在求忠实于一枝一节。倘使批评家们要替我吹毛求疵，说我某字某句译错了，那我预先在这里心领谨谢。

最后关于本书的译名，也得稍稍解释一下。原名 Gone with the Wind，取义于本书的第 24 章，原意是说本书主人公的故乡已经“随风飘去”了。上海电影院起初译为《随风而去》，与原名固然切合，但有些不像书名，后来改为《乱世佳人》，那是只好让电影去专用的。现在改为《飘》，“飘”的本义为“回风”，就是“暴风”，原名 Wind 本属广义，这里分明是指暴风而说的；“飘”又有“飘扬”、“飘逝”之义，又把 Gone 的意味也包含在内了。所以我觉得有这一个字已经足够表达原名的蕴义。（申雨平、戴宁，2000）

第十六单元

16 常用文体翻译(新闻翻译)

1980年,一位美国人把刚上市的《社会性动物》(美国著名心理学家、加利福尼亚大学教授埃利奥特·阿伦森一系列社会心理学著作中的一部)第三版寄给中国学者郑日昌翻译。译成中文后,奈何改革开放之初,禁忌尚多,经多方联系,勉强找到一家出版社,谁知稿子交出后一年多,被退了稿。其理由令人啼笑皆非:一是把人称作“社会性动物”不妥(革命导师这样说过);二是提“水门事件”犯忌,因为尼克松赞成中美建交,应替尊者讳。

16.1 新闻翻译的特点

新闻翻译与文学翻译、科技翻译很不相同,它至少有以下4个特点(刘其中,2004: 12)。

16.1.1 讲求时效

新闻报道是一种高时效、高强度的工作,新闻翻译也必须在时效压力下高速进行。虽不能精雕细刻,但也不能粗制滥造。

如1998年9月1日,美国国会举行克林顿总统性丑闻听证会,美国电视台在香港时间晚上9点26分开始实况转播,凌晨1点半转播完毕。路透社从晚上9点45分开始逐节播发,凌晨两点发完。9月2日,香港《苹果日报》用了整整3版报道此事。常识上,报纸必须在凌晨3点以前全部发排,否则就来不及在第二天早上将报纸送上报摊。这就是说,那天夜里,《苹果日报》用于翻译和编辑的时间不过两三个小时。可以想像这种新闻翻译的工作强度有多大。如果没有高素质的翻译人员,就无法保证报纸截稿之前完成全部翻译工作。

16.1.2 可根据情况适当增减

与文学翻译和科技翻译不同,新闻翻译有较大的自由,可以根据二次传播的需要,在翻译中作适当的增减。

新闻翻译的目的是为了让以源语语言写成的新闻能进行二次传播，而二次传播的受众与原新闻的受众很不相同。有些信息对于源语读者可能已经家喻户晓，对与译文读者却需要解释说明；反过来，有些事情可能对译文读者很熟悉，但是在原文中却占了大量篇幅。这些就需要译者有选择地增减。

这种编译是一种比较特殊的翻译方法。在编译过程中，翻译人员既是翻译，又是编辑。他可以把长达 1 000 字的新闻编译成 200 字的短消息，也可以把两三条短消息综合编译成一个综合报道。

16.1.3 符合新闻写作的要求

译语新闻必须体现新闻写作的特点。

译语新闻一般采取“倒金字塔”型的结构：导语开门见山，概括新闻的主要内容；正文部分，把重要的新闻事实尽量安排在前面，相对次要的新闻事实依其重要程度依次排放；行文方面，要言简意赅，通俗易懂。

16.1.4 力求准确

要对二次传播的受众高度负责，译文应力求准确，避免错误。

新闻消息与文学作品不同。后者的出版周期较长，编辑方面比较从容，译文中产生错误的情况相对较少；新闻消息一般都是在截稿时间之前抢出来的，犯错误的几率相对较大。这就需要新闻翻译工作者严肃谨慎，力求准确。

16.2 新闻的翻译

首先我们要指出，新闻文体属于应用文体，它以简要的文字迅速报道新闻事实。新闻语言应该是如实呈现客观事实的语言。新闻语言具有具体、准确、简明、通俗、生动的特点。

16.2.1 新闻标题的翻译

首先，它是新闻的重要组成部分，是新闻内容的概括和浓缩，起的作用是为了帮助读者选择新闻、阅读新闻和理解新闻。新闻报道讲究客观公正，但是许多新闻标题却有明显的政治倾向（刘其中，2004：12）。请看以下标题：

BEIJING TELLS ANSON: BACK TUNE

(*South China Morning Post*)

广岛祭日　小泉扬言随时拜鬼

(《南方都市报》)

收入分配改革：破竹冲关会有时

(《中国信息报》)

其次，新闻标题用语都十分精练，言简意赅，含义深邃，可谓字字千金。特别是英语新闻的标题，由于英语字长，占空间大，所以尤其要求用字节省。我们来看几个中英文标题，报道的是同一件事，在报纸上占据的空间不相上下，但是信息含量却大不相同：

例 1: **Pentagon brands Taliban liars**

Over claims of helicopter kills

塔利班宣布击落两直升机

找到残骸向记者展示　美否认并称塔利班撒谎

例 2: **Canadian question Afghan**

Role after bombing deaths

Cretien promises investigation

美国战机投弹　四加士兵死亡

加拿大人置疑为什么卷入战争

具体来看一下新闻标题的词汇有以下 3 个特点(许明武,2003):

1. 广泛使用名词和简短小词

为了节省空间,标题中的虚词(有时包括系动词 be)都被省略。剩下的主要是实词,特别是名词。例如:

The Population Surprise

The Boy with the Billion-Dollar Secret

Atlanta Olympics Are the Biggest in History

在翻译标题时一定要注意理解。

2. 使用"时髦词"

"新"是新闻语言的生命,一切新事物、新现象总是首先出现在新闻媒体上,而表达这些新东西的就是"时髦词",即新词汇。如国产的"下岗"、"下海"、"入世",外来的"后信息时代"、"无缝隙服务"、"数字化生存"等。

英语中同样存在这些时髦词: e-commerce, e-machine, bio-chip, cyberphobia, bio-pirate 等。

3. 使用缩略语和数字

缩略语和数字占的空间小,而信息含量大,在新闻标题中出现频繁。例如:

Charity Gives $1. 8M to NYC Schools(慈善组织向纽约市区学校捐赠 180 万美元)

Study Supports Link Between SIDS and Smoking(研究表明婴幼儿突然死亡综合征与吸烟有关)

由于语言习惯的不同,英文新闻标题往往在语法方面大做文章。而中文是意合的文字,就不用担心这个问题。

为了突出新闻的"时政性",英文标题总是把过去的事情用现在式来表达,把将来发生的事情用动词不定式来表示。例如刚才那个标题 Canadian question Afghan Role after bombing deaths Cretien promises investigation。

所以,翻译时应准确理解标题的深层意思。鉴于英文新闻标题的语法不规范,省略较多,不易看懂,中译时要注意准确理解原文。如果一时看不懂英文标题,不应硬译,而应该通读全文,总结提炼出标题。例如:

Tackle Iraq or we will, says Bush

布什声言:

教训伊拉克各国都应有份

你不参与休怪我单手不干

Japan's stolen five return home

被朝鲜绑架的5名日本妇女返回东瀛

Cargo park for airport 'to deliver 2,000 jobs'

机场拟建大型货场

就业职位至少两千

下面我们介绍几种英语新闻标题汉译的技巧(许明武,2003)。

1. 直译或基本直译

当英语的表达方式与汉语完全或基本相同时,可采取直译。比如刚才的那两个标题就采取了直译,既保存了原文的风格,又准确传达了信息,例如:

Charity Gives \$1.8M to NYC Schools (慈善组织向纽约市区学校捐赠180万美元)

Study Supports Link Between SIDS and Smoking(研究表明婴幼儿突然死亡综合征与吸烟有关)

2. 意译

当英文标题比较隐晦难懂,或用到难以言传的英语文化词汇时,译者可以不译原文的标题,而在读懂新闻后自己根据意思总结一个合适的标题。

3. 增词法

指根据新闻内容,在标题中增加一些词,译文意思更完整。如:

Mauritius — Life's Beach 毛里求斯——生活是阳光沙滩

The Language Barrier 产品跨国销售中的语言障碍

4. 减词法

减词法指减去虚词、代词等以使语言精练,还指减去一些次要信息,以突出主要信息。如:

The Battle of Human Versus Computers at Chess 人机象棋大赛

5. 转换语言形式

翻译不应拘泥于原文的语言形式。翻译标题时,可以根据情况变被动语态为主动语态,变第三人称为第一人称,变陈述句为疑问句等。

6. 发挥汉语优势

利用汉语的优势,在标题中制造出对仗、押韵、成语等效果。如:

It Takes Determination to Complete One of the World's Toughest Car Rallies

只要意志坚,不怕远征难

16.2.2 新闻导语的翻译

导语在即时性新闻中必不可少,它决定了读者是否从首句抓住核心内容,从而判断是否继续阅读。一般来说,导语表达明确,叙述直接,语言简练。

例如:

As the leader of 34 nations wrapped up negotiations for an All-Americas free trade zone yesterday, police braced for more protests and the streets remained littered with debris from previous clashes.

[参考译文] 昨日34国领导人致力于全美洲自由贸易圈的各项谈判之时，警察却穷于应付越来越多的示威者，街道由于之前的冲突而一片混乱。

所以，在翻译导语时同样要使译文简洁清晰。词汇的用法应本着新闻语言清晰性、简洁性、生动性原则。句式应根据新闻价值选择，突出主要信息。

16.2.3 新闻正文的翻译

1. 新闻翻译的两种常用的手段：编译和摘译

1）编译

编译是指编译者紧扣原作的主题思想，从原作中选取出最有价值的内容，遵循篇章构建的一般规律，基本按照原作的时间先后和逻辑顺序组织行文，再按照翻译的一般原则，将其译成目的语的过程（王涛，2004）。编译与全文翻译的一个主要区别在于它可以压缩原文。压缩具有伸缩度，即编译出的文章可长可短，根据具体需要而定。

但是需要注意的是，编译不允许编者发表自己的观点，只允许译者从原文中归纳提炼观点。

2）摘译

所谓摘译是指译者摘取一些认为重要的或者说传达了重要信息的段落或内容作为翻译对象进行翻译（俞建村，2001）。

摘译不同于编译。摘译时，一旦确定了抽取的内容，就必须完整地译出来。在信息爆炸的今天，摘译成为有关人员获取知识的重要手段。

摘译有两种形式，一种是摘取国外科技新闻中最关键的段落翻译，以介绍科技前沿动态为目的。一种是从国外新闻中抽取重要的段落，重构成一篇新闻。这样的例子在新闻工作中数不胜数。

2. 新闻报道的语言有一些特点

一是出于简洁和节省版面的需要，经常省略冠词、介词、动词、代词、助动词等；二是广泛使用直接引语和间接引语（said）以增添真实性和生动性；三是时态不求一致，往往主句用动词过去式，从句使用一般现在时；四是倾向于多用简单句，并辅以定语、状语、同位语、插入语等补充成分，为读者提供更多的背景知识；五是以提供事实或消息为目的，避免使用带有个人情感或倾向性的语言。译者在翻译新闻报道的时候，应该针对新闻报道的以上特点，做出相应的处理。（孙致礼，2003：113）

3. 新闻中的引语

需要特别指出的是新闻稿中经常出现的引语。直接引语要求也用直接引语译出，间接引语则不能凭空加上引号。关于说话人的位置，英文中比较自由，可以在引语的前、中、后，而中文中一般都在引语前面。另外就是伴随引语经常出现"said"之类的词，译者应灵活处理，不一定全部译成"说"，可以根据需要选择近义词，比如：指出、提出、声称、宣扬、要求等等。

4. 新闻中的文化因素

由于新闻总是报道最新的事件和信息，所以比其他的问题更常遇到由于文化负载强的文字。从事新闻翻译需要译者在文化差异之间搭起理解的桥梁。文化因素处理不好，很可能造成读者理解失败。

例如：

Romeo：What hast thou found?

Mercutio：No hare，Sir.

［译文 1］ 罗：有什么？

墨：不是什么野兔子。（朱生豪）

［译文 2］ 罗：你发现了什么？

墨：倒不是什么野鸡，先生。（梁实秋）

这段对话中的 hare 在西方语言中的内涵意义是“妓女”。按译文 1 的直译，读者会不知所云，而译文 2 用了中文中同样有此隐含意义的词代替，翻译的功能就实现了。

在新闻翻译中会更常遇到这样的表达，也是要译者高度注意的。

16.2.4 新闻翻译小知识

新闻报道经常采用一些缩略语，现总结如下：

1. Abbreviations or Acronyms

heli	helicopter	直升机
prof	professor	教授
prez	president	总统
Rep	Republican	共和党人
uni	university	大学
ad	advertisement	广告
regs	regulations	法规
pub	publisher	出版商
biz	business	生意
pic	picture	图片
grad	graduate	毕业生
cig	cigarette	香烟
GMY	Greenwich Mean Time	格林尼治标准时间
PA	Personal Assistant	私人助理
PLO	Palestine Liberation Organization	巴勒斯坦解放组织
IOC	International Olympic Committee	国际奥林匹克委员会
NATO	North Atlantic Treaty Organization	北大西洋公约组织
SALT	Strategic Arms Limitation Treaty	限制战略武器条约
WASP	White Anglo-Saxon Protestant	祖先为英国新教徒的美国人；享有特权的白人
CPPCC	The Chinese People's Political Consultative Conference	中国人民政治协商会议

2. Neologisms Originating from Composition or Blending

blackmart (black mart/marketer) 黑市/黑市商人

job-hop (change jobs frequently) 频繁变换工作

Ameritocracy (American aristocracy) 美国式的寡头政治统治

Reaganomics (Reagan-economics) 里根经济学

supercrat (bureaucrat in the highest position)　超级官僚
Euromart (European Common Market)　欧洲共同市场
masscult (mass+ culture)　平民文化
sportscaster (sports+ broadcaster)　体育节目广播员
autopia (auto+ utopia)　专供轿车行驶的地区
stagflation (stagnation + inflation)　滞胀

3. Daily Words with Specific Meanings

hawk　鹰→越战期间美国的主战派
dove　鸽子→越战期间美国的主和派
basket　篮子→一揽子计划
blue-collar　蓝领→体力劳动者
call one's bluff　叫某人摊派→接受某人的挑战
dropout　退出→逃避生活的人
egg　鸡蛋→炸弹;手榴弹
exotic　外国的→脱衣舞
facility　设备→用食物招待
foothold　立足点→稳固的地位
frame　架子→帮助残疾人行走的支架
get to first base　上一垒→取得初步成功
looking glass　镜子→颠倒的;乱七八糟
mafia　黑手党→秘密组织
moonlight　月光→兼职
needle　针→注射毒品
main　主管道→静脉注射毒品
rap　敲打→一种说唱音乐
roommate　室友→同居者
slippage　滑动→道德沦丧
soul　灵魂→黑人的
streetwalk　拉客卖淫→毫不费力地走过场
swing　摇摆→交换性伴侣
topless　无顶的→(女子)袒胸露肩的
umbrellas　伞→保护伞

名家谈翻译

冰心:我也谈谈翻译

我没有翻译过多少东西,不能算是一个翻译家。我又只懂得一种语言——英语,还不精通,

(为要通过硕士考试,必须有两种外国语。我在美国留学期间,曾学过一个暑期的法语,考试过后,也就忘得差不多了!)在翻译上有很大的局限性。我还有过痛苦的经验:我在美国大学的硕士论文,是李清照漱玉词的英译。题目是我的导师替我选的,这对我真是一件十分艰苦的工作!我硬着头皮,把漱玉词译成一段一段的散文,然后每星期一次到导师家里,一边吃着茶点,一边商量着把它译成"诗"。就这样,每星期译一首,半年的工夫,勉强把论文写成了。至今想起来还在难过,幸而没有一个中国人看见过我那篇论文!因此,我不敢再做翻译的工作。

1927年的冬天,我从美国同事那里,看到几本黎巴嫩诗人纪伯伦自己用英文写的散文诗,我尤其十分喜爱其中的一本——《先知》,我喜爱它那满含着东方气息的超妙的哲理和流利的文词。正好第二年我在燕京大学讲一门"习作"课,我就请习作班的同学们分段翻译了出来,然后我再个别地和他们讨论商量,但修改后的译稿竟没有收集起来。1930年,我母亲逝世后,我病了一场,病榻无聊,重看这本《先知》,觉得实在有迻译出来公诸同好的必要,就在1931年把它译完,正好新月书店向我索稿,我就交给他们了。

这之后,大概是50年代中期吧!我又翻译了印度哲人泰戈尔自己用英文写的散文诗《吉檀迦利》和《园丁集》,还有几篇短篇小说。泰戈尔是我心仪已久的诗人,(我自50年代初以后,去过印度3次,对于他的作品和背景,比较有些认识。)他的诗和纪伯伦的一样,也充满了东方气息的超妙的哲理和流利的文词,但他们的社会和家庭背景不同,宗教信仰不同,泰戈尔的诗显得更天真,更欢畅,更富于神秘色彩,而纪伯伦的却像一个饱经沧桑的老人,对年轻人将处世为人的道理,平静里却流露出淡淡的悲凉。总之,我翻译这两位作家的散文诗的时候,都没有感到辛苦,只得到一种美的享受!后来我又应印度作家安那德之约,译了一本他自己用英文写的童话《石榴公主》,也因为我到过印度,作品中的故事背景,我还可以领会一些。此后,又译过尼泊尔国王马亨德拉的诗集,那是"上头"给我的任务,原诗的英译本是有韵的,我也只好译成一些合辙押韵的句子,就显得吃力了。大概是1978年吧,有关方面又交给我一本马耳他总统布蒂吉格的英译散文诗《燃灯者》。这本诗集在我手里耽误了很久,直到1980年5月我从日本访问回来,才匆忙地赶译了出来。我没有到过马耳他,对那里的风土人情,都没有感性知识,也只好照着字面直译下去。等到6月中旬译完抄好,我就病了,连序文也没有译出,就交卷了。

一般说来,我翻译的文学作品很少。一是我只喜欢翻译我喜爱的作品,而且必须是作家自己用英文写的,我总担心转译出来的东西,不能忠实于原作。

第二,我只敢翻译散文诗或小说,而不敢译诗。我总觉得诗是一种音乐性很强的文学形式。我在美国留学的时候,听过好几门诗歌的课。有许多英美诗人的作品,都是我所喜爱的。如莎士比亚、雪莱、拜伦等。当老师在台上朗诵的时候,那抑扬顿挫的铿锵音节,总使我低回神往,但是这些诗句要我用汉文译出来,即使是不失原意,那音乐性就都没有了。我一直认为译诗是一种卖力不讨好的工作,若不是为了辞不掉的"任务",我是不敢尝试的。

第三,我觉得要译好外国文学作品,必须比较丰富地掌握一些本国的文学词汇。在遇到好句的时候,词汇多了才有斟酌选择的余地。在选择一个适当的字眼,来移译某一个好句的时候,往往使我欢欣累日。这快乐比自己写出一篇满意的作品还大,可惜的是这种快乐的享受并不常有!(申雨平、戴宁,2000)

综合练习

第一部分：英语专业八级考试翻译题练习

要求：翻译划线部分，请在30分钟内独立完成，不能使用字典。

练习一：

Possession for its own sake or in competition with the rest of the neighborhood would have been Thoreau's idea of the low levels. The active discipline of heightening one's perception of what is enduring in nature would have been his idea of the high. What he saved from the low was time and effort he could spend on the high. Thoreau certainly disapproved of starvation, but he would put into feeding himself only as much effort as would keep him functioning for more important efforts.

Effort is the gist of it. There is no happiness except as we take on life-engaging difficulties. Short of the impossible, as Yeats put it, the satisfaction we get from a life time depends on how high we choose our difficulties. Robert Frost was thinking in something like the same terms when he spoke of "The pleasure of taking pains". The mortal flaw in the advertised version of happiness is in the fact that it purports to be effortless.

We demand difficulty even in our games. We demand it because without difficulty there can be no game. A game is a way of making something hard of the fun of it. The rules of the game are an arbitrary imposition of difficulty. When someone ruins the fun, he always does so by refusing to play by the rules. It is easier to win at chess if you are free, at your pleasure, to change the wholly arbitrary rules, but the fun is in wining within the rules. No difficulty, no fun.

练习二：

The word "winner" and "loser" have many meanings. When we refer to a person as a winner, we do not mean one who makes someone else lose. To us, a winner is one who responds authentically be being credible, trustworthy, responsive, and genuine, both as an individual and as a member of a society.

Winners do not dedicate their lives to a concept of what they imagine they should be; rather, they are themselves and as such do not use their energy putting on a performance, maintaining pretence, and manipulating others. They are aware that there is a difference between being loving and acting loving, between being stupid and acting stupid, between knowledgeable and acting knowledgeable. Winners do not need to hide behind a mask.

Winners are not afraid to do their own thinking and to use their own knowledge. They can separate facts from opinions and don't pretend to have all the answers. They listen to others, evaluate what they say, but come to their own conclusions. Although winners can admire and respect other people, they are not totally defined, demolished, bound, or awed by them.

Winners do not play "helpless", nor do they play the blaming game. Instead, they assume responsibility for their own lives.

练习三:

In his classic novel, *The Pioneers*, James Fenimore Cooper has his hero, a land developer, take his cousin on a tour of the city he is building. He describes the broad streets, rows of houses, a teeming metropolis. But his cousin looks around bewildered. All she sees is a forest. "Where are the beauties and improvements which you were to show me?" She asks. He's astonished she can't see them. "Where! Why everywhere," he replies. For though they are not yet built on earth, he was built them in his mind, and they are as concrete to him as if they were already constructed and finished.

Cooper was illustrating a distinctly American trait, future-mindedness; the ability to see the present from the vantage point of the future; the freedom to feel unencumbered by the past and more emotionally attached to things to come. As Albert Einstein once said, "Life for the American is always becoming, never being."

练习四:

This is a conflict without battlefields, a conflict with opponents who believe they are invisible. Yet, they are mistaken. They will be exposed, and they will discover what others in the past have learned: Those who make war against justice have chosen their own destruction. Victory against terrorism will not take place in a single battle, but in a series of decisive actions against terrorist organizations and those who harbor and support them.

We are planning a broad and sustained campaign to secure our country and get rid of the evil of terrorism. And we are determined to see this conflict through. Americans of every faith and background are committed to this goal.

Yesterday I visited the site of the destruction in New York City and saw an amazing spirit of patriotism. I met with rescuers who have worked past exhaustion, who cheered for our country

and the great cause we have entered.

In Washington D. C. , the political parties and both Houses of Congress have shown a remarkable unity. A terrorist attack designed to tear us apart has instead bound as together as a nation. Over the past few days, we have learned much about American courage — the courage of firefighters and police officers who suffered so great a loss, the courage of passengers aboard *United 93* who may have fought with the hijackers and saved many lives on the ground. Now we honor those who died, and prepare to respond to these attacks on our nation.

第二部分：篇章翻译练习

要求：利用一切可能的资源在充裕的时间里进行翻译。

练习一：

To speak of American literature, then, is not to assert that it is completely unlike that of Europe. Broadly speaking, America and Europe have kept step. At any given moment the traveler could find examples in both of the same architecture, the same styles in dress, the same books on the shelves. Ideas have crossed the Atlantic as freely as men and merchandise, though sometimes more slowly. When I refer to American habit, thoughts, etc. , I intend some sort of qualification to precede the word, for frequently the difference between America and Europe (especially England) will be one of degree, sometimes only of a small degree. The amount of divergence is a subtle affair, liable to perplex the Englishman when he looks at America. He is looking at a country which in important senses grew out of his own, which in several ways still resembles his own — and which is yet a foreign country. There are odd overlappings and abrupt unfamiliarities; kinship yields to a sudden alienation, as when we hail a person across the street, only to discover from his blank response that we have mistaken a stranger for a friend.

练习二：

Opera is expensive: that much is inevitable. But expensive things are not inevitably the province of the rich unless we abdicate society's power of choice. We can choose to make opera, and other expensive forms of culture, accessible to those who cannot individually pay for it. The question is: why should we? Nobody denies the imperatives of food, shelter, defense, health and education. But even in a prehistoric cave, mankind stretched out a hand not just to eat, drink or fight, but also to draw. The impulse towards culture, the desire to express and explore the world through imagination and representation is fundamental. In Europe, this desire has found fulfillment in the masterpieces of our music, art, literature and theatre. These masterpieces are the touchstones for all our efforts; they are the touchstones for the possibilities to which human thought and imagination may

综合练习

aspire; they carry the most profound messages that can be sent from one human to another.

练习三:

Women and Men

I was slow to understand the deep grievances of women. This was because, as a boy, I had envied them. Before college, the only people I had ever known who were interested in art or music or literature, the only ones who read books, the only ones who ever seemed to enjoy a sense of ease and grace were the mothers and daughters. Like the menfolk, they fretted about money; they scrimped and made do. But, when the pay stopped coming in, they were not the ones who had failed. Nor did they have to go to war, and that seemed to me a blessed fact. By comparison with the narrow, iron-clad days of fathers, there was an expansiveness, I thought, in the days of mothers. They went to see neighbors, to shop in town, to run errands at school, at the library, at church. No doubt, had I looked harder at their lives, I would have envied them less. It was not my fate to become a woman, so it was easier for me to see the graces. Grew of them held hobs outside the home, and those who did filled thankless roles as clerks and waitresses. I didn't see, then, what a prison a house could be, since houses seemed to me brighter, handsomer places than any factory. I did not realize — because such things were never spoken of — how often women suffered from men's buying. I did learn about the wretchedness of abandoned wives, single mothers, widows; but I also learned about the wretchedness of lone men. Even then I could see how exhausting it was for a mother to cater all day to the needs of young children. But if I had been asked, as a boy, to choose between tending a baby and tending a machine, I think I would have chosen the baby. (Having now tended both, I know I would choose the baby.)

So I was baffled when the women at college accused me and my sex of having cornered the world's pleasures. I think something like my bafflement has been felt by other boys (and by girls as well) who grew up in dirt-poor farm country, in mining country, in black ghettos, in Hispanic barrios, in the shadows of factories, in Third World nations — any place where the fate of men is as grin and bleak as the fate of women. Toilers and warriors. I realize now how ancient these identities are, how deep the lug the exert on men, the undertow of a thousand generations the miseries I saw, as a boy, in the lifes of nearly all men I continue to see in the lives of many — the body-breaking toil, the call to be tough, the humiliating powerlessness, the battle for a living and for territory.

When the women I met at college thought about the joys and privileges of men, they did not carry in minds the sort of men I had known in my childhood. They thought of their fathers, who were bankers, physicians, architects, stockbrokers, the big wheels of the big cities. These fathers rode the train to work or drove cars that cost more than any of my childhood houses. They were at-tended from morning to night by female helpers, wives and nurses and secretaries. They were never laid off, never short of cash at month's end, never lined up for welfare. These fathers made decisions that mattered. They ran the world.

The daughters of such men wanted to share in this power, this glory. So did I. They yearned for a say over their future, for jobs worthy of their abilities, for the right to live at peace, unmolested, whole. Yes, I thought, yes, yes. The difference between me and these daughters was that they saw me, because of my sex, as destined from birth to become like their fathers, and therefore as an enemy to their desires. But I knew better. I wasn't an enemy, in fact or in feeling. I was an ally. If I had known, then, how to tell them so, would they have believed me? Would they now?

练习四：

The Literature of Knowledge and the Literature of Power

What is it that we mean by *literature*? Popularly, and amongst the thoughtless, it is held to include everything that is printed in a book. Little logic is required to disturb *that* definition. The most thoughtless person is easily made aware that in the idea of *literature* one essential element is some relation to a general and common interest of man — so that what applies only to a local, or professional, or merely personal interest, even though presenting itself in the shape of a book, will not belong to Literature. So far the definition is easily narrowed; and it is as easily expanded. For not only is much that takes a station in books not literature; but inversely, much that really *is* literature never reaches a station in books. The weekly sermons of Christendom, that vast pulpit literature which acts so extensively upon the popular mind — to warn, to uphold, to renew, to comfort, to alarm — does not attain the sanctuary of libraries in the ten-thousandth part of its extent. The Drama again — as, for instance, the finest of Shakespeare's plays in England, and all leading Athenian plays in the noontide of the Attic stage — operated as a literature on the public mind, and were (according to the strictest letter of that term) *published* through the audiences that witnessed their representation some time before they were published as things to be read; and they were published in this scenical mode of publication with much more effect than they could have had as books during ages of costly copying or of costly printing.

Books, therefore, do not suggest an idea coextensive and interchangeable with the idea of Literature; since much liteature, scenic, forensic, or didactic (as from lecturers and public orators), may never come into books, and much that *does* come into books may connect itself with no literary interest. But a far more important correction, applicable to the common vage idea of literature, is to be sought not so much in a better definition of literatue as in a sharper distinction of the two functions which it fulfills. In that great social organ which, collectively, we call literature, there may be distinguished two sepearate offices that may blend and often *do* so, but capable, severally, of a severe insulation, and naturally fitted for reciprocal repulsion. There is, first, the literature of *knowledge*; and, secondly, the literature of *power*. The function of the first is — to *teach*; the function of the second is — to *move*: the first is a rudder; the second, an oar or a sail. The first speaks to the *mere* discursive understanding; the second speaks ultimately, it may happen, to the higher understanding or reason, but always *through* affections of pleasure and sympathy. Remotely, it may travel towards an object seated in what Lord Bacon calls *dry* light; but, proximately, it does and must operate — else it ceases to be a literature of *power* — on and through that *humid* light which clothes itself in the mists and glittering *iris* of human passions, desires, and genial emotions. Men have so little reflected on the higher functions of literature as to find it a paradox if one should describe it as a mean or subordinate purpose of books to give information. But this is a paradox only in the sense which makes it honorable to be paradoxical. Whenever we talk in ordinary language of seeking information or gaining knowledge, we understand the words as connected with something of absolute novelty. But it is the grandeur of all truth which *can* occupay a very high place in human interests that it is never absolutely novel to the meanest of minds: it exists eteranally by way of germ or latent principle in the lowest as in the highest, needing to be developed, but never to be planted. To be capable of transplantation is the immediate criteron of a truth that ranges on a lower scale. Besides which, there is a rarer thing than truth — namely, *power*, or deep sympathy with truth. What is the effect, for instance, upon society, of children? By the pity, by the tenderness, and by the peculiar modes of admiration, which connect themselves with the helplessness, with the innocence, and with the simplicity of children, not only ar the primal affections strengthened and continually renewed, but the qualities which are dearest in the sight of heaven — the frailty, for instance, which appeals to forbearance, the innocence which symbolizes the heavenly, and the simplicity which is most alien from the worldly — are kept up in perpetual rememberance, and their ideals are continually refreshed. A purpose of the same nature is answered by the higher literature, viz. the literature of power. What do you learn from *Paradise Lost*? Nothing at all. What do you learn from a cookery book? Something new, something that you did not know before, in every paragraph. But would you therefore put the wretched cookery book on a higher level of estimation than the divine poem? What you owe to Milton is not any knowledge, of which a million separate items are still but a million of advancing steps on the same earthly level; what you owe is *power* — that is, exercise and expansion to your own latent capacity of sympathy with the infinite, where every pulse and each separate influx is a step upwards, a step ascending as upon a Jacob's ladder from earth to mysterious altitudes above the earth. *All* the steps of knowledge, from first to last, carry you further on the same plane, but could never raise you one foot above your ancient level of earth: whereas the very *first* step in power is a flight — is an ascending movement into another element where earth is forgotten.

综合练习

附录

各单元部分练习参考答案

第一单元　翻译概论(略)

第二单元　英 汉 对 比

2.1　英汉语言对比

2.1.1　主语与主题

课内练习

1. 他的话,我可不信。
2. 会上讲了什么,我一点没记住。
3. 王先生我认识。
4. 唱歌,他是最棒的。

2.1.2　形合与意合

课内练习

1. (由于)天气很好,我们决定去爬山。
2. 我妹妹在等我,我得走了。
3. 没有外力的作用,运动的物体就连续做匀速直线运动。
4. 我们看见了一只知更鸟,知道春天快要到了。

2.1.3　树状与竹状

课内练习

1. 月球离地球非常遥远,即使那边山上长着大树,有大象在跑来跑去,我们用已经发明的最高倍率的望远镜也不能看到它们。

2. 1826年杰斐逊逝世。按他生前遗愿,在他墓地的石碑上刻着:《独立宣言》和《弗吉尼亚州信教自由法令》的作者,弗吉尼亚大学创建人之墓。

2.1.4　静态与动态

课内练习

1. 免票入场

2. 游客止步
3. 闲人免进
4. 高压(电),危险!
5. 党的干部吃着粗茶淡饭,*住着*寒冷的窑洞,*点着*昏暗的油灯,长时间地工作。
6. 今晚*放映*什么影片?
7. 他拿着枪,*绕着*屋子走。
8. *研究*一下那封信,就使我们毫不怀疑该信是别有用心的。
9. 他对她一*见钟情*。

2.3 英汉思维对比

2.3.2 正反与虚实

课内练习

1. 随着时间的流逝,记忆使人忘怀了许多事物。
2. 不出所料,颠覆活动证明毫无效果。
3. 游击队员宁愿战斗到死,也绝不投降。
4. 我们相信,年轻一代不会辜负我们的信任。
5. 他无权签订这种合同。
6. 目前这种订做的产品仅限于有钱人才能享受,而将来人人都能买得起。
7. 车到山前必有路。
8. 他想学习,增长知识,也愿意把知识教给别人。
9. 这些问题盘根错节,三言两语说不清楚。
10. 火箭已经用于探索宇宙。

2.3.3 褒贬与曲直

课内练习

1. 他是一个正直的人,但不幸有某种坏名声。我相信他这种坏名声是不该有的。
2. 他欺骗了我,使我成了他进行罪恶勾当的工具。
3. 凡是忘掉过去的人注定要重蹈覆辙。
4. 这位女影星在舞会上真是仪态万方。
5. 他老是说那些寻常的客套话。

课内练习

6. 凭着我的决心、我的运气,还有许多善良人们的帮助,我终于得以东山再起。
7. 即使你用天下所有的财富也收买不了一个正直人的选票。
8. 他好像面临着困难的抉择。
9. 几周来我一直感到生气和伤心。

2.3.5 客体与主体

课内练习

1. 你怎么了?
2. 我突然想到了一个主意。
3. 美国词典编纂家及作家诺阿·韦伯斯特对美国英语作出了巨大的贡献。

4. 她学业优良、性情温顺,深得老师喜欢。

2.3.7 抽象与具体

课内练习

1. 有了儿子,又要工作,又要做家务,就不能卿卿我我了。
2. 但我的事现在已经搞得满城风雨、人人皆知了。
3. 和有些政客们在演讲中愿意公开承认的事实相比,人类生存状态和社会不公正现象目前已经非常复杂,这种复杂性要求社会结构进行根本性改革。
4. 有了这种信用卡,就无需随身携带大量现金,而且在急需用钱时非常有用。

2.3.8 整体与局部

课内练习

1. 他们根本没有答复,这是不足为奇的。
2. 顺便提一下,与我在美国所能得到的治疗相比,我希望能在这些国家得到更好的治疗。
3. 中国人似乎为他们在经济上取得的成绩而自豪,这是合乎情理的。
4. 她坐在那儿双手托着下巴,眼睛凝视着厨房的一角。

2.3.9 分析与综合

课内练习

1. 他感到习语是语言的主要支柱,因此特别主张用生动的短语,他的想法是非常正确的。
2. 如果有人说我的一生是一个喜剧,或者说我只是个普通人,他们都在撒谎。
3. 物体的温度越高,放射的能量越多,这一理论非常重要。

第三单元 词 汇 翻 译

3.1 判断词义

课内练习

1. back

我几天后就回来。

据说他们会支持这计划。

最后添加的一根稻草会压断骆驼的背脊。

2. popular

受欢迎的人	大众化的小说	一般价格
通俗科学	通俗读物	

3. regular

一般阅读	固定工作	定期航班
常客	匀速	正规军
普通汽油		

4. delicate

娇嫩的皮肤	精致的瓷器	娇生惯养
奢侈的生活	虚弱的身体	容易吃坏的胃
容易碰碎的花瓶	微妙的外交问题	讲不大清楚的差异

难做的外科手术　　对音乐有鉴赏力　　灵敏的嗅觉

生花妙笔　　美味的食物

3.2 选择用词

课内练习

1. derogatory　　2. commendatory

3. derogatory　　4. commendatory

5. commendatory　　6. derogatory

7. derogatory　　8. commendatory

3.3 变换用词

课内练习(仅供参考的词性转换方法)

1. 名词转换成动词
2. 名词转换成动词
3. 名词转换成形容词
4. 名词转换成副词
5. 名词转换成副词
6. 名词转换成动词
7. 名词转换成动词
8. 名词转换成动词
9. 名词转换成动词

3.4 词语搭配

课内练习

1. 篮球赛结束后他还要参加一个重要会议。
2. 她反复揣摩了他的信很久。
3. 新兵把手榴弹扔出 50 米外。
4. 发展经济仍然是中国政府工作的头等任务之一。
5. 白云飘浮在蔚蓝的天空中。
6. 远程机枪瞄准了敌人的位置。
7. 不要生气,我只是跟你开玩笑而已。
8. 时间过得真快!
9. 地平线上缓缓升起一轮红日。
10. 他专心致志地工作,从早上到现在都没有吃过东西。
11. 氢气在氧气中燃烧形成水。
12. 如果当初进行更加彻底的测试,也许能够发现问题。

第四单元　句 子 翻 译

课内练习

1. 优劣判断(优)

1) 译文 1　　2) 译文 3　　3) 译文 3　　4) 译文 2　　5) 译文 1

6）译文 2　　7）译文 2　　8）译文 3　　9）译文 3　　10）译文 3

4. 段落翻译练习参考

最近在高校毕业生择业问题上出现了一种倾向，这就是毕业生越来越青睐大公司，很少有人到研究单位。在崇尚物质的社会里，这是一个不可避免的问题。一方面，学生还没有走出校门，大公司便在竞相聘用他们，向他们提供具有诱惑力的薪水和福利待遇。另一方面，由于许多大企业，甚至包括一些政府部门往往看重直接经济效益，而相对来说，对长期的理论研究不感兴趣。所以研究人员不断地从纯理论研究领域流向实用工业。因为在那里工作就比在研究领域里好找，工资也往往高。这些情况不仅严重影响青年人的择业观，而且还影响教育，许多大学老师哀叹，现在单纯为了学知识而学习的人越来越少了。

第五单元　段落翻译

5.3　顺序调整

课内练习

5. 划线部分改进练习参考答案

（1）用词不准确，应把“梦想”改为“思念”。

（2）用成贬义词了，应把“尖锐”改为“升华”。

（3）不雅，应把“肚里”改为“心里”。

（4）错译。应把“潇洒风流”改为“随和懒散”。

（5）错译。应不是指过去，而是指现在，把“从前他是风度翩翩的”改为“现在更是魅力无限了”。

（6）犯词的色彩错误。应把“兵大爷”改为“军人”。

（7）犯词的色彩错误。应把“狰狞的”改为“严酷的”。

（8）搭配不当。应把“方的”改为“宽宽的”。

（9）乱加词。应把“野”去掉。

（10）错译。应把“配置均匀”改为“漂亮的”。

第六单元　修辞翻译（略）

第七单元　篇章翻译（略）

第八单元　语言学与翻译（略）

8.6　修辞学与翻译

课内练习

1. 八级考试翻译题参考译文

过去 20 年，我一直单独生活。对于我，最为有趣的是，单独生活的回报与日俱增。经常在醒来时能够亲眼看着太阳从海上升起，清楚地知道有一个完整的一天供我使用，没有任何间断。我可以写上几页东西，遛遛狗儿，读读书，听听音乐，我充满了幸福。

只有当我疲惫不堪，长时间不间断地工作，或者一时间感到空虚而需要充实自己的时候，我就感到孤独。当我刚从外地讲学回到家中，或者当我见过了很多人而且说了许多话，满脑子纷乱的思绪需要梳理时，这时我也会感到孤独。

一段时间内，我觉得屋子既空又大，也不知道“我自身”藏在了什么地方。只好通过浇浇花，也许再看看花草，把他们一棵棵地当人一样地看看，来慢慢地找回自我。

这需要一段时间。当我看着喷泉激起的水花时，这个时刻便来到了：周围的时间慢慢地消失，自我再次从潜意识里涌出，带回到我刚才经历过的一切，让我探究、让我领悟。

2. 短文翻译练习参考译文

宇宙中的生命

“宇宙中的其他地方有没有生命?”

要回答这个问题，我们必须考虑生物，包括植物和动物是由什么构成的。然后再考虑生命生存所需要的条件。生物体和其他物质一样，都是由原子构成的。原子结合形成分子。分子是一切物质可以被分割的最小单位。例如：分解水分子后，水就不再存在，剩下的只是构成水的原子——一个氧原子和两个氢原子。生物的分子不是由两三个原子构成的，而是成千上万原子以多种复杂的形式组合而成的。

处于高温环境中时，构成生物的复杂分子就会分裂成各种原子而死亡。因此，太阳或其他任何恒星上面不可能有生命，因为那里太热了。

X 射线破坏活的分子，紫外线对多种分子也有杀伤力。由于接近太阳或其他恒星的行星没有抵挡这些射线的大气层，因此这些行星上面不大可能会存在生命。

生物的呼吸、成长、移动都需要能量。地球上的动植物都是直接或间接地从太阳那里获得能量。因此那些远离太阳、温度极低的行星上面不可能有生物生存。

看起来要得到一个令人满意的答案，我们还有相当长的路要走。

第九单元　翻 译 单 位

9.1　音位层翻译

1. 贝斯特　皮埃尔·卡尔丁　西铁城　佳能　金利来　奔驰　肯尼迪　乔丹　基辛格　雨果　戴安娜　贺胥黎，底特律　莫斯科　德克萨斯　黎巴嫩　古巴　加利福利亚　罗曼蒂克　安琪　引擎　吉它　沙发　摩登

2. (略)

9.2　词素层翻译

1. (1) 原型　原始母语　电磁　电按摩　后现代　后记　同义词　反义词　望远镜　展望镜　早午餐

(2) 技术诀窍　高科技　数据通信　中国式英语

2. (略)

9.3　词汇层翻译

1. 兰卡斯特　人文主义　法西斯主义　达尔文主义　阿托品　迪斯尼

2. (略)

9.4　词组层翻译

课内练习

1. (1) 千钧一发

(2) 打破僵局
(3) 雨过天晴
(4) 把事弄糟
(5) 对牛弹琴
(6) 击中要害
(7) 绞尽脑汁
(8) 捷足先登者
(9) 半夜三更
(10) 一丘之貉
(11) 直言不讳
(12) 沧海一粟
(13) 千方百计

2. (1) 他的方法明显有误。
(2) 小姑娘的脸上闪烁着欢快的光晕。
(3) 她是我世上最大的快乐之所在。
(4) 你应想想现代都市生活的消磨才是。
(5) 仓库里还有许多零星的小件物品。

9.5 句子层翻译

课内练习

1. (1) 不入虎穴,焉得虎子。
(2) 入乡随俗。
(3) 覆水难收。
(4) 祸不单行。
(5) 情人眼里出西施。
(6) 时不我待。
(7) 一石二鸟,一箭双雕。
(8) 事实胜于雄辩。

2. (1) 小心轻放。
(2) 禁止掉头。
(3) 排队候车。

第十一单元 常用文体翻译(文学翻译)

11.3 小说翻译

课内练习

她对爱情的理解纯然是理论的,把它看作一股摇曳的火焰,轻柔有如露珠的滴落或静止的水面上的涟漪,冷澈有如天鹅绒般黑的夏夜。她把爱情看得像是平静的温情,在一个花香馥郁、光影迷离、虚无缥缈、万籁俱寂的氛围里,被拿来温柔地献给心爱的人。(吴劳 译)

11.4 散文翻译练习参考译文

……而如果我的爱好仅限于妍丽景物的追逐，则快心悦目，尽可以无须远求，因为纯以大自然的妩媚而论，此邦却可谓得天独厚，世罕其俦。试想她那银波荡漾，与海相若的浩瀚湖面；那晴光耀眼，顶作天青的巍峨群山；那粗犷而富饶盈衍的峡岸溪谷；那雷鸣般喧嚣于寂静之中的巨大飞瀑急湍；那绿色葱茏，好风阵阵的无际平原；那庄严静谧，滚滚入海的深广江流；那万木争荣，无径可循的茂密森林；那夏云丽日，诡谲幻变的灿烂天空……

第十二单元 常用文体翻译(科技翻译)

课内练习

臭氧是一种由三个氧原子组成的分子，它在上层大气中聚集成一薄层，吸收来自太阳的有害的紫外线辐射。“臭氧空洞”一词是用以指南极上空的臭氧大面积锐减的现象，在每年 8 月底发生，一直持续到 10 月初，一般说来，到 11 月底就停止了。

科学家们确认，人类活动所生产的含氯产品，如电子仪器和制冷设备，是造成臭氧空洞的主要原因。

第十三单元 常用文体翻译(法律翻译)(略)

第十四单元 常用文体翻译(商务翻译)

14.1 品牌和广告的翻译

课外练习

1. 爱慕 2. 安利 3. 乐口福 4. 固特异 5. 百事可乐 6. 宝丽莱 7. 万宝路 8. 良友 9. 变形金刚 10. 奔驰 11. 轩尼诗 12. 奥迪 13. 美能达 14. 子母牌(奶粉) 15. 七喜 16. 卫康 17. 帮宝适 18. 登喜路

课内练习

1. 翻译下列广告语，并说出所用的修辞手法。

1) 看上去像跳舞鞋，穿起来似运动鞋。(明喻)

2)《新闻周刊》——明天的高科技办公室。(暗喻)

3) 来与我小坐片刻。(旅游景点)(拟人)

4) 摩尔牌烟令我更满意！(双关)

5) 举世无双的加拿大精神尽在“加拿大”酒盅。(spirit of Canada)(双关)

6) 滋味无穷，热量正好。(重复)

7) 没有它(蜡笔)，童年就不像童年。(重复)

8)“天美时”表到万家，万家好时光。(Chiasmus 交错排列：交错排列是重复修辞法的一种，它通过交叉重复特定的词或短语达到强调某种商品优良性能的目的。读起来朗朗上口，抑扬顿挫，流畅回环。)

9) 并非所有的移动电话都出类拔萃。(仿拟。这里作者仿拟林肯《葛底斯堡演说》中的名言 All men are created equal，反意而用之，以说明所有的移动电话功能平平，惟有我们的产品才出类拔萃。)

10) 实践的确创造完美。(仿拟。仿拟谚语 Practice makes perfect. 加上强势助动词 does

和表强调的赞美性副词 really 进一步增强了 perfect 的语意，让读者感到这款手表无论从设计的式样到功能确实是完美无缺、无可挑剔的。）

11）事半功倍（苹果电脑）。（对比）

12）昔日帝王宫殿，今日豪华宾馆。（对比）

13）尽情品尝杯中酒。（（酒家）转喻（借代），以酒杯借代杯中酒，劝你开怀畅饮。）

14）精心选择您的酒杯。（（酒）转喻（借代），用酒杯借代酒，劝读者买酒时要谨慎挑选，不要上当。意含买我们的酒您尽可放心。）

15）万贯生意，分毫薄利。（（商业）排比——用一连串结构相似、内容密切相关、语气一致的句子或句子成分来表示意思，用以增强语势，使内容得到强调的修辞手法。也称“并列结构”，即把分句、从句或短语依次排列而不用连词或从属连词。）

16）名片世界，复印天地。（排比）

17）在您意想不到的一个地方，我们珍藏了满园的蔬菜——在一个小馅饼里。（夸张）

18）难怪他们不像以前那样制造汽车了，制造一支钢笔就已经够难的了。（夸张）

19）如果有人苦口婆心地劝你戒烟，不要理睬——他们大概是想骗你活得长久些。（反语。此广告妙不可言，在其庄重严肃的语气中不乏诙谐幽默，使读者在不知不觉中感悟吸烟有害健康。）

2. 翻译下列广告语。

1）牙膏

要是现在不好好爱护这颗乳牙，

那么恒牙可能就没这么可爱啰！

不管怎么说，许多人都以为乳牙有了洞没什么大不了。反正，它只是一颗临时性的小牙。

可是它的确很重要。首先，这牙齿这么小，里面有了洞可是个大问题。因此，这颗牙可能就会被拔掉。

牙拔掉后，留下一个空位，这个空位会使恒牙位置不正，从而影响到你孩子的咀嚼、面容等许多方面。

所以，好好爱护这第一批牙齿，如同爱护以后的大牙齿一般，是有道理的。给孩子吃合适的食物，定期检查，还有，饭后要用好牙膏给他刷牙。

我们希望您用的牙膏是“佳洁士”（Crest）。

2）香烟

独特的设计，独特的品味。

如今的“苗条”牌香烟，连价格也很“苗条”。

3）威士忌

早在 1822 年，当国王乔治四世驾临本地时，他只喝 Glenlivet，那年，苏格兰荣幸地接待了四世陛下的国事访问。同时他也带来了对 Glenlivet 淡味麦芽威士忌的浓厚兴趣。

伊丽莎白·格朗特，当年乔治四世下榻的旅店老板的女儿，在她的回忆录中写道，“Coryingham 勋爵，国王的内阁大臣，当时正四处寻找纯正的 Glenlivet 威士忌，因为国王只喝这个。”马上有人从我们的酒窖中取出一瓶呈送到国王手中。“可惜当时没有记录，”Sandy Milne 说，“不知陛下是否舍得让别人也闻一下。”

Glenlivet，苏格兰威士忌的鼻祖。

4）太阳镜

夏日的太阳镜，

定配的太阳镜 59.99 英镑起价。

配一副款式新颖的太阳镜，准备度夏，我们是独一无二的眼镜大集成！起价仅 59.99 英镑，另有老花镜片和近视镜片供选，加上特殊的涂层，可保护你的眼睛免受太阳紫外线的侵害。

当然，所有的太阳镜上，都加贴了我们独有的金色质量保证印记。

欲知详情或要看全部系列产品，只要垂访一下您那里的分店便可悉数知晓。

5）来纽约，看世界。如果你想寻找包罗万象之地，只有一处可以造访——那就是纽约：一座城市，一个世界。（陈刚，2004）

6）波音公司祝贺印度航空公司领先航空业 60 年！令我们公司深感自豪的是：我们的飞机已伴随印航成功飞行了 30 年，我们最新型的 747－400 大型宽体喷气式飞机上飘扬着印航的旗帜。（陈刚，2004）

7）　**沐浴在菲律宾群岛的阳光里**

美丽的白色沙滩上，沐浴在金色的阳光里，尽情嬉戏，尽情享受……美妙的风景，激动人心的奇观……世界一流的设施，高效的服务。

不仅这些，最令人神往的是，你可以享受到菲律宾群岛带给你的独有的温暖、热情与舒适。（这是一则描写式广告，译文应表现出细腻、生动的描写特色，否则，枯燥乏味的表达方式无法给人留下深刻、鲜明的印象。）

14.2　商品说明书的翻译

课内练习

1. 维他利丝发乳，塑料瓶，新包装。富含 V_7 维他利丝发乳，100% 不含油脂，能去头屑，使头发保持 24 小时湿润，给你一头干净清爽秀发。

试试“60 秒的梳理”：把维他利丝发乳涂在头发上，轻轻揉擦 50 秒钟，然后再梳理 10 秒钟，会让你的头发更健康、更飘逸，24 小时轻松拥有秀发。

维他利丝发乳乙基乙醇因子（其含量为 69.8%），具有挥发性，切勿近火。

2. 安地司丁

安定司丁可减弱或者抑制组胺作用。组胺在引起过敏性病症中起主要作用。本品的适应症是根据实验证明的抗组胺作用的原理来确定的。

主治：荨麻疹、食物过敏、枯草热、血管舒缩性鼻炎、皮肤瘙痒症（包括湿疹、瘙痒和血清病等）等。

服法与用量：

片剂：成年人一日 3～4 次，每次一片。幼儿一日 1 次，每次半片。学龄儿童一日 2～3 次，每次半片。本片剂在饭前或者饭后用水吞服。

针剂：用于肌肉注射或者静脉滴注，一日 2～3 次，儿童剂量酌减。

不良反应：

本品可能引起嗜睡，对特殊人群（如汽车司机）要慎用。如同其他抗组胺类药物，部分患者对本品可能有过敏性反应，此时应停止用药。

3. 550－5 型五级拉丝机

用途：

本机采用齿轮传动，多模并行连续拉丝。可适用于钢、铝、铜等多种金属线材的拉拔。

特征：

结构简单，操作简便。易维修，效率高。

随着线材变细，所需功率也随级减小。

机件属封闭操作，清洁、安全。

规格：

加工范围：直径6.5～2.4毫米

产出率：3.5～5吨/班次

电动机功率：70千瓦

运转速度：970转/分钟

外形大小：7 000×2 100×2 800毫米

重量：约12 000千克

14.3 商务信函的翻译

课内练习

建立业务关系函参考译文

2001年10月8日

环宇进出口公司

上海市中山路271号

中国

尊敬的阁下：

9月22日布雷克先生之函谅已收悉。信中通知贵方当前中国市场急需大量建筑用五金制品，而我公司为该项出口业务的承办人。由于我公司现有各种建筑五金及其他制品如木工工具等存货，品质上乘。我方愿意在互利的基础上与贵方达成交易。目前我方正编印新的产品目录，将另函附邮，不日可达。

我方已将贵方的函件存档，并将进一步联系，在双方诚信互利的基础上达成协议。

美国五金公司贸易部

约翰·康布雷敬呈

出口部

14.4 信用证的翻译

课内练习

1. 本公司很高兴通知贵方，本公司已开立了一张不可撤销保兑信用证。

2. 由于贵方的信用证是经由我方的银行之一所让购，因此请开立一张无指定议付银行的一般信用证。

3. 因本信用证未指定议付行，所以贵方可自行选择议付行。

4. 本公司很高兴通知贵方本公司已开立了一张金额为88 000美元的信用证。

5. 由于贵方未在信用证有效期内履行订单，本公司将取消信用证。

6. 由于信用证余额为80 000美元，请将装运费用控制在此数额以内。

7. 本公司认为如果贵方审读信用证是可以发现信用证细节的。

8. 本公司相信本公司所开立的信用证最迟将在本周末之前经由通知行到达贵处。

9. 本公司很高兴通知贵方，按贵公司开立信用证的要求，今天已航空邮寄出一张由中国银行开立的不可撤销信用证，金额为 1 256 000 美元，根据下列条款以纽约贸易公司为受益人。

10. 本公司已指示中国银行开立一张金额为 188 000 美元的不可撤销信用证。此信用证将由中国银行的往来银行北京市商业银行来通知。该银行将按照贵方收据金额在见票后 30 天内承兑贵方汇票。此信用证有效期至 1 月 20 日。

11. 虽然本公司一再要求，但本公司仍未收到贵方保兑编号 89 订单的信用证。

12. 本公司一直在设法使厂商以高成本执行贵方的订货。

13. 因此，本公司要求贵方尽快开立信用证，以便本公司按约装运。

14. 贵方的订单是以离岸价为准的。

15. 然而贵方的信用证是以成本加运费为准的，这样发票金额总数和贵方所要求的总数会有些出入。

16. 因此，请将贵方信用证的金额改为以离岸价为准。

17. 本公司很乐意确认贵方金额为 238 000 美元的 PC 机订单。

18. 按照要求，本公司准备于 6 月底前装运这批货。同时本公司要求贵方尽快开立一张不可撤销信用证，以本公司为受益人，有效期至 7 月 18 日。

第十五单元　常用文体翻译（旅游翻译）（略）

第十六单元　常用文体翻译（新闻翻译）（略）

综合练习参考译文

第一部分：英语专业八级考试翻译题练习

练习一：

努力才是其精髓。没有磨砺，何来幸福。叶芝说过，除了难以可为的事情，人生的幸福大小就在于所选择的难度高低。罗伯特·弗罗斯特也有“以苦为乐”之类的说法，他与叶芝英雄所见略同。世人所宣扬的那种幸福观，其致命错误就在于它认为，幸福似乎可以唾手可得。

甚至于游戏也离不开难度。没有了难度也就没有了游戏。游戏之道恰恰在于难中作乐。游戏规则就是人为设定的难度。不依规则便叫人意兴阑珊。下棋时随心所欲、信马由缰会赢得很爽，但没劲儿。惟有进退有尺有度方才趣味横生。不难便无趣儿。

练习二：

成功者不会穷其毕生之精力，执着于自我之臆想。相反，他们会保持自己的本色。正因如此，他们不装腔作势，不自命不凡，不对别人指手画脚。他们知道，真爱不同于装爱，真傻有异于装傻，博学有别于卖弄。成功者无需面具来伪装。

成功者无畏于独立思考，无畏于独立判断、独当一面。他们能够在事实与传闻之间明辨是非，不会假称自己无所不晓。他们倾听别人意见，择善从之，最终得出自己的结论。成功者敬仰尊重别人,但他不会受制于人、不会被他们所摧垮、不被他们所束缚、不会被他们所吓倒。

成功者不故意"示弱",也不怨天尤人。他们会毅然肩负起人生的责任。

练习三:

詹姆斯·费尼莫·库珀在其名著《拓荒者》一书中写到主人公,一位土地开发商,带着表妹四处参观自己正在规划中的城镇,津津乐道地描述着宽广的大道,鳞次栉比的高楼和生机盎然的大都市。但表妹环顾四周而茫然。她看到的仅仅是一片树林:"你给我指的美景和大厦到底在哪儿呢?"开发商闻言大惊:"在哪儿? 这不到处都是嘛?!"尽管大厦还未破土动工,但他们在开发商的脑海里早已成形,而且真切得如同已造好竣工一样。

库珀在这里揭示了一种美国人特有的品性——前瞻意识:站在将来的高度看现在,自由地抛开历史羁绊而放眼将来。正如阿尔伯特·爱因斯坦所说:"美国人永远生活在将来而不是现在。"

练习四:

反恐怖主义的胜利不可能在一场战争中取得,而是要在一系列果断行动中取得。我们要坚决反对恐怖主义组织以及那些包庇支持他们的组织。

我们正在计划着一场广泛持久的战役,以保卫我们的国家并清除恐怖之一的罪恶。我们决心要把这场战斗进行到底。不同信仰和背景的美国人都在献身于这一目标。

昨天我去了纽约城被破坏的地方,在那里我体会到了令人惊叹的爱国主义精神。我见到了救援者们,他们已经筋疲力尽了,然而仍在为我们的国家和我们所从事的反恐事业欢呼。

第二部分:篇章翻译练习参考译文

练习一:

那么,要谈论美国文学,倒并非意欲断言,它与欧洲文学全然大相径庭。广而言之,美国与欧洲一直同步发展,协调一致。在任何一个特定的时刻,旅行者在两地均能目睹同一样式的建筑实例、相同款式的服饰、书架上相同的书籍。在大西洋两岸,思想如同人员与货物往来一样自由交流,尽管有时会略显迟缓。当我提及美国式的习惯、思想等概念时,我意欲在"美国式的"这一词汇之前加上某种限定,因为欧美(尤其是英美)之间的差异往往只是程度上的差异而已,并且有时候仅仅只是微乎其微的一点程度差异而已。差异的多寡是件极为微妙的事务,这极容易使一个英国人在审视美国时大惑不解。他所审视的那个国家,从某些重要的意义上来说,诞生于他自己的国家,并在某些方面仍与他自己的国家相差无几——然而,它却实实在在是一个异邦。两者间存在着某种古怪的交替重叠,以及令人甚感突兀的陌生感;亲缘关系已让位于一种突如其来的异化与疏远,这种情景仿佛就像我们隔着马路向另一个人打招呼,结果却从这个人漠无表情的反应中发现,我们原来竟将一个陌生人误认为我们的熟人。

练习二:

聆听歌剧:无疑昂贵至极。但是,昂贵的事物并非必定属于富人的范畴,除非我们放弃社会的选择权。我们可以选择去使歌剧以及其他某些昂贵的文化形式也能为那些不具备个人支付能力的人所享受。但问题是，我们有必要这么做吗？没人会否认食物、居所、防护、健康与教育的不可或缺性。但即便是在史前时代的洞穴中，人类伸出手来，早就不单纯是为了吃、喝或搏杀，而且亦进行绘画创作。人类对于文化的冲动，通过形象思维和再现手段来表现并探索世界的欲望，乃亘古有之。在欧洲，这一欲望在我们的音乐、艺术、文学和戏剧杰作中寻找到了其实现形式。这些杰作构成了我们全部努力的试金石。作为试金石，它们能衡量出人类的思想和想象力所可能企及的程度。它们携带着最寓意深刻的主题，可在人类彼此间相互传递。

练习三：

女人和男人

我迟迟未能理解女人的深切苦楚，因为我小时候曾羡慕过她们。上大学之前，我所认识的对艺术、音乐或文学感兴趣的人，爱读书的人，看上去优雅自在、安闲自得的人，统统都是做母亲和做女儿的。像男人一样，女人也为钱发愁，也省吃俭用，凑合度日。但是，如果家里断了收入，问题并非出在她们身上。她们也用不着去打仗，这在我看来是一桩幸事。跟做父亲的那种狭窄、紧张的生活相比，我觉得做母亲的日子过得比较宽松自在。她们上邻居家串门，去城里买东西，到学校、图书馆、教堂跑跑腿儿。当然，我若是对她们的生活观察得敏锐一些，就不会那么羡慕她们了。我命中注定不是女人，因而更容易发现女人悠闲的一面。她们很少有人外出做工，即使有去做工的，也是做些诸如文书和女招待之类的吃力不讨好的差事。那时候，我还意识不到家会多像一座监狱，因为在我看来，家比哪座工厂都要亮堂美观。我没有认识到——因为人们从不谈论这类事情——女人经常遭受男人的欺凌。我倒了解被遗弃的妻子、单身母亲和寡妇们多么可怜，可我还知道孤身男人也很可怜。即使在那时，我已懂得做母亲的整天照料孩子有多么艰辛。不过，我身为一个男孩，假若有人问我愿意看孩子，还是愿意看机器，我想我是会选择看孩子的。（如今我两样事都做过了，我知道我会选择看孩子。）

因此，当大学里的女士指责我和其他男人垄断了人间的欢乐时，我感到困惑不解。我想，生长在贫困乡村、矿区、黑人贫民窟、讲西班牙语居民的聚集区、工厂附近、第三世界国家的其他男生（以及女生），也同样感到有些困惑不解——因为但凡在这样的地方，男人的命运和女人一样凄惨悲凉。做苦工，当炮灰。我现在认识到，这样的身世由来已久，使男人受尽了重重压榨，千代万载被压在社会的底层。我在儿时从几乎所有男人的生活里所见到的种种苦难，如今从许多男人的生活里依然能够看到——劳民伤体的苦作，单调乏味的生活，因无力而抬不起头，却又不得不顽强地硬撑下去，为了生存和立身之地而抗争。

我在大学里遇见的女人考虑男人的乐趣和特权时，心里想到的并不是我童年时代认识的那类男人。她们想到的是她们的父亲，那些银行家、医生、建筑师、股票经纪人，那些大城市里的大亨。这些人乘坐火车去上班，或者开着比我小时候住过的那座房子都值钱的小汽车。从早到晚，都有妻子、护士、秘书这样的女帮手服侍他们。他们从不会被人解雇，从不会在月底缺钱花，从不用排队领救济金。这些人做出重大决策，管理着这个世界。

这些人的女儿想要分享这种权力，这般荣耀。当然我也想。她们渴望能主宰自己的未来，找到能充分施展自己才干的工作，获得过上平静、安宁、完美的生活的权利。是的我想正是如此。我和这些女儿们的分歧在于：由于性别的缘故，她们认为我生来注定要成为她们父亲那样的人，因而也就成为妨碍她们实现自己愿望的敌人。然而，我心里很清楚。无论在事实上，还是在感情上，我都不是她们的敌人，而是她们的盟友。假如当时我知道如何向她们说明这一点，她们会相信我吗？她们现在会相信我吗？

练习四：

知识文学与力量文学

我们所说的“文学”是什么呢？人们，尤其是对此欠考虑者，普遍会认为：文学包括印在书本中的一切。可这种定义无需多少理由便可被推翻。最缺乏思考的人也很容易明白，“文学”这一概念中有个基本要素，即文学或多或少都与人类普遍而共同的兴趣有关；因此，那些仅适用于某一局部、某一行业或仅仅出于个人兴趣的作品，即便以书的形式面世，也不该属于“文学”。就此而论，文学之定义很容易变窄，但它同样也不难拓宽。因为不仅有许多跻身于书卷之列的文字并非文学作品，而且与之相反，不少真正的文学著述却未曾付梓成书。譬如基督教世界每星期的布道，这种篇什浩繁且对民众精神影响极广的讲坛文学，这种对世人起告诫、鼓励、振奋、安抚或警示作用的布道文学，最终能进入经楼书馆的尚不及其万分之一。此外还有戏剧，如英国莎士比亚最优秀的剧作，以及典雅戏剧艺术鼎盛时期的全部主流剧作，都曾作为文学作品对公众产生过影响。这些作品在作为读物出版之前，已通过观看其演出的观众而“出版”了(这正是“出版”一词最严格的意义)。在抄写或印刷都非常昂贵的年代，通过舞台形式“出版”这些剧作远比将他们出版成书效果更佳。

由此可见，书之概念与“文学”之概念不可相提并论，互相替换，因为许多文学作品，如戏剧演出或演讲者、雄辩家的说教和辩论，也许永远都不会付印成书，而不少印成书册的作品却可能与文学趣味并不相关。不过更为重要的是，要纠正人们对文学普遍的模糊观念，与其去为文学找一个更好的定义，不如更明确地划分文学的两种功能。在那个被我们统称为文学的庞大社会媒体中，可以分辨出两种不同的功能，两种功能可能混合，而且经常混合，但各自又具有一种绝缘性，而且天生就互相排斥。这二者之一乃“知识文学”，之二则为“力量文学”。知识文学的作用在于教诲，力量文学的功能在于感化。前者可谓舵艄，后者则是桨桡或篷帆。前者只有助于纯粹的推理误解，后者则总是通过愉悦之情和恻隐之心的影响，最终激发出更高的悟性，或曰理性。远而望之，仿佛它可以通往培根称之为“理性之光”[1]中的某个目标；近而观之，方知它必须通过那道被世人七情六欲之蒙蒙薄雾和闪闪彩虹包裹的“感性之光”[2]才能发挥其作用，不然它就不再是一种“力量”的文学。世人对文学这两个更为重要的作用思之甚少，所以如果有人说赋予知识是书本平庸或次要的用途，此说便被视为悖论。但只有在悖论亦真这个意义上，此说方为悖论。每当我们用平常语言谈论求学求知的时候，总以为这些字眼与某种绝对新奇的事物有联系。然而，能在人类关注的事物中占据极高地位的真理之所以伟大，就在于它对最卑微者而言也觉得新奇；无论在最卑微者还是最高贵者心中，真理永远都以种子或潜在原理的方式存在，它只需去培育或发现，而无须去种植或创造。能够被移植是判断一个真理属于低级真理[3]的直接标准。除此之外，还有一种比真理更珍贵的东西，那就是力量，或曰对真理的深切认同。举例而言，儿童对社会有何作用呢？儿童的无助、天真和单纯所唤起的怜悯、柔情和种种特殊的爱慕之意，不仅可强化和升华世人与生俱来的仁爱之心，就连那些在上帝眼中最为珍贵的品质，诸如唤醒宽容的柔弱、象征神圣的天真，以及超凡脱俗的单纯，也都会在永恒的记忆中得以保持，其完美典范亦会不断更新。更高层次的文学，即力量的文学，要实现的正是与此相同的目的。从弥尔顿的《失乐园》中你能获取什么知识呢？一无所获。从一本烹调书中你能学到什么呢？从每一段中你都能学到某种新的知识，某种你不曾知晓的知识。可你能因此而认为那本微不足道的烹调书比那部神圣的巨做更高明吗？你应感谢弥尔顿的不是他给了你什么知识，因为获取一百万条互相干的知识，也不过是在茫茫尘世向前走了一百万步；你应感谢的是他给予你“力量”，使你能发挥并拓展与无限世界产生共鸣的潜能。在无限世界中，每一次脉动和心跳[4]都是上升的一步，犹如沿雅各的天梯[5]从地面攀向远离凡尘的神秘高处。知识的步伐，自始至终都让你在同一层面行进，但绝不可能使你从古老的人间尘世上升一步；而力量迈出的第一步就是飞升——升入另一种境界，一种使你忘却凡尘的境界。

（参见《中国翻译》2006 年第 6 期，p77）

注释

[1] Dry light 语出培根《论友谊》(Of Friendship)一文中 Dry light is ever the best 句。此句译自赫拉克的一句格言，据剑桥大学 Charles H. Kahn 在其 The Art and Thought of Heraclitud 一书中的考证，除培根的英译文外，这句格言的英译本还有 The dry soul is the wisest and best. The dry light is the wisest soul 和 The dry mind (uninfluenced by feelings and appetites) is the wisest and best. 本文综合考虑，将 Dry light 译作“理性之光”。(参见曹明伦译：《培根随笔集》，北京燕山出版社，2000 年版，第 107 页；人民文学出版社，2006 年版，第 88 页）

[2] humid light 与 dry light 相对，故此光当 influenced by feelings and appetites，本文相应地译作“感性之光”。

[3]这里所谓的“低级真理”(或曰相对真理)并不与前面提到的真理相抵触，前面提到的真理相应地由“高级真理”(或曰绝对真理)的意思。在思想史中，的确有高级真理与低级真理之分。所谓的高级真理是指放之四海而皆准的真理，永不失效的真理，它一时说不清楚，也不能拿到现代科学的实验室里去作定性，处于一种晦暗不明的状态。而所谓的低级真理，是指那种一眼就能看透的真理，那种清晰的真理，可以量化、进行定性、定量分析。本文中德·昆西提到的“力量文学”，其中所包含的就是高级真理，它的获得更多地要靠感悟；而他后面提到的烹饪书之类的知识文学，其中所包含的就是低级真理，可以通过学习“移植”入人们的脑子。

[4] 这里的 influx 一词指血液循环中血液流入心室，与 pulse 相对应，都是指生命存在的最小单位，所以译成“每一次脉动和心跳”。

[5] 语出《旧约·创世纪》第 28 章第 11～12 节，雅各在梦中看见一架梯子从地面直通天上，上有天使来往。

参考书目

[1] Austin, J. *Pride and Prejudice*[M]. Beijing: Foreign Language Education Press, 1991.

[2] Bell R. T. *Translation and Translating: Theory and Practice*[M]. Longman Group UK Limited, 1991.

[3] Baker, M. *In Other Words. A Course Book on Translation*[M]. Foreign Language and Research Press, 2000.

[4] Beaugrande, Robert de & Dressler W. *Introduction to Text Linguistics*[M]. London: Longman, 1981.

[5] Brandes, Margarita. "Comprehension, Style, Translation and their Interaction" in *Translation as Social Action*[M], Palma Zlateva (ed.) Routledge, 1993.

[6] Catford, J.C. *A Linguistic Theory of Translation*[M]. London: Oxford University Press, 1965.

[7] Halliday M. A. K. *Cohesion in English*[M]. Longman Group Limited, 1976.

[8] Hatim, B. & I. Mason. *Discourse and the Translator*[M]. London: Longman Group Ltd., 1990.

[9] Nord, Christian. *Text Analysis in Translation*[M], Amsterdam: Rodopi, 1991.

[10] Lefevere, Andre. *Translation, Rewriting and the Manipulation of Literary Fame*[M], London and New York: Routledge, 1992.

[11] Lawendowski, Boguslaw. "On Semiotic Aspects of Translation", in Thomas A Sebeok (ed.) *Sight, Sound and Sense*[M], Bloomington: Indiana University Press, 1978.

[12] Munday, Jeremy. *Introducing Translation Studies: Theories and Applications*[M]. London & New York: Routledge, 2001.

[13] Newmark, Peter. *Approaches to Translation*[M]. Pergamon Press, 1982.

[14] Robinson, Douglas. *Becoming a Translator — An introduction to the theory and practice of translation* (2nd edition) [M]. London & New York: Routledge, 2003.

[15] Toury, Gideon. "A Rationale for Descriptive Translation Studies", in Theo Hermans

(ed.) *The Manipulation of Literature: Studies in Literary Translation*[M], London: Croom Helm, 1985.

[16] Toury, Gideon. *Descriptive Translation Studies — And Beyond* [M], Shanghai: Shanghai Foreign Language Education Press, 2000.

[17] Vermeer, Hans. "Translation als, Informationsangebot" in *Lebende Spracgen* 27: 3 (97-101), 1982.

[18] L. S. 英语 SLANG 和汉语俚语及其翻译[J]. 邵阳师专学报, 1995(1).

[19] 巴尔胡达罗夫,蔡毅等译. 语言与翻译[M]. 北京: 中国对外翻译出版公司,1985.

[20] 包彩霞. "动态"与"静态"——谈汉译英中汉语动词的处理[J]. 北京第二外国语学院学报, 2003(6).

[21] 陈大亮. 谁是翻译主体[J]. 中国翻译,2004(2).

[22] 陈大亮. 从原文到译文的得与失[J]. 四川外语学院学报,2005(3).

[23] 陈海庆、张绍杰. 语篇连贯: 言语行为理论视角[J]. 外语教学与研究,2004(6).

[24] 陈宏薇. 新实用汉译英教程[M]. 武汉: 湖北教育出版社,1999.

[25] 陈莉. 汉语旅游语篇中的文化信息传递及翻译[J]. 江西科技师范学院学报,2005(5).

[26] 陈茂新. 修辞与翻译[J]. 北京第二外国语学院学报, 2001(2).

[27] 陈秋劲、Richard B. Baldauf, Jr. (澳),David Gordon Etheridge (加)编著;郭著章审定. 英汉互译理论与实践[M]. 武汉: 武汉大学出版社,2005.

[28] 程永生. 论词语翻译机制[J]. 淮南工业学院学报(社会科学版), 2001(12).

[29] 成昭伟. 简明翻译教程(英文版)[M]. 北京: 国防工业出版社,2006.

[30] 董国忠. 英语倒装句的翻译[J]. 中国科技翻译,1994(3).

[31] 杜金榜. 法律交流原则与法律翻译[J]. 广东外语外贸大学学报,2005(4).

[32] 杜云辉. 东西方思维差异与跨文化交流[J]. 中国科技翻译, 2000(4).

[33] 段雪桃. 层面·思维·观念——英汉文体对比法浅析[J]. 云梦学刊, 2001(5).

[34] 方凡泉. 新英汉分类口译词典[C]. 广州: 广东世界图书出版公司,2002.

[35] 方梦之. 翻译新论与实践[M]. 青岛: 青岛出版社,2002.

[36] 方梦之. 英汉翻译基础教程[M]. 北京: 中国对外翻译出版公司, 2005.

[37] 费尔迪南·德·索绪尔,高名凯译. 普通语言学教程[M]. 北京: 商务印书馆, 1999.

[38] 冯庆华. 实用翻译教程[M]. 上海: 上海外语教育出版社, 1997.

[39] 冯庆华. 文体翻译论[M]. 上海: 上海外语教育出版社, 2002.

[40] 冯伟年. 新编实用英汉翻译实例评析[M]. 北京: 清华大学出版社,2006.

[41] 冯志杰. 英汉科技翻译指要[M]. 北京: 中国对外翻译出版公司,1998.

[42] 付桂佳、廖涛. 汉英思维差异与科技翻译[J]. 湖南人文科技学院学报, 2005(6).

[43] 傅敬民、张顺梅、薛清. 英汉翻译辨析[M]. 北京: 中国对外翻译出版公司, 2005.

[44] 高原、刘润清. 具有衔接作用的标点[J]. 解放军外国语学院学报,2002(4).

[45] 戈宝权. 漫谈译事难[A]. 王寿兰编. 当代文学翻译百家谈[C]. 北京: 北京大学出版社, 1989.

[46] 辜正坤. 中西诗比较鉴赏与翻译理论[M]. 北京: 清华大学出版社,2003.

[47] 古今明. 英汉翻译基础[M]. 上海：上海外语教育出版社，1997.
[48] 顾弘、焦俊峰. 英汉主要文化差异分析[J]. 浙江工程学院学报，2004(3).
[49] 顾维勇. 实用文体翻译[M]. 北京：国防工业出版社，2005.
[50] 郭丽君、邓鹂鸣. 汉英对比在大学英语教学中的作用和应用[J]. 武汉船舶职业技术学院学报，2005(3).
[51] 郭著章、李庆生. 英汉互译实用教程[M]. 武汉：武汉大学出版社，2003.
[52] 韩小聪、易明. 浅谈英汉翻译中词语的推敲[J]. 洛阳工业高等专科学校学报，2003(12).
[53] 何固佳. 科技英语语言特点[J]. 中国科技翻译，1998(4).
[54] 何三宁、唐国跃、范勇. 实用英汉翻译教程[M]. 南京：东南大学出版社，2005. 7.
[55] 胡庚申. 从"译者主体"到"译者中心"[J]. 中国翻译，2004(3).
[56] 胡庚申. 翻译适应选择论[M]. 武汉：湖北教育出版社，2004.
[57] 胡壮麟. 语篇的衔接与连贯[M]. 上海：上海外语教育出版社，1994.
[58] 胡壮麟. 语言学教程[M]. 北京：北京大学出版社，2001.
[59] 华先发. 新实用英译汉教程[M]. 武汉：湖北教育出版社，2000.
[60] 黄长著. 词语的翻译与语言规范[J]. 外语与外语教学，2006(1).
[61] 黄国文. 语篇分析概要[M]. 长沙：湖南教育出版社，1997.
[62] 黄绢云. 英语夸张辞格的修辞特征与翻译[J]. 汕头大学学报，2000(1)
[63] 黄木兰. 法律英语的语言特点及其翻译技巧[J]. 沙洋师范高等专科学校学报，2005(5).
[64] 黄青龙. 论英汉语思维模式[J]. 山东外语教学，2003(2).
[65] 黄任. 英语修辞与写作[M]. 上海：上海外语教育出版社，1996.
[66] 黄忠廉、熊礼贵. 论摘译[J]. 上海科技翻译，1997(3).
[67] 黄忠廉. 翻译变体研究[M]. 北京：中国对外翻译出版公司，1999.
[68] 黄忠廉. 变译理论[M]. 北京：中国对外翻译出版公司，2001.
[69] 黄忠廉. 变译的七种变通手段[J]. 外语学刊，2002(1).
[70] 贾遂山、管维洁. 英语俚语的特点及翻译[J]. 外语教学(西安外国语学院学报)，1996(1).
[71] 贾秀海、仲晓天.《徐霞客游记》中的风景名胜术语英文翻译[J]. 辽宁行政学院学报，2005(6).
[72] 贾文波. 原作意图与翻译策略[J]. 中国翻译，2002(4).
[73] 贾文波. 旅游翻译不可忽视民族审美差异[J]. 上海科技翻译，2003(1).
[74] 江弱水、黄维樑. 余光中选集：语文及翻译论集[M]. 合肥：安徽教育出版社，1999.
[75] 蒋坚松. 英汉对比与汉译英研究[M]. 长沙：湖南人民出版社，2002.
[76] 姜秋霞. 文学翻译中的审美过程：格式塔意象再造[M]. 北京：商务印书馆，2002.
[77] 孔令翠. 乐山——峨眉山旅游翻译主要存在问题研究[J]. 集团经济研究，2005(13).
[78] 雷珍容. 论文学翻译中形象的处理[J]. 湖南轻工业高等专科学校学报，2001(1).
[79] 李斐南、黄瑶等. 法律英语实务[M]. 广州：中山大学出版社，2005.
[80] 李建军. 新编英汉翻译[M]. 上海：东华大学出版社，2004.
[81] 李运兴. 语篇翻译引论[M]. 北京：中国对外翻译出版公司，2001.
[82] 李运兴. 英汉语篇翻译[M]. 北京：清华大学出版社，2003.

[83] 李诤. 转移修饰语(Transferred Epithet)[J]. 科技英语学习,2005(7).
[84] 梁丽、王舟. 标点符号的语篇衔接功能与英汉翻译中的信息处理[J]. 中国翻译,2001(4).
[85] 梁为祥、吴艾玲. 英汉翻译技巧与赏析[M]. 合肥：安徽科学技术出版社,2006.
[86] 廖美珍. 目的原则与语篇连贯分析[J]. 外语教学与研究,2005(5).
[87] 林煌天. 中国翻译词典[M]. 武汉：湖北教育出版社, 1997.
[88] 刘洪潮. 怎样做新闻翻译[M]. 北京：中国传媒大学出版社,2005.
[89] 刘季春. 实用翻译教程[M]. 广州：中山大学出版社,1996.
[90] 刘宓庆. 文体与翻译[M]. 北京：中国对外翻译出版公司,1998.
[91] 刘其中. 新闻翻译教程[M]. 北京：中国人民大学出版社,2004.
[92] 刘文捷、王苹. 语篇翻译中的衔接意识[J]. 福建外语,2001(3).
[93] 龙占芬. 英语否定结构的翻译处理[J]. 武汉科技学院学报,2005(7).
[94] 卢敏. 英语笔译实务 2 级：国家职业资格证书[M]. 北京：外文出版社,2004.
[95] 卢敏. 英语笔译实务[M]. 北京：外文出版社, 2004.
[96] 吕俊. 谈语段作为翻译单位[A]. 杨自俭 et al. 翻译新论(1983—1992)[C]. 武汉：湖北教育出版社, 1994.
[97] 吕俊、侯向群. 英汉翻译教程[M]. 上海：上海外语教育出版社,2001.
[98] 吕叔湘. 翻译工作和杂学[A]. 王寿兰编. 当代文学翻译百家谈[C]. 北京：北京大学出版社, 1989.
[99] 马淑霞. 法律英语用词之特点[J]. 徐州教育学院学报, 2005(6).
[100] 马铁立. 浅谈英语委婉语[J]. 齐齐哈尔大学学报(哲学社会科学版),2003(3).
[101] 马艳. 定语从句在科技文章长句中的汉译策略[J]. 梅山科技,2005(2).
[102] 茅盾. "为发展文学翻译事业和提高翻译质量而奋斗",《译文》杂志 1954 年 10 月号.
[103] 毛荣贵、范武邱. 英汉翻译技巧示例[M]. 上海：上海交通大学出版社,2003.
[104] 毛荣贵. 新世纪大学英汉翻译教程[M]. 上海：上海交通大学出版社,2003.
[105] 梅德明. 高级口译教程[M]. 上海：上海外语教育出版社,2000.
[106] 孟庆升. 新编英汉翻译教程[M]. 沈阳：辽宁大学出版社, 2003.
[107] 莫娜·贝克尔. 翻译研究中的语言学模式与方法[J]. 外语研究,2005(3).
[108] 潘钥. 论英语比喻性词语的汉译策略[J]. 科技英语学习,2005(11).
[109] 钱旭中. 英语科技文献的特点及其翻译[J]. 中国科技翻译 1994(3).
[110] 乔萍等. 散文佳作 108 篇[M]. 南京：译林出版社, 2002.
[111] 秦伯党、冀慧颖. 英语修辞格 Personification(拟人)[J]. 郑州纺织工学院学报,1999(5).
[112] 邵志宏、岳俊. 英汉语篇衔接对比与翻译策略[J]. 中国翻译,2005(1).
[113] 申雨平、戴宁. 实用英汉翻译教程[M]. 北京：外语教学与研究出版社,2000.
[114] 沈春华. 法律英语翻译的基本方法[J]. 武汉工业学院学报, 2004(5).
[115] 施佳胜、李学英. 谈文学形象的翻译[J]. 外语教学,2002(5).
[116] 宋天锡. 翻译新概念：英汉互译实用教程(第 3 版)[M]. 北京：国防工业出版社,2005. 4.
[117] 宋志平、宋润娟. 从文化差异看语篇翻译中的连贯对等[J]. 东北师大学报,2005(3).
[118] 宋志强. 论英汉习语语篇翻译中的形象处理[J]. 福建金融管理干部学院学报,2004(6).

[119] 隋荣谊等. 新思维翻译：英汉翻译新教程[M]. 北京：中国电力出版社，2004.
[120] 孙万彪. 英汉法律翻译教程[M]. 上海：上海外语教育出版社，2004.
[121] 孙致礼. 新编英汉翻译教程[M]. 上海：上海外语教育出版社，2003.
[122] 谈小兰. 文学翻译中的创造性叛逆[J]. 杭州教育学院学报，2002(3).
[123] 谭载喜. 西方翻译简史(增订版)[M]. 北京：商务印书馆，2004.
[124] 田鹏森、季建芬. 21世纪研究生英语翻译教程[M]. 西安：西安交通大学出版社，2005.
[125] 汪平潮. 英语 Metonymy，Synecdoche 和 Antonomasia 与汉语"借代"比较探析[J]. 池州师专学报，2003(2).
[126] 王典民. 大学英语英汉翻译百日通[M]. 南京：南京大学出版社，1999.
[127] 王东风. 小说翻译的语义连贯重构[J]. 中国翻译，2005(5).
[128] 王福祥、王克非. "十五"期间我国应用语言学研究回顾[J]. 外语电化教学，2005(12).
[129] 王宏志. 重释"信达雅"：二十世纪中国翻译研究[M]. 上海：东方出版中心，1999.
[130] 王科一译. 傲慢与偏见[M]. 上海：上海译文出版社，1980.
[131] 王克非. 关于翻译的哲学思考[A]. 许钧. 翻译思考录[C]. 武汉：湖北教育出版社，1998.
[132] 王令坤. 英汉翻译技巧[M]. 上海：上海交通大学出版社，1998.
[133] 王涛. 编译标准初探[J]. 上海科技翻译，2000年第4期.
[134] 王治奎. 大学英汉翻译教程[M]. 济南：山东大学出版社，1999.
[135] 王佐良. 翻译：思考与试笔[M]. 北京：外语教学与研究出版社，1997.
[136] 魏晋慧. 浅谈编译[J]. 天津外国语学报，1999(2).
[137] 魏军梅. 词汇空缺与英汉互译[J]. 兰州铁道学院学报，2001(5).
[138] 文洁若. 不妨临时抱抱佛脚[A]. 王寿兰编. 当代文学翻译百家谈[C]. 北京：北京大学出版社，1989.
[139] 文军、陈世军. 取舍之间——摘译[J]. 天津外国语学院学报，2001(4).
[140] 翁凤翔. 21世纪国际商务英语丛书实用翻译[M]. 杭州：浙江大学出版社，2002.
[141] 吴同. Internet 极其相关名词的译名讨论[J]. 中国科技翻译，1998(2).
[142] 伍小龙、丁卫民. 英汉思维方式比较与语言翻译[J]. 华南师范大学学报，2002(2).
[143] 夏仲巍. 谈汉英语言中的几种常见修辞现象对比[J]. 上海商学院学报，2005(4).
[144] "现实主义翻译及其理论任务"，《翻译通讯》1984年第11期.
[145] 萧泞. 简·爱(中译本)[M]. 长春：长春出版社，1995.
[146] 肖乾. 漫谈文学翻译[A]. 王寿兰编. 当代文学翻译百家谈[C]. 北京：北京大学出版社，1989.
[147] 谢天振、查明建. 中国现代翻译文学史[C]. 上海：上海外语教育出版社，2003.
[148] 徐鹏. 英语辞格[M]. 北京：商务印书馆，1996.
[149] 徐建国. 论编译[J]. 黔西南民族师范高等专科学校学报，2005(9).
[150] 许建平. 翻译中的措辞、语气与句式重心问题——就《当代翻译理论》的某些译例与作者商榷[J]. 清华大学学报(哲学社会科学版)，2002/S1.
[151] 许建忠. 工商企业翻译实务[M]. 北京：中国对外翻译出版公司，2001.
[152] 许进. 英汉倒装句的修辞比较与翻译[J]. 长沙铁道学院学报，2004(6).

[153] 许钧. 关键在于为翻译正确定位.
[154] 许明武. 新闻英语与翻译[M]. 北京:中国对外翻译出版公司,2003.
[155] 许渊冲. 文学翻译与翻译文学[J]. 世界文学,1990(1).
[156] 许渊冲. 译学要敢为天下先[A]. 文学与翻译[C]. 北京:北京大学出版社, 2003.
[157] 严俊仁. 科技英语翻译技巧[M]. 北京:国防工业出版社,2000.
[158] 杨冬梅. 英汉文化差异与英语教学[J]. 信阳农业高等专科学校校报, 2005(2).
[159] 杨建华. 新理念英汉互译[M]. 天津:天津大学出版社,2001.
[160] 杨寿康. 科技文章英译的精练与简洁[J]. 中国科技翻译,1995(1).
[161] 杨平. 名作精译——《中国翻译》英译汉选萃[M]. 青岛:青岛出版社, 1998.
[162] 杨淑侠. Hyperbole 和 Understatement 的修辞特征[J]. 渭南师范学院学报,2001(4).
[163] 杨兆忠. 非限制性定语从句的翻译[J]. 教与学,2002(5).
[164] 姚玲. 英汉俚语翻译中的文化传真[J]. 乌鲁木齐成人教育学院学报, 2005(2).
[165] 叶君健. 关于文学作品翻译的一点体会[A]. 王寿兰编. 当代文学翻译百家谈[C]. 北京:北京大学出版社,1989.
[166] 游耀金. 论广告英语中的修辞[J]. 辽宁工程技术大学学报(社会科学版),2005(4).
[167] 余承法、黄忠廉. 化——全译转化精髓[J]. 华中科技大学学报(社会科学版), 2006(2).
[168] 俞建村. 论新闻报道的翻译特点[M]. 上海科技翻译,2001 年第 3 期.
[169] 袁斌业. 论翻译中的改写因素[J]. 广西师范大学学报(哲学社会科学版), 2003(10).
[170] 曾剑平. 汉英民族的思维方式和翻译中的转换[J]. 江西财经大学学报, 2005(4).
[171] 曾文雄. 旅游文化传播与旅游经济发展[J]. 商场现代化,2006(7).
[172] 张传彪. 漫谈英语轭式修饰法[J]. 海外英语,2005(11).
[173] 张德禄. 语篇衔接中的形式与意义[J]. 外国语,2005(1).
[174] 张凤. 借代的认知基础考察[J]. 外国语言文学,2004(2).
[175] 张谷若. 谈我的翻译生涯[A]. 王寿兰编. 当代文学翻译百家谈[C]. 北京:北京大学出版社,1989.
[176] 张今、张宁. 文学翻译原理[M]. 北京:清华大学出版社,2005.
[177] 张玲译. 傲慢与偏见[M]. 北京:人民文学出版社,1993.
[178] 张锦辉. 英汉翻译中思维方式的转换[J]. 滨州师专学报, 2004(3).
[179] 张南峰. 从多元系统论的观点看翻译文学的"国际"[J]. 外国语,2005(5).
[180] 张培基. 英译中国现代散文选(汉英对照)[M]. 上海:上海外语教育出版社,2002.
[181] 张小曼、胡作友. 英汉思维差异与翻译策略运用[J]. 合肥工业大学学报, 2005(2).
[182] 章和升、王云桥. 汉英翻译技巧[M]. 北京:当代世界出版社,1997.
[183] 赵常友. 英语中明喻和暗喻的形式及翻译[J]. 曲靖师范学院学报,2002(1).
[184] 赵桂华. 翻译理论与技巧[M]. 哈尔滨:哈尔滨工业大学出版社,2003.
[185] 赵洋. 英译汉中被动句的译法[J]. 牡丹江教育学院学报,2004(2).
[186] 赵杨飏. 浅析英语俚语及其翻译方法[J]. 开封教育学院学报,1997(4).
[187] 赵荫淮. 英语拟人修辞方法漫谈[J]. 大学英语,1998(6).
[188] 郑晶. 定语从句的理解和汉译[J]. 宁德师专学报,2004(1).

[189] 中国人民解放军总装备部军事训练教材编辑工作委员会编. 科技英语翻译实用教程[M]. 北京：国防工业出版社，2003.
[190] 钟馥兰、李冬梅. 移就辞格的翻译策略[J]. 红河学院学报，2005(2).
[191] 钟玲. 从中西方思维习惯分析英汉语篇的差异[J]. 河北能源职业技术学院学报，2005(4).
[192] 周洁. 考研英语 20 天突破[M]. 北京：中国石化出版社，2004.
[193] 周玲. 如何翻译英语法律文献[M]. 北京：对外经济贸易大学出版社，2005.
[194] 朱光潜. "谈翻译" 原载《华声》半月刊 1944 年第 1 卷第 4 期.
[195] 庄绎传. 英汉翻译简明教程[M]. 北京：外语教学与研究出版社，2002.

后　　记

翻译教材一直是翻译教学界讨论的焦点，尽管翻译研究在近年来蓬勃发展，但翻译人才的培养还相对滞后，全国至今也没有一本统编的翻译教材，而市面上的翻译教材可谓日新月异，琳琅满目，让人无所适从。据调查发现，各高校翻译教师所使用的翻译教材都不统一，不少教师都还要使用自编或他人编写的散页教材或讲义，备课的工作量相当大，这也给教师的进修和研究带来了不少的困难。与此同时，几乎所有教师都对各类翻译教材有不同程度的抱怨，譬如内容陈旧、例子比较单一、练习不合理、题型单一机械化、材料选择的随意性较大等。不少专论翻译教材的文章也都一一指出了教材编写的不足之处。但真正动笔编写完这本翻译教材后，笔者才深刻地体会到要编写一本好的翻译教材，其难度一点儿也不亚于做“戴着脚镣跳舞的”翻译工作。要兼顾理论和技巧的确不容易，在兼顾两者的同时还要照顾学习者的喜好、内容的时代性和趣味性就更是难上加难了。理论的内容多了，担心会让读者反感；技巧训练的篇幅长了，又觉得没有特色。而每章译例和练习的挑选就更是在文学和非文学的材料之间难以取舍。每做一个决定都会觉得“众口难调”，只能尽力照顾更大的读者群。

如果要找出这本教材的“卖点”，让其能够在五花八门的翻译教材中占有一席立足之地的话，那就不得不谈到它的全面性了。从职业的介绍、英汉对比到分解的词、句、段落和篇章等的翻译技能训练，书中几乎囊括了一名翻译工作者需要掌握的所有技能，而且尽量让学习者接触到多种文体。每个章节的理论介绍占据了一半左右的篇幅，能让学习者简要了解理论研究的成果，不至于对具有普适性意义的理论持有偏见。

另外，本书的编者相信翻译能力的培养应重在“学”而不重在“教”。换句话说，书中每个章节所介绍的技能如果仅仅停留在当次的练习上而没有内化为读者自己的东西时，技能介绍得再多再高明，对学习者来说也是遥远而高不可攀的。所以本书非常注重“反思型”的记录，即在每次讨论或翻译活动后让读者以书面的形式记录和回忆翻译或讨论的过程，这些都是学习者的“个人学习档案”，经验的日积月累必将升华为技能的娴熟运用。这也是我们贯穿全书始终的“任务型”教学理念的一个重要步骤。每一章开头的介绍或说明部分是为了让读者“热身”，激活其相应的背景知识，然后通过练习、分析、对比赏析等操练，从“做”中“学”，继而通过“反思”，有意识地消化所学的内容，并且在不断的自省中提高翻译的能力和信心。书中的不少练习活动都没有给出一个具体的“参考答案”,活动的设计也是开放性的,这样做的目的是不想让学习者的头脑受到太多的束缚而不去大胆尝试和创新。

为了照顾不同的读者群,翻译练习活动的安排尽量多样化,除了注重综合本单元所学的综合技能以外,练习活动还采用了部分英语专业八级考试翻译的样题、全国翻译专业资格(水平)考试笔译实务的样题、韩素音青年翻译竞赛的原文,另外还设计了一些情景式的任务、常见的翻译项目等,让学习者在学习的过程中亲身当一回“翻译”。如果条件允许,还可以让翻译服务的用户提供一些反馈的信息,这样的学习比单纯的技法讲解要有趣生动得多,译者也能从中得到更加深刻的体会。此外,为了提高译者的文学素养和双语功底,不少单元都增设了诗歌翻译欣赏的环节,译者在欣赏的同时还可以自己动笔译,体会文学翻译的艰辛,并进一步认识到文学素养对译者的重要性。每个单元都设有名家谈翻译的环节,细心的读者会发现其中不乏针锋相对的观点,编者的目的是让学习者与翻译大师们进行“对话”,在了解大师们的观点的同时结合自己的实践进行思考,而不是人云亦云。

现代市场对高素质译者的需求在不断增加,翻译教材的编写对于译者的培养起着至关重要的作用。每一本教材都有其存在的价值,但愿这本教材也能够助广大的翻译教师和翻译爱好者一臂之力。编者也十分希望得到同行和读者宝贵的反馈意见。

编　者

2007 年 11 月

郑重声明